汽车CAE工程师从入门到精通系列

GT-SUITE
整车能量管理
仿真分析与实例解析

王伟民／主编　　徐　政　陈海娥／副主编

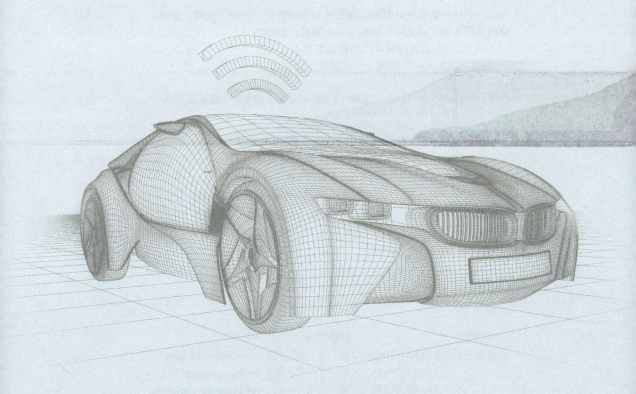

机械工业出版社

CHINA MACHINE PRESS

随着混合动力、纯电动和氢燃料电池等汽车技术的发展，汽车的能源正变得多元化，整车能量管理越来越重要。本书以整车能量管理仿真分析为出发点，结合作者的软件使用经验和工程经验，详述了整车以及各主要系统的建模和仿真分析过程。本书详细介绍了传统燃油车和新能源汽车的整车能量管理的基本概念、GT-SUITE软件的基础知识、车辆动力学及传热学基础理论、整车动力传动系统的建模和仿真、动力总成热管理系统和整车空调系统的建模，最后还介绍了整车能量管理系统的联合仿真，以及系统优化和DOE。

本书适用于传统燃油车和新能源汽车的整车动力经济性、整车热管理、汽车空调和冷却系统等技术领域的产品开发、仿真、控制标定和试验等有关人员学习参考，也可作为汽车相关专业师生的参考书。

图书在版编目（CIP）数据

GT-SUITE整车能量管理仿真分析与实例解析 / 王伟民主编；徐政，陈海娥副主编. —北京：机械工业出版社，2023.5

（汽车CAE工程师从入门到精通系列）

ISBN 978-7-111-73152-8

Ⅰ. ①G… Ⅱ. ①王… ②徐… ③陈… Ⅲ. ①汽车–能量管理系统–系统仿真 Ⅳ. ①U463.63

中国国家版本馆CIP数据核字（2023）第087010号

机械工业出版社（北京市百万庄大街22号 邮政编码100037）
策划编辑：何士娟　　　　　　　　　责任编辑：何士娟
责任校对：张晓蓉　刘雅娜　陈立辉　责任印制：常天培
固安县铭成印刷有限公司印刷
2023年9月第1版第1次印刷
184mm×260mm · 26印张 · 646千字
标准书号：ISBN 978-7-111-73152-8
定价：199.00元

电话服务	网络服务
客服电话：010-88361066	机 工 官 网：www.cmpbook.com
010-88379833	机 工 官 博：weibo.com/cmp1952
010-68326294	金 书 网：www.golden-book.com
封底无防伪标均为盗版	机工教育服务网：www.cmpedu.com

序　言

　　汽车发展百余年，现在正处于新的历史窗口。新能源汽车可以有效减少石油资源消耗，还能带动整个能源系统减排，引领低碳发展，也使得汽车高度智能化成为可能。整车能量管理是整车开发中的重要组成部分，伴随新能源汽车的发展而发展。对于传统燃油车，作为单一动力源的发动机工作时，存在最佳燃油经济性区间，能量管理相对简单，其目的就是通过传动系统的匹配，如变速器、主减速器，使得发动机工作在最佳燃油消耗区。混合动力汽车存在多个动力源，除了发动机作为动力源以外还有电驱动动力源，动力总成结构复杂，因此混合动力汽车的能量管理策略也更加复杂、更加重要。对于纯电动汽车，通过高效的整车热管理系统使得电池和电机工作在合适的温度，通过高效的空调系统满足乘员的舒适性要求，使得高低温环境下的整车动力经济性达到最优，这也是整车能量管理的范畴。

　　计算机计算能力的飞速发展使得CAE仿真技术在产品开发全过程中的作用更加突出。借助CAE仿真技术，可在产品设计开发的全过程中预测产品的性能，从而有效地提高产品性能，达成整车开发目标，大幅度减少设计开发后期的产品试制、试验过程中的返工，缩短开发周期和降低开发成本。因此，通过CAE仿真结果制订整车能量管理策略非常关键。目前在汽车工业中广泛使用的CAE仿真软件GT-SUITE是用于整车能量管理的多学科仿真平台，已经得到了广泛应用，获得了很多国内外主机厂和零部件企业的广泛好评。本书基于GT-SUITE仿真软件，结合编者的软件使用经验、技巧以及在汽车行业各大主机厂的开发应用经验，围绕不同车型（如ICE/BEV/HEV/PHEV/REEV）整车能量管理的各关键系统，如整车动力传动系统、发动机热管理系统、电池和电机热管理系统、空调系统等，详细描述建模过程，并对整车能量管理相关的各系统之间的关联也进行了说明，最后实现了整车与各主要系统的联合仿真，给出了整车能量流分析结果，以指导整车性能开发。通过GT-SUITE软件，用户还可以优化和虚拟验证能量管理策略。

　　我相信，读者通过阅读本书，不仅能够学习各类汽车的整车能量管理的建模和仿真计算方法，也能够对整车能量管理的完整控制逻辑有更清晰的认识，有力促进高效低碳的传统燃油车和新能源汽车的整车能量管理系统开发。

俄罗斯科学院外籍院士、中国汽车工程学会会士
广西大学教授、原吉利汽车研究院副院长
陈勇
2023年6月

前　言

GT-SUITE 是由美国 Gamma Technologies 公司于 1994 年开发的多物理场仿真分析系列套装软件，首个版本主要集中于整车和动力总成的仿真。GT-POWER 是套装软件中最著名的一个发动机仿真模块，全球知名的整车厂和发动机生产商大都使用 GT-POWER 进行发动机性能仿真并指导发动机设计。随着技术的进步和积累，GT-SUITE 应用场景和领域也日益丰富，可进行车辆行驶系统分析、发动机仿真分析、电驱动传动系统分析、整车热管理系统分析、空调系统分析、锂离子电池/燃料电池电化学性能分析、多体动力学分析等。除汽车行业外，GT-SUITE 在航空航天、家电等行业也取得了良好的应用效果。在竞争激烈的工业应用领域，使用 GT-SUITE 系列软件可以明显地缩短设计开发周期、降低研发成本。经过近 30 年的发展，GT-SUITE 已经发展成为一款非常全面的软件，被全球众多主机厂广泛应用。

电动化和智能化使得汽车控制更加复杂，发动机热管理、三电（电池、电机和电控）热管理、空调系统以及整车能量管理策略对于纯电动汽车和混合动力汽车的车辆性能（动力经济性、整车热管理性能、电池使用寿命等）均有显著的影响。如何快速建立仿真模型，并且评价不同控制策略对车辆性能的影响，成为汽车行业面临的大难题。

GT-SUITE 是多物理场的仿真工具，可以完成对机、电、液、热等系统的建模和计算。基于 GT-SUITE 仿真平台，用户可以搭建整车模型、发动机模型、电池电机系统模型、空调系统模型等，还可以耦合控制系统模型，研究不同控制策略对车辆性能的影响。GT-SUITE 还提供了优化和 DOE 工具，方便用户进行设计选型和优化匹配，因此它是非常适合整车能量管理分析的仿真软件。

GT-SUITE 软件本身带有详细的操作说明和实例，可供用户学习，但针对整车能量管理的理论基础、建模方法和结果评价等内容比较零散，不够系统全面。因此，本书结合作者的软件使用经验和工程经验，详述了整车以及各主要系统的建模过程和仿真方法。其中，第 1 章介绍了整车能量管理的基本概念；第 2 章介绍了 GT-SUITE 软件的基础知识；第 3 章介绍了车辆动力学及传热学基础理论；第 4 章介绍了整车动力传动系统的建模和仿真；第 5 章介绍了动力总成热管理系统的建模；第 6 章介绍了整车空调系统的建模；第 7 章介绍了整车能量管理系统的联合仿真；第 8 章介绍了优化与 DOE。

本书由东风汽车集团有限公司技术中心王伟民担任主编，上海汽车集团有限公司乘用车技术中心徐政、第一汽车集团研发总院陈海娥担任副主编，参加编写的还有艾迪捷信息科技（上海）有限公司的钟修林、宋波、郭子锐、臧儒振，另外，艾迪捷信息科技（上海）有限公司的施晓光、徐志成、邱鑫、朱田田、王鑫做了仔细的校对工作。初稿完成后，承蒙俄罗斯科学院外籍院士、中国汽车工程学会会士、广西大学教授、原吉利汽车研究院副院长陈勇先生审阅了书稿，提出了许多宝贵的修改建议，在这里对他表示衷心的感谢。

由于编者水平有限，书中错误及不足之处在所难免，敬请广大读者不吝指正，也欢迎大家共同探讨，可发邮件至 support@atic-cn.cn 或 1206833496@qq.com 进一步联系，以便本书再版修订时参考。

编　者

2023 年 6 月

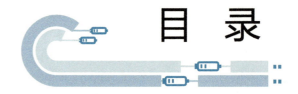

目 录

序言

前言

第1章 绪论 01
  1.1 整车能量管理概念产生的背景 01
  1.2 整车能量管理的特点 02
  1.3 GT-SUITE 在整车能量管理仿真分析中的应用 03

第2章 GT-SUITE 软件的基础知识 06
  2.1 软件简介 06
  2.2 软件安装 07
    2.2.1 适用运行环境 07
    2.2.2 适用操作系统 07
    2.2.3 配置要求 08
    2.2.4 安装前准备 08
    2.2.5 安装步骤 08
    2.2.6 许可验证 14
  2.3 GT-SUITE 基础操作 16
    2.3.1 界面启动与介绍 16
    2.3.2 新建模型 16
    2.3.3 GT-SUITE 参数设置 19
    2.3.4 GT-SUITE 部件连接 21
    2.3.5 GT-SUITE 求解设置 22
    2.3.6 GT-POST 结果查看与结果后处理 26

第3章 车辆动力学及传热学基础理论 34
  3.1 车辆动力学基础理论 34
    3.1.1 汽车动力性指标 34
    3.1.2 汽车经济性指标 34
    3.1.3 汽车行驶的阻力 35
    3.1.4 汽车行驶动力学方程式 37

		3.1.5 GT-SUITE 关于整车动力传动系统模型的动力学方程	37
		3.1.6 建立车辆模型所需的基本数据	38
		3.1.7 GT-SUITE 中车辆仿真的分析模式	39
	3.2	传热学基础理论	40
		3.2.1 热量传递的基本方式及基本原理	40
		3.2.2 传热过程、传热系数及边界条件	43
		3.2.3 换热器分类及传热计算基本原理	44
		3.2.4 GT-SUITE 对于换热器的处理	46

第 4 章 整车动力传动系统的建模和仿真 ... 49

4.1	整车动力传动系统概述		49
4.2	传统燃油车动力传动系统建模和仿真		49
	4.2.1	固定档加速过程建模	49
	4.2.2	驾驶过程建模	71
	4.2.3	循环工况建模	77
	4.2.4	稳态过程建模	83
	4.2.5	手动档结构建模	85
4.3	纯电动汽车动力传动系统建模		91
	4.3.1	定转矩加速过程建模	91
	4.3.2	循环工况建模	98
	4.3.3	简易制动能量回收系统建模	104
	4.3.4	简易电池控制系统建模	113
4.4	混合动力汽车传动系统案例讲解——以 P2 架构为例		117
	4.4.1	并联式混合动力架构概述	117
	4.4.2	GT-SUITE 模型讲解	118
	4.4.3	状态控制模型讲解	119
	4.4.4	离合器控制模型讲解	124
	4.4.5	变速器控制模型讲解	126
	4.4.6	电池控制模型讲解	128
4.5	混合动力电动汽车策略最优化算法讲解——以 P0~P4 架构为例		128
	4.5.1	DP 和 ECMS 介绍	129
	4.5.2	GT-SUITE 中的 ECMS	130
	4.5.3	GT-SUITE 中的 DP	131
	4.5.4	P0~P4 案例	132
4.6	流程化建模向导——GT-DRIVE+		137
	4.6.1	GT-DRIVE+ 建模向导	137
	4.6.2	创建 GT-DRIVE+ 架构	142

第 5 章 动力总成热管理系统的建模 ... 157

5.1	动力总成热管理系统概述		157
5.2	车辆动力总成热管理系统仿真的主要内容		157
5.3	发动机热管理系统建模		158
	5.3.1	模型架构	158

5.3.2	建模流程	159
5.3.3	建模常用模块	159
5.3.4	水泵	161
5.3.5	散热器	167
5.3.6	发动机机体	182
5.3.7	节温器	185
5.3.8	模型计算相关设置	188

5.4 电驱动、电池热管理系统 ... 193

5.4.1	建模原理	193
5.4.2	热源建模	193
5.4.3	电子水泵建模	203
5.4.4	电子风扇建模	204
5.4.5	换热器建模	206
5.4.6	节温器	218
5.4.7	膨胀水壶	219
5.4.8	电驱动、电池热管理系统模型介绍	222

5.5 拓展介绍 ... 229

5.5.1	准 3D 发动机	229
5.5.2	准 3D 电池	231
5.5.3	准 3D 电机	235
5.5.4	换热器缩放	239

第 6 章 整车空调系统的建模 ... 240

6.1 空调系统概述 ... 240
6.2 空调系统仿真的主要内容 ... 240
6.3 空调系统相关模块介绍 ... 242

6.3.1	PID 控制模块	242
6.3.2	膨胀阀	244
6.3.3	换向阀	247
6.3.4	旁通阀	250
6.3.5	压缩机	252
6.3.6	乘员舱	254
6.3.7	风门	260
6.3.8	循环初始化	262
6.3.9	压焓图、温熵图（Ph-Ts）输出	263

6.4 空调系统建模流程 ... 264

6.4.1	空调系统模型介绍	264
6.4.2	拓展：热泵系统	273

6.5 使用 GT-TAITherm 进行舒适性分析 ... 273

6.5.1	GT-TAITherm 概述	273
6.5.2	GT-TAITherm 模型处理	274

  6.5.3 乘员舱 COOL-3D 建模 ……………………………………………… 284
  6.5.4 GT-ISE 模型建立 …………………………………………………… 294
  6.5.5 高级建模功能 ……………………………………………………… 306

第 7 章 整车能量管理系统的联合仿真 …………………………………… 312

7.1 整车能量管理系统的仿真模型概述 ……………………………………… 312
7.2 动力舱 COOL-3D 建模 …………………………………………………… 313
  7.2.1 COOL-3D 建模原理 ……………………………………………… 313
  7.2.2 COOL-3D 建模需求参数 ………………………………………… 313
  7.2.3 COOL-3D 建模流程 ……………………………………………… 314
  7.2.4 COOL-3D 标定流程 ……………………………………………… 327
  7.2.5 COOL-3D 其他应用 ……………………………………………… 336
7.3 整车与各子系统模型的连接 ……………………………………………… 338
  7.3.1 整车传动系统与发动机冷却系统连接 ………………………… 339
  7.3.2 车辆动力系统与电驱冷却系统连接 …………………………… 344
  7.3.3 空调系统与电池冷却系统连接 ………………………………… 348
7.4 整车能量管理联合仿真实例 ……………………………………………… 349
  7.4.1 混合动力汽车的整车能量管理联合仿真实例 ………………… 350
  7.4.2 纯电动汽车的整车能量管理联合仿真实例 …………………… 360

第 8 章 优化与 DOE ……………………………………………………………… 367

8.1 优化和 DOE 概述 ………………………………………………………… 367
8.2 优化相关概念 ……………………………………………………………… 367
  8.2.1 设计优化定义 ……………………………………………………… 367
  8.2.2 局部优化和全局优化 …………………………………………… 368
  8.2.3 "Independent" 变量和 "Sweep" 变量 ……………………… 368
  8.2.4 单目标与多目标优化 …………………………………………… 369
  8.2.5 优化目标定义 …………………………………………………… 370
  8.2.6 搜索算法 ………………………………………………………… 372
8.3 GT-SUITE 集成设计优化 ………………………………………………… 375
  8.3.1 集成设计优化介绍 ……………………………………………… 375
  8.3.2 集成设计优化设置 ……………………………………………… 375
  8.3.3 快速计算选项（Faster Runtime）……………………………… 377
  8.3.4 并行计算 ………………………………………………………… 378
  8.3.5 优化求解界面 …………………………………………………… 379
8.4 优化实例 …………………………………………………………………… 380
  8.4.1 基础模型说明 …………………………………………………… 380
  8.4.2 优化求解器设置 ………………………………………………… 383
  8.4.3 运行和后处理 …………………………………………………… 383
8.5 DOE（试验设计）方法和操作 …………………………………………… 386
  8.5.1 GT-SUITE 中 DOE 方法介绍 …………………………………… 386
  8.5.2 DOE 的激活和设置方法 ………………………………………… 387

8.6 基于实例的 DOE 分析过程介绍 ……………………………………………… 391
  8.6.1 实例模型介绍 ……………………………………………………………… 392
  8.6.2 DOE 的设置和求解 ……………………………………………………… 394
  8.6.3 DOE 后处理 ……………………………………………………………… 395

参考文献 ……………………………………………………………………………… **406**

第1章 绪 论

1.1 整车能量管理概念产生的背景

自 1879 年德国工程师卡尔·本茨发明第一辆汽车以来，汽车极大地改变了人类的出行方式，但同时也造成了石油资源的大量消耗。石油资源是不可再生资源，由图 1-1 可以看到，1976 年之后，石油需求量开始明显超过了石油产量，并且这种差距的趋势逐年增加（数据来源：OPEC Annual Statistical Bulletin，欧佩克年度统计公报）。因此，提高石油资源使用效率、改善能源需求结构已成为全人类共同面对的课题。

图 1-1 石油产量与需求量

对于传统燃油车，汽车行驶需要将燃料的化学能转化为机械能，其具体过程为，燃料燃烧产生的能量转化为发动机指示功、换热损失、排气损失和空调能耗。发动机指示功中，输出功经由传动系输出，经过液力变矩器和传动部件作用于车身，一部分用于克服滚动阻力，一部分用于克服风阻，一部分用于克服加速阻力。燃料化学能在整车上的分配如图 1-2 所示。

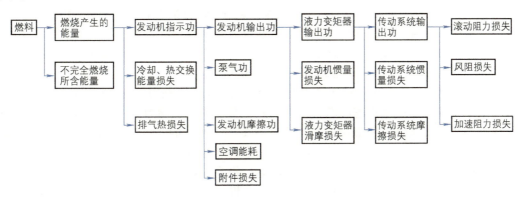

图 1-2 燃料化学能在整车上的分配

为降低汽车对石油资源的需求，其主要对策有以下两种：一是提高传统汽车的能量转换效率；二是大力发展各种新能源汽车，如纯电动汽车（BEV）、混合动力电动汽车（HEV）以及燃料电池电动汽车（FCV）。

从目前的发展态势来看，新能源汽车已成为汽车行业的发展方向。根据中国汽车工业协会数据，2022 年我国新能源汽车销量为 688.7 万辆，同比增长 93.4%。其中，纯电动汽车销量为 536.5 万辆，同比增长 81.6%；插电式混合动力汽车销量为 151.8 万辆，同比增长 150%。

不论是传统汽车还是新能源汽车，提高其能量利用率都是技术开发者追求的目标，整车能量管理的概念也应运而生。整车能量管理可以理解为从整车角度出发，根据能量传递路径，对各子系统的热能、机械能和电能等进行综合管理，通过优化控制策略，在保证动力性的前提下实现最优经济性，从而降低能源消耗。

1.2　整车能量管理的特点

车辆的研发，不仅要实现各部件的工作可靠性，同时也要实现能量利用率最优，因此从整车层面对各子系统进行能量统筹管理已经成为汽车研发必须要考虑的内容。整车能量管理可细分为整车和动力总成层面的能量利用和热管理系统部件的能量消耗两部分。

对于传统燃油车，整车能量利用效率主要取决于发动机的有效效率，热管理系统的结构也比较简单，这是由于传统燃油车的热系统都是围绕发动机建立的，如发动机冷却系统、动力舱、润滑系统等，尤其是冷却、空调系统中的水泵和压缩机也是由发动机驱动。通过分析确定整车、发动机、变速器、车身、底盘和热管理等各系统在能量消耗中的合适占比，有针对性地使各个系统降低能耗，从而实现良好的经济性。热管理系统还要考虑热安全性，包括高温极限工况（低速陡坡、高速缓坡等）、动力舱关键部件热害以及冷启动工况。

纯电动汽车的能量管理是从传统燃油车能量管理的基础上发展起来的。在电动汽车中，电机及其控制器取代常规发动机，将高压电池中的电能转化成机械能以驱动车辆运行。电池是电动汽车唯一的动力源，无论是行驶系统还是热管理系统，都需要从电池获得能量。在进行电池热管理系统设计时，不但要考虑热管理系统能否满足电池、电机等对温度的需求，还需要考虑对续驶里程的影响。因此，综合考虑电动汽车能量管理系统对电动汽车的设计和开发尤为重要。电动汽车能量管理系统包括动力系统、热管理系统两大部分，其中热管理系统主要包括电池热管理、电驱动热管理和空调热管理三个部分。在实际开发工作中，需要了解 CLTC 循环工况下的整车能量流传递过程，并能够有效监测动力传递过程中的能耗占比情况，明确整车动力传递、能量传递及能量回收情况，为实现整车系统优化控制和整车降能耗分析提供支持。此外值得一提的是，纯电动汽车热管理系统在高低温工况下能耗较大，会对高低温续驶里程衰减率产生很大的影响。

混合动力汽车既有纯电动汽车动力性强的优点，又可以利用传统燃料比功率高的特点，解决充电不便导致的里程焦虑问题，大大提高了车辆的续航能力，因此该技术也越来越受到国内外主机厂的关注，例如丰田的普锐斯汽车、比亚迪的 DM-i 超级混动汽车等。混合动力汽车具有电机和发动机两个动力源，其技术难点在于如何确定能量管理策略，协调匹配动力系统来使汽车动力经济性处于最佳状态，提高续航能力，减少废气排放。因此，合理有效的能量管理策略对于提高车辆行驶的动力性、燃油经济性以及续驶里程具有重要的作用。例如，并联式混合动力汽车的工作模式可分为纯电动驱动、发动机驱动、混合驱动、行车充电和再生制动五种,因此需要对动力总成工作模式进行切换策略设计,来实现对发动机和电机动力的合理分配。混合动力汽车热管理系统除了发动机热管理系统以外,还包含电机电控冷却系统、电池冷却系统和空调系统等。并联式混合动力汽车能量管理策略的设计思想主要是:根据使用工况的不同要求,合理安排电机和电池两种动力源,利用电机馈能的优点,调整发动机的负荷使其尽量在高效区工作,起到"削峰填谷"的作用,要确保车辆电机、电池、控制器、发动机处于最佳工作温区,在极限工况下处于安全工作温区,并且令整车在高低温环境下都有较小的能耗,提高整车经济性。

1.3 GT-SUITE 在整车能量管理仿真分析中的应用

整车能量管理属于多学科多物理场的交叉领域,涉及电、化学、机械、热等多种能量形式,为提高整车能量利用效率而进行的动力传动系统的改进设计,以及新能源能量流的分配和切换,都使得整车能量传递和转换系统日益复杂,由于仅仅通过试验的方法很难获得优良的设计方案,因此需要借助仿真分析的手段来进行综合性设计。GT-SUITE 是一款多物理场仿真软件,可以完成对车辆的机、电、液、热和控制等系统的建模,进行整车能量管理系统仿真、分析和优化。软件按架构分为前处理(GT-ISE)、求解器(GT-SUITE、GT-POWER 等)、后处理(GT-POST)。软件按模块分类如图 1-3 所示。

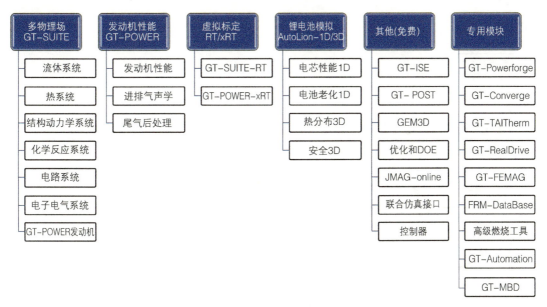

图 1-3　GT-SUITE 软件的模块分类

1. 软件各模块的分类释义

1)GT-SUITE 是专业的多物理场仿真模块,广泛应用于车辆领域的整车能量管理仿真,也可用于各种工业场景和仿真领域,详细内容如图 1-4 所示。

2)GT-POWER 是专业的发动机仿真模块,可以进行发动机性能、进排气气动噪声及尾气后处理计算。

3)GT-SUITE-RT 是用于多物理场实时仿真的模块,用于 HiL 测试或者虚拟标定,该模块需要对模型进行一些简化处理。

4）GT-SUITE-xRT 是专门针对发动机模拟的实时仿真模块，满足发动机虚拟标定的需求，该模块能够在不简化模型的基础上，完成实时计算，既保证精度又保证计算速度。

图 1-4　GT-SUITE 多物理场应用领域

5）GT-AutoLion 是专业的锂电池分析模块，可以进行锂电池芯/包的性能、寿命和安全性分析。

2. 其他模块

一些模块可作为多物理场模型的补充，包含各种方便、专业的工具。

1）GT-Powerforge 是专业的功率转换器仿真工具。

2）GT-Converge 是专业的计算流体力学（CFD）和燃烧仿真工具。

3）GT-TAITherm 是专业的舒适性仿真工具。

4）GT-RealDrive 是专业的路谱、RDE 分析工具。

5）GT-FEMAG 是专业的电机设计工具。

6）FRM-DataBase 是发动机模型数据库。

7）高级燃烧工具用于更精准的分析燃烧过程和性能。

8）GT-Automation 是用于二次开发，包含 GT-SUITE 的应用程序编程接口（API）工具。

3. 控制器硬件对接

整车能量管理需要使用 GT-SUITE，如果需要和硬件控制器对接，还需要用到 GT-SUITE-RT。

由 GT-SUITE 软件特点和所包括的模块可知，GT-SUITE 软件几乎涵盖了整车系统仿真分析的全部功能，符合整车开发的不同阶段、不同部门之间工具一致性的要求，如图 1-5

所示。

GT-SUITE 是一个非常适合整车能量管理仿真的软件，其平台性的优势在于：①简化仿真环境，只需要一款软件的 License，工程师不需要重复学习；②在同一个平台下，不同子系统之间信息交互方便；③计算速度较快。

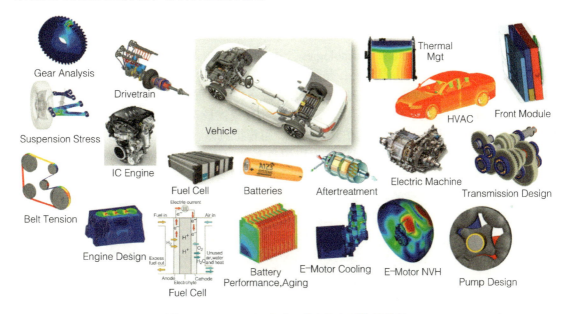

图 1-5　GT-SUITE 应用于整车及各系统的仿真

4. 基于仿真的整车能量管理分析

基于仿真的整车能量管理分析内容涉及以下六个方面：

1）整车动力传动系统架构分析。
2）电机、变速器、发动机、电池等部件的性能匹配和优化。
3）能量管理系统参数设定、匹配及零部件选型。
4）整车能量流仿真分析和优化。
5）整车热管理和热舒适性仿真分析和优化。
6）整车能量管理控制策略制定和优化。

本书将对上述 1）~5）进行展开说明，并通过相应模型案例进行讲解；对 6）部分的内容略有涉及。

第 2 章 GT-SUITE 软件的基础知识

2.1 软件简介

GT-SUITE 由美国 Gamma Technologies 公司开发，是领先的 0D／1D／3D 多物理场计算机辅助工程（CAE）系统仿真软件，是革命性的基于模型的系统工程（MBSE）工具。GT-SUITE 软件开发于 1994 年，在全球各地都有办公室，一方面，持续进行软件的功能开发和升级；另一方面，专注于高级咨询项目，为合作伙伴提供最先进的仿真技术支持。

GT-SUITE 提供了一套全面的仿真模块库，可模拟流体、热、机械、电气、磁、化学和控制部件的物理过程。因此 GT-SUITE 可以覆盖多种应用领域，包括公路车辆、非公路车辆、海运及轨道运输、工程机械、航空航天、电力等领域，如图 2-1 所示。

图 2-1 GT-SUITE 的应用领域

GT-SUITE 深耕汽车领域，包含了丰富的车辆相关模块，这些模块都是常年工程实践经验的积累。从 GT-SUITE 的车辆模块库中，用户可以建立几乎任何整车以及各子系统的准确模型，包括车辆、发动机、传动系统、变速器、新能源动力总成系统、液压系统、润滑和摩擦、热管理、化学、尾气后处理等子系统。GT-SUITE 软件仿真涉及的整车及各个子系统，如图 2-2 所示。

图 2-2 GT-SUITE 在整车及各子系统的应用

第 2 章 GT-SUITE 软件的基础知识

　　GT-SUITE 是革命性的多物理场集成仿真的 CAE 工具。它不仅可以实现 0D/1D 的高级系统建模，同时它还是一个详细的 3D 建模工具，具有内置的结构和热 3D 有限元分析（带有原位网格划分器），也有柔性体的 3D 多体动力学以及 3D CFD。GT-SUITE 的强大功能在于，将高保真 3D 组件模型无缝集成到 0D/1D 系统级模型中，从而为它们提供准确的瞬态多物理场边界条件，并确保所有子组件之间的双向交互。同时，GT-SUITE 为软/硬件在环（SiL/HiL）和控制系统仿真提供快速的 0D/1D 建模解决方案，这确保了此类集成模型在整个 CAE 仿真中的广泛应用。此外，DOE、优化以及分布式计算和并行处理等各种内置的高级功能可提高用户的仿真能力和效率。以上所有特点使 GT-SUITE 成为领先的 MBSE 工具，适用于汽车开发的整个 V 形开发过程，如图 2-3 所示。

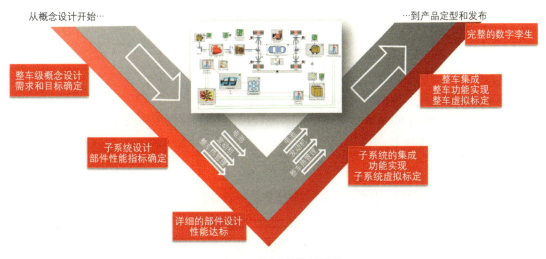

图 2-3　GT-SUITE 在车辆上各系统上的应用

2.2　软件安装

2.2.1　适用运行环境

GT-SUITE 软件运行环境如图 2-4 所示。

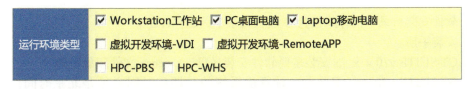

图 2-4　GT-SUITE 运行环境

2.2.2　适用操作系统

表 2-1 列举了 GT-SUITE 不同版本所要求的 Windows 和 Linux 系统。

表 2-1　GT-SUITE 运行环境

平台	操作系统	架构	v2020	v2021	v2022	v2023
Windows	Windows 2012 R2	x86_64	√	√		
	Windows 2016		√	√	√	√
	Windows 2019				√	√
	Windows 7		√	√	√	
	Windows 8		√	√		
	Windows 10		√	√	√	√
	Windows 11		√	√	√	√
Linux	RHEL/Centos		6.0~8.0	6.0~8.2	7.0~8.4	7.0~9.0
	Open SuSE		12.1~42.3	12.1~42.3	12.1~42.3	
	SuSE Enterprise Server		12	12, 15.2	12, 15.2	12.4, 15.1~15.4

说明：

1）官方不支持虚拟机安装和运行 GT-SUITE；

2）Linux 系统最低版本为 RHEL6/openSUSE12.1/SLES12（glibc >= 2.12），且必须安装 32 位 glibc.*.i686 包。

2.2.3　配置要求

GT-SUITE 软件安装对计算机硬件的配置要求见表 2-2。

表 2-2　GT-SUITE 配置要求

硬件	最低配置要求	建议配置
处理器	Intel：P4 或 AMD：Athlon	更高
内存	8 GB RAM	更高
占用空间大小	18GB	更高
显示器分辨率	1280 × 768	
Windows 系统防火墙		关闭
显卡要求	独立显卡，显存 256MB 以上	更高

2.2.4　安装前准备

1）软件安装目录（推荐路径为 D 盘根目录下，D：\GTI）。

2）安装手册。

3）GT-SUITE v20×× 的安装需要软件安装光盘、License 文件和加密狗。

4）GT-SUITE v20×× 安装前，计算机系统的日期和时间必须是北京时间，误差在 15min 之内，此后，该计算机的时钟在任何时候都不能改动。

5）确保安装盘有写入和新建权限。

2.2.5　安装步骤

本节以 GT-SUITE v2023 版为例具体说明在 Windows 系统中软件和服务器的安装过程。

1）放入安装光盘，系统会自动开始安装，或者运行文件夹中的 setup-windows.exe 程序，如出现图 2-5 所示的软件安装是否重启对话框（可直接进入安装准备界面），单击"否（N）"。

图 2-5　软件安装是否重启对话框

2）出现图 2-6 所示的软件安装版本介绍（"Introduction"）界面，单击"Next"。

图 2-6　软件安装版本介绍界面

3）出现图 2-7 所示的支持的系统版本（"Supported Windows Platforms"）界面，单击"Next"。

4）进入图 2-8 所示的选择软件安装类型（"Select Installation Type"）界面，勾选需要的模块，单击"Next"。

图 2-7　支持的系统版本界面　　　　图 2-8　选择软件安装类型界面

5）进入图 2-9 所示的设置软件安装路径（"Installation Directory"）界面，选择安装路径，建议默认路径或 # : \GTI，单击 "Next"。

6）进入图 2-10 所示的设置软件临时文件存放路径（"Choose GT-SUITE Temporary/Working Folder"）界面，选择临时文件存放路径，建议默认，单击 "Next"。

图 2-9　设置软件安装路径界面　　　　图 2-10　设置软件临时文件存放路径界面

7）进入图 2-11 所示的 "Choose License Type" 界面，本地 License 选择 "Local License Service-Install Now"，客户端调用服务器 License 的，选择 "Remote License Server"，然后单击 "Next"。

8)进入图 2-12 所示的"FLEXlm Setup"(License 配置器安装)界面,选择"Automatically…",单击"Next"。

图 2-11　选择 License 类型

图 2-12　FLEXlm 安装

9)进入图 2-13 所示的选择 FLEXlm 安装路径("Choose FLEXlm Installation Folder")界面,选择 License 配置器安装路径,建议默认,单击"Next"。

10)进入图 2-14 所示的选择许可文件("Choose License (.dat) File")界面,添加软件配置的 License 文件,单击"Next"。

图 2-13　选择 FLEXlm 安装路径界面

图 2-14　选择许可文件界面

11)进入图 2-15 所示的设置计算机名("GT-SUITE Licensing Setup")界面,本地 License 输入"27005@localhost",调用其他计算机的 License 时输入"27005@×××"

（×××为所调用License计算机的计算机全名或IP地址）。也可以多个输入，中间用"；"连接（如：27005@localhost；27005@XXX；27005@YYY），单击"Next"。

若出现图2-16所示的许可安装提示信息（"Info"）界面，单击"确定"。

图2-15　设置计算机名界面

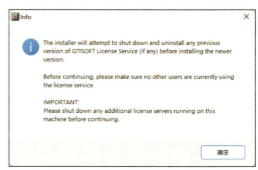
图2-16　许可安装提示信息界面

12）进入图2-17所示的选择同意许可条款（"GT-TAITherm License Agreement"）界面，选择"I accept…"，单击"Next"。

13）进入"Pre-Installation Summary"（软件安装信息汇总）界面，单击"Next"。

图2-17　选择同意许可条款界面

14）软件开始安装，设置软件安装路径界面如图2-18所示。

15）如果弹出显卡升级警告，单击"确定"即可。

16）系统弹出图 2-19 所示的加密狗安装提示（"Plug In Hardlock"）界面，确认加密狗插上，单击"确定"。

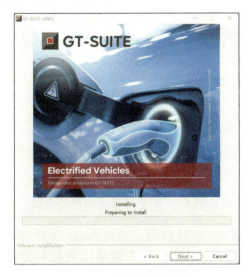

图 2-18　设置软件安装路径界面　　　　图 2-19　加密狗安装提示界面

17）出现图 2-20 所示的软件安装完成（"Installation Complete"）界面，勾选"Create desktop shortcuts"，单击"Finish"。

图 2-20　软件安装完成界面

18）出现图 2-21 所示的问询是否立即重启计算机（"Question"）界面，单击"是（Y）"。

图 2-21　问询是否立即重启计算机界面

2.2.6　许可验证

1）检查加密狗运行状态：运行—cmd—getid，提示"HaspHL status is OK"，即加密狗运行正常。

> **注意**：计算机时间的任何改动，都被认为是非法操作，将直接导致加密狗烧毁。

2）检查 License 管理器设置是否正确。打开 GT 安装路径，找到 flexlm 文件夹下的 lmtools.exe（默认路径是 C：\Program Files(x86)\GTI\flexlm），并右键单击管理员身份运行，在许可管理器"（Config Services）"面板（图 2-22）中确认以下各项设置是否正确。在"Config Services"面板中的设置如图 2-22 所示，Service Name 可以是任意名字（如 GTI License manager），lmgrd.exe 指定其所在位置，保持默认值即可；在 License File 中需要指定许可文件的存放位置；Debug Log File 也可以是任意名字（如 key\gtilog.txt）；在"Start Server at Power Up"和"Use Services"选择框打勾。

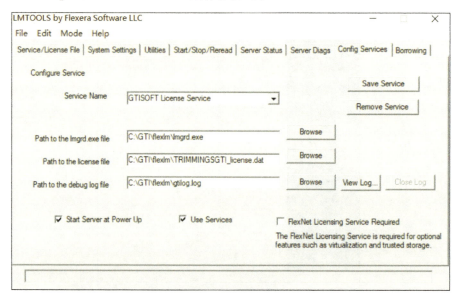

图 2-22　许可管理器面板

如图 2-23 所示，在"Start/Stop/Reread"面板中单击"Start Server"按钮，如果启动失败，则单击"Stop Server"按钮后重试。

第 2 章 GT-SUITE 软件的基础知识

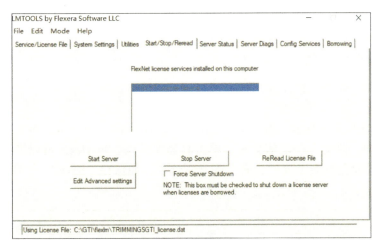

图 2-23　Start/Stop/Reread 面板

3）运行程序，能够打开软件，打开界面如图 2-24 所示。

图 2-24　软件启动界面

15

2.3 GT-SUITE 基础操作

2.3.1 界面启动与介绍

GT-ISE 是 GT-SUITE 软件通用前处理模块，有以下两种启动方式：①桌面图标启动；②开始菜单启动。

GT-ISE 启动界面如图 2-25 所示。界面右侧为 GT 官网，用户可以查看 GT-SUITE 软件相关的网络培训、博文、会议信息等。单击界面左下角 Libraries，可以进入 GT-SUITE 软件的模板库。界面左侧为工具栏、有一些常用选项，如保存（Save）、打开（Open）、退出（Exit）等。

图 2-25　GT-ISE 启动界面

其他常用选项有：

1）Resources：该选项用于新建模型，也可以直接打开 GT-SUITE 软件中的其他模块，如 GT-POST、GEM3D 等。

2）Examples：GT-SUITE 按照应用方向，为用户提供了大量的建模实例，在该选项下，用户可以对关注的实例模型进行查看和学习。

3）Tutorials：该选项包括软件教程所涉及的源文件和最终模型，方便用户学习。

4）Manuals：GT-SUITE 软件的理论知识文档和教程文档，GT-SUITE 软件设置了文档打开密码，密码均为 IntegratedCAE。

其中，Examples、Tutorials 和 Manuals 均可以在软件安装目录（安装盘 /GTI/v20××）下找到，分别对应 examples、tutorials 和 documents 文件夹。

2.3.2 新建模型

在 Resources 选项下，可以新建模型、模板、子系统等，根据应用目的新建模型。

1）在 Resources 选项下，单击 Create New 下的 Model，跳出文件创建向导，如图 2-26 所示，文件类型（File Type）包括两种类型：模型文件（Model Files）和模型管理文件（Model Management Files），根据建模目的，选择相应的文件类型，单击"Next"。

图 2-26　选择文件类型

2）如图 2-27 所示，根据软件许可，选择相应的许可类型，根据建模的目的，选择相应的 Application，通过选择 Application，软件可以在模型树中加载或过滤相应的模板，提高建模效率，选择完成后，单击"Next"。

图 2-27　选择许可和应用

3）如图 2-28 所示，根据建模目的选择需要预加载的模板，单击"Finish"，完成建模向导设置。

图 2-28　模板初始化

完成后，GT-ISE 工作界面如图 2-29 所示，其中：

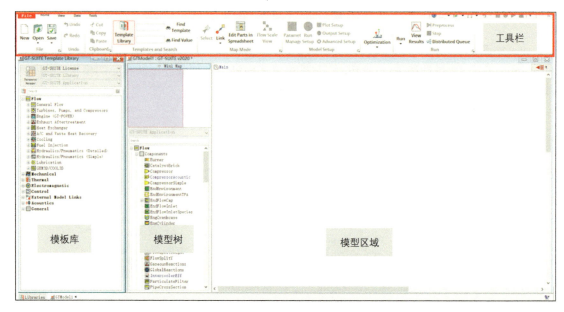

图 2-29　GT-ISE 工作界面

1）工具栏——在软件顶部区域，可实现新建、打开和保存文件等功能。

2）模板库——单击左下角的 Libraries 或顶部工具栏中的 Template Library，可以打开和关闭模板库。

3）模型树（树目录）——建模时所用模板都会出现在模型树中，方便用户进行相关的操作，模型树上部还有一个小窗口（Mini Map），可以对模型进行全局预览。

4)模型区域——建模操作区域。

2.3.3 GT-SUITE 参数设置

GT-SUITE 采用对象化建模,有三个层级,如图 2-30 所示,分别是模板(Template)、对象(Objects)、部件(Parts)。

1)模板(Template):最高层级,在模板库中,所有属性未被定义,如图 2-30 所示的 PipeRound。

2)对象(Objects):在模型树中对模板定义好参数和名称,即生成了模板的对象(Objects),如图 2-30 所示的 ExPort 等。

3)部件(Parts):对象在模型区域被使用,即生成了部件,子部件和父对象有相同的参数值,同一对象的多个部件参数均相同,如图 2-30 所示,ExPort-1、ExPort-2、ExPort-3 和 ExPort-4 参数都相同,用户无法在部件层级进行参数修改,参数修改只能在对象层级进行。

因此,GT-SUITE 建模的第一步就是将模板从模板库拖入模型树中,用户在模型创建向导中选择 Application,即可将所需大部分模板加载到模型树中。当模型树中缺少模板时,用户可以通过以下两种方式进行查找:

1)模板库分类如图 2-31 所示,直接在模板库中找到模板位置,模板库已按物理属性进行了分类,如流体库(Flow)、机械库(Mechanical)等,单击"+",可以展开库。

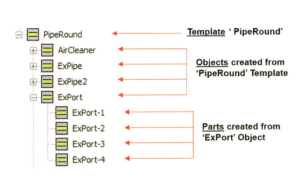

图 2-30 GT-SUITE 参数层级　　　　　　图 2-31 模板库分类

2)输入模板名称,直接查找所需模板。

① 在模板库的 Search 对话框输入模板名称,如图 2-32a 所示。

② 在 Home 面板 Find Template 中输入模板名称,如图 2-32b 所示。

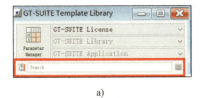

a)　　　　　　　　　　　　　　　　b)

图 2-32 模板查找途径

在模型树中，双击需要进行参数设置的模板或在模板上单击右键，选择 Add Object 均可打开参数设置窗口，如图 2-33 所示。

1）Template Help 是模板的帮助说明，单击即可打开帮助文件。帮助文件对模板的功能以及每一个参数的含义都有详细的解释。

2）模板中黄色叹号表示缺少参数，需要进行参数设定，如图 2-34 中的名称"Enter Object Name"，以及 Main 选项卡和 Thermal 选项卡的提示；当所有选项卡均为绿色"√"时，表示模板已完成参数定义。

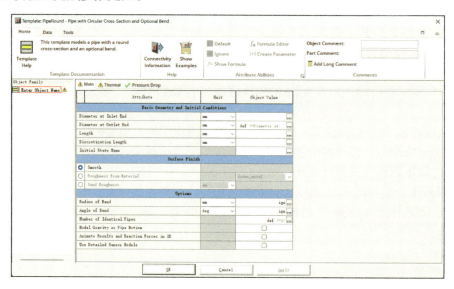

图 2-33 模板参数设置窗口

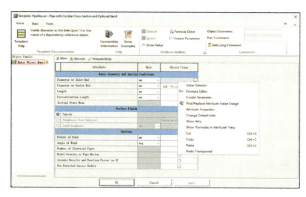
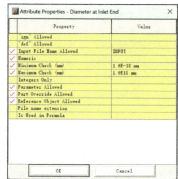

图 2-34 参数属性特征

3）设定参数时，用户可以视情况采用以下几种方式进行设定：

① 具体数值，即常数（包括通过计算公式得到的结果）。

② "ign"：该参数可以忽略。

③ "def"：该参数使用 GT-SUITE 的默认值。

④ 普通变量：将变量名置于方括号中，如 [para]，在"Case Setup"中输入具体的数值或引用参考模块等。

⑤ 指针变量：变量名为一串自定义字符，视应用场合的不同，可以是固定模板或设置为随某个参数变化的量，也可以直接在对应的输入选项中输入指针变量名称，通过双击变量名称来调用、选择参考项。

4）参数属性特征如图 2-34 所示，在参数输入框（Object Value）中单击右键，选择 Attribute Properties，用户可以查看该输入框允许输入的参数类型及范围，带有对勾的即为允许输入的参数类型。

5）GT-SUITE 允许用户在不同的模型之间进行对象（Object）的复制，选择需要复制的对象，单击右键，选择 Copy 或直接按 <Ctrl+C> 键，就可以在另一个模型的模型树或建模区域进行粘贴。

2.3.4　GT-SUITE 部件连接

整车模型如图 2-35 所示，包括建立手动档汽车模型所需要的部件，并按位置关系进行摆放：

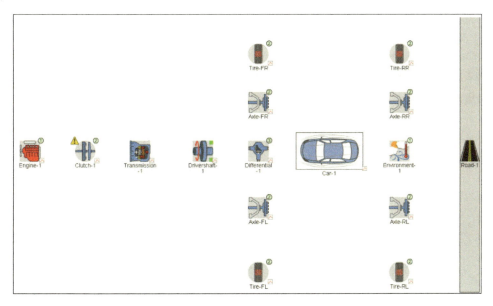

图 2-35　整车模型

1）将部件拖入模型窗口，当模型存在黄色叹号时，表示参数没有定义完整，无法求解。

2）部件右上角数字，表示该部件需要连接的接口数量，在模型求解时，不允许模型有数字存在。

3）用户可以对图标进行旋转，具体操作为：选中部件，单击右键，选择 Rotate/Invert Icons。

用户还可以为部件的图标选择不同的图案，具体操作为，选中部件，单击右键，选择 Choose GTI-Supplied Part Icon。

对象参数定义完成后，对拖入模型区域的部件进行连接，软件提供两种方式进入连接模式：

1）第一种：在 Home → Map Mode → Link 中选择 Start New Link，即可进入连接模式，

当选择 Enable continuous linking 时，即可对部件进行连续连接，如图 2-36 所示。

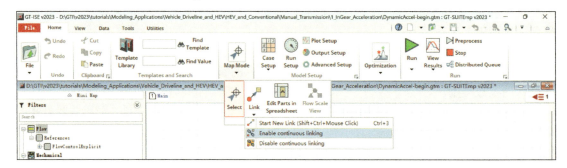

图 2-36　选择连接模式

2）第二种：在空白区域单击右键，选择 Start New Link 或 Select Mode，用户就可以实现模型选择和连接模式的切换。

对部件进行连接时，会出现以下三种情况：

1）两部件都只有一个输入输出端口，连接时不会跳出端口选择窗口。

2）两部件中一个部件有多个连接端口，连接时有多端口的部件跳出端口选择窗口，如图 2-37 所示，连接发动机和离合器时，发动机部件有两个端口，需要选择飞轮还是附件驱动来和离合器相连。

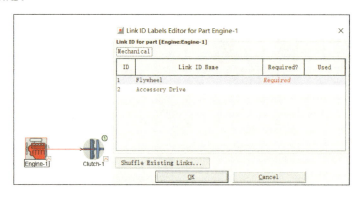

图 2-37　其中一个部件提示需选择端口的弹窗

3）两部件均有多个端口时，会弹出两个部件需要选择端口的弹窗，如图 2-38 所示，主减速器有三个端口，分别是传动轴（Driveline）、右半轴（Right Axle）和左半轴（Left Axle）。半轴也有三个端口，分别是驱动轴（Shaft）、车轮（Wheel）和轴承（Bearing）。当主减速器和半轴连接时，主减速器应该选择 Right Axle 或 Left Axle，半轴选择 Shaft。

2.3.5　GT-SUITE 求解设置

部件连接完成后，在模型求解之前，还需要进行求解设置，求解设置可以在 Home 下找到，如图 2-39 所示，主要包括 Case Setup、Run Setup、Plot Setup、Output Setup、Advanced Setup。

1. Case Setup

Case Setup 窗口如图 2-40 所示。Case Setup 主要进行工况的设置、普通变量的赋值以及

DOE 的设置。

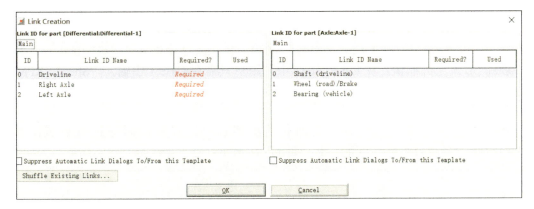

图 2-38　两个部件提示需选择端口的弹窗

图 2-39　求解设置

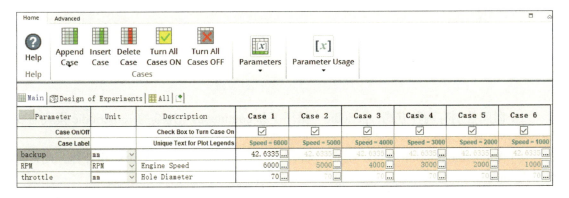

图 2-40　Case Setup 窗口

1）工况设置：用户可以通过 Append Case、Insert Case、Delete Case 进行工况的增加、插入和删除；Turn All Cases ON/ Turn All Cases OFF 可以打开或关闭所有工况，ON 表示参与计算，OFF 表示该工况不进行计算；对单个工况打开或关闭，用户可以单击工况下方的"√"。

2）参数赋值：如图 2-40 所示，模型中所有的普通变量均在 Main 文件夹下，如果用户想对变量进行分类，则可以单击 All 右边的"+"，新建一个文件夹；用户选中变量名，单击右键选择 Move Parameter To Folder，选择目标文件夹，即可将变量移动到 DOE 文件夹或新建的文件夹下。

3）用户可以在 Description 中添加变量描述，如 RPM 为发动机转速。

4）如图 2-40 所示，在 backup 和 throttle 变量中，当给定 Case 1 的值后，其余工况也设定了相同的值，即默认与 Case 1 值相同，避免用户重复定义；当不同工况的值不同时，用户可以分别输入。

5）当工况较多、变量值随工况呈规律性变化时，GT-SUITE 支持以公式的形式对参数进行赋值，如 RPM，用户在 Case 1 中输入 6000，在 Case 2 中输入"=[<1]-1000"，即以递减 1000 的形式完成赋值。在 Case Labe l 中，用户只需在 Case 1 中输入"Speed=[RPM]"，即可对转速进行引用。

2. Run Setup

Run Setup 主要对时间控制、初始化、流体控制、收敛控制等进行设置，其中 TimeControl 主要进行求解时间等设置，如图 2-41 所示。

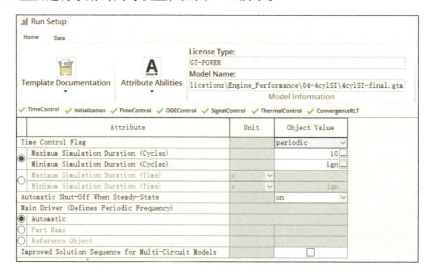

图 2-41　TimeControl 设置

1）时间控制有两种方式，periodic（循环）和 continuous（连续的）。periodic 模式需要设置循环周期，continuous 模式需要设置持续时间。

2）Automatic Shut-off When Steady-State——当系统达到稳态时是否停止计算，用户可以设置 on/off。

3）Main Driver 定义初始的周期频率，提供了三种定义方式，分别是 Automatic、Part Name 和 Reference Object。当进行发动机性能模拟时，用户选择 Automatic 定义周期频率；Part Name 需要用户选择模型中的部件作为频率参考；Reference Object 可以直接设定频率，传递损失分析中使用该方式。

Initialization 用于初始化参数，GT-SUITE 提供了两种初始化方法，如图 2-42 所示。

图 2-42　初始化设置

1）previous_case：使用已经计算的（或前一个）工况进行初始化。

2）user_imposed：使用模型里各个部件中用户输入的参数进行初始化，也可以选择使用导入的文件进行初始化，该文件可以是某个模型的计算结果（.gdx）。

FlowControl 是流体控制，主要对流动回路的求解器进行定义，可以用指针变量的形式进行设定，也可以直接通过 Value Selector 选择 GT-SUITE Library 中的求解器。如图 2-43 所示，求解算法有多种不同的类型，用户可以参考释义来进行选择合适的算法，举例说明以下 3 种常用的求解器：

1）Explicit——显示求解。该求解算法主要用于重点关注高频波动的动力系统，如发动机、声学、燃油喷射、液压和轴承等。

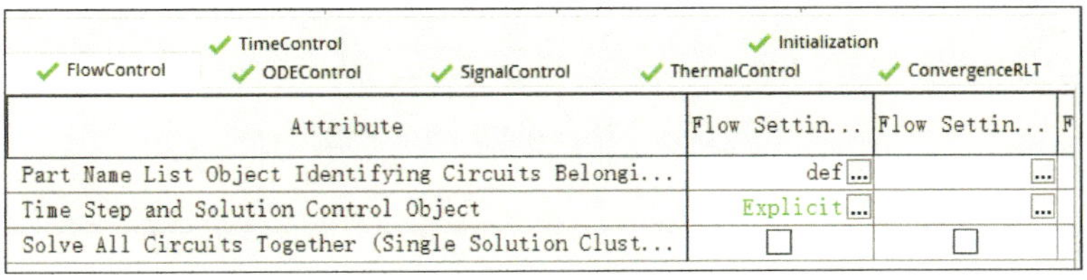

图 2-43　流体控制设置

2）Implicit——隐式求解。该求解算法主要用于不太关注高频波动的动力系统，如冷却、空调、热泵以及基于 Map 的润滑等。

3）Quasi-Steady——半稳态。该求解算法主要应用在尾气后处理的分析。

ODEControl 即常微分方程（Ordinary Differential Equation）控制，如图 2-44 所示，用户可以在 Integrator and Solution Control 中设定计算时间步长。

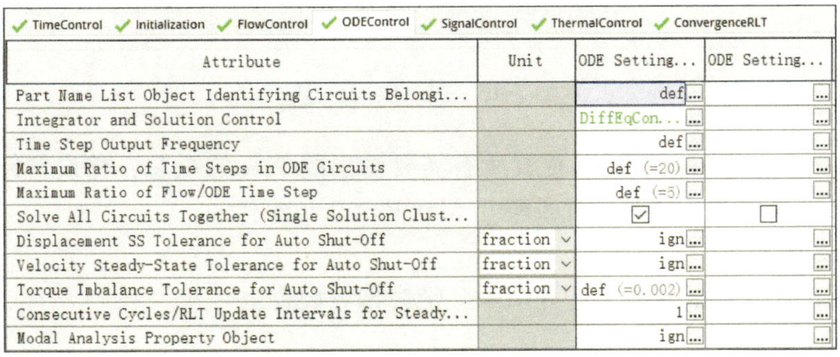

图 2-44　ODEControl 设置

SignalControl 是信号控制，该选项在计算过程中使用较少且功能开发暂不完全，故一般不进行设置。

ThermalControl 是热控制，主要进行温度求解的选择，如图 2-45 所示，用户可以选择自动（automatic）、稳态（steady）、瞬态（transient）等。

ConvergenceRLT：用于结果收敛性的判断、定义收敛标准等。

3. Plot Setup

在模型中，如想要输出某部件的周期性或随时间变化的结果，用户需要在部件中进行设置。双击该部件，在 Plots 下选择需要绘制的曲线或云图，如图 2-46 所示，输出气缸内的缸压曲线。

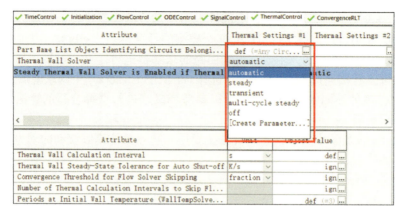

图 2-45　ThermalControl 设置

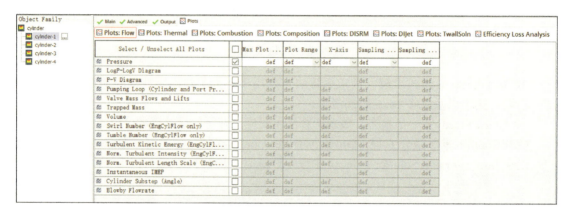

图 2-46　Plot Setup 设置

在 Home → Plot Setup 中可以查看所有需要输出的 Plot 的汇总，并设置结果输出频率。对结果进行 FFT 处理时，FFT 最大频率与 Max Plot Points 有关。

4. Output Setup

该选项主要进行数据存储、计算结果、坐标轴等设置。

5. Advanced Setup

该选项可以设定重力、全局的时间步长、求解器版本等设置。

2.3.6　GT-POST 结果查看与结果后处理

1. 结果查看

在 Home 菜单下，如图 2-47 所示，单击 Run 即可调出求解窗口。单击 Finish 进行计算，软件求解在 GT-POST 中进行。

图 2-47　模型求解

GT-POST 求解界面如图 2-48 所示，分三个区域：模型区域、计算进度和 Console 选项卡。

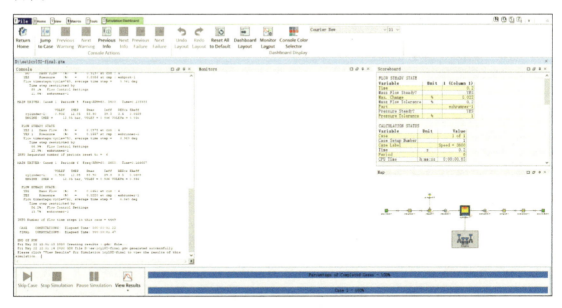

图 2-48　GT-POST 求解界面

1）当下方进度条显示为蓝色 100%，即模型计算完成且没有错误时，单击左侧的 View Result 即可查看结果信息；红色进度条表示模型未计算成功，存在一定的错误。

2）Console 会显示求解信息、警告信息和错误信息，当模型计算不成功时，用户可以查看错误信息对模型进行修改。

当模型计算完成后，可以直接单击 ViewResult 按键在 GT-POST 中查看结果，也可以在 GT-ISE 界面下，单击 Home → View Result 查看结果。

GT-POST 有四种界面的显示模式，如图 2-49 中红色线圈标注所示。

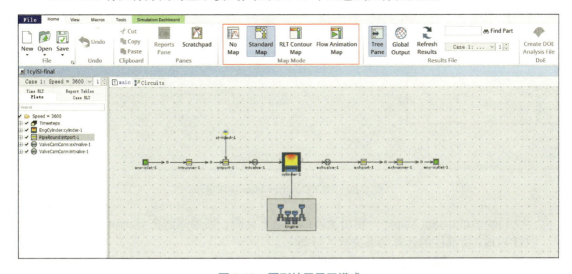

图 2-49　图形结果显示模式

1）No Map——界面中不会显示模型。

2）Standard Map——界面显示模型，用户可以单击模型中的部件进行结果查看。单击模型中任一部件，在模型区域下方将显示该部件的结果，如图2-50所示。

3）RLT Contour Map——在模型中显示结果云图，颜色深浅表示结果的大小，如图2-51所示，用户可在左侧选择工况和结果类型。

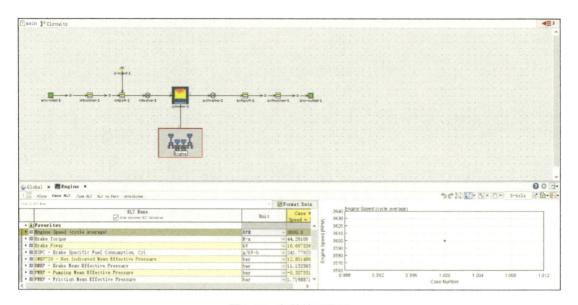

图2-50　部件结果显示

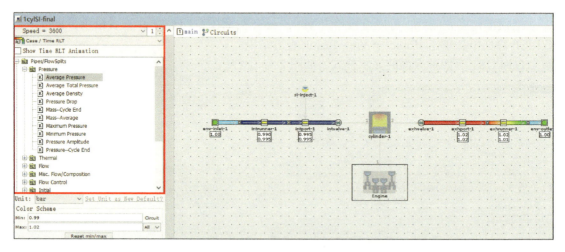

图2-51　RLT Contour Map 结果显示

4）Flow Animation Map——输出流体部件结果动画，需要提前在 Output Setup 中设置。GT-POST 将部件的计算结果进行了分类：

1）Plots：计算结果随时间或者频率变化曲线，双击名称即可查看结果。

2）End of Run Plots：仅用于噪声分析和增压器分析，可以查看 Color Map 图。

3）Case RLT：横坐标可以是 Case 数，也可自定义，例如不同转速下的发动机输出转矩。

4）Time RLT：横坐标可以是 Time 或 Cycle，需要在 Out Setup 中进行设置。

5）Tables：部分关键 Case RLT。

2. 结果对比

GT-SUITE 的结果文件后缀是 .gdx，无法直接进行结果后处理，当用户需要进行结果对比或与试验结果进行对比时，需要新建 New Report File，文件后缀为 .gu。

*.gu 文件是独立于计算结果文件的数据处理文件，可调用 *.gdx 文件中的数据，也可手动输入数据，并对数据进行处理。本节通过具体例子说明结果对比步骤。

1）如图 2-52 所示，在工具栏单击 New，选择 New Report File，新建 GU 文件。

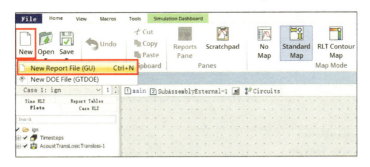

图 2-52　新建结果后处理文件

2）如图 2-53 所示，将需要对比的结果拖入 New Group1 中。

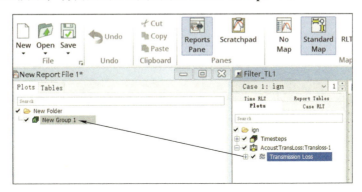

图 2-53　拖动 gdx 结果

3）在拖入完成的结果上，单击右键，如图 2-54 所示。如果是不同计算模型之间的对比，用户可以选择 Change Data Source；如果是和测试数据对比，选择 Add Data。

4）选择 Change Data Source Wizard，系统弹出变更数据向导，选择 Copy，单击"Next"，如图 2-55 所示。

5）如图 2-56 所示，在 File 中找到需要对比的结果文件，单击"Next"。

6）如图 2-57 所示，设置选择结果标签，单击"Finish"，导入对比数据。

7）如图 2-58 所示，选择 Add Data Wizard，系统跳出 Add Data 向导。数据源有四种形式，Explicit 允许用户直接复制粘贴数据，其他还有 Excel、ASCII 及 MAT File 文件。

8）如图 2-59 所示，设定好数据的名称和坐标，单击"Finish"。

图 2-54　选择数据导入方式

图 2-55　选择数据处理方式

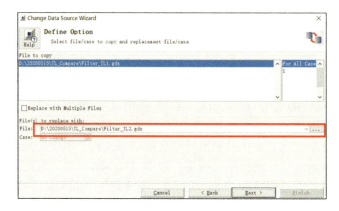

图 2-56　选择对比文件

图 2-57　设置对比数据标签

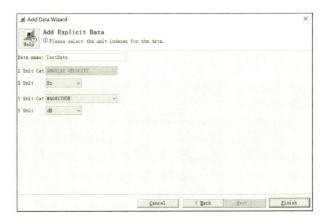

图 2-58　选择导入数据类型

图 2-59　设置数据名称和坐标

9）如图 2-60 所示，在数据输入位置输入 X、Y 的值，单击"OK"，即可完成数据的导入。

3. 数学计算

在 GT-POST 中，用户还可以对结果进行各种数学计算，如计算绝对值、平均值、导数和快速傅里叶变换等，如图 2-61 所示。

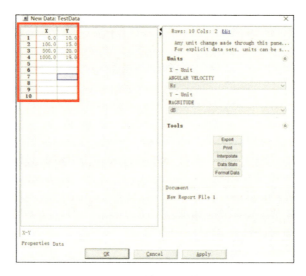

图 2-60 输入对比数据

图 2-61 GT-POST 数学运算类型

1）在工具栏，单击 New，新建 New Report File，并将需要进行数学操作的结果拖入 New Report File，如图 2-62 所示，将一个质量块的加速度拖入 .gu 文件中。

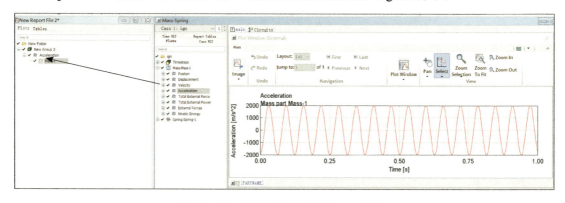

图 2-62 将 gdx 的计算结果导入 .gu 文件中

2）在 Marcos 面板下，单击"Math Operation"，系统弹出数学运算向导。在 Select operation type 中通过下拉箭头选择数据处理类型，选择 FFT，如图 2-63 所示。

3）将待处理的结果拖入 Build math dataset（s）... 中，单击"Finish"，完成 FFT 处理，如图 2-64 所示。

第 2 章 GT-SUITE 软件的基础知识

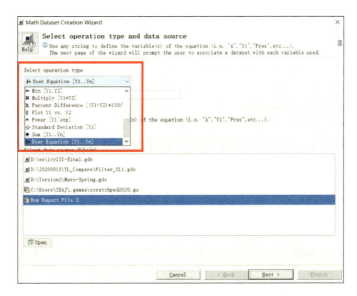

图 2-63　选择数据处理类型

图 2-64　选择需要运算的数据

第3章　车辆动力学及传热学基础理论

3.1　车辆动力学基础理论

车辆动力学主要研究汽车在行驶过程中，汽车滚动阻力、空气阻力、坡度阻力、加速阻力对整车运行的影响，包括汽车自身驱动与制动之间的相互作用。根据作用于汽车上的外力特性，分析与汽车动力学有关的使用性能：动力性、燃油经济性、制动性、操纵稳定性、行驶平顺性以及通过性，并在满足这些整车性能要求的基础上提出选择汽车设计参数的一些原则。本书仅介绍与汽车能量管理相关的动力性、燃油经济性的内容。

3.1.1　汽车动力性指标

汽车运输效率的高低在很大程度上取决于汽车的动力性。因此，动力性是汽车各种性能中最基本、最重要的性能。

汽车的动力性主要由三个指标来定义：

1）汽车的最高车速。最高车速是指在水平良好的路面（混凝土或沥青）上汽车能达到的最高行驶车速。

2）汽车的加速时间。汽车的加速时间表示汽车的加速能力，它对平均行驶车速有着很大影响，特别是乘用车，对加速时间更为重视。常用原地起步加速时间与超车加速时间来表明汽车的加速能力。原地起步加速时间指汽车由1档或2档起步，并以最大的加速强度（包括选择恰当的换档时机）逐步换至最高档后到某一预定的距离或车速所需的时间。超车加速时间指用最高档或次高档由某一较低车速全力加速至某一较高车速所需的时间。最常用的原地起步指标为 0→100km/h 所需的时间。

3）汽车能爬上的最大坡度。

汽车的爬坡能力是用满载（或某一载重质量）时汽车在良好路面上的最大爬坡度表示的（最大爬坡度是指1档最大爬坡度）。

3.1.2　汽车经济性指标

目前，我们研究的汽车类型主要有传统燃油车、混合动力汽车、纯电动汽车等，不同类型汽车的经济性评价指标是有差异的，常用的评价指标有：

1. 传统燃油车经济性指标

1）等速行驶工况燃油消耗量（L/100km）。
2）循环工况下的百公里燃油消耗量（L/100km）。

2. 混合动力汽车经济性指标

1）油电综合折算燃料消耗量（L/100km）。
2）亏电状态燃料消耗量（L/100km）。
3）电动续驶里程（km）。

3. 纯电动车经济性指标

1）电能消耗量（kW·h/100km）。
2）续驶里程（km）。
3）高温开空调续驶里程（km）。
4）低温开暖风续驶里程（km）。

> **注**：以上内容参考了 GB/T 19596、GB/T 19753、GB/T 18386 等相关定义，详细的含义和评价工况请读者参考相关国标或法规的定义。

3.1.3 汽车行驶的阻力

如图 3-1 所示，汽车行驶的阻力主要包括滚动阻力、空气阻力、坡度阻力和加速阻力。行驶的阻力的计算公式为

$$\sum F = F_\mathrm{f} + F_\mathrm{i} + F_\mathrm{w} + F_\mathrm{j} \tag{3-1}$$

式中，$\sum F$ 为行驶阻力之和；F_f 为车轮滚动阻力；F_i 为坡度阻力；F_w 为空气阻力；F_j 为加速阻力。

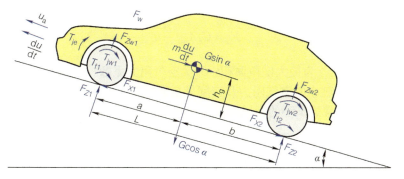

图 3-1 整车受力分析

1. 滚动阻力

滚动阻力在任何条件下都存在。车轮滚动时，由于轮胎与路面接触，轮胎产生了变形。轮胎与支撑面的相对刚度决定了变形的特点。轮胎内摩擦产生的迟滞损失表现为阻碍车轮滚动的一种力偶。但是在真正分析汽车行驶阻力时，一般不具体考虑车轮滚动时受到的滚动阻力力偶，而是依照滚动阻力系数求出等效滚动阻力即可。

滚动阻力 F_f 不仅取决于轮胎状况（所受的载荷、尺寸、结构、充气压力等），而且和汽车当时的行驶状态有关（滚动阻力系数随车速变化）。根据复杂程度不同，可以建立很多滚动阻力模型。

滚动阻力 F_f 定义为滚动阻力系数 f 和 G 的乘积，f 推荐采用以下公式进行计算：

$$f = f_0 + f_1\left(\frac{u_\mathrm{a}}{100}\right) + f_4\left(\frac{u_\mathrm{a}}{100}\right)^4 \tag{3-2}$$

式中，f_1 和 f_4 为滚动阻力系数随车速变化的系数；u_a 为车速；f_0 为初始滚动阻力系数。

但在一般情况下，f 也可以简化为初始滚动阻力系数。实际计算中，可以用到表 3-1 所示的滚动摩擦系数。

表 3-1 常见路面滚动阻力系数

路 面	滚动阻力系数
光滑的沥青路面	0.01
光滑的混凝土路面	0.011
粗糙良好的混凝土路面	0.014
良好的石子路面	0.02
磨损不良的路面	0.035
非常好的地面	0.045
较差的地面	0.16
土壤中的履带车辆	0.14~0.24
土壤中的轮胎	0.07~0.12
松软的沙地	0.15~0.30

2. 空气阻力

汽车运动中的空气阻力是由前后的压力差、汽车表面阻力以及穿过汽车内部气流阻力构成的。空气阻力很大程度上和汽车与空气的相对速度相关，假设相对速度为 v，无风时 $v=u_a$，那么阻力可以表述为动态压力、汽车最大横截面积以及空气阻力系数的乘积：

$$F_w = C_d A_{\max} \frac{\rho}{2} u_a^2 \quad (3\text{-}3)$$

式中，ρ 为空气密度；$A_{\max}$ 为最大横截面积；C_d 为空气阻力系数，由车身设计决定。

可以看出，汽车行驶中的空气阻力和速度呈指数相关，速度越大，阻力越大。

表 3-2 给出了部分常见车型的迎风面积和空气阻力系数。

表 3-2 部分常见车型的迎风面积和空气阻力系数 [1]

车型	迎风面积 A/m²	空气阻力系数 C_d	$C_d \cdot A$/m²
典型轿车	1.7~2.1	0.30~0.41	
货车	3~7	0.6~1.0	
客车	4~7	0.5~0.8	
空车	4	0.941	3.764
载货用篷布盖好	4.65	0.816	3.794
后面装有厢式车厢	5.8	0.564	3.271
油罐车	4	0.716	2.864
Fiat Uno 70i.c.	1.81	0.30	0.546
BMW 750i	2.11	0.33	0.696
Audi 100	2.05	0.30	0.615
Honda Accord Ex2.0i-16	1.70	0.33	0.561
Lexus LS 400	2.06	0.32	0.659
Mercedes 300SE/500SE	2.10	0.34	0.714
Santana X15	1.89	0.425	0.803

数据来源：余志生. 汽车理论 3 版. 北京：机械工业出版社，2000

近年来随着技术的发展，纯电动汽车的风阻系数大幅下降，更加有利于增加续驶里程，节约电池成本。

3. 坡度阻力

坡度阻力是最容易理解的阻力，与坡度的大小和车身重量直接相关，计算公式为

$$F_i = G\sin\alpha \tag{3-4}$$

考虑到我国公路设计规范，一般道路的坡度均较小（小于 9%），故 α 很小，此时有

$$\sin\alpha \approx \tan\alpha = i \tag{3-5}$$

故

$$F_i = G\sin\alpha \approx G\tan\alpha = Gi \tag{3-6}$$

式中，G 为作用于汽车上的重力；α 为坡度角；i 为坡高与底长的比。

4. 加速阻力

在计算加速阻力时，通常会直观地考虑为车身重量与汽车加速度的乘积，但实际上还需要考虑汽车内部的转动惯量对加速阻力的影响。在汽车加速时，可以将旋转质量部分的惯性力偶矩转化为平移质量的惯性力。

汽车加速时的阻力可用以下公式表示：

$$F_j = \delta m \frac{du_a}{dt} \tag{3-7}$$

式中，δ 为汽车旋转质量换算系数（$\delta > 1$）；m 为汽车质量（kg）；$\dfrac{du_a}{dt}$ 为行驶加速度。

3.1.4 汽车行驶动力学方程式

根据上面逐项分析的汽车行驶阻力，可以得到汽车行驶动力学方程式如下：

$$\frac{T_{eng}i_g i_0 \eta_T}{r} = Gf + \frac{C_d A}{21.15}u_a^2 + Gi + \delta m \frac{du_a}{dt} \tag{3-8}$$

式中，T_{eng} 为发动机转矩；i_g（GT-SUITE 表示为 R_t）为变速器速比；i_0（GT-SUITE 表示为 R_d）为主减速器速比；r 为车轮半径；u_a 为汽车行驶速度（km/h）。

以上等式表示了无风天气、正常道路上行驶汽车的驱动力（左边项）和行驶阻力（右边四项）的数量关系，在进行动力性分析时十分有用。

3.1.5 GT-SUITE 关于整车动力传动系统模型的动力学方程

对于整车的动力性、经济性分析，最常用的是把传动系统作为刚性系统考虑。GT-SUITE 中通常基于离合器（或液力变矩器）把整车传动系统分为两套自由联合的惯性系统。这两套系统的方程大致可以理解为：

1）发动机运动方程式（平衡发动机输出转矩与发动机惯性转矩和来自离合器或变矩器的发动机侧负载转矩）：

$$T_{eng} = \left[I_{eng}\right]\frac{d\omega_{eng}}{dt} \tag{3-9}$$

式中，T_{eng} 为发动机转矩；ω_{eng} 为发动机角速度；I_{eng} 为发动机惯性矩（包括发动机侧离合器

的惯性矩）。

2）传动系方程式（用于离合器或液力变矩器的车辆侧速度，表示为 drv）。平衡来自离合器或变矩器的车辆侧输出转矩、整个传动系统和车辆的惯性转矩以及使车辆减速（空气动力、滚动阻力和坡度）的有效转矩：

$$T_{drv,v} = \left[I_{trans1} + \frac{I_{trans2}}{R_t^2} + \frac{I_{dsh}}{R_t^2} + \frac{I_{axl}}{R_d^2 R_t^2} + \frac{M_{veh} r_{whl}^2}{R_d^2 R_t^2} \right] \frac{d\omega_{drv}}{dt} - \left[\frac{I_{trans2}}{R_t^3} + \frac{I_{dsh}}{R_t^3} + \frac{I_{axl}}{R_d^2 R_t^3} + \frac{M_{veh} r_{whl}^2}{R_d^2 R_t^3} \right] \omega_{drv} \frac{dR_t}{dt} + \left[\frac{F_{aer} + F_{rol} + F_{grd}}{R_d R_t} \right] r_{whl} \quad （3-10）$$

式中，$T_{drv,v}$ 为离合器或变矩器的车辆侧（输出）转矩；ω_{drv} 为离合器或变矩器的车辆侧的传动系速度；I_{axl} 为轴惯性矩 [此值包括车轮的惯性矩，此等式中使用的轴惯性矩等于"每个轴（包括车轮）的惯性矩"乘以"轴数"]；I_{dsh} 为传动轴惯性；I_{trans1} 为变速器输入侧转动惯量；I_{trans2} 为变速器输出侧转动惯量；M_{veh} 为车辆质量；r_{whl} 为车轮半径；F_{aer} 为车上的空气阻力；F_{rol} 为车辆上的滚动阻力；F_{grd} 为坡度阻力；R_d 为主减速器传动比；R_t 为变速器传动比；t 为时间。

方程的第一项，如式（3-11）所示，表示加速整个传动系统的有效惯性矩所需的转矩。该转矩在离合器或变矩器输出处评估。请注意，每一个惯性都随着传动比的平方而减小，而传动比是在传递给发动机时传递过去的。因此，作为最终括号的最后两项，车辆和车轴惯性都减小了主减速器的传动比。

$$T_{EFF\_INER} = \left[I_{trans1} + \frac{I_{trans2}}{R_t^2} + \frac{I_{dsh}}{R_t^2} + \frac{I_{axl}}{R_d^2 R_t^2} + \frac{M_{veh} r_{whl}^2}{R_d^2 R_t^2} \right] \frac{d\omega_{drv}}{dt} \quad （3-11）$$

方程的第二项，如式（3-12）所示，表示由外力引起的负载。

$$T_{TRAN\_RAT} = -\left[\frac{I_{trans2}}{R_t^3} + \frac{I_{dsh}}{R_t^3} + \frac{I_{axl}}{R_d^2 R_t^3} + \frac{M_{veh} r_{whl}^2}{R_d^2 R_t^3} \right] \omega_{drv} \frac{dR_t}{dt} \quad （3-12）$$

方程的第三项，如式（3-13）所示，表示由外力引起的负载。

外力 F_{aer}、F_{rol} 和 F_{grd} 用上述的理论公式计算。这些力通过轮胎转换为转矩，然后通过齿轮比减小，以便在离合器/变矩器输出端进行评估。

$$T_{EXT} = \left[\frac{F_{aer} + F_{rol} + F_{grd}}{R_d R_t} \right] r_{whl} \quad （3-13）$$

传动系统中的内部摩擦力矩没有在上述方程式反映出来，而是通过指定组件的效率或由用户添加到模型中的附加（摩擦）力矩元件来实现的。由于内部摩擦力矩被指定为变速器和最终传动的机械效率，因此它们会影响到上述公式中的 R_t 和 R_d 项的数值。

3.1.6　建立车辆模型所需的基本数据

以下内容为建立基础整车模型所需参数：

1）发动机：排量、等效转动惯量、怠速转速、力学性能图（输出功率、转矩或 MEP ⊖

⊖ MEP，英文全称为 Mean Effective Pressure，指平均有效压力，即单位气缸工作容积发出的有效功，称为平均有效压力，单位为 MPa，或者 bar。

随发动机转速和归一化负载而变化的图表)、可选择性添加的摩擦性能、燃油消耗量和排放的辅助图表(所有辅助图表为定义发动机转速和负载的函数关系)。

2)离合器：离合器的最大静态转矩(可预先通过发动机转矩估算)、离合器的摩擦和锁止条件。

3)液力变矩器：输入容量系数或性能系数表(其中独立变量为速比 = 涡轮速度/叶轮速度)、转矩比表(涡轮转矩/叶轮转矩)。

4)变速器：齿轮比、齿轮效率、换档策略(例如每个齿轮的转速或车速与负载相关的升档和降档点)、有效惯性矩。

5)传动系统：所有传动系统组件的惯性矩、主减速器的传动比和效率、轮胎滚动半径和滚动阻力系数。

6)车辆：车辆质量(包括动力传动系统)、迎风面积、风阻系数等。

混合动力汽车(HEV/PHEV)将需要更多数据，包括电池和电机特性以及控制策略等。

建立模型后，性能数据如车辆加速测试数据、标准驾驶循环周期下的油耗和标准驾驶循环周期下的排放性能等在进行模型标定时也非常有用。

3.1.7 GT-SUITE中车辆仿真的分析模式

为了满足不同的分析需求，GT-SUITE中关于车辆分析的模式主要有以下三种。

1. Dynamic Analysis(动力学分析模式)

GT-SUITE车辆和传动系统模型的基础仿真模式是动力学的分析模式。在这种模式下，动力源、动力传动系统和车辆的状态响应来自诸如发动机或电动机之类的机械功率输入，以及诸如"气动阻力和滚动阻力"、制动器、以及其他部件的摩擦力和发电机等附件产生的功率损失。在动力学分析模式下，发动机/电机增加的动力由驾驶员控制，但传动系的状态不受控制，其响应(即加速度和速度)取决于所输入端功率、车辆特性和动力传动系统的特性，尽管可以使用控制器来跟踪指定的(如车辆)速度目标。动力学分析模式最能代表车辆和动力传动系统的实际行为，即可以反映驾驶员、动力源和动力总成控制系统的综合影响。

在大多数情况下，动力学分析模式因其更具真实性而被优先应用。此外，动力学分析模式仿真对于诸如控制系统开发的项目而言是必要的。

2. Kinematic Analysis(运动学目标达成分析模式)

运动学目标达成分析模式能够帮助我们评估车辆的加速潜力、爬坡能力、牵引力和燃油经济性。对于驾驶循环燃油经济性和车辆排放的模型计算，常用这种模式。其仿真方法一般有两种：第一种是输入车速目标(如驾驶循环)以及动力源的状态反算得到燃料消耗量和排放性能；另一种方法是在已知发动机转速和负载后计算车辆行驶的净牵引力。

对应的描述有两种：

1)反向运动学分析(施加车速和相关阻力，对动力源的转速和载荷求解)。

2)正向运动学分析(指定动力源转速和负载，对车速和牵引力求解)。

从以往的经验来看，大多数车辆的燃油经济性和排放模拟都是通过这种分析模式来进行的，主要的原因有：这种分析模式计算速度更快；更容易达到准确的目标车速，从而获得可靠的计算分析结果。

通常，在混合动力电动汽车(HEV/PHEV)模拟中，由于HEV的配置多种多样且通常较为复杂，因此计算满足速度目标的功率需求也更为方便。

3. Static Analysis（稳态分析模式）

车辆稳态分析包括通过对动力源施加的转速和负载，在车轮上生成净牵引力的图表和表格，以及对施加在车辆上的牵引力（或推进力）进行"稳态分析"计算。例如在平坦的地面上加速或以恒定的速度爬坡，通过逐渐扫描动力源的整个速度范围，在每个速度增量处进行力学求解，并绘制净牵引力（或它所代表的加速度或坡度能力）与传动系中的速度关系图来生成此类图表（通常是车速）。曲线的最大值通常以表格形式列出。变速器中的速比通常用作稳态分析中的参数，并且此类图表通常包含代表变速器每个齿轮或CVT速比范围的一系列曲线。

通常，根据车辆的一组特定设计要求，在配置或评估动力源、变速器、车辆组合时，稳态分析是必要的分析步骤。对于给定的车辆，它还可以用于评估动力源或变速器变化对整车基本性能的影响，或者用于评估与原始配对以外的车辆的动力源-变速器组合。

稳态分析的常用输出如下：

1）各档的牵引力与车速的关系。
2）在水平地面上每个档位的加速度与车速的关系。
3）在各档位条件下，不同车速与对应最大坡度的对应关系。
4）在各档位条件下，不同车速（巡航）速度与整车油耗对应的关系。

稳态分析的结果输出如图3-2所示。

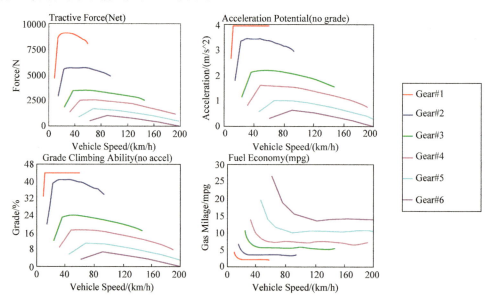

图 3-2 稳态分析的结果

3.2 传热学基础理论

3.2.1 热量传递的基本方式及基本原理

本节主要介绍车辆冷却和传热所涉及的有关传热学基础理论知识和基本计算方法，热量传递的基本方式及基本原理如下。

1. 热传导

热传导简称导热。物体各部分之间不发生相对位移时,依靠分子、原子及自由电子等微观粒子的热运动而产生的热量传递称为导热。例如,固体内部热量从温度较高的部分传递到温度较低的部分,以及温度较高的固体把热量传递给与之接触的温度较低的另一固体都是导热现象。从微观角度来看,气体、液体、导电固体和非导电固体的导热机理是有所不同的。气体中,导热是气体分子不规则热运动时相互碰撞的结果。众所周知,气体的温度越高,其分子的运动动能越大。不同能量水平的分子相互碰撞的结果,是使热量从高温处传到低温处。导电固体中有相当多的自由电子,它们在晶格之间像气体分子那样运动。自由电子的运动在导电固体的导热中起着主要作用。在非导电固体中,导热是通过晶格结构的振动,即原子、分子在其平衡位置附近的振动来实现的。晶格结构振动的传递在文献中常被称为弹性波。至于液体中的导热机理,还存在着不同的观点。有一种观点认为定性上类似于气体,只是情况更复杂,因为液体分子间的距离比较近,分子间作用力对碰撞过程的影响远比气体大。另一种观点则认为液体的导热机理类似于非导电固体,主要靠弹性波的作用。

在此介绍的仅限于导热现象的宏观规律。通过对实践经验的提炼,导热现象的规律已经总结为傅里叶定律。两个表面均维持均匀温度的平板的导热如图 3-3 所示。

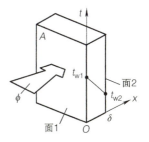

图 3-3 通过平板的一维导热

这是个一维导热问题,对于 x 方向上任意一个厚度为 $\mathrm{d}x$ 的微元层来说,根据傅里叶定律,单位时间内通过该层的导热热量与当地的温度变化率及平板面积 A 成正比,即

$$\phi = -\lambda A \frac{\mathrm{d}t}{\mathrm{d}x} \quad (3\text{-}14)$$

式中,λ 为比例系数,称为热导率,又称导热系数;负号表示热量传递的方向同温度升高的方向相反。

单位时间内通过某一给定面积的热量称为热流量,记为 ϕ,单位为 W。单位时间内通过单位面积的热流量称为热流密度(或称面积热流量),记为 q,单位为 W/m²。当物体的温度仅在温度梯度方向发生变化时,按照傅里叶定律,热流密度的表示式为

$$q = \frac{\phi}{A} = -\lambda \frac{\mathrm{d}t}{\mathrm{d}x} \quad (3\text{-}15)$$

傅里叶定律又称导热基本定律。式(3-14)和式(3-15)是一维稳态导热时傅里叶定律的数学表达式。由式(3-15)可见,当温度 t 沿 x 方向增加时,$\mathrm{d}t/\mathrm{d}x > 0$,而 $q < 0$,说明此时热量沿 x 减小的方向传递;反之,当 $\mathrm{d}t/\mathrm{d}x < 0$,$q > 0$,此时热量则沿 x 增加的方向传递。

导热系数是表征材料导热性能优劣的参数,是一种物性参数,其单位为 W/(m·K)。不同材料的导热系数值不同,即使是同一种材料,导热系数值还与温度等因素有关。这里仅指出:金属材料的导热系数最高,如银和铜都是良导电体,也是良导热体;液体次之;气体最低。

2. 热对流

对流是指由于流体的宏观运动,从而导致流体各部分之间发生相对位移、冷热流体相

互掺混所引起的热量传递过程。对流仅能发生在流体中,而且由于流体中的分子同时在进行着不规则的热运动,因而对流必然伴随有导热现象。工程上特别重视的是流体流过一个物体表面时的热量传递过程,称为对流换热,以区别于一般意义上的对流。本书只讨论对流换热。就引起流动的原因而论,对流换热可区分为自然对流与强制对流两大类。自然对流是由于流体冷、热各部分的密度不同而引起的。暖气片表面附近受热空气的向上流动就是一个例子。如果流体的流动是由于水泵、风机或其他压差作用所造成的,则称为强制对流。冷油器、冷凝器等管内冷却水的流动都由水泵驱动,它们都属于强制对流。另外,工程上还常遇到液体在热表面上沸腾及蒸气在冷表面上凝结的对流换热问题,分别称为沸腾换热及凝结换热,它们是伴随有相变的对流换热。对流换热的基本计算式是牛顿冷却公式:

$$流体被加热时,q = h(t_w - t_f) \tag{3-16}$$

$$流体被冷却时,q = h(t_f - t_w) \tag{3-17}$$

式中,t_w 和 t_f 分别为壁面温度和流体温度。

如果把温差记为 Δt,约定永远取正,则牛顿冷却公式可表示为

$$q = h \Delta t \tag{3-18}$$

$$Q = A h \Delta t \tag{3-19}$$

式中,h 为表面传热系数 [W/(m²·K)]。

表面传热系数的大小与换热过程中的许多因素有关。它不仅取决于流体的物性以及换热表面的形状、大小与布置,而且还与流速有密切的关系。它并不是揭示影响表面传热系数的种种复杂因素的具体关系式,而仅仅给出了表面传热系数的定义。研究对流换热的基本任务就在于用理论分析或实验方法具体给出各种场合下 h 的计算关系式。在传热学的学习中,掌握典型条件下表面传热系数的数量级是很有必要的。习惯上,传热系数又称对流换热系数。

3. 热辐射

物体通过电磁波来传递能量的方式称为辐射。物体会因各种原因发出辐射能,其中因热的原因而发出辐射能的现象称为热辐射。

自然界中各个物体都不停地向空间发出热辐射,同时又不断地吸收其他物体发出的热辐射,辐射与吸收过程的综合结果就造成了以辐射方式进行的物体间的热量传递——辐射换热。当物体与周围环境处于热平衡时,辐射换热量等于零,但这是动态平衡,辐射与吸收过程仍在不停地进行。

导热、对流这两种热量传递方式只在有物质存在的条件下才能实现,而热辐射可以在真空中传递,而且实际上在真空中辐射能的传递最有效。这是热辐射区别于导热、对流换热的基本特点。当两个物体被真空隔开时,例如地球与太阳之间,导热与对流都不会发生,只能进行辐射换热。辐射换热区别于导热、对流换热的另一个特点是,它不仅产生能量的转移,而且还伴随着能量形式的转换,即发射时从热能转换为辐射能,而被吸收时又从辐射能转换为热能。

实验表明,物体的辐射能力与温度有关,同一温度下不同物体的辐射与吸收能力也大不一样。在探索热辐射规律的过程中,一种称为绝对黑体(简称黑体)的理想物体的概念具有重大意义。黑体的吸收和辐射能力在同温度的物体中是最大的。

黑体在单位时间内发出的热辐射热量由斯特潘-波尔兹曼定律揭示：

$$\phi = A\sigma T^4 \tag{3-20}$$

式中，T 是黑体的热力学温度（K）；σ 是斯特潘-波尔兹曼常量，即黑体辐射常数，它是个自然常数，其值为 5.67×10^{-8} W/（$m^2 \cdot K^4$）；A 是辐射表面积（m^2）。

一切实际物体的辐射能力都小于同温度下的黑体。实际物体辐射热流量的计算总可以使用斯特潘-波尔兹曼定律的经验修正形式：

$$\phi = \varepsilon A\sigma T^4 \tag{3-21}$$

式中，ε 为该物体的发射率（习惯上又称黑度），其值总小于1，它与物体的种类及表面状态有关。

斯特潘-波尔兹曼定律又称四次方定律，是辐射换热计算的基础。应当指出，式（3-21）是物体自身向外辐射的热流量，而不是辐射换热量。要计算辐射换热量，还必须考虑投到物体上的辐射热量的吸收过程，即要算收支总账。一种最简单的辐射换热，即两块非常接近的互相平行黑体壁面间的辐射换热；另外一种简单的辐射换热情形是，表面积为 A_1、表面温度为 T_1、发射率为 ε_1 的物体被包容在一个很大的表面温度为 T_2 的空腔内。此时该物体与空腔表面间的辐射换热量按下式计算：

$$\phi = \varepsilon_1 A_1 \sigma \left(T_1^4 - T_2^4\right) \tag{3-22}$$

以上分别时论了导热、对流和热辐射三种传递热量的基本方式。在实际问题中，这些方式往往不是单独出现的。这不仅表现在互相串联的几个换热环节中，同一环节也是如此。

3.2.2　传热过程、传热系数及边界条件

当管路内外温度不同时，管内外的流体会通过壁面进行热量交换。在换热设备中，进行热量交流的冷、热流体也常分别处于壁面的两侧。这种热量由壁面一侧的流体通过壁面传到另一侧流体中去的过程称为传热过程。

下面来考察冷、热流体通过一块大平面交换热量的传热过程，导出传热过程的计算公式并加以讨论。我们的分析将限于稳态的传热过程。一般来说，传热过程包括串联着的三个环节：①从热流体到壁面高温侧的热量传递；②从壁面高温侧到壁面低温侧的热量传递，即穿过固体壁的导热；③从壁面低温侧到冷流体的热量传递。由于是稳态过程，通过串联着的每个环节的热流量 ϕ 该是相同的。设平壁表面积为 A，如图3-4所示。

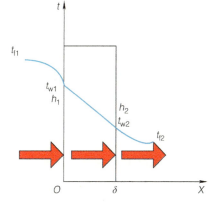

图3-4　平壁传热示意图

可以分别写出上述三个环节的热流表达式：

$$\phi = Ah_1(t_{f1} - t_{w1}) \tag{3-23}$$

$$\phi = \frac{A\lambda}{\delta}(t_{w1} - t_{w2}) \tag{3-24}$$

$$\phi = Ah_2(t_{w2} - t_{f2}) \quad (3\text{-}25)$$

将上面三式改写成温差的形式：

$$t_{f1} - t_{w1} = \frac{\phi}{Ah_1} \quad (3\text{-}26)$$

$$t_{w1} - t_{w2} = \frac{\phi}{\dfrac{\lambda A}{\delta}} \quad (3\text{-}27)$$

$$t_{w2} - t_{f2} = \frac{\phi}{Ah_2} \quad (3\text{-}28)$$

三式相加，整理后得：

$$\phi = \frac{A(t_{f1} - t_{f2})}{\dfrac{1}{h_1} + \dfrac{\delta}{\lambda} + \dfrac{1}{h_2}} \quad (3\text{-}29)$$

也可表示成：

$$\phi = Ak(t_{f1} - t_{f2}) = Ak\Delta t \quad (3\text{-}30)$$

式中，k 为传热系数 $[W/(m^2 \cdot K)]$。数值上，它等于冷、热流体间温差 $\Delta t = 1℃$、传热面积 $A = 1m^2$ 时的热流量的值，是表征传热过程强烈程度的标尺。传热过程越强，传热系数越大，反之则越弱。传热系数的大小不仅取决于参与传热过程的两种流体的种类，还与过程本身有关（如流速的大小、有无相变等）。

值得指出，如果需要计算流体与壁面间的辐射换热，则式中的表面传热系数 h_1 或 h_2 可取为复合换热表面传热系数。

导热问题的常见边界条件可归纳为以下三类：

1）规定了边界上的温度值，称为第一类边界条件。此类边界条件最简单的典型例子就是规定边界温度保持常数，即 t_w = 常量。

2）规定了边界上的热流密度值，称为第二类边界条件。此类边界条件最简单的典型例子就是给定边界上的热流密度保持定值，即 q_w = 常数。

3）规定了边界上物体与周围流体间的表面传热系数及周围流体的温度，称为第三类边界条件。

在 GT-SUITE 软件中，在进行部件的传热计算时，要特别注意边界条件的确认，特别是对管路系统的热边界定义时。

3.2.3 换热器分类及传热计算基本原理

换热器是传热中最重要的部件之一，是用来使热量从热流体传递到冷流体，并满足规定的工艺要求的装置。按换热器操作过程，可将其分为间壁式、混合式和蓄热式（或称回热式）三大类。间壁式换热器，冷热流体由壁面间隔开来而分别位于壁面的两侧。在混合式换热器中，冷、热两种流体通过直接接触、互相混合来实现换热。这种换热器在应用上常受到冷、热两种流体不能混合的限制。冷、热两种流体依次交替地流过同一换热表面而实现热量交换的设备称为蓄热式换热器。在这种换热器中，固体壁面除了换热以外还起到蓄热的作用：高温流体流过时，固体壁面吸收并积蓄热量，然后释放给流过的低温流体。显然，这种换热器的热量传递过程是非稳态的。在三类换热器中，间壁式换热器应用最广，在这只对这种散热器进行说明。

间壁式换热器的型式有以下三种。

1. 套管式换热器

套管式换热器是最简单的一种间壁式换热器，依两种流体的流动方向不同可分为顺流布置和逆流布置。实际使用时，为增加换热面积可采用图 3-5 所示的结构。这类间壁式换热器适用于传热量不大或流体流量不大的情形。

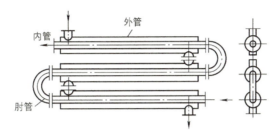

图 3-5　套管式换热器平面传热示意图

2. 管壳式换热器

这是间壁式换热器的一种主要形式，加热器、冷却器、冷凝器、油冷器以及压缩机的中间冷却器等都是壳管式换热器的实例。图 3-6 所示为一种最简单的管壳式换热器。它的传热面由管束构成，管子的两端固定在管板上，管束与管板再封在外壳内，外壳两端有封头。一种流体（图中冷流体）从封头进口流进管里，再经封头流出，这条路径称为管程。另一种流体从外壳上的连接管进入换热器，在壳体与管子之间流动，这条路径称为壳程。管程流体和壳程流体互不掺混，只是通过管壁交换热量。在同样的流速下，流体横向掠过管子的换热效果要比顺着管面纵向流过时为好，因此外壳内一般装有折流板，以此来改善壳程的换热。

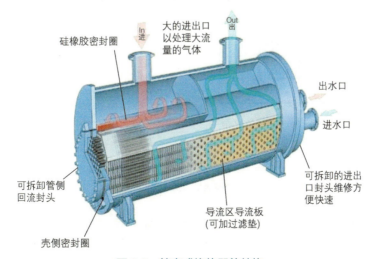

图 3-6　管壳式换热器的结构

3. 交叉流换热器

如图 3-7 所示，交叉流换热器是间壁式换热器的另一种主要型式。根据换热表面结构的不同,又可分为管束式、管翅式和板翅式等。车用散热器通常是交叉流换热器。

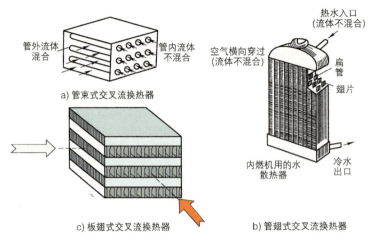

图 3-7 交叉流换热器的示意

3.2.4 GT-SUITE 对于换热器的处理

由于换热器的重要性,GT-SUITE 软件对于换热器的处理非常精细。

1. 对于换热器的处理

两个流体回路之间的热交换分别采用了不同的模板进行模拟。其中,还有专门的模板用于模拟动力舱下的三维流动,极大地提高了散热器的模拟精度。

如果对高频压力波、温度分布或两相流的影响不关注,一般可采用集总参数的换热器模型。然而,这一数值处理往往会高估或低估了两种流体之间的换热速率。为了解决这个问题,GT-SUITE 专门对换热器进行离散处理。具体的方法如下:所有换热器被离散为最少 3 个子体积(理想情况下为 5 个子体积或更多),这样在求解两种流体之间的换热率时可以更精确地计算壁面温度分布。图 3-8 是换热器子体积传热示意图。

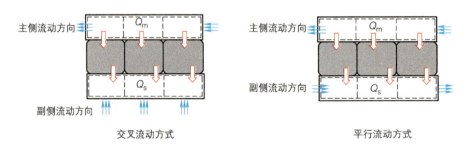

图 3-8 换热器子体积传热示意图

Q_m—主侧换热量 Q_s—副侧换热量

这在处理交叉流动式和平行流动式热交换器时尤为重要,因为在这些热交换器中通常存在较大的壁面温度变化。如果换热器不进行离散化,则可能计算出不正确的壁温。

传热计算包括壁面热容的影响和材料的传导率。热交换器中结构的温度 T_{wall} 是根据结构和两种流体之间的换热率的平衡计算的,使用以下公式:

$$\frac{dT_{wall}}{dt} = \frac{Q_m + Q_s}{\rho V C_p} = \frac{\left[\left(\dfrac{hA_{base} + \eta_{fin} h A_{fin}}{1 + hR_f}\right)\Delta T - \dfrac{2kA_c\Delta T_w}{t}\right]_m + \left[\left(\dfrac{hA_{base} + \eta_{fin} h A_{fin}}{1 + hR_f}\right)\Delta T - \dfrac{2kA_c\Delta T_w}{t}\right]_s}{\rho V C_p}$$

(3-31)

式中，Q_m 为主侧换热量；Q_s 为副侧换热量；h 为流体的对流换热系数；η_{fin} 为翅片的等效系数；A_{base} 为基本的换热面积（m^2）；A_{fin} 为翅片的换热面积；A_c 为传热截面的面积；R_f 为污垢热阻；ΔT 为流体与壁面之间的等效温差；k 为壁面材料的热传导系数；ΔT_w 为壁面温度与平均壁面温度的温差；t 为管的壁厚；ρ 为壁面材料密度；V 为壁面材料体积；C_p 为壁面材料比热容。

2. 换热系数计算

GT-SUITE 具有模拟平行流、逆流和交叉流（单通道、非混合）热交换器的能力。每一种流体与壁面的换热系数是使用由单独的 Nusselt（努塞尔）数关联式定义的换热系数计算的：

$$Nu = CRe^m Pr^{\frac{1}{3}}$$

(3-32)

式中，Nu 为努塞尔数，$Nu = \dfrac{hL}{k}$；Re 为雷诺数，$Re = \dfrac{\rho U L}{\mu}$，其中 $U = \dfrac{\dot{m}}{\rho A_f}$，$U$ 为在雷诺数中定义的速度，$\dot{m}$ 为质量流量（kg/s），A_f 为流体的横截面积；Pr 为普朗特数，$Pr = \dfrac{\mu C_p}{k}$；C 为相关系数；m 为并联指数；L 为特征长度；k 为流体导热系数（W/m·K）；ρ 为流体的密度（kg/m³）；C_p 为流体的比热容（J/kg·K）；μ 为流体的动力学黏度（kg/m·s）。

无量纲数值的相关系数将在计算前自动完成。相关系数 C 和并联指数 m 是根据换热器的试验性能数据拟合而来。层流、湍流和过渡流区域可以使用不同的关联（即不同的系数和指数），如图 3-9 所示。相关系数 C 和并联指数 m，以及定义区域极限的雷诺数，都是通过回归分析自动确定。回归分析采用通过拟合参数 C 和 m，得到最小化测量值与预测的换热系数之间的差异实现。拟合的质量可以在软件的后处理中查看。

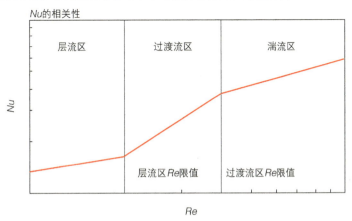

图 3-9　层流、湍流和过渡流区域划分

3. 换热器流体等效温度计算

在换热器的分析中,等效温度是重要的分析参数。等效温度用于确定热交换器内流体和壁面之间的实际温差。此外,等效温度还用于评估所有的热性能(黏度、比热容和传热)。

等效温度 T_{fluid} 是通过使用入口温度 T_{in}、出口温度 T_{out} 和一个变量 c 进行计算的。

$$T_{\text{fluid}} = cT_{\text{out}} + (1-c)T_{\text{in}} \tag{3-33}$$

在此,变量 c 一般进行标准化处理,取值范围为 0.5~1。式(3-34)中的换热系数 h,按式(3-32)根据不同的流动区域进行计算。具体的 c 值大小为

$$c = \frac{\dfrac{hA}{\dot{m}C_{\text{p}}} - \left(1 - e^{-\frac{hA}{\dot{m}C_{\text{p}}}}\right)}{\dfrac{hA}{\dot{m}C_{\text{p}}}\left(1 - e^{-\frac{hA}{\dot{m}C_{\text{p}}}}\right)} \tag{3-34}$$

式中,$\dot{m}$ 表示质量流量(kg/s)。

图 3-10 为 c 值计算结果。

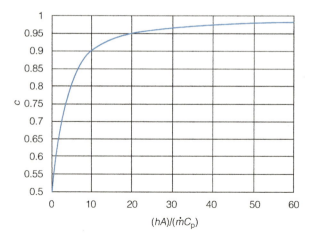

图 3-10 c 值计算结果

在此需要说明的是,在实际的计算过程中,有时对于换热器管路内流动状态需要进行必要的修正。如换热器通道的形状是扁平/矩形,则需要对管道流动的摩擦系数和层流的努塞尔数进行必要的修正。具体的修正方法可以参考 GT-SUITE 软件手册。

第 4 章 整车动力传动系统的建模和仿真

4.1 整车动力传动系统概述

整车能量管理系统中最核心的部分是动力传动系统、热管理系统和空调系统。动力传动系统是整车模型的"骨架",提供车辆运行的速度、转矩等工况信息,是整车能量管理分析的基础。动力传动系统,通常称为 Driveline,包括两个部分:

1)动力系统:一般包括发动机、电动机、发电机、电池等(也包括 DBC、DC/DC 等这类的元器件),其基本功能是产生动力。

2)传动系统:一般包括离合器、变速器、万向传动装置、主减速器、差速器、半轴和轮胎等(由于建模需要,在模型中还需要包括路面和运行环境)。其基本功用是将动力系统发出的动力传给驱动车轮,产生驱动力,使汽车具备一定的行驶速度。

动力传动系统仿真的主要内容有:①车辆加速性能分析;②车辆爬坡性能分析;③常温状况下的经济性分析;④换档性能和换档策略分析;⑤整车控制器的设计和功能验证。

传统燃油车、纯电动汽车和混合动力汽车的动力传动系统建模的内容有比较大的差异,本章会有针对性地进行描述,在本章的最后一节里将会介绍如何在 GT-SUITE 中运用 DP 和 ECMS 策略来进行整车能耗控制优化。

4.2 传统燃油车动力传动系统建模和仿真

针对传统燃油车,本节将用几个典型的计算任务来指导用户如何逐步搭建对应的整车传动系统计算模型,帮助新用户学习并理解 GT-SUITE 在传统燃油车上的应用。

4.2.1 固定档加速过程建模

本小节最终得到的是一个基础的整车模型,如图 4-1 所示,模型的计算任务为 4 档下 60km/h → 100km/h 的动态加速过程。

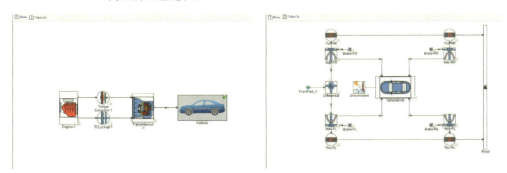

图 4-1 固定档加速计算模型

1. 新建模型

启动 GT-ISE,单击 Home → New,选择 GT Model(.gtm),单击 Next,如图 4-2 所示。

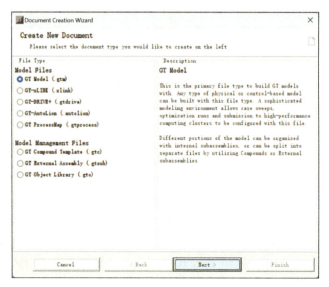

图 4-2 新建模型 a

在弹出来的 Pre-loaded Templates 窗口，根据用户情况选择 License 的类型，在 Application 下选择自动加载的常用模块。这里我们选择 GT-SUITE →（No Preloading of Application Templates）→ Finish，即手动加载建模模块，如图 4-3 所示。

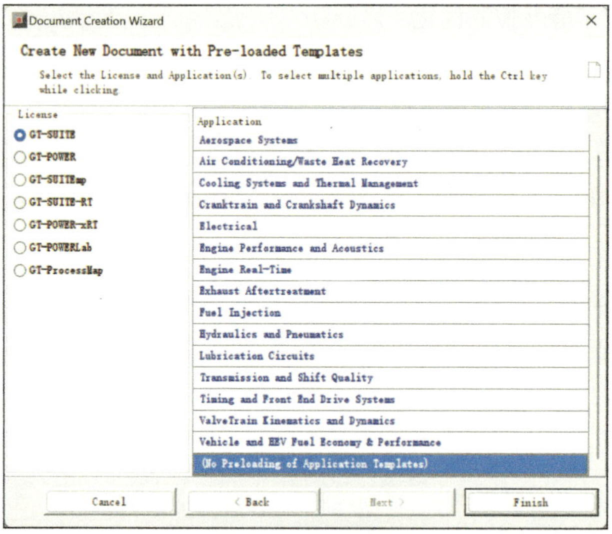

图 4-3 新建模型 b

单击 Finish，会生成一个名为 GTModel1.gtm 的空白模型，如图 4-4 所示。单击 File → Save → Save As，保存新建模型。下一步就是从 Templates Libraries 里面将需要用到的模块拖到模型中去。

因为整车模型中的发动机模块会用到 BMEP、FMEP、燃油消耗率 Map 等，为便于操作，在此直接打开一个已含有部分参数对象的模型文件。

如图 4-5 所示，在 GT-ISE 主界面依次找到 File → Tutorials → Modeling_Applications → Vehicle_Driveline_and_HEV → HEV_and_Conventional → Automatic_Transmission_and_HEV → 1_

InGearAcceleration → HEV_Step1-begin.gtm 并双击打开。

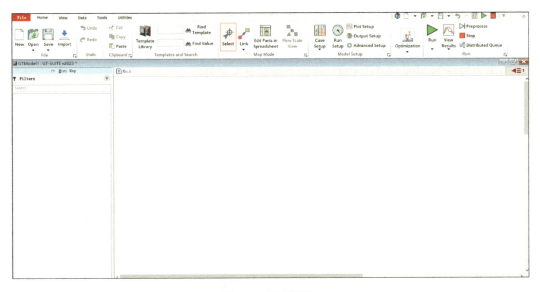

图 4-4　新建模型 c

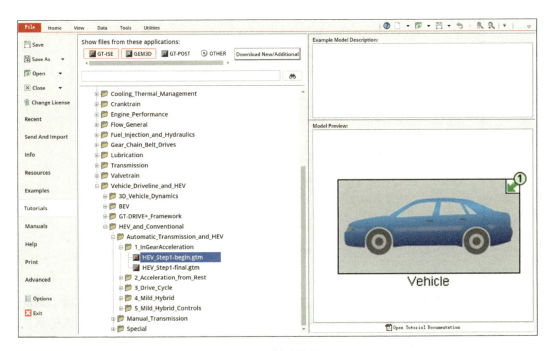

图 4-5　基础模型 a

或者直接从 GT 安装目录 GTI\v2023\tutorials\Modeling_Applications\Vehicle_Driveline_and_HEV\HEV_and_Conventional\Automatic_Transmission_and_HEV\1_InGearAcceleration 文件夹下打开模型文件：HEV_Step1-begin.gtm。

此模型已经建立了整车传动系统和部分对象参数，部分参数如图 4-6 所示，包括：BMEP-bar（发动机 BMEP）、FMEP-bar（发动机 FMEP）、FuelCons-g_per_h（发动机油耗）、FrictionCoulomb（离合器摩擦模型）、FrictionStaticConstr（离合器约束模型）、TqConv_TR（变矩器扭矩比）、TqConv_COP-Nm_per_RPM2（变矩器性能系数）、LuGre_Brakes（制动摩擦模型）。

将模型另存为 Model4-1-1.gtm，路径不要带中文字符。

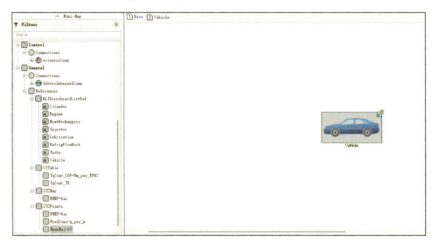

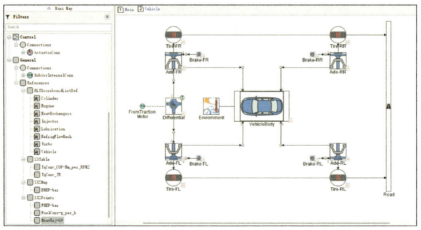

图 4-6 基础模型 b

2. 部件设置

在进行部件参数设置之前，单击 Home → Template Library 或者左下角的 Libraries 打开模板库，然后分别将需要用到的部件模块用鼠标左键按住不放拖到模型左侧，如图 4-7 所示：① EngineMap（发动机）；② Clutch（离合器）；③ Transmission（变速器）；④ TqConvConn（变矩器），另外，模型已经预加载了一部分部件，如⑤ Differential（差速器）;⑥ Axle（半轴）;⑦ TireConn（轮胎）;⑧ Vehicle Body（车身）；⑨ VehicleAmbient（行车环境）；⑩ Road（路况）；⑪ BrakeFriction（制动）。

整车常用部件主要在 Mechanical 下面的 Vehicle 里面，也可以直接在上面搜索框中用关键字搜索需要的部件。

第 4 章 整车动力传动系统的建模和仿真

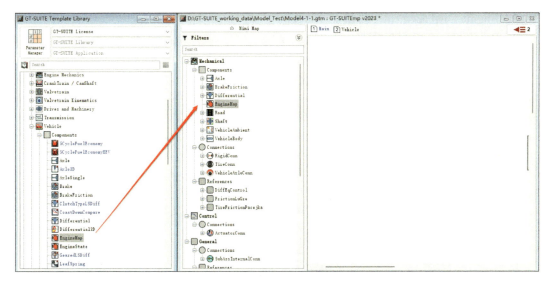

图 4-7 添加部件

（1）EngineMap

鼠标左键双击需要设置的模块，打开模块的设置窗口，如图 4-8 所示，可以对模块名称和具体属性进行设置：⚠ 表示有必要参数或属性未设置，✔ 表示参数完整（但并不代表一定正确）。单击左上角的 TemplateHelp 可以打开对应的帮助文档。

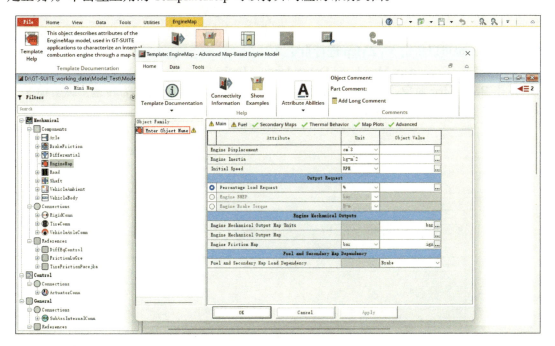

图 4-8 模块设置窗口

对 EngineMap 进行如图 4-9 所示的设置。

1）将 EngineMap 命名为 Engine。

2）Engine Displacement（排量）：1800cm³。

3）Engine Inertia（转动惯量）：0.25kg·m²。

4）Initial Speed（初始转速）：1600r/min。

5）Percentage Load Request(节气门或油门)：100%。

图 4-9　EngineMap 设置 a

6）Engine Mechanical Output Map Units：bar（也可以选择转矩或功率，需与后面 Map 的 Z 轴相对应）。

7）Engine Mechanical Output Map：BMEP-bar（已定义）。

8）Engine Friction Map：FMEP-bar（已定义），单击后面的"…"，直接选择已定义好的对象即可，也可以单击 XYZMap 进行自定义。

9）Fuel and Secondary Map Load Dependency：Brake。

双击 BMEP-bar 对象，可以查看设置，如图 4-10 所示，横坐标 X 为转速，纵坐标 Y 为节气门位置，Z 轴为对应的 BMEP。

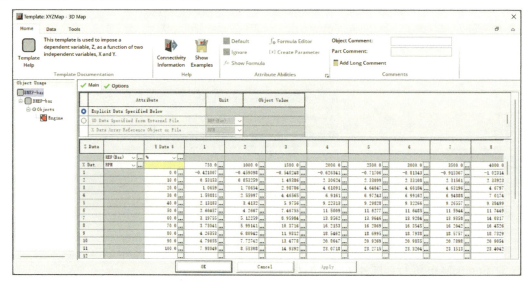

图 4-10　BMEP-bar 设置

切换到 EngineMap 的 Fuel 属性，设置如图 4-11 所示。

图 4-11　EngineMap 设置 b

1）Fuel Rate Map：FuelCons-g_per_h（已定义）。

2）Fuel Type：选择 Custom 自定义燃料，并输入燃料的密度、碳质量分数和热值。

切换到 EngineMap 的 Secondary Maps 选项卡，如图 4-12 所示，定义发动机的散热功率，如果需要考虑其他参数（进气流量、排放、排温等）的话，将相应的 Map 添加即可。

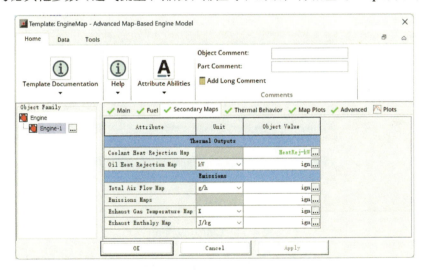

图 4-12　EngineMap 设置 c

设置完成后单击"OK"，树目录中出现 EngineMap 的对象，如图 4-13 所示。

（2）Clutch

双击离合器模块，名称设定为 TCLockup，Main 选项卡设置如图 4-14 所示。

1）Clutch Mode（离合器控制模式）：Actuator Position。

2）Maximum Static Clutch Torque（最大静态转矩）：500N·m。

3）Clutch Effective Radius（有效半径）：100mm。

4）Friction Model Object（摩擦模型）：FrictionCoulomb。

5）Friction Constraint Object（摩擦约束模型）：FrictionStaticConstr。

图 4-13　EngineMap 设置 d

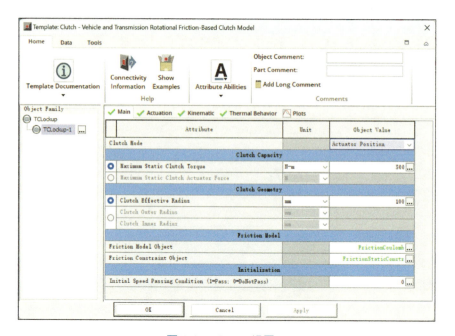

图 4-14　Clutch 设置 a

6) Initial Speed Passing Condition (1=Pass；0=DoNotPass): 0 (离合器转速初始状态, 1 锁止, 0 断开)。

在 Main 选项卡下, 双击 FrictionCoulomb 对象, 可以查看摩擦模型设置, 如图 4-15 所示。

1) Dry (Coulomb) Friction Coefficient (干摩擦系数): 0.3。
2) Friction Transition Speed Band (摩擦过渡速度): 0.0001m/s。

双击 FrictionStaticConstr 对象, 可以查看摩擦约束模型设置, 如图 4-16 所示。

1) Condition to Release Friction Constraint (约束释放识别方式): Ideal。
2) Slip below which Constraint is Applied: 5r/min (前后转速滑差小于 5r/min 时, 离合器锁止)。

第 4 章 整车动力传动系统的建模和仿真

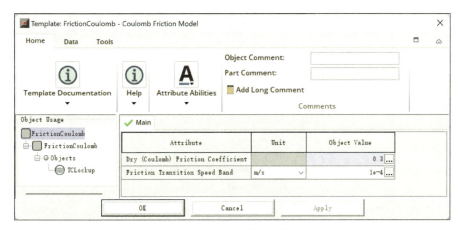

图 4-15 摩擦模型设置

图 4-16 摩擦约束模型设置

3）Velocity Constraint Stabilization Factor（约束稳定系数）：1/s。

设置完成后单击"OK"。

（3）Transmission

双击变速器模块 Transmission，设置如图 4-17a 和图 4-17b 所示。

1）Initial Gear Number（初始档位）：4。

2）Gear Ratio（速比）：3.538、2.125、1.36、1.029、0.72。

3）In-Gear Efficiency（效率）：0.95。

4）Input Moment of Inertia（输入端转动惯量）：0.05kg·m²。

5）Output Moment of Inertia（输出端转动惯量）：0.05kg·m²。

6）Gear Ratio Transition Time（速比切换时间）：0.3s。

（4）TqConvConn

变矩器模块命名为 TorqueConverter，设置如图 4-18 所示。

1）Coefficient of Performance Table（变矩器性能系数）：TqConv_COP-Nm_per_RPM2。

2）Torque Ratio Table（变矩器转矩比）：TqConv_TR。

在输入参数后，可以单击下方的 Show Preprocess Plot 按钮，对输入参数进行预处理并查看输入数据的合理性。

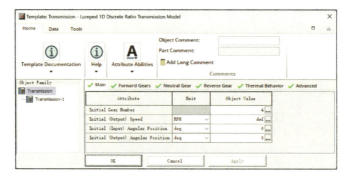

a)

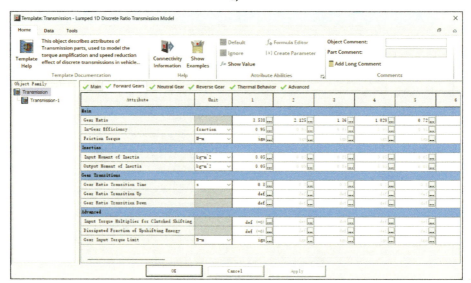

b)

图 4-17　Transmission 设置

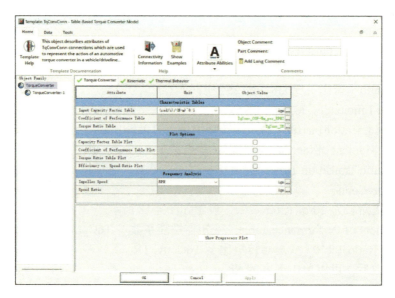

图 4-18　TqConvConn 设置

（5）Differential

双击差速器模块 Differential，设置如图 4-19 所示。

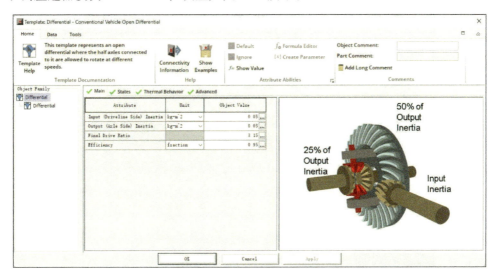

图 4-19　Differential 设置

1）Input（Driveline Side）Inertia（输入端/主轴转动惯量）：0.05kg·m^2。

2）Output（Axle Side）Inertia（输出端/半轴转动惯量）：0.05kg·m^2。

3）Final Drive Ratio：3.15。

4）Efficiency：0.95。

（6）Axle

双击半轴模块 Axle，设置如图 4-20 所示。

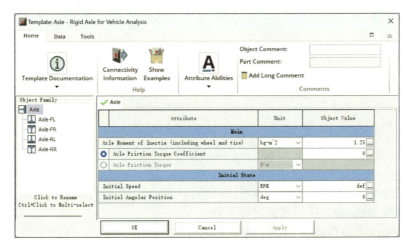

图 4-20　Axle 设置

1）Axle Moment of Inertia（including wheel and tire）（半轴包括车轮和轮胎在一起的转动惯量）：1.25kg·m^2。

2）Axle Friction Torque Coefficient（半轴摩擦转矩系数）：0。

3）Initial Speed（初始转速）：def（def 表示转速通过相连的其他部件获得）。

（7）TireConn

双击轮胎模块 TireConn，设置如图 4-21 和图 4-22 所示。

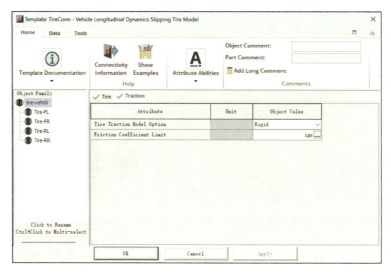

图 4-21　TireConn 设置 a

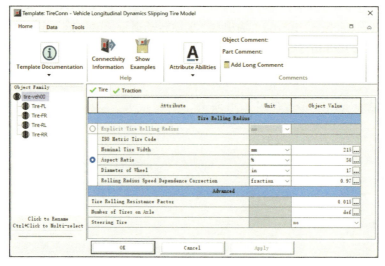

图 4-22　TireConn 设置 b

1）Tire Traction Model Option（牵引力模型）：Rigid。若进行动力性计算，需要考虑打滑状态，可选择 Slipping，然后设置附着系数。

2）ISO Metric Tire Code：定义标准轮胎尺寸。

3）Nominal Tire Width（轮胎宽度）：215mm。

4）Aspect Ratio（扁平比）：50%。扁平比为轮胎的高度/轮胎的宽度。

5）Diameter of Wheel（车轮直径）：17in。

6）Rolling Radius Speed Dependence Correction（滚动半径修正）：0.97。

7）Tire Rolling Resistance Factor（滚阻系数）：0.015。

8) Number of Tires on Axle（轮胎数量）: def。
9) Steering Tire（轮胎转向）: no。
（8）VehicleBody
双击车身模块 VehicleBody，设置如图 4-23～图 4-26 所示。
1) Vehicle Mass（车重）: 2000kg。
2) Passenger and Cargo Mass（乘客货物重量）: 80kg。
3) Vehicle Initial Speed（初始车速）: 60km/h。

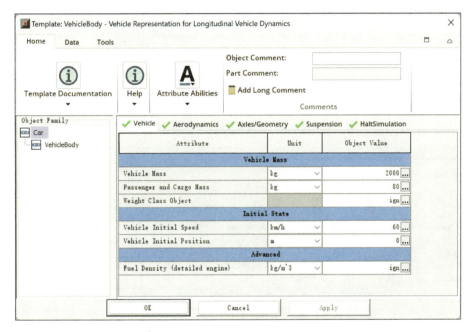

图 4-23　VehicleBody 设置 a

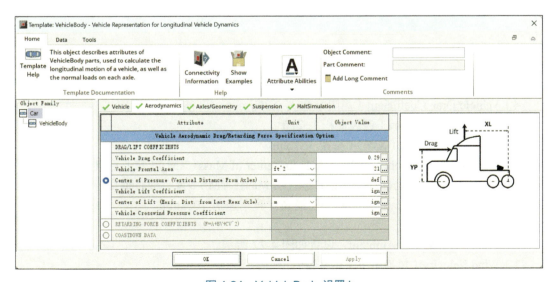

图 4-24　VehicleBody 设置 b

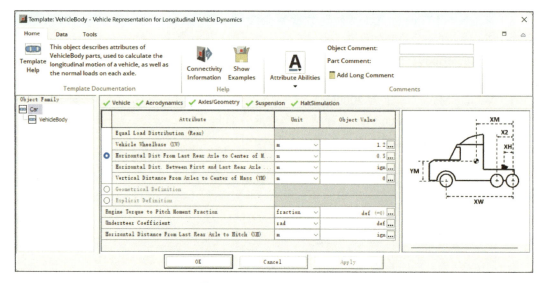

图 4-25　VehicleBody 设置 c

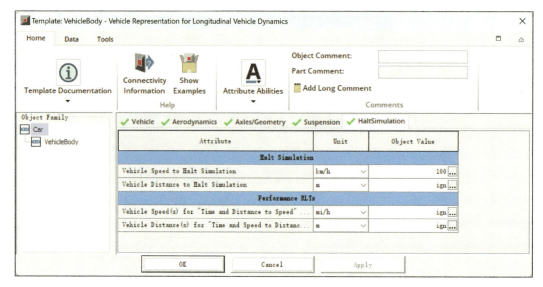

图 4-26　VehicleBody 设置 d

4）Vehicle Drag Coefficient（风阻系数）：0.29。
5）Vehicle Frontal Area（迎风面积）：21ft^2。
6）Vehicle Wheelbase（XW）（轴距）：1.2m。
7）Horizontal Dist From Last Rear Axle to Center of Mass（XM）（重心后轴距）：0.5m。
8）Vertical Distance From Axles to Center of Mass（YM）（重心轴心垂直距离）：0m。
9）Vehicle Speed to Halt Simulation（最高计算车速）：100km/h。
（9）VehicleAmbient

双击行车环境 VehicleAmbient，设置如图 4-27 所示。

1）Wind Velocity（风速）：def（=0）。
2）Wind Direction（风向）：def（=0）。

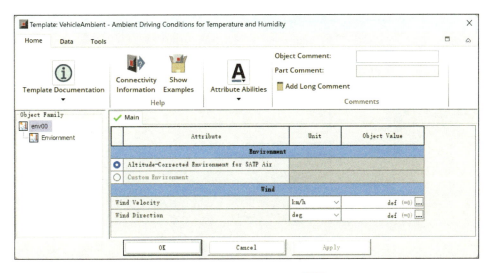

图 4-27 VehicleAmbient 设置

（10）Road
双击路况模块 Road，进行一般计算时直接确认即可，如图 4-28 所示。

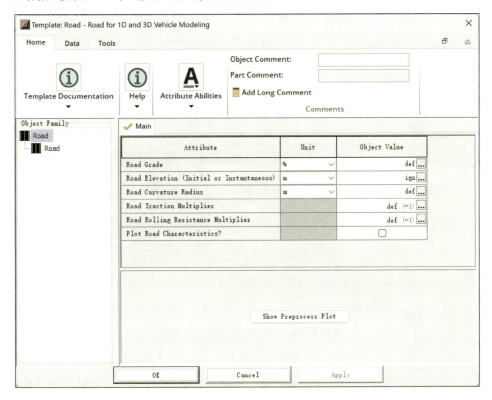

图 4-28 Road 设置

（11）BrakeFriction
新建制动模块，命名为 Brake，设置如图 4-29 所示。

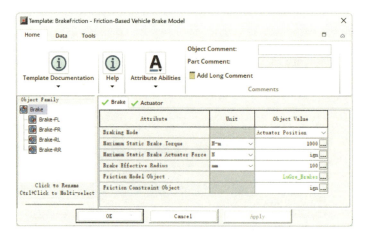

图 4-29 新建制动模块

Friction Model Object 选择已经定义的 LuGre_Brakes 模型，参数设置如图 4-30 所示。

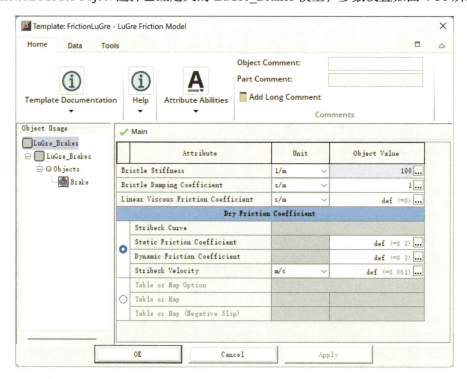

图 4-30 LuGre_Brakes 模型参数设置

3. 部件摆放及连接

用鼠标左键分别按住前面设置好的模块，拖动到右侧 Main 区，并摆放在合适位置。

如图 4-31a 所示，单击部件，右键选择 Rotate/Invert Icon（s），可以对部件图标进行旋转或对称变换。如图 4-31b 所示，右键选择 Choose GTI-Supplied Part Icon，可以更换部件图标。如图 4-32a 所示，可以右键选择 Rename Part 对部件进行重命名。

第 4 章 整车动力传动系统的建模和仿真

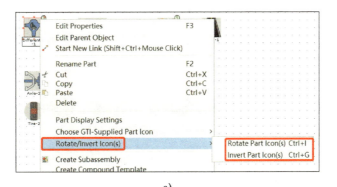

图 4-31 图标旋转和更换图标

可参考图 4-32b 对部件进行摆放及设置。

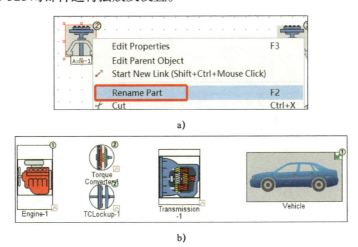

图 4-32 部件重命名和部件摆放

进行部件连接之前，需要先将鼠标切换到连接模式，可以在空白地方右键选择 Start New Link，也可以直接单击 Home 下的 Link 按钮，如图 4-33 和图 4-34 所示。切换成功后鼠标将变为"+"。

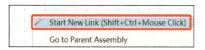

图 4-33　切换到连接模式 a

图 4-34　切换到连接模式 b

连接信号的过程中，可能会弹出信号选择窗口，如图 4-35 所示。用户在这里进行相关信号的选择，选择错误会导致计算错误甚至无法计算。

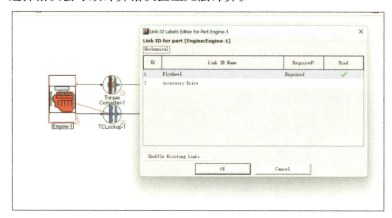

图 4-35　信号选择窗口

可参考表 4-1 进行部件之间的连接信号的选择。

表 4-1　部件连接信号选择

Part		Signal	
Begin	End	Output Name	Input Name
Engine	Torque Converter	Flywheel	—
Engine	TCLockup	Flywheel	—
Torque Converter	Transmission	—	Input Shaft
TCLockup	Transmission	—	Input Shaft
Transmission	Vehicle	Output Shaft	Driveline

连线完成后，得到图 4-36 所示的模型。

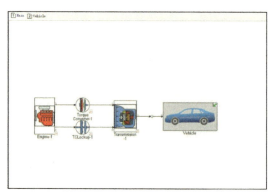
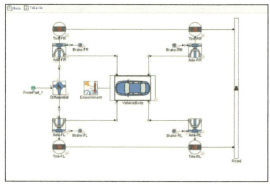

图 4-36　部件连线

4. 计算设置

模型搭建完成之后，在计算之前，还需要对计算进行设置。

（1）Case Setup

因为没有设置变量，所以无须对 Case Setup 进行设置。

（2）Run Setup

单击 Home 菜单下的 Run Setup，设置如图 4-37 所示。

1）Time Control Flag：continuous（只有在进行发动机、曲轴、NVH 等有明显周期性的计算时选择 periodic）。

2）Maximum Simulation Duration（Time）（最大计算时间）：15s。

3）Automatic Shut-Off When Steady-State（达到稳定后停止计算）：off（一般在进行稳态计算时才可能选择 on）。

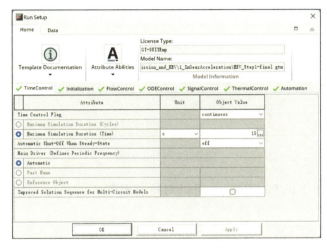

图 4-37　Run Setup 设置 a

4）Part Name List Object dentifying Circuits Belonging to Column：设置为 ign。

5）Time Step and Solution Control Object：设置为 NoFlowParts（单击"..."，在系统弹出来的对象选择窗口中选择 GT-SUITE Library 下的 NoFlowParts），如图 4-38 所示。

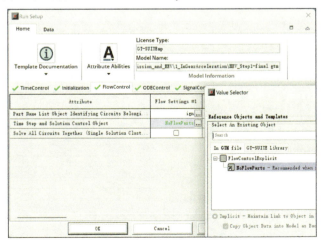

图 4-38　Run Setup 设置 b

（3）相关 Plots 设置

双击各部件，可在 Plots 页面下勾选用户需要关注的结果，如图 4-39 所示。计算完后才会在计算结果里面存储整个计算过程中相关参数的变化过程。

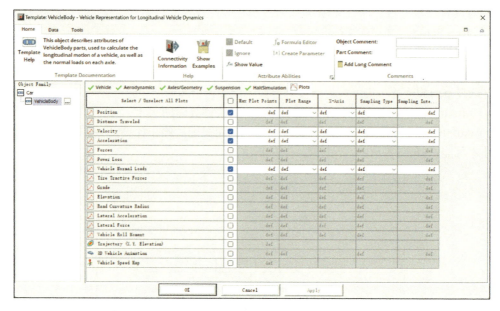

图 4-39　Plots 设置

单击 Home 菜单下的 Plot Setup，可以对所有已勾选的 Plots 结果进行统一设置，如图 4-40 所示。

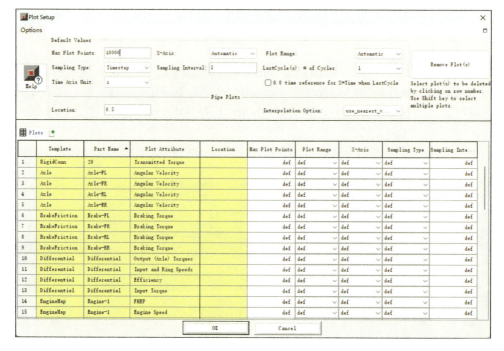

图 4-40　Plot Setup 设置

5. 计算

单击 Home 下的 Run，系统弹出 Simulation Setting 窗口，可以对计算方式进行设置（本地、并行、分布式计算、多核计算等），如图 4-41 所示。

图 4-41　计算方式设置

单击 Finish，系统弹出计算预处理窗口，如图 4-42 所示，对模型及参数进行检查和预处理，完成后会自动打开 GT-POST 界面并开始计算（计算界面已集成到 GT-POST），如图 4-43 所示。

6. 结果查看

计算完成后单击 View Results，系统会自动打开计算结果文件。

用户在 Plots 下可以找到需要查看的计算结果，在右侧显示并对其进行分析，如图 4-44 所示。

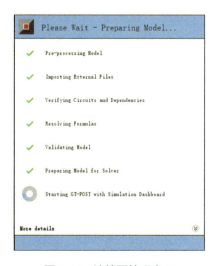

图 4-42　计算预处理窗口

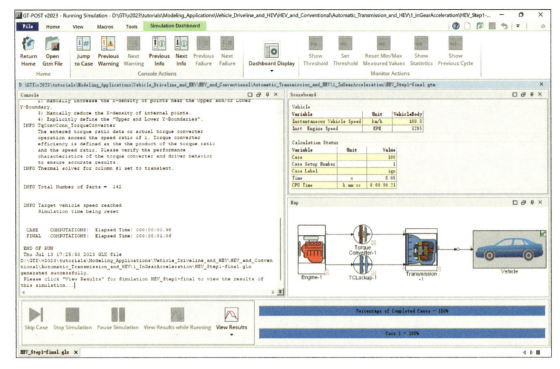

图 4-43　计算界面

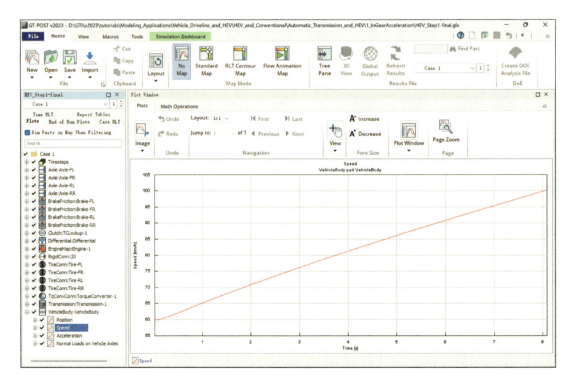

图 4-44　计算结果界面（车速）

4.2.2 驾驶过程建模

本小节将在前面的固定档加速模型的基础上加入驾驶员模块，并对车速从 0 加速到 100km/h 的驾驶过程进行模拟，所使用模型如图 4-45 所示。

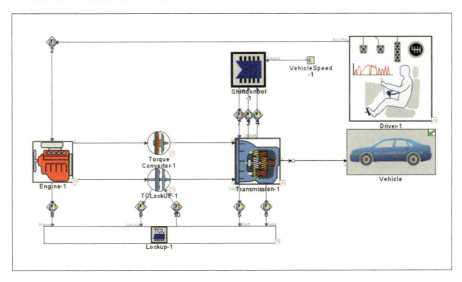

图 4-45　驾驶过程模拟计算模型

直接打开前面搭建的 Model4-1-1.gtm，然后另存为 Model4-1-2.gtm。

1. 部件设置

打开左下角的 Libraries，查找 VehDriverAdvanced（驾驶员）、TransControl（换挡控制）、TCLockupControl（离合器控制）和 ReceiveSignal（接收信号），并添加到模型中。

（1）VehDriverAdvanced

双击驾驶员模块 VehDriverAdvanced，设置如图 4-46 所示。

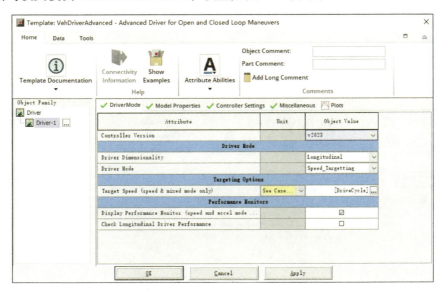

图 4-46　VehDriverAdvanced 设置 a

1）Controller Version：v2023。
2）Driver Dimensionality：Longitudinal。
3）Driver Mode：Imposed_Pedal_Positions。
4）Accel Pedal Position（fixed & mixed mode only）：100%。
5）Brake Pedal Position（fixed & mixed mode only）：0。

切换到驾驶员部件的 Model Properties 选项卡，设置如图 4-47 所示。

1）Vehicle Type：Conventional。
2）Transmission Type：Automated。

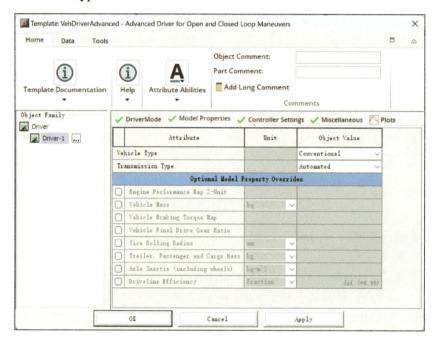

图 4-47　设置 Model Properties 选项卡

（2）TransControl

双击 TransControl 换档控制部件，命名为 Shiftcontrol，设置如图 4-48 所示。

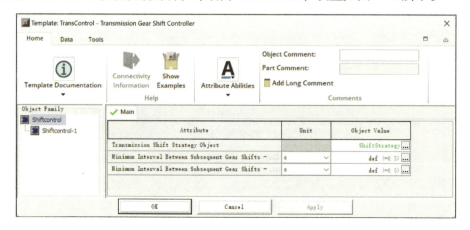

图 4-48　Shiftcontrol 设置

在 Transmission Shift Strategy Object 栏，使用 TranShiftStgy 模板建立名为 ShiftStrategy 的换档策略。换档策略的参数设置如图 4-49 和图 4-50 所示。

图 4-49　换档策略参数设置 a

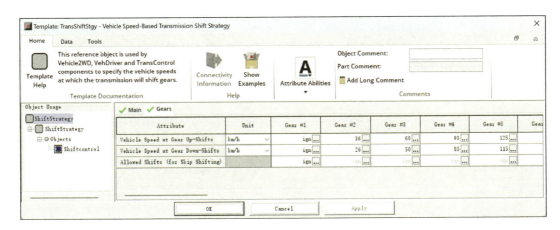

图 4-50　换档策略参数设置 b

（3）TCLockupControl

双击 TCLockupControl 离合器控制部件，命名为 Lockup，设置如图 4-51 和图 4-52 所示。

（4）ReceiveSignal

双击 ReceiveSignal 接收信号部件，命名为 VehicleSpeed，设置如图 4-53 所示。其中，Wireless Signal or RLT 栏选择的参数为车速。

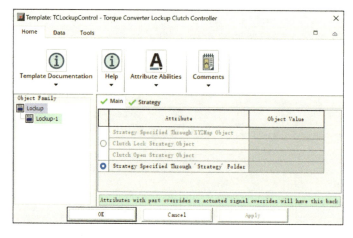

图 4-51　离合器控制设置 a

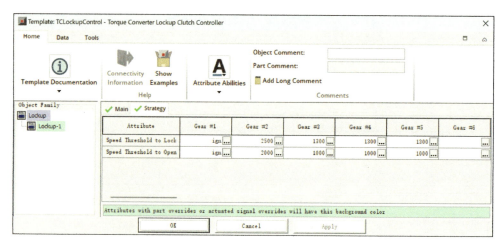

图 4-52　离合器控制设置 b

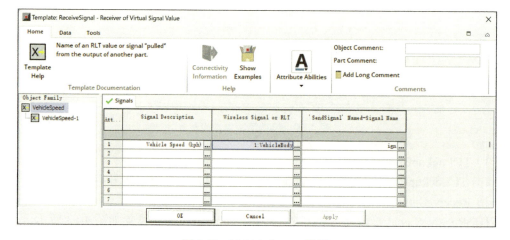

图 4-53　VehicleSpeed 设置

单机输入框右下角的...图标，可以进行选择操作，如图 4-54 所示。

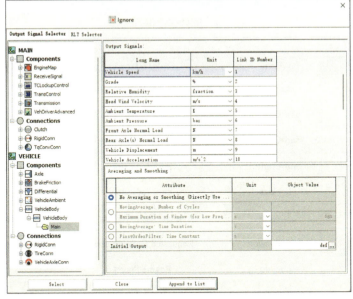

图 4-54　选择操作

（5）参数修改

对模型中的以下部件参数进行修改：

1）Engine：初始转速（Initial Speed）800r/min。

2）Transmission：初始档位（Initial Gear Number）改为 1。

3）VehicleBody：初始车速（Vehicle Initial Speed）改为 0，最高计算车速（Vehicle Speed to Halt Simulation）改为 ign。

2. 部件摆放及连接

将驾驶员、换档控制、离合器控制、信号接收器按照图 4-55 所示摆放并连接。

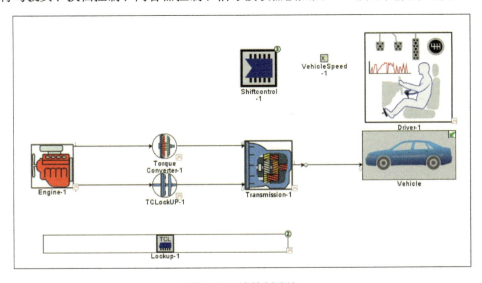

图 4-55　连接制动片

将鼠标切换到连接模式，对驾驶员模块的输入、输出信号进行连接，参考表4-2（注意端口）。

表4-2 部件连接信号选择

Part		Signal	
Begin	End	Output Name	Input Name
Driver	Engine	Accelerator Pedal Position	Accelerator Position
VehicleSpeed	ShiftControl	Vehicle Speed（kph）	Speed
Transmission	ShiftControl	Actual Gear Number	Current Gear Number
Transmission	ShiftControl	Shift Indicator	Shift Indicator
Transmission	Lockup	Shift Indicator	Shift Indicator
Transmission	Lockup	Actual Gear Number	Current Gear Number
ShiftControl	Transmission	Requested Gear Number	Requested Gear Number
Engine	Lockup	Engine Speed	Speed
TCLockup	Lockup	Actuator Position	Lockup State
Lockup	TCLockup	Lockup Actuator	Clutch Actuator Position

连线完成后，得到图4-56所示的模型。

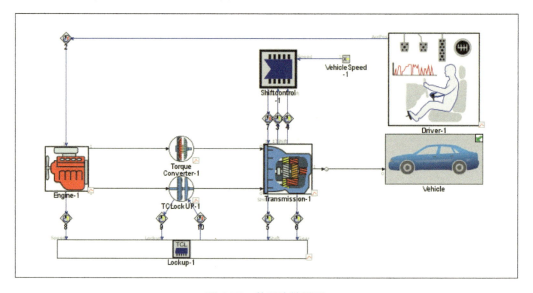

图4-56 信号连接模型

3. 计算设置及计算

单击 Run 开始计算。

计算完成后单击 View Results 即可观察计算结果，如图4-57所示。

第 4 章 整车动力传动系统的建模和仿真

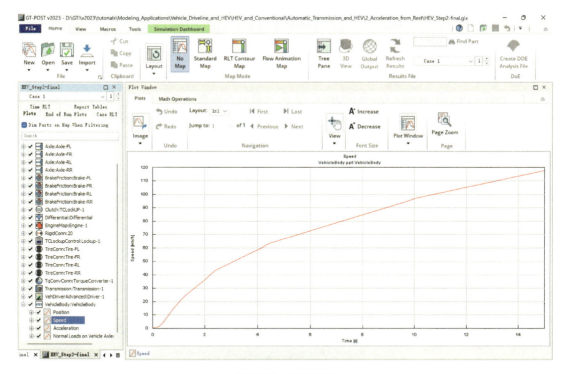

图 4-57 计算结果

4.2.3 循环工况建模

本小节将在前面的驾驶过程仿真计算模型的基础上加入怠速控制器，对模型参数进行相关修改后，使模型能够进行循环工况模拟计算，最终得到图 4-58 所示的模型。

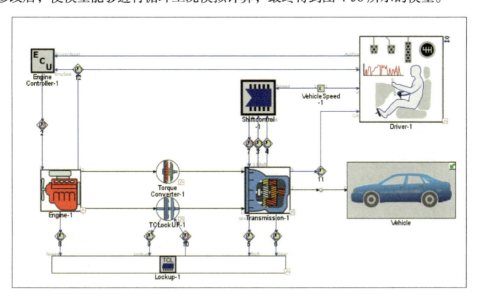

图 4-58 循环工况仿真计算模型

直接打开前面搭建的 Model4-1-2.gtm，然后另存为 Model4-1-3.gtm。

1. 部件设置

打开左下角的 Libraries，查找 ICEController 模块，并添加到模型中。

（1）ICEController

双击怠速控制模块 ICEController，设置如图 4-59 所示。

1) Initial Engine State（On=1，Off=0）（发动机初始状态）：1。
2) Engine Starter Shutoff Speed（发动机退出启动状态的转速）：1200r/min。
3) DFCO Exit Speed（resume fueling）（发动机恢复供油转速）：1200r/min。
4) DFCO Entry Time Delay（发动机恢复供油时间延迟）：1s。
5) Max Engine Fueling Speed（rev limiter）（发动机最大供油转速）：5500r/min。

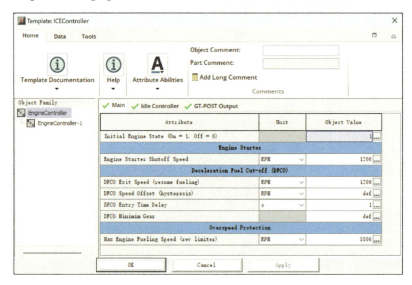

图 4-59　ICEController 设置 a

6) Engine Idle Speed（发动机怠速）：750r/min，如图 4-60 所示。

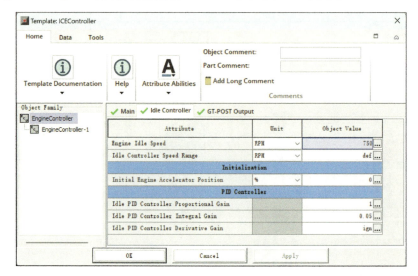

图 4-60　ICEController 设置 b

7）Idle PID Controller Proportional Gain（怠速控制 PID 的 P 值）：1。
8）Idle PID Controller Integral Gain（怠速控制 PID 的 I 值）：0.05。

（2）参数修改

对 VehDriver 进行参数修改，如图 4-61 和图 4-62 所示：将 Driver Mode（驾驶模式）改为 Speed_Targeting；通过对象选择器将 Target Speed 设为 FTP75km/h。

图 4-61　VehDriver 修改 a

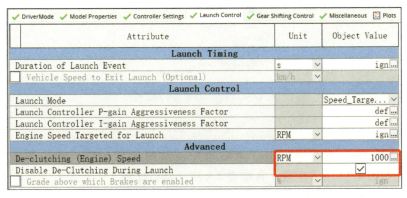

图 4-62　VehDriver 修改 b

(3) ReceiveSignal

新建 ReceiveSignal 信号接收器，命名为 BrakeSignal，设置如图 4-63 所示。可以拖四次 BrakeSignal 到建模界面，生成对象组，如图 4-64 所示，此时四个对象的参数设置相同。

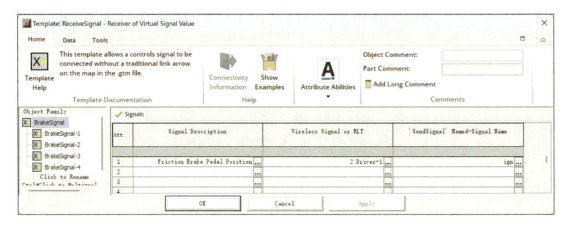

图 4-63　BrakeSignal 设置

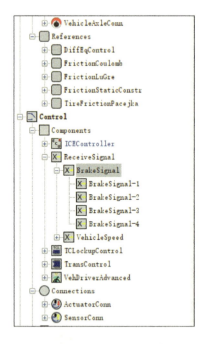

图 4-64　BrakeSignal 对象组

2. 部件摆放及连接

将原模型中 VehDriver 与 Engine 之间的加速踏板信号删除，然后将怠速控制模块 ICEController 按图 4-73 所示摆放，并按表 4-3 所示端口连线。

连接好后的模型如图 4-65 所示。

第 4 章 整车动力传动系统的建模和仿真

表 4-3 部件连接信号选择

Part		Signal	
Begin	End	Output Name	Input Name
VehicleSpeed	Driver	Vehicle Speed	Actual Vehicle Speed
Transmission	Driver	Actual Gear Ratio	Transmission Gear Ratio
Engine	Driver	Engine Speed	Prime Mover Speed
Engine	EngineController	Engine Speed	Engine Speed
Driver	EngineController	Accelerator Pedal Position	Driver Accel Pedal Position
EngineController	Engine	Engine Accelerator Position	Accelerator Position

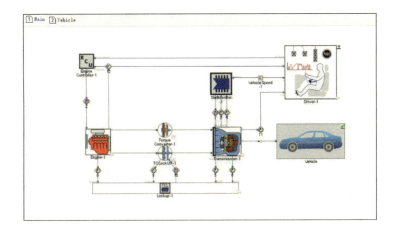

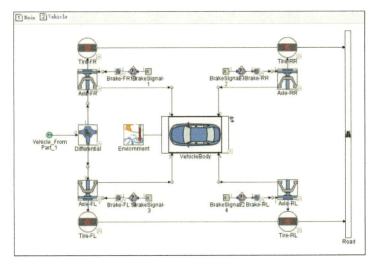

图 4-65 信号连接模型

3. 计算设置及计算

单击 Run Setup，将计算时间（Maximum Simulation Duration）设置为 1874s。

单击 Run 开始计算，计算界面如图 4-66 所示。

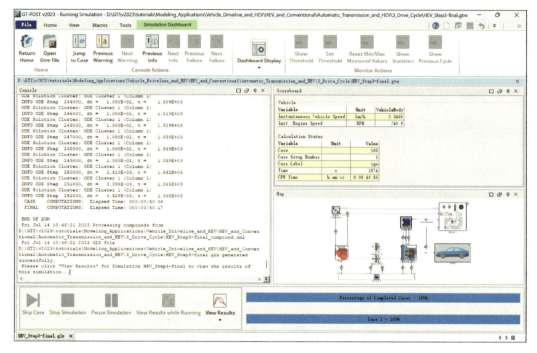

图 4-66　计算界面

计算完成后单击 View Results 即可观察计算结果，如图 4-67 所示。

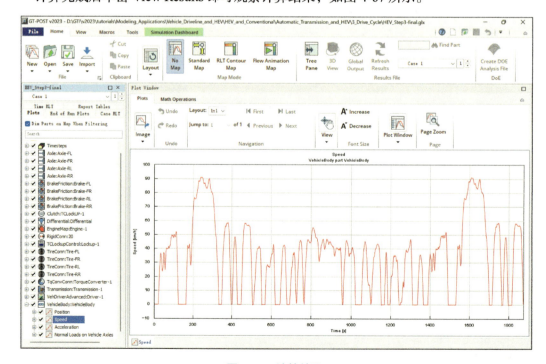

图 4-67　计算结果

4.2.4 稳态过程建模

稳态计算模型计算过程中没有时间的概念，主要是用来计算各档位下不同车速的最大功率、最大加速度、最大爬坡能力等。稳态分析计算模型如图 4-68 所示。

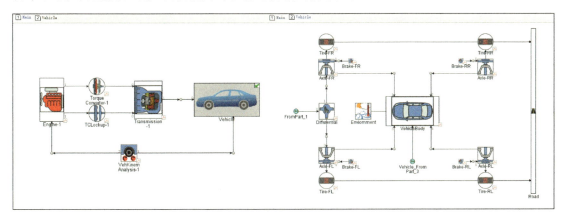

图 4-68　稳态分析计算模型

我们可以在前面 Model4-1-3.gtm 的基础上改动，也可以直接在 Model4-1-1.gtm 的基础上改动，需要改动的地方基本相同。在此我们将 Model4-1-1.gtm 另存为 Model4-1-4.gtm。

1. 部件设置

打开左下角的 Libraries，查找整车运动学分析模块 VehKinemAnalysis，并添加到模型中。

（1）VehKinemAnalysis

双击整车运动学分析模块 VehKinemAnalysis，设置如图 4-69 所示。

1）Kinematic Solution Mode：static-analysis（有多种分析模式可供选择，这里选择稳态分析）。

2）Driveline Inertia Option：Suppress-Inertias（Static）（稳态分析时一般忽略转动惯量的影响）。

3）Imposed Speed Array：def（def 表示将分析所有发动机转速）。

4）Engine Accelerator Position（发动机加速踏板位置）：100%。

5）Lockup Clutch Actuator Position Override（离合器踏板位置）：0。

（2）SubAssInternalConn

新建一个 SubAssInternalConn 对象，无需设置参数，放在 vehicle 组件中的 VehicleBody 旁边，可以用于 VehKinemAnalysis 与 VehicleBody 之间的连接。

（3）参数修改

Clutch：Minimum Kinematic Output Speed（运动学最小输出转速）：800r/min，如图 4-70 所示。TqConvConn：Minimum Kinematic Output Speed（运动学最小输出转速）：800r/min，如图 4-71 所示。

2. 部件摆放及连接

将 VehKinemAnalysis 添加到模型中，并连接 VehKinemAnalysis 与发动机模块 Engine 和车身模块 VehicleBody，连接端口见表 4-4。

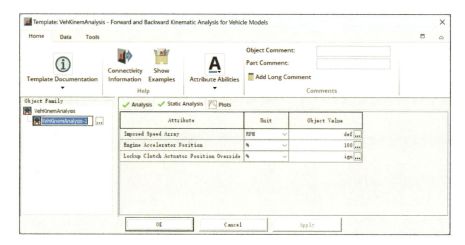

a)

b)

图 4-69　VehKinemAnalysis 设置

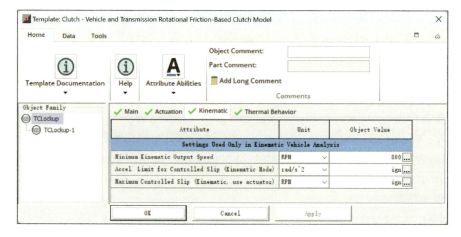

图 4-70　Clutch 修改

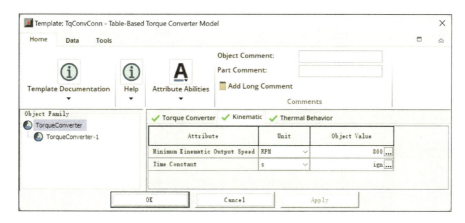

图 4-71 TqConvConn 修改

表 4-4 部件连接信号选择

Part		Signal	
Begin	End	Output Name	Input Name
VehKinemAnalysis	VehicleBody	VehicleBody	Body
VehKinemAnalysis	Engine	Power Source1	Flywheel

连接好后的模型如图 4-72 所示。

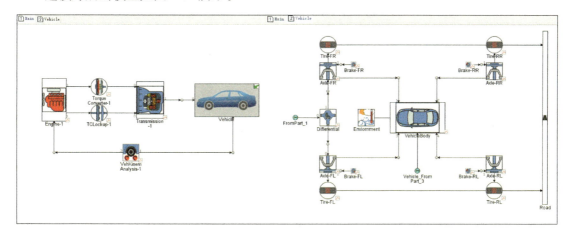

图 4-72 模型连接

3. 计算设置及计算

因为稳态计算没有时间概念,所以无须修改计算时间,单击 Run 开始计算。

计算完成后单击 View Results 即可观察计算结果,计算结果如图 4-73 所示。

4.2.5 手动档结构建模

为体现自动档与手动档整车计算模型的差异,本节将在 4.2.3 模型 Model4-1-3.gtm 的基础上将自动档模型改装成手动档模型,并同样满足循环工况计算的能力,生成模型如图 4-74 所示。

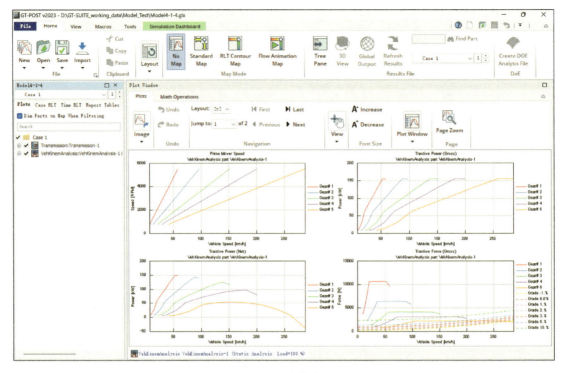

图 4-73 计算结果

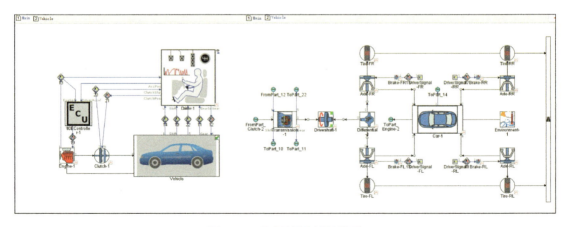

图 4-74 手动档整车计算模型

在此我们将 Model4-1-3.gtm 另存为 Model4-1-5.gtm。

1. 部件设置

打开左下角的 Libraries，查找轴模块 Shaft，并添加到模型中。

（1）Shaft

双击轴模块 Shaft，并设置如图 4-75 所示。

1）Initial Speed（初始转速）：def（直接连接的轴系只需要设置一个转速即可，其他部件的初始转速设为 def）。

2）Shaft Moment of Inertia（转动惯量）：0.01kg·m^2。

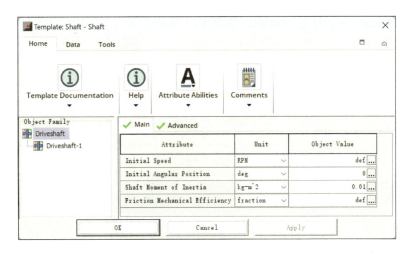

图 4-75　Shaft 设置

（2）删除部件

将自动档模型中的 TransControl、TCLockupControl、TqConvConn、车速接收器及其相连接的 SensorConn 和 ActuatorConn 删除。单击相关部件或者连接线，按 Del 键即可。

（3）SubAssInternalConn

将 Transmission 移动到 Vehicle 组件中，可以右键单击 Transmission，选择 Cut，在 Vehcle 组件中合适位置右击，然后选择 Paste（也支持 <Ctrl+X> 和 <Ctrl+V> 组合键实现剪切和粘贴功能）。

另外，新建两个 SubAssInternalConn 放在 VehicleBody 旁边，新建 4 个 SubAssInternalConn 放在 Transmission 旁边。

（4）参数修改

将驾驶员部件的参数进行修改，打开选项 Display Performance Monitor（speed and accel mode only），如图 4-76 所示。

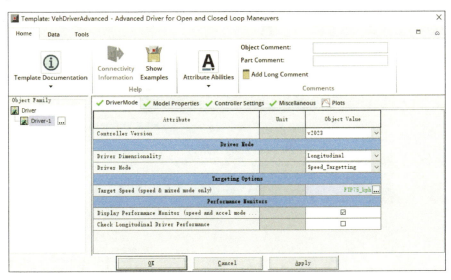

图 4-76　打开选项 Display Performance Monitor

将 Transmission Type 改为 Manual，如图 4-77 所示。

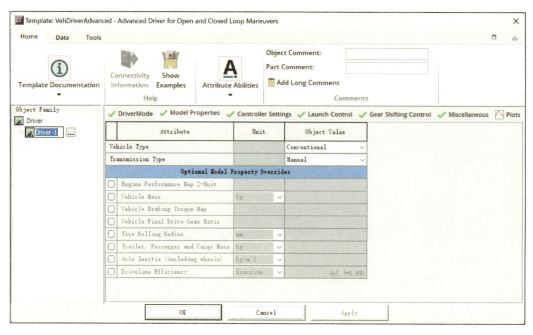

图 4-77　改为 Manual

换档控制的设置如图 4-78 所示，新建名为 RPMstrategy 的换档策略。双击 RPMstrategy，设置换档线如图 4-79 所示，表示发动机转速高于 5500r/min 将升档，低于 2500r/min 将降档。

使用 XYTable 模板，新建 accgear 和 clgear 两条曲线，对换档过程中加速踏板位置和离合器踏板位置进行控制，详细设置如图 4-80 和图 4-81 所示。

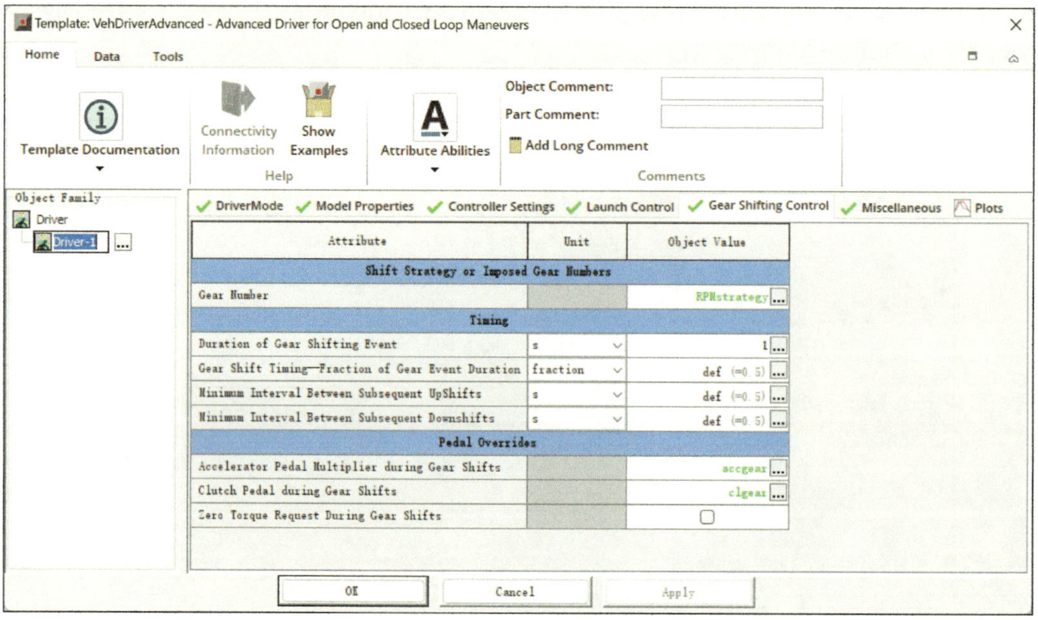

图 4-78　换档控制设置

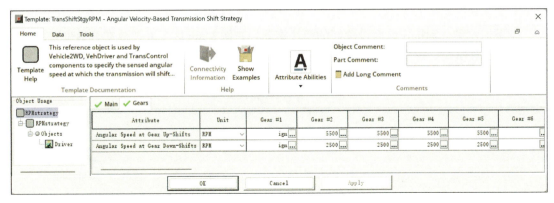

图 4-79　设置换档线

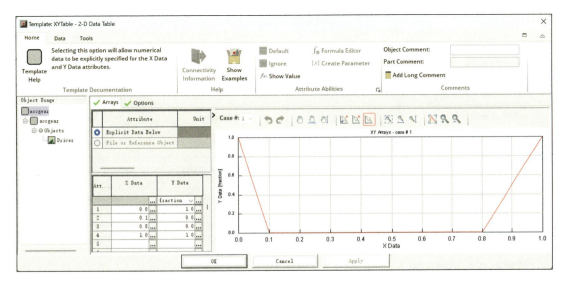

图 4-80　对加速踏板位置进行控制

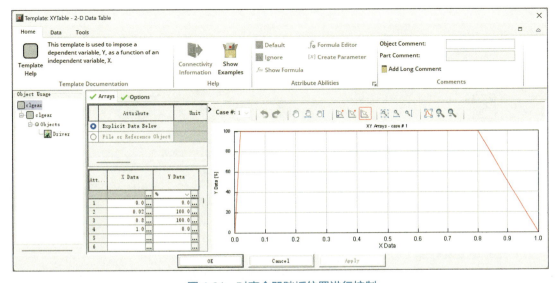

图 4-81　对离合器踏板位置进行控制

2. 部件摆放及连接

用鼠标左键分别按住前面设置好的模块拖动到右侧 Main 区，并摆放在合适位置。将鼠标切换到连线模式，对相关控制信号进行连接，参考表 4-5（注意单位）。

表 4-5 部件连接信号选择

Part		Signal	
Begin	End	Output Name	Input Name
Clutch	VehDriverAdvanced	Slip	Cluth Slip
VehDriverAdvanced	Clutch	Clutch Pedal Position	Clutch Actuator Position
Clutch	Transmission	Input Shaft	Input Shaft
Transmission	Shaft	Output Shaft	Shaft
Differential	Shaft	Driveline	Shaft
VehicleBoday	VehDriverAdvanced	Vehicle Speed	Actual Vehicle Speed
VehicleBoday	EngineMap	Body	Vehicle
Transmission	VehDriverAdvanced	Shift Indicator	Shift Indicator
Transmission	VehDriverAdvanced	Actual Gear Ratio	Transmission Gear Ratio
Transmission	VehDriverAdvanced	Actual Gear Number	Current Gear Number
VehDriverAdvanced	Transmission	Requested Gear Number	Requested Gear Number

连接好后的模型如图 4-82 所示。

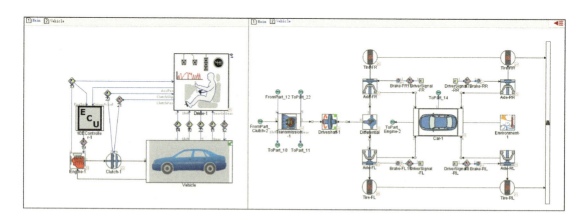

图 4-82 自动档计算模型

3. 计算设置及计算

单击 Run 开始计算。计算完成后单击 View Results 即可观察计算结果，如图 4-83 所示。

第 4 章 整车动力传动系统的建模和仿真

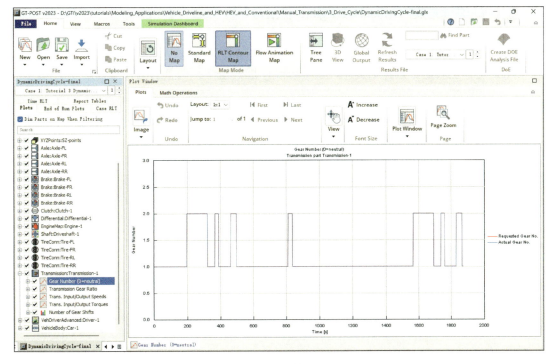

图 4-83　计算结果

4.3　纯电动汽车动力传动系统建模

通过学习 4.2 节，我们已经掌握在 GT-SUITE 中如何搭建各种典型计算任务的传统燃油车模型。本节将带大家搭建纯电动汽车仿真模型。同时，为了体现纯电动汽车和传统燃油车模型的差异，并避免内容的重复，本节也会直接在前面相关模型的基础上进行改动。

4.3.1　定转矩加速过程建模

本小节将在传统燃油车固定档加速计算模型的基础上（4.2.1 节），将传统燃油车计算模型改为纯电动车计算模型，并对固定电机转矩的加速过程进行仿真计算，模型如图 4-84 所示。

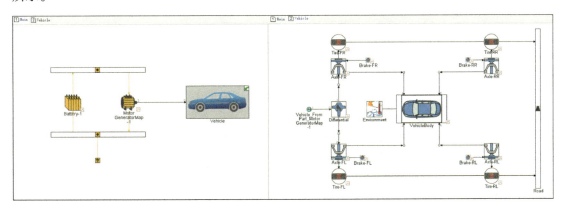

图 4-84　纯电动车基础计算模型

91

直接打开前面搭建的 Model4-1-1.gtm，然后另存为 Model4-2-1.gtm。

1. 部件设置

直接通过鼠标左键框选并删除差速器 Differential 左边的发动机、离合器和变速器模块，在 Vehicle 组件上右键，选择 Absorb Subassembly 展开组件，调整后的模型如图 4-85 所示。

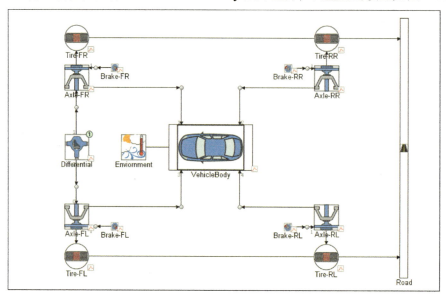

图 4-85　删除后的模型

如图 4-86 所示，单击 Date→Usage Utilities→Delete Unused Objects→Objects and Templates，可以清除没用到的对象和模板。

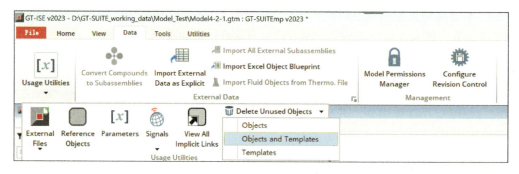

图 4-86　清除没有用到的对象和模板

打开左下角的 Libraries，查找 Battery（电池）、MotorGeneratorMap（电机）、NodeElectrical 模块和 GroundElectrical 模块，并添加到模型中。电池和电机模块里面都需要输入一些性能相关的 Map，为便于操作，这里直接打开自带案例模型，路径如下：

Flie → Tutorials → Modeling_Applications → Vehicle_Driveline_and_HEV → BEV → 1_Acceleration_Regeneration → BEV_Step1_final.gtm

将 TractionMotorMaxTorque、TractionMotorMinTorque、Battery_OCV_Charge、Battery_OCV_Discharge、Battery_R_Charge、Battery_R_Discharge、TractionMotorEfficiency 这 7 个对象文件复制到模型 Model4-2-1.gtm 中，如图 4-87 所示。

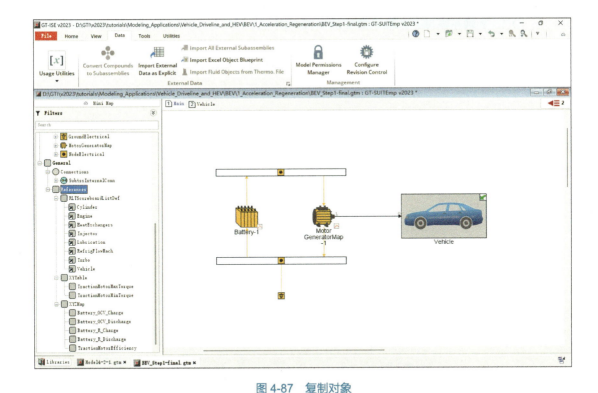

图 4-87 复制对象

（1）Battery

如图 4-88 所示，电池模块 Battery 依据等效电路进行计算，需要输入电芯/电池包的开路电压和内部电阻等参数。

双击电池模块 Battery，设置如图 4-89a 所示，在 Main 下，选择 Single Cell Data（电芯设置）。

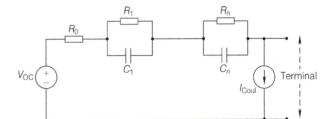

图 4-88 电池等效电路模型

1) Cell Capacity（电芯容量）: 57A·h。

2) Number of Series Cells（串联数量）: 96。

3) Number of Parallel Cells（并联数量）: 3。

4) Initial State of Charge（初始电量）: 0.8。

5) Load Type（负载模式）: Electrical Connections（负载模式直接与控制相关，本例使用电路连接来控制电池工作状态）。

6) Open Circuit Voltage（VOC），Charge：Battery_OCV_Charge（充电状态下的开路电压，X 轴是 SOC，Y 轴是温度，Z 轴是对应的开路电压，如图 4-90 所示）。

7) Open Circuit Voltage（VOC），Discharge：Battery_OCV_Discharge（放电状态下的开路电压，X 轴是 SOC，Y 轴是温度，Z 轴是对应的开路电压）。

8) Internal Resistance（R0），Charge：Battery_R_Charge（充电状态下的内部电阻，X 轴是 SOC，Y 轴是温度，Z 轴是对应的内部电阻）。

9) Internal Resistance（R0），Discharge：Battery_R_Discharge（放电状态下的内部电阻，

X 轴是 SOC，Y 轴是温度，Z 轴是对应的内部电阻）。

此处直接单击后面的"…"，调用前面复制进来的对象即可。这里采用的是 0 阶等效电路模型，此模块最高支持 5 阶，如有对应的 R、C 参数，直接勾选激活 Thevenin RC Branch n（n = 1，2，…）即可设置，如图 4-89b 所示。开路电压对象如图 4-90 所示。

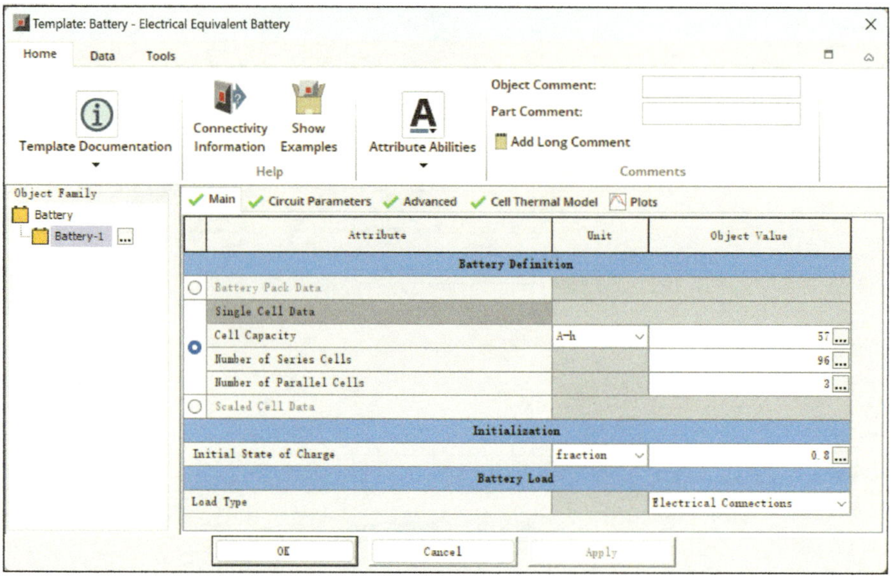

a)

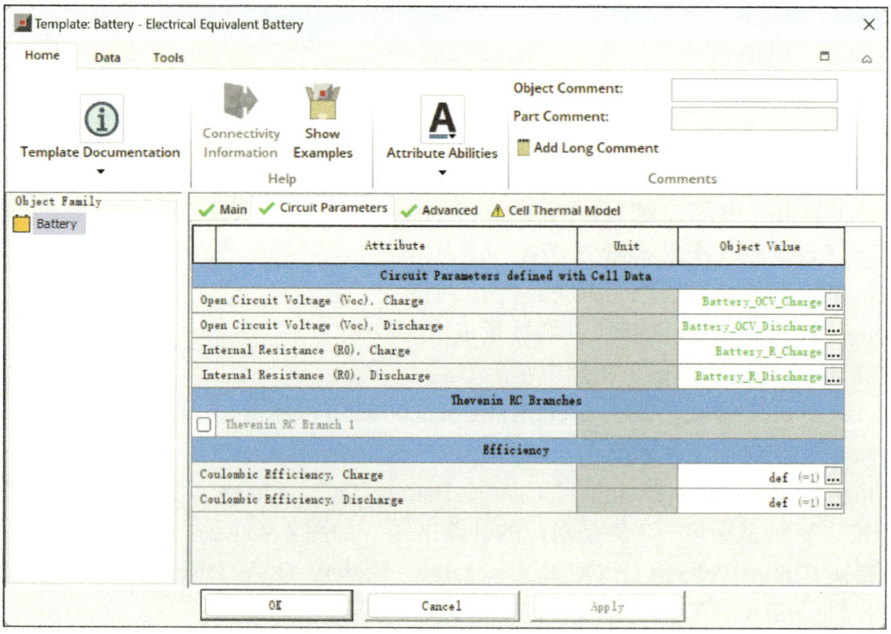

b)

图 4-89　Battery 设置 a 和 b

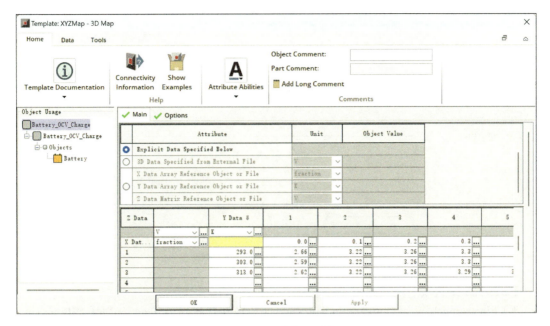

图 4-90　开路电压对象

10）Battery Temperature（电池温度）：300K（这里暂时不对电池热管理进行详细分析，所以设定固定温度 300K，如图 4-91 所示）。

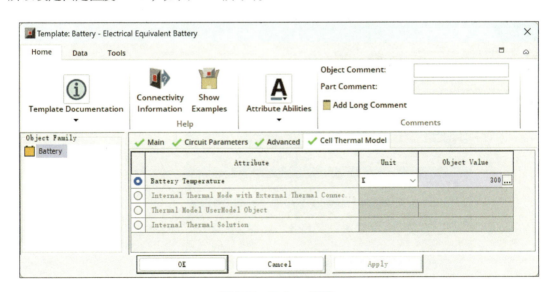

图 4-91　Battery 设置 c

（2）MotorGeneratorMap

双击模块 MotorGeneratorMap，设置如图 4-92 所示。

1）Control Mode（控制模式）：Brake Torque（电机控制模式，与电机的控制方式有关，本例通过电机转矩需求来控制电机）。

2）Brake Torque（输出转矩）：100N·m。

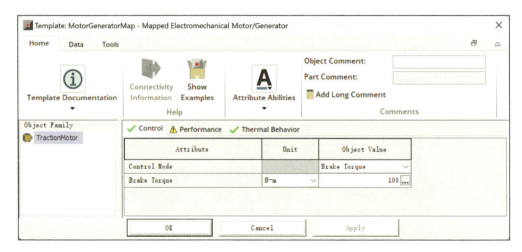

图 4-92　MotorGeneratorMap 设置 a

Performance 选项卡设置如图 4-93 所示。

1）Electromechanical Conversion Efficiency（机电转化效率）：TractionMotorEfficiency。

2）Maximum Brake Torque（最大输出转矩）：TractionMotorMaxTorque。

3）Minimum Brake Torque（最小输出转矩/最大回收转矩）：TractionMotorMinTorque。

4）Account for Torque Constraints During Direct Torque Control：勾选该选项（勾选后，最大、最小转矩才会起约束作用）。

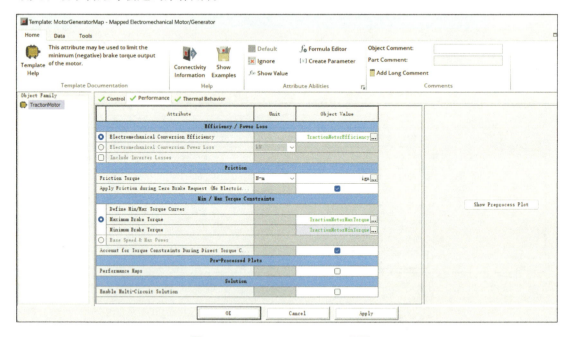

图 4-93　MotorGeneratorMap 设置 b

（3）电路接口

NodeElectrical 是一个电路接口，不需要设置。GroundElectrical 是一个接地接口，不需要设置。对于无需设置的部件，直接使用所属的默认 def 模块即可。

（4）参数修改

VehicleBody：初始车速（Vehicle Initial Speed）改为 0，最高计算车速（Vehicle Speed to Halt Simulation）改为 ign。

Differential：速比（Final Drive Ratio）改为 7。

2. 部件摆放及连接

将电机、电路接口和电池拖动到模型中。

将鼠标切换到连线模式，对模块间的输入和输出信号进行连接，参考表 4-6（注意单位）。

表 4-6 部件连接信号选择

Part		Signal	
Begin	End	Output Name	Input Name
MotorGeneratorMap	Differential	Shaft	Driveline
NodeElectrical_2	Battery	Electrical Connection	Electrical
Battery	NodeElectrical_1	Electrical	Electrical Connection
NodeElectrical_1	MotorGeneratorMap	Electrical Connection	Electrical Terminal
MotorGeneratorMap	NodeElectrical_2	Electrical Terminal	Electrical Connection
NodeElectrical_2	GroundElectrical	Electrical Connection	Node Connection

连接好的模型如图 4-94 所示。

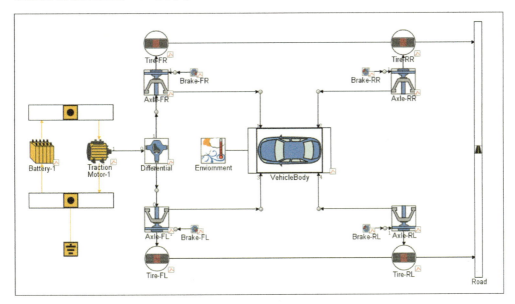

图 4-94 连线完成后的模型

3. 计算设置及计算

单击 Run Setup，将计算时间（Maximum Simulation Duration）设置为 20s，如图 4-95 所示。

单击 Run 开始计算。

计算完成后单击 View Results 即可观察计算结果，如图 4-96 所示。

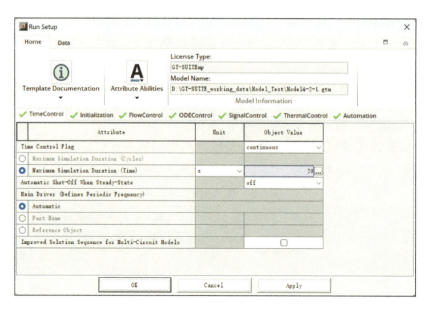

图 4-95　Run Setup 设置

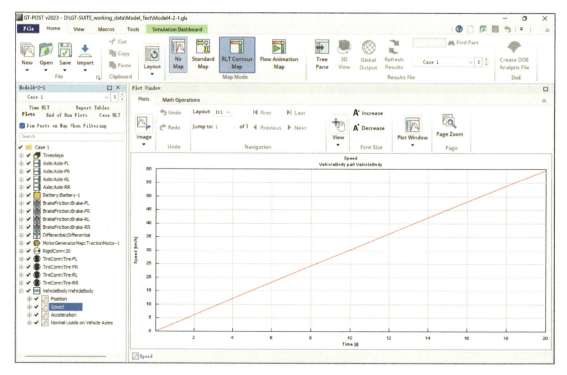

图 4-96　计算结果

4.3.2　循环工况建模

本小节将在前面的纯电动车模型的基础上，加入驾驶员模块，使模型能够进行循环工况的仿真计算，最终得到图 4-97 所示的模型。

直接打开前面搭建的 Model4-2-1.gtm，然后另存为 Model4-2-2.gtm。

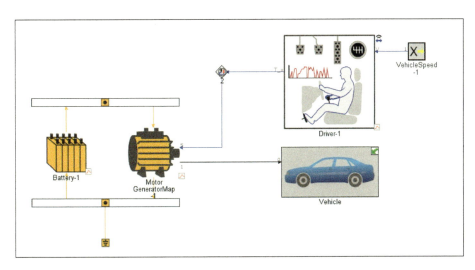

图 4-97　循环工况计算模型

1. 部件设置

打开左下角的 Libraries，查找 VehDriverAdvanced（驾驶员）、Brake（制动片）和 ReceiveSignal（信号接收器）模块，并添加到模型中。

（1）VehDriverAdvanced

双击驾驶员模块 VehDriverAdvanced，设置如图 4-98 所示。

1）Driver Mode（驾驶模式）：Speed_Targetting。

2）Target Speed（speed & mixed mode only）：NEDC（通过对象选择器调用 GT-SUITE Library 里面的 NEDC）。

3）Display Performance Monitor（speed and accel mode only）：勾选后，在计算过程中可以实时监控当前车速和目标车速。

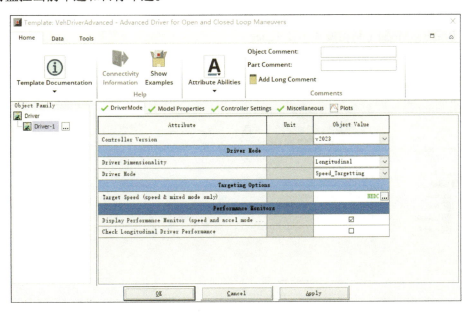

图 4-98　VehDriverAdvanced 设置 a

4) Vehicle Type（车辆类型）：Electrified_Vehicle，如图 4-99 所示。

5) Transmission Type（变速器类型）：Automated（表示驾驶员模块不负责离合器和档位的控制）。

6) Load Request Map Unit：如果需要输入、输出节气门位置信号，则需激活，然后输入节气门位置 MAP。

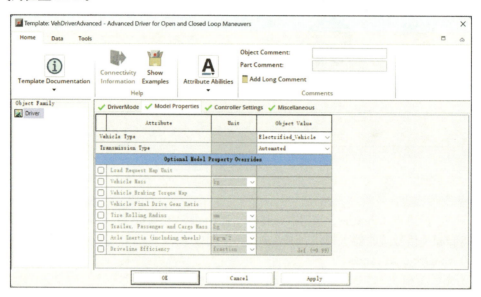

图 4-99　VehDriverAdvanced 设置 b

（2）Brake

将模型现有的 BrakeFriction 部件删除，这里介绍另外一种概念阶段的简易用法，无需设置制动力矩 MAP，只需输入需要的制动力矩即可。

双击制动片模块 Brake，设置如图 4-100 所示。

1) Braking Mode（制动模式）：Torque。

2) Brake Torque（制动力矩）：def(=0)。

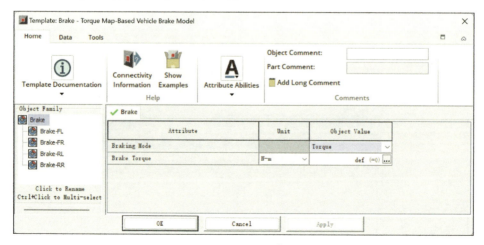

图 4-100　Brake 设置

（3）ReceiveSignal

双击 ReceiveSignal 模块，设置如图 4-101 所示，接收来自 VehicleBody 的车速信号。

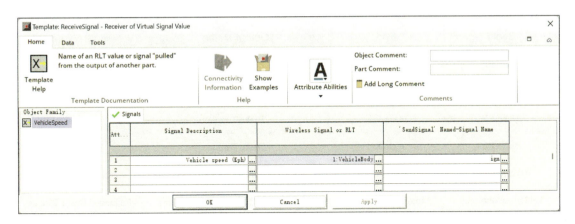

图 4-101　ReceiveSignal 设置

2. 部件摆放及连接

可以在建模视图选中传动系统，右键选择 Creat Subassembly，建立组件，并将组件重命名为 Vehicle，右键选择 Part Display Setting/Choose Custom Icon，然后单击 Choose GT Image，选择 Car 图片并保存。将 VehDriverAdvanced（驾驶员）、Brake（制动片）和 ReceiveSignal（信号）模块如图 4-102 所示摆放，并连线。连接完成后的模型如图 4-102 所示。

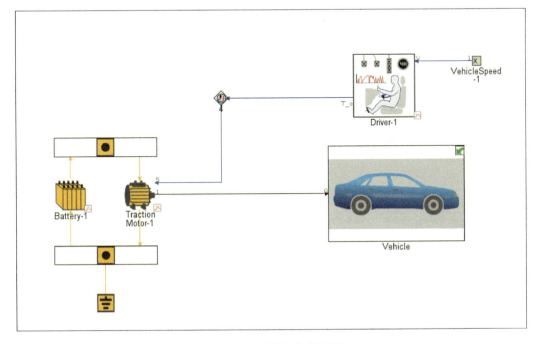

图 4-102　连线完成后的模型

其中连接信号的选择参考表 4-7。

表 4-7　部件连接信号选择

Part		Signal	
Begin	End	Output Name	Input Name
Brake-FR	Axle-FR	Brake Torque	Tire/Brake
Brake-FL	Axle-FL	Brake Torque	Tire/Brake
Brake-RR	Axle-RR	Brake Torque	Tire/Brake
Brake-RL	Axle-RL	Brake Torque	Tire/Brake
ReceiveSignal	VehDriverAdvanced	Vehicle speed(Kph)	Actual Vehicle Speed
VehDriverAdvanced	MotorGeneratorMap	Transmission Output Torque Request	Requested Brake Torque

3. 计算设置及计算

单击 Run Setup，将计算时间（Maximum Simulation Duration）设置为1180s，如图4-103所示。

单击 Run 开始计算。

计算完成后，单击 View Results 即可观察计算结果，如图 4-104 所示。

用户可以修改最大积分步长来加快模型的计算速度。

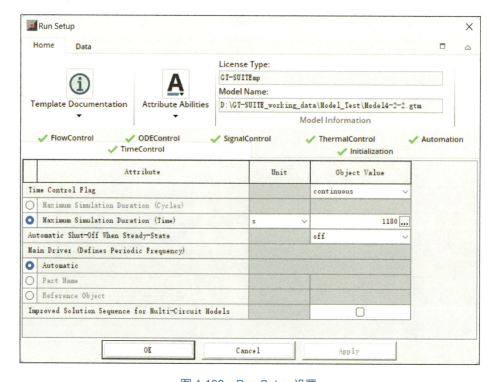

图 4-103　Run Setup 设置

第 4 章 整车动力传动系统的建模和仿真

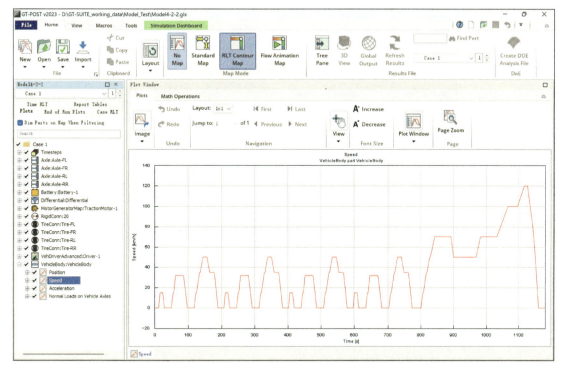

图 4-104 计算结果

在 GT-ISE 主界面单击 Run Setup，切换到 ODEControl 选项卡，可以看到 Integrator and Solution Control 栏已经定义了名为 DiffEqControl_ODE-Solver 的求解器，如图 4-105 所示。双击打开可以对求解器参数进行设置，Maximum Integration Time Step 为最大的积分时间步长，如图 4-106 所示，提高这个数值可以对模拟任务的计算时间进行加速。

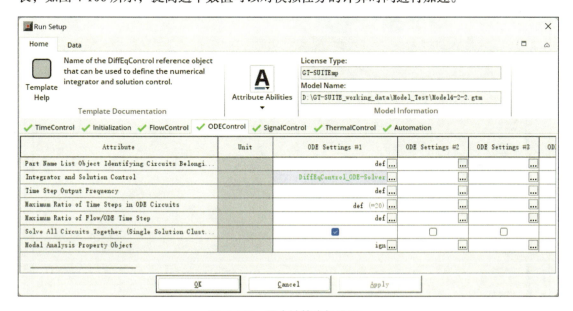

图 4-105 最大计算步长设置 a

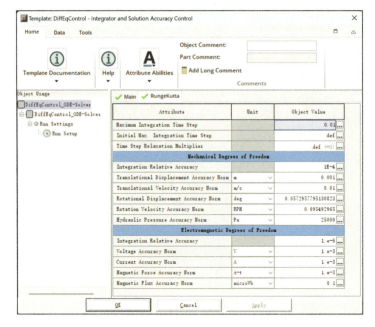

图4-106 最大计算步长设置 b

4.3.3 简易制动能量回收系统建模

观察模型 Model4-2-2.gtm 计算结果中蓄电池的 SOC，会发现 SOC 有上升的过程，这是由于在进行 NEDC 计算的过程中，所有制动减速段的能量全部用来通过电机给蓄电池充电了。观察电机转矩也可以对这点进行证实，如图 4-107 所示。

图 4-107 电池 SOC

但是这里存在一个问题,那就是实际情况下电机存在最小转矩(最大充电转矩),如图 4-108 所示,如果制动力矩需求大于电机最小转矩,多出来的这部分转矩,应该通过踩制动踏板来实现,也就是制动能量回收的控制,但 Model4-2-2.gtm 还并没有考虑到这点。本节将会带领大家搭建一个基础版的制动能量回收控制,最后得到图 4-109 所示的模型。

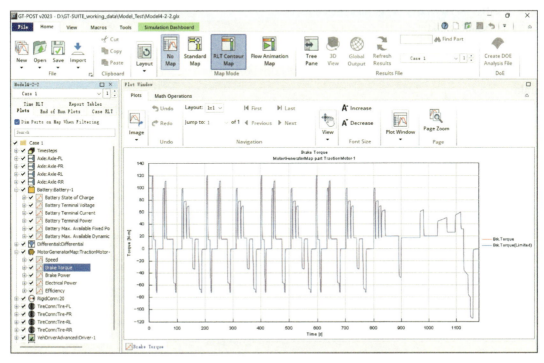

图 4-108　电机转矩

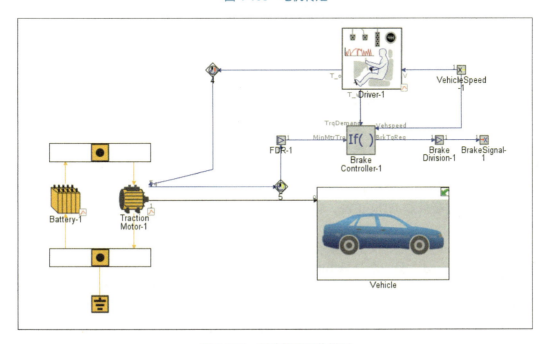

图 4-109　制动能量回收模型

直接打开前面搭建的 Model4-2-2.gtm，然后另存为 Model4-2-3.gtm。

1. 部件设置

打开左下角的 Libraries，查找 SendSignal（调用信号）、IfThenElse（条件判断）和 Gain（增益）模块，如图 4-110 所示，并添加到模型中。

（1）SendSignal

此模块可以实现无线信号的发送，在这里将摩擦制动的 BrkTrqReq 信号发送到车轮制动片模块 Brake。

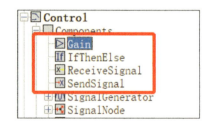

图 4-110　模块添加

双击 SendSignal，建立名为 BrakeDivision 的部件，设置如图 4-111 所示。

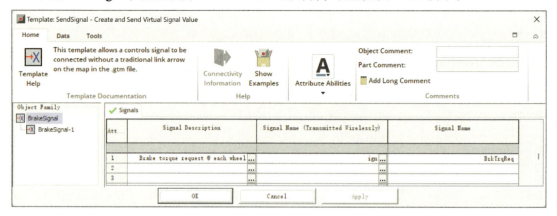

图 4-111　SendSignal 设置

（2）IfThenElse

制动能量回收控制逻辑的核心就是 IfThenElse 模块的设置，当然相同的目的也可以通过其他模块来实现，比如 Switch、EventManager 或者 FiniteStateManager，但本节采用 IfThenElse。

通过前面的分析，本节我们主要是想实现图 4-112 所示的制动控制逻辑，也就是当行车转矩需求小于 0，且最小电机转矩减去行车需求转矩的结果大于 10N·m 时，将多出的转矩施加在制动上。

双击条件判断模块 IfThenElse，设置如图 4-113 所示。

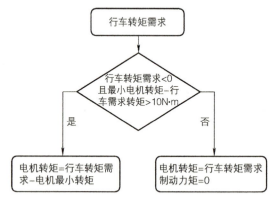

图 4-112　制动控制逻辑

先设置 Inputs 页，以定义此模块会用到的信号。这里我们主要用到两个信号：一个是行车转矩 TrqDemand；另一个是最小电机转矩 MinMotorTrq。

1）Input Descriptions（输入信号的描述）：Torque Demand（N·m），Min Motor Torque（N·m）（必须填，但具体填什么对模型并无影响）。

2）Input Names（信号名）：TrqDemand，MinMotorTrq（后面会通过信号线来进行连接，此信号名会在 Actions 页被使用）。

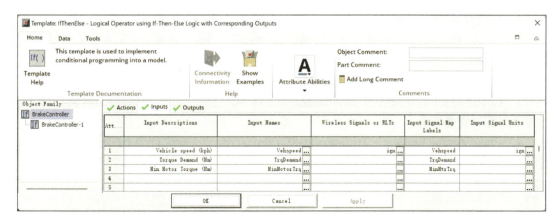

图 4-113　IfThenElse 设置 a

3）Wireless Signals or RLTs（无线信号或 RLTs）：ign（无线和有线两种方式只能二选一，一旦选择有线信号，此处就应设为 ign）。

4）Input Signal Map Labels（模型中信号显示标签）：TrqDemand、MinMtrTrq（用于设置信号连线后，在模型中显示的标签）。

其次是设置 Outputs 页，用于定义此模块输出信号，这里我们只需制动力矩 BrkTqReq，如图 4-114 所示。

1）Output Descriptions（输出信号的描述）：Brake Torque Request（必须填，但具体填什么对模型并无影响）。

2）Output Signal Map Labels（模型中信号显示标签）：BrkTqReq（用于设置信号连线后，在模型中显示的标签）。

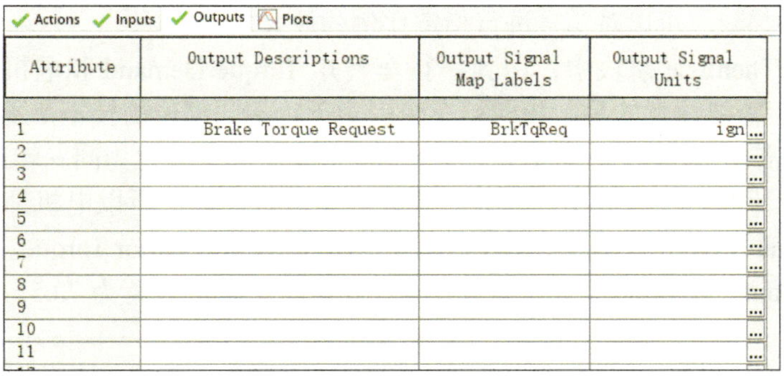

图 4-114　IfThenElse 设置 b

最后是设置 Actions 页，用于设置用户所需要的控制逻辑。
本节中我们想要实现如下逻辑：

```
If  TrqDemand<0 && MinMotorTrq> TrqDemand+10
   BrkTqReq= TrqDemand-MinMotorTrq
      Else
      BrkTqReq=0
End
```

所以设置如图 4-115 所示。

1）Action Descriptions（描述）：No Friction Brakes，Friction Brake Assisst（只是描述，对计算无影响）。

2）Actions（行为）：if，Else（可选 If、ElseIf 或 Else）。

3）Conditions（判断条件）：TrqDemand<0 && MinMotorTrq> TrqDemand+10，空（Else 行为下无需设置条件）。

4）Brake Torque Request：TrqDemand-MinMotorTrq，0（对应行为下的输出）。

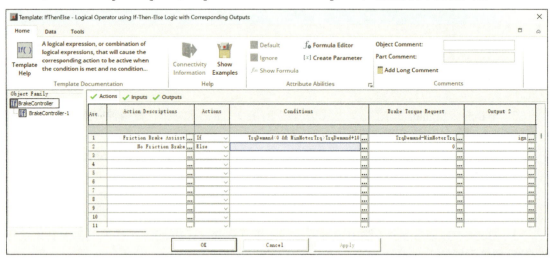

图 4-115　IfThenElse 设置 c

（3）Gain

Gain 是增益模块，可以对信号进行指定比例的放大或缩小。

在前面的 IfThenElse 模块中，用到了行车转矩 Torque Demand 和电机的最小转矩 Min Motor Torque，但需要注意的是，相同行车牵引力下，不同部位的转矩是不一样的，因为转速不一样。所以需要 Torque Demand 和 Min Motor Torque 必须转化为同一转速或同一部位下，才能进行比较及计算。在这里我们将针对轮边转矩进行比较，所以电机部件的最小转矩应该乘以 Differential 主减速比 7.05 得到的才是我们需要的 Min Motor Torque。

双击模块 Gain，在 Main 下，设置如图 4-116 所示，Gain 设置为 7.05。

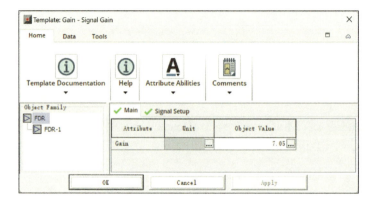

图 4-116　Gain 设置 a

另一方面，还需要一个 Gain 来实现制动力矩的分配，就是将 IfThenElse 输出的制动力矩 BrkTqReq 分配给四个制动片。设置如图 4-117 所示，Gain 设置为 0.25。

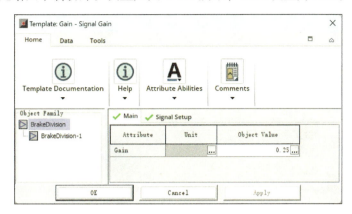

图 4-117　Gain 设置 b

2. 部件摆放及连接

将设置好的 BrakeSignal、BrakeController、FDR 和 Brake_Division 拖到模型中，如图 4-118 所示。

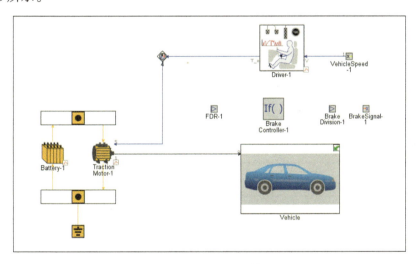

图 4-118　模块摆放

将鼠标切换到连接模式，对模块间的输入和输出信号进行连接，参考表 4-8（注意单位），模型连接完成如图 4-119 所示。

表 4-8　部件连接信号选择

Part		Signal	
Begin	End	Output Name	Input Name
Brake_Division	BrakeSignal	Output 1	Brake torque request @ each wheel
Driver	BrakeController	Wheel Torque Request	Torque Demand
TractionMotor	FDR	Minimum Motor Torque	Input 1
FDR	BrakeController	Output 1	Min Motor Torque
BrakeController	Brake_Division	Brake Torque Request	Input 1

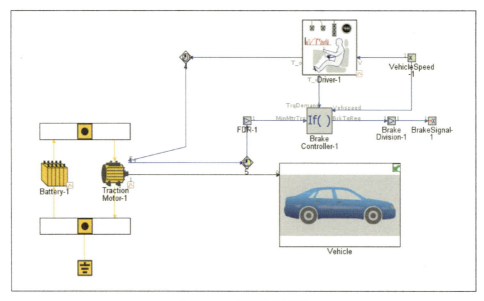

图 4-119　信号连接模型

最后还需要将制动力矩传给制动片,也就是将 BrakeSignal-1 输出的转矩施加到制动片上,这里我们再新建一个 ReceiveSignal 模块来获取 BrakeSignal-1 输出的转矩,设置如图 4-120 所示。

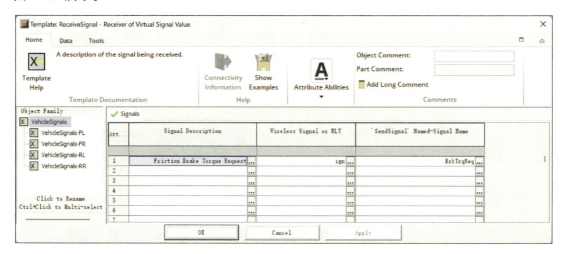

图 4-120　制动力矩信号

将 VehicleSignals 拖到模型中,再复制 3 个,然后分别与 4 个制动片连接,连接制动片时选择 Braking Torque,如图 4-121 所示。

3. 计算设置及计算

之前设置电机模块时,输入的最小转矩过小,计算过程中可能难以出现行车转矩<最小电机转矩的情况,为此可以先把电机最小转矩改大一些,或者直接将电机最小转矩对象 TractionMotorMinTorque 的 Y Multiplier 设为 0.2(所有转速的转矩乘以 0.2),如图 4-122 所示。

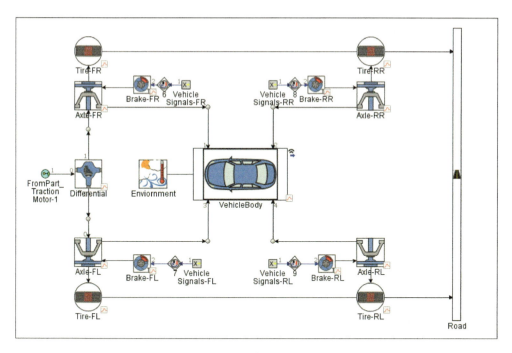

图 4-121 制动力矩信号连接

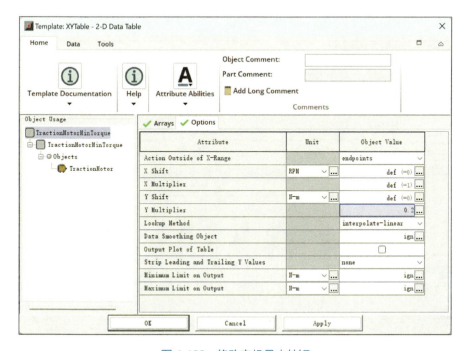

图 4-122 修改电机最小转矩

为了查看制动策略是否生效,可以将制动片 Brake 的 Plots 下的 Braking Torque 勾上,如图 4-123 所示。

图 4-123　制动转矩 Plots

然后单击 Run，开始计算。

计算完成后单击 View Results 即可观察计算结果，如图 4-124 和图 4-125 所示。

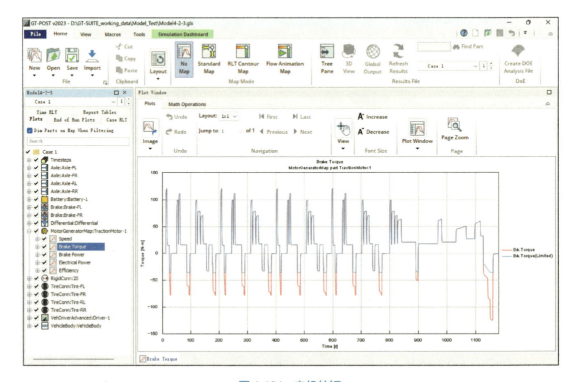

图 4-124　电机转矩

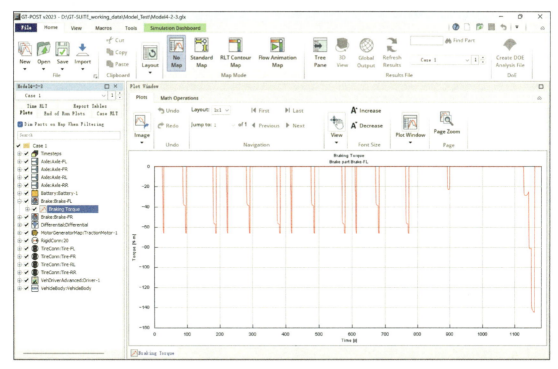

图 4-125　制动片力矩

4.3.4　简易电池控制系统建模

纯电动汽车实际运行过程中会受到各种各样的限制，如部件性能的限制，安全参数的限制。如电池部件，从安全和电池寿命的角度考虑，为防止电池出现过充电和过放电，一般会对它的充、放电状态的电压、电流进行一些限制。在软件中，我们只需要使用 BatteryPowerLimiter 这个模块即可。

观察 4.2.3 节中模型 Model4-2-3.gtm 计算结果中电池的端电压和端电流，如图 4-126 和图 4-127 所示。

观察前面的计算结果可以发现：最小放电电压是 263V，最大充电电流是 41A。本节我们将在前面模型的基础上对这两个值进行限制。模型如图 4-128 所示。

直接打开前面搭建的 Model4-2-3.gtm，然后另存为 Model4-2-4.gtm。

1. 部件设置

打开左下角的 Libraries，查找 BatteryPowerLimiter 模块并添加到模型中。BatteryPowerLimiter 主要是通过限制电机充、放电功率来达到对电池充、放电中电压和电流限制的目的，用户只需输入电池充、放电状态的电压和电流限值即可。

双击模块 BatteryPowerLimiter，设置如图 4-129 所示。

1）Minimum Discharging Voltage Limit（最小放电电压）：295V。
2）Maximum Charging Voltage Limit（最大充电电压）：400V。
3）Maximum Charging Current Limit（最大充电电流）：30A。
4）Maximum Discharging Current Limit（最大放电电流）：200A。
5）Battery Part（电池部件）：Battery-1（单击后面的"…"，打开部件选择窗口，选择对应的电池部件即可）。

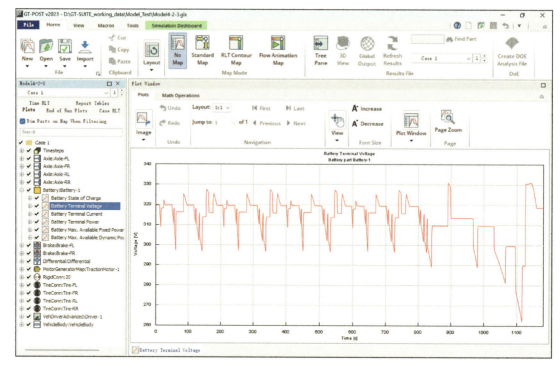

图 4-126　电池端电压

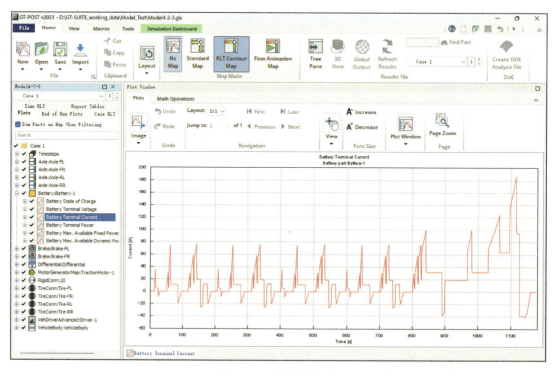

图 4-127　电池端电流

第4章 整车动力传动系统的建模和仿真

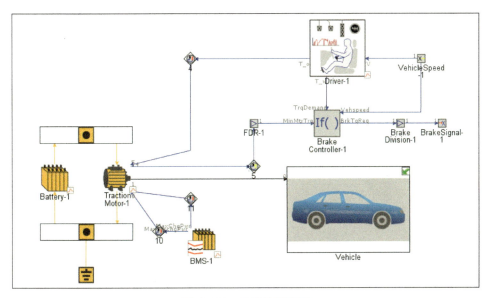

图 4-128　电池控制模型

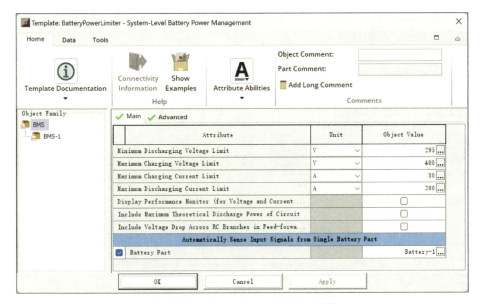

图 4-129　BatteryPowerLimiter 设置

2. 部件摆放及连接

将设置好的 BatteryPowerLimiter 拖到模型中，再将鼠标切换到连线模式，对模块间的输入和输出信号进行连接，参考表 4-9（注意单位）。模型搭建完成如图 4-130 所示。

表 4-9　部件连接信号选择

Part		Signal	
Begin	End	Output Name	Input Name
BMS	TractionMotor	Maximum Discharge Power	Maximum Electrical Power（Discharge）
BMS	TractionMotor	Maximum Charge Power	Maximum Electrical Power（Charge）

115

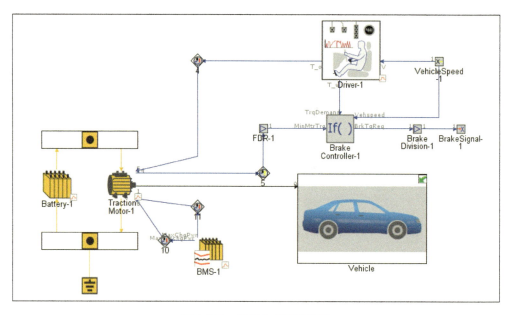

图 4-130　搭建完成后的模型

3. 计算设置及计算

直接单击 Run，开始计算。

计算完成后单击 View Results 即可观察计算结果，例如可以从图 4-131 和图 4-132 对电池的电压和电流进行对应的分析。

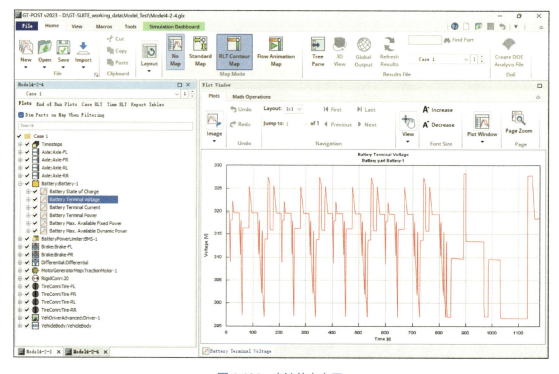

图 4-131　电池放电电压

第 4 章 整车动力传动系统的建模和仿真

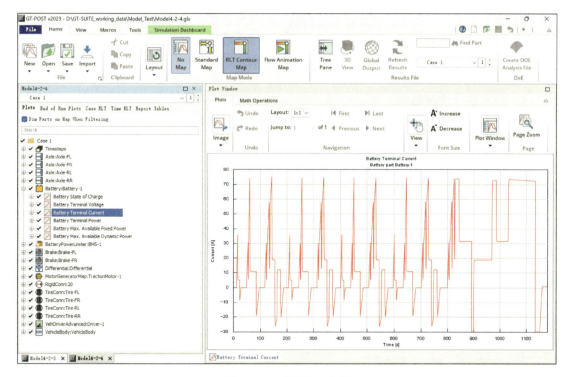

图 4-132 电池充电电流

这也就是最基本的电池控制系统，基本能满足一般电池控制的要求，但实际的电池控制策略更为复杂。更为复杂的控制系统，就需要针对具体的控制逻辑，利用提供的控制模块进行具体模型的搭建了。

4.4 混合动力汽车传动系统案例讲解——以 P2 架构为例

4.4.1 并联式混合动力架构概述

P2 针对的是同轴并联式混合动力汽车架构，如图 4-133 所示，按发动机、电机、电池之间的位置和连接方式，并联式混合动力汽车可以分为多种架构形式，GT-SUITE 的灵活性使得任意的整车架构都可以在 GT-SUITE 中进行相应模型的搭建。现在主流的 P0、P1、P2、P3 和 P4 主要是按电机相对于传统燃油车结构的相对位置来进行划分的。

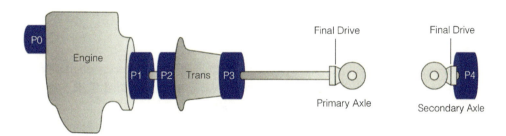

图 4-133 混合动力汽车架构

117

1）P0：位于发动机上，通常将位于发动机前端传动带上的部件称为 P0。
2）P1：位于发动机上，通常将位于发动机曲轴上的部件称为 P1。
3）P2：位于发动机与变速器中间靠变速器一侧，与发动机间有离合器。有时将位于变速器内部的部件称为 P2.5。
4）P3：位于变速器后。
5）P4：位于另一轴上（如果发动机驱动前轴，则电机在后轴，反之亦然）。

本节将通过对 P2 模型案例的解析，来让用户理解在 GT-SUITE 中如何实现混合动力汽车动力系统和相关控制过程的建模。

4.4.2　GT-SUITE 模型讲解

直接打开软件安装目录 \GTI\v2023\examples\Vehicle_Systems_and_Energy_Management\Vehicle_Topology\Hybrid\Passenger_Vehicles 下的模型 P2_Hybrid.gtm，也可以通过软件直接打开，如图 4-134 所示，这是软件自带的 P2 案例模型。本节将对图 4-135 所示的模型进行讲解。

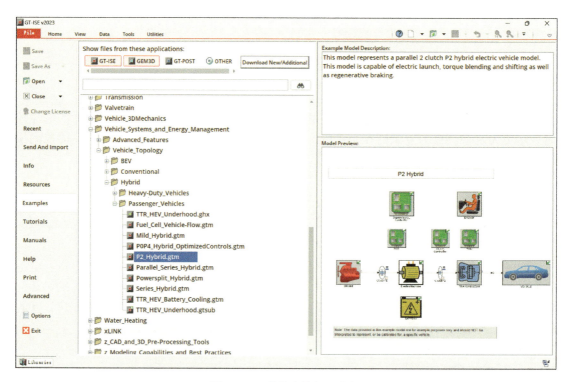

图 4-134　软件内的打开路径

下面还有一个电池模块，点开后可以看到，模型是通过一个 ReceiveSignal 模块将电机的 Electrical Power（电功率）采集后并当做电池的 Power Request（功率需求）施加到电池，来实现电池和电机之间的功率关联，如图 4-136 所示。

架构中的其他部件如发动机、变速器、车身等已经在前面小节之中做过详细介绍，在此就不做过多解释了，用户可以参考前面相关内容。

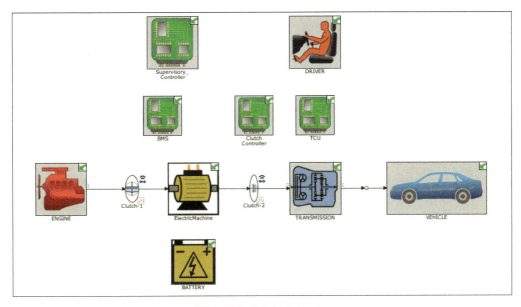

图 4-135　P2_Hybrid.gtm

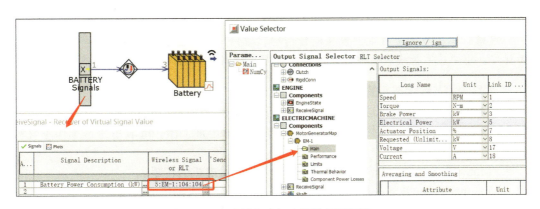

图 4-136　电池与电机之间的关联信号

4.4.3　状态控制模型讲解

不管是 P2 还是其他混合动力架构，只要是涉及多动力源的整车模型，其整车控制的重点还是能量的分配，也就是运行状态的控制。因此，在此要先对模型中状态控制的模型进行讲解。只要了解了模型运行过程中考虑到了哪些运行状态、各个状态之间的区别以及它们之间的切换条件和过程，后面对各个部件的控制也就简单了。

打开 Main 下的 Supervisory_Controller，Supervisory_Controller 为整车状态控制器，定义了 7 种运行状态以及之间的切换条件，如图 4-137 所示。这张图片介绍了左边 Supervisory_Controller 中的设置，也就是这个模型包含的 7 种运行状态、各状态下的关键参数以及各个状态之间的切换条件，要先读懂这张逻辑图。

其中每个矩形框代表一个状态，矩形框之间带箭头的连线代表状态的切换，连线上面的绿色信息代表状态切换的条件，满足此条件才会触发状态间的切换，矩形框中红色信息代表状态的描述，黑色信息代表当前状态下的关键参数。

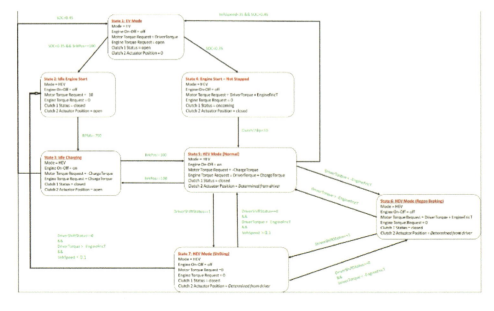

图 4-137　Supervisory_Controller

> **注意**：本小节只是对案例模型进行讲解，案例中的设置及参数仅供参考，并不能作为标准，用户应掌握模块的使用方法和控制思路后搭建自己的模型。

通过参数的名称状态间的对比，可以发现：

1）Mode 表示模式，在这里只分 EV 和 HEV，只要有发动机介入就是 HEV。

2）Engine On-Off 表示发动机的状态，off 表示未正常工作；on 表示正常工作（有转矩输出）。

3）Motor Torque Request 指电机转矩需求（分配给电机的转矩）。

4）Engine Torque Request 指发动机转矩需求（分配给发动机的转矩）。

5）Clutch 1 Status 指离合器 1 的状态：open 表示打开；closed 表示锁止；oncoming 表示啮合中。

6）Clutch 2 Actuator Position 指离合器 2 的状态，就是普通离合器 0~100 位置控制。

本文以 State1 为例进行讲解说明，其他状态的含义与之类似，读者可以自行类比和理解。

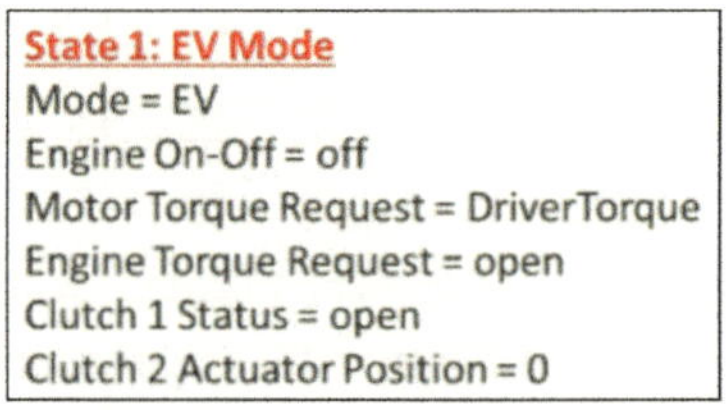

如图 4-138 所示，State1 是纯电动模式：发动机关闭、电机驱动行车、离合器 1 打开。当电量不足（SOC<0.35）并且将制动踏板踩到底（BrkPos=100）时，切换到 State2，State2 是一个停车充电之前的发动机起动过程。当发动机转速达到 750（RPM≥750）后切换到 State3。State3 是一个停车充电的过程：由发动机带动电机进行充电，转矩需求等于充电转矩，离合器 1 锁止，离合器 2 断开。当电量大于 0.45 后切再回到 State1。

图 4-138　State1

State1 当电量不足（SOC<0.35），且并没有将制动踏板踩到底时，切换到 State4。State4 是行车充电之前的发动机起动过程，此时电机不仅要负责行车还要将发动机拖起来，所

以电机转矩等于行车转矩加上发动机摩擦转矩。当离合器 1 的速度滑差小于 10r/min 时（Clutch1<10），切换到 State5。State5 是行车充电，此时发动机转矩等于行车转矩加上充电转矩，离合器 1 锁止、离合器 2 正常工作。当电量高于 0.45 且车速低于 35km/h 时又切回 State1。

如图 4-139 所示，1—2—3—1 就是一个停车充电的过程，1—4—5—1 就是一个行车充电的过程。

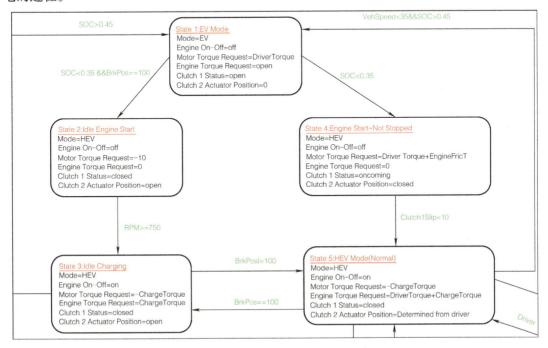

图 4-139　State1~5

停车充电 State3 和行车充电 State5 之间也可以进行切换，切换条件就看是否将制动踏板踩到底，也就是是否是停车。

如图 4-140 所示，State6 是行车充电过程中的制动能量回收，就是在 State5 的行车充电过程中，如果行车转矩需求为负，即处于减速过程中；如果制动力矩需求比发动机的摩擦力矩还要大（DriverTorque<-EngineFricT），就切换到 State6。State6 制动能量回收：发动机关闭，电机转矩等于发动机摩擦力矩加上制动力矩需求，由于此时的制动力矩比发动机的摩擦力矩还要大，所以多出来的这部分转矩直接用来给电池充电。但当行车转矩比摩擦力矩大时，又切回到 State5 的行车充电。

State5 和 State6 都可以和 State7 之间进行切换，切换的条件是看在当前状态下（State5、State6）是否需要换档。如若需要换档就切换到 State7，否则就切回当前状态。State7 是一个换档过程，在当前状态下：发动机关闭，电机转矩需要为零，离合器 2 受驾驶员控制。

以上就是对当前 P2 案例的 7 种工作状态以及状态之间的切换控制逻辑的讲解，如若不能理解，建议先反复思考。

然后看左边名为 SupervisoryController 的 FiniteStateManager（状态管理器）模块，双击并打开属性设置界面。

如图 4-141 所示，Inputs 页就是前面状态控制逻辑中涉及的可能会用到的 10 个参数的描述、变量名和具体信号的采集。

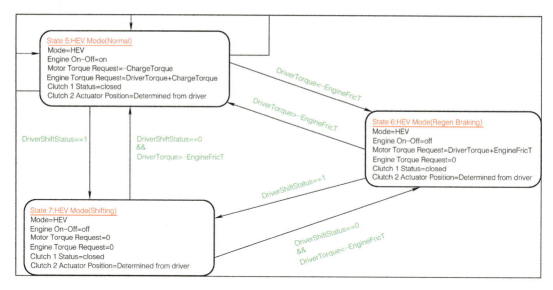

图 4-140　State5~7

A...	Input Descriptions	Input Names	Wireless Signals or RLTs	Input Signal Map	Input Signal Units
1	Driver Torque Demand at Motor (Nm)	DriverTorque	7:Driver:115:115	def	ign
2	Vehicle Speed (kph)	VehSpeed	1:Vehicle:44:44		
3	Battery SOC (frac)	SOC	1:Battery:265:265		
4	Engine Friction Torque (Nm)	EngineFricT	38:Engine:115:115		
5	Brake Pedal Position (%)	BrkPos	2:Driver:264:264		
6	Clutch 1 Slip (RPM)	Clutch1Slip	2:Clutch-1:139:139		
7	Driver Clutch Pedal Position (%)	DriverClutch	3:Driver:264:264		
8	Engine Speed (RPM)	RPM	1:Engine:139:139		
9	BMS Charging Torque Request (Nm)	ChargeTorque	1:BatterySOCController		
10	Driver Shift Status	DriverShiftStatus	5:Driver		

图 4-141　Inputs

如图 4-142 所示，Outputs 页就是前面状态控制逻辑中每个状态下对应的 6 个关键参数：模式、发动机状态、电机转矩需求、发动机转矩需求、离合器 1 状态、离合器 2 状态，第 7 个参数 etime 用来记录当前状态保持的时间 etime（主要是用来控制离合器 1 的接触转矩，后面离合器控制讲解将做具体说明）。

A...	Output Descriptions	Output Signal Map	Output Signal Units
1	Mode (0=EV Mode, 1=HEV Mode)	def	ign
2	Engine On-Off (0=Off, 1=On)		
3	Motor Torque Request		
4	Engine Torque Request		
5	Clutch 1 Status (0=Open, 1=Closed, 2=Oncoming)		
6	Clutch 2 Actuator Position (100=Open, 0=Closed)		
7	etime		

图 4-142　Outputs a

如图 4-143 所示，States & Transitions 页就是用来设置 States，也就是前面提到的 7 种状态的描述和其对应的 7 个输出。下面设置 Transitions，即状态之间的切换，也就是右边状态逻辑图中状态之间的切换线，分别是状态切换的描述、触发切换的条件，以及切换的起始状态和目标状态。

#	State Descriptions	Mode (0=EV Mode, 1=HEV)	Engine On-Off (0=Off, 1=On)	Motor Torque Request	Engine Torque Request	Clutch 1 Status	Clutch 2 Actuator	etime
1	EV Mode	0	0	DriverTorque	0	0	0	etime
2	Idle Engine Start	1	0		-10	1	100	etime
3	Idle Charging	1	1	-ChargeTorque	ChargeTorque	1	100	etime
4	HEV Mode: Engine Start	1	0	DriverTorque + EngineFricT	0	2	0	etime
5	HEV Mode – Normal	1	1	-ChargeTorque	DriverTorque + ChargeTorque	1	DriverClutch	etime
6	HEV Mode – Regen Braking	1	1	DriverTorque + EngineFricT	0	1	DriverClutch	etime
7	HEV Mode – Shifting or de-clutched	1	1	0	0	0	DriverClutch	etime

#	Transition Descriptions	Transition Conditions	Start States	End States
1	Idle Engine Start	SOC<0.35 && BrkPos!=100	1	2
2	Idle – Engine has started	RPM>=750	2	3
3	Idle – Turn off Engine	SOC>0.45	3	1
4	HEV Mode – Start Engine	SOC<0.35	1	4
5	HEV Mode – Engine has started	Clutch1Slip<10	4	5
6	HEV mode to EV mode	VehSpeed<35 && SOC>0.45	5	1
7	Idle Charge to HEV Mode	BrkPos!=100	3	5
8	HEV Mode to Idle Charge	BrkPos=100	5	3
9	HEV Mode – Normal to Regen	DriverTorque < -EngineFricT	5	6
10	HEV Mode – Regen to Normal	DriverTorque > -EngineFricT	6	5
11	HEV Mode – Normal to Shifting or de-clutched	DriverClutch==0	5	7
12	HEV Mode – Regen to Shifting or de-clutched	DriverClutch==0	6	7
13	HEV Mode – Shfting to Regen	DriverClutch==0 && DriverTorque < -EngineFricT	7	6
14	HEV Mode – Shifting to Normal	DriverClutch==0 && DriverTorque > -EngineFricT	7	5

图 4-143　Outputs b

因此，只要理解了控制逻辑图，就能利用 FiniteStateManager 模块进行控制逻辑的编辑和实现，方便快捷。

回到 Main，点开 ENGINE 可以看到控制发动机状态和转矩需求的两个信号是 SupervisoryController 里面的信号 2 和信号 4，如图 4-144 所示。

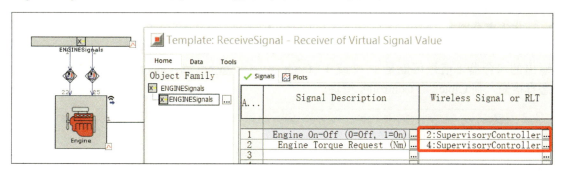

图 4-144　发动机控制

回到 Main，点开 ElectricMachine 可以看到控制电机转矩需求的是 SupervisoryController 里面的信号 3，如图 4-145 所示。

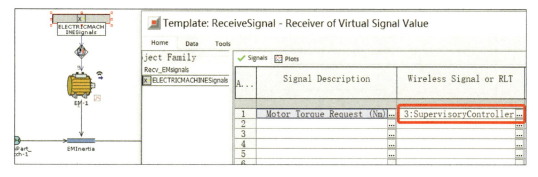

图 4-145　电机控制

离合器并不是由 SupervisoryController 的信号 5 和信号 6 直接控制，还需要进行处理。

4.4.4 离合器控制模型讲解

回到 Main，点开 ClutchController，可以看到离合器的控制模型，如图 4-146 所示。

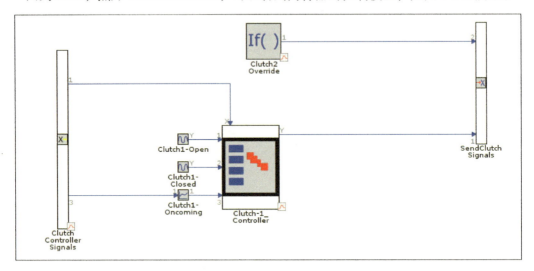

图 4-146　离合器控制模型

先看离合器 1 的控制模型，如图 4-147 所示。ClutchControllerSignals 从 SupervisoryController 采集了两个信号，离合器 1 的状态和状态持续时间 etime。这里要注意，SupervisoryController 输出的离合器 1 信号可能是 1、2 或 3（0=Open，1=Closed，2=Oncoming）。离合器 1 的状态直接输入到 Clutch-1_Controller 模块。

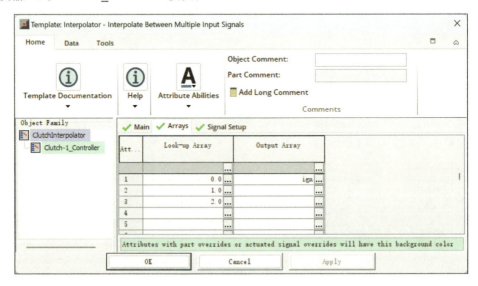

图 4-147　离合器 1 控制

当信号值为 0 时输出频道 1，信号值为 1 时输出频道 2，信号值为 2 时输出频道 3。其中频道 1 是 Clutch1-Open 输入的 0，频道 2 是 Clutch1-Closed 输入的 5000，频道 3 是 etime

通过 Clutch1-Oncoming 插值得到的啮合过程中的接触力（0~5000），如图 4-148 所示。

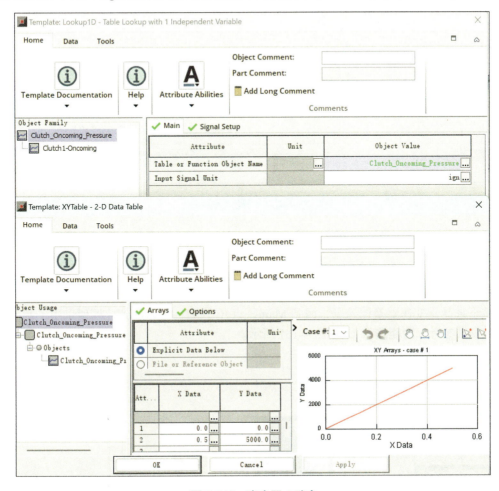

图 4-148　离合器 1 啮合

离合器 2 的控制主要是利用名为 Clutch2Override 的条件判断模块来实现，如图 4-149 所示：当正在换档（DriverShift==1）或者纯电动状态下的启动过程（DriverLaunch==1 && Mode=1），由驾驶员来直接控制离合器 2，否则由 SupervisoryController 来控制离合器 2。

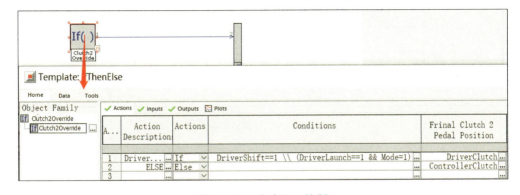

图 4-149　离合器 2 控制

最后将前面的两个离合器控制信号传给 SendClutchSignals，由它来远程无线控制两个离合器的状态，如图 4-150 所示。

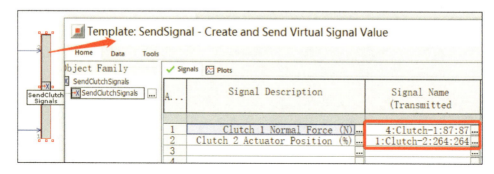

图 4-150 离合器控制

至此，SupervisoryController 模块里面的 7 个输出信号都输出到了对应模块，起到了相应的控制作用。

4.4.5 变速器控制模型讲解

接下来就是变速器换档控制，回到 Main，点开 TCU，可以看到此模型采用了两套换档策略（仅供参考，功能演示），如图 4-151 所示。

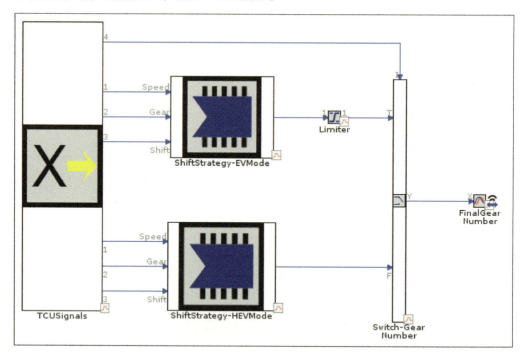

图 4-151 换档控制

ShiftStrategy-EVMode 为纯电动状态下的换档策略，如图 4-152 所示，车速高于 60km/h 时换到 3 档，低于 55km/h 时降到 2 档。

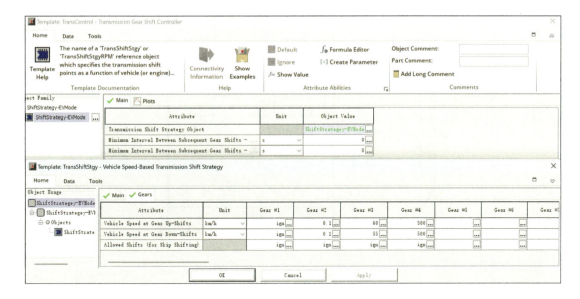

图 4-152　纯电动换档

ShiftStrategy-HEVMode 为混合动力状态下的换档策略，如图 4-153 所示。

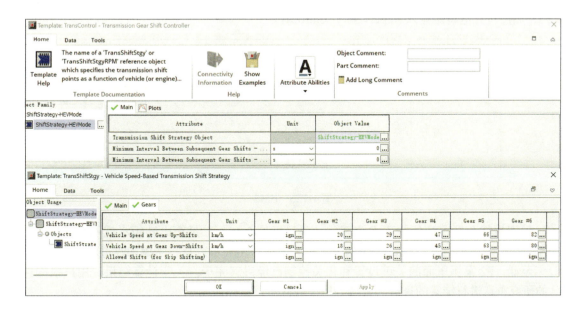

图 4-153　混合动力换档

通过 Switch-GearNumber 模块来实现换档策略的选择，将档位输入给驾驶员，由驾驶员将档位需求输入给变速器，实现变速器档位的控制如图 4-154 所示。

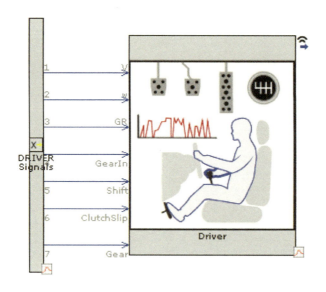

图 4-154 驾驶员

4.4.6 电池控制模型讲解

接下来就是电池控制，回到 Main，点开 BMS，如图 4-155 所示，可以看到此模型只采用了一个 PID 模块，很明显想表达的是通过 PID 控制充电转矩使电池的 SOC 保持目标值 0.35，然后将充电转矩输入 SupervisoryController。

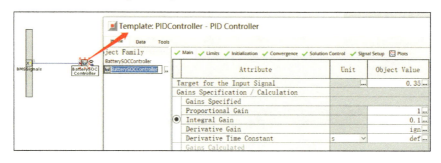

图 4-155 BMS

仔细想就会发现此处并不太合理，一是目标值 0.35，二是充电转矩本就不合适用 PID 来控制，可能用充电转矩 map 插值的方式更为合适，用户可以自行考虑和改进。

至此，P2 案例里面的关键设置和相关控制已经讲解完毕。关于计算结果，用户根据自己的研究重点进行结果的查看和具体分析，在此不再具体说明了。

4.5 混合动力电动汽车策略最优化算法讲解——以 P0~P4 架构为例

前面我们对 P2 案例进行了详细讲解，不管是 P2 还是其他形式的包含多种动力源的混合动力汽车，都需要设计合理有效的能源管理控制系统，以最优的能量分配最大化能量利用率。混合动力汽车能量管理的实质就是最优化的问题，也就是在满足整车动力性和部件性能限制的条件下，实现各种动力源之间能量分配的最优化，使全局燃油消耗量最小。

在此基础上，有大量的优化算法应用于能量管理控制优化，由于在实际应用中存在算法的复杂性、计算量过大、稳定性、对工况信息和特征的敏感性等问题，尚处于仿真研究阶段。能量管理的优化算法可分为全局优化和实时优化，受算法本身的限制以及采样时间、模型精度、参数定义等因素的影响。目前相关优化算法有很多，如动态规划、等效燃油消耗最小策略、模糊算法、神经网络、滑块控制、退火算法、遗传算法等。

目前 GT-SUITE 的 VehStateOptimization 可以直接实现动态规划和等效燃油消耗最小策略，这也是现阶段业内重点关注的两种算法。本节将针对 DP 和 ECMS 这两个优化算法以及仿真设置进行具体介绍。

4.5.1 DP 和 ECMS 介绍

动态规划（Dynamic Programming，DP）是一种全局最优的控制方法，考虑控制决策当前和未来的成本，使不期望的结果最小化的最优方案。与列举法不一样，动态规划计算优势在于将问题分解为更容易解决、计算负荷更小的子问题，通过最优原则保证子问题最优，通过最优组合来研究可能解，减少了搜索空间和计算时间。动态规划适用于非线性约束动态过程和整数问题等多个领域，可以管理状态和输入的多个复杂约束，但其计算负荷随着状态和控制变量的增加呈指数增长。

动态规划在求解之前假设可以获得问题不确定性的完整信息，然后进行逆向优化计算。该机制严重阻碍了动态规划在汽车控制的实时应用，因为驾驶循环信息通常是部分已知、变化较大、容易受到强烈的干扰。因此动态规划目前广泛应用于离线分析中，用以对备选的能量管理策略进行基准测试、启发基于规则策略设计、调整控制参数、作为机器学习算法的训练数据等。

等效燃油消耗最小策略（Equivalent Consumption Minimization Strategy，ECMS）通过计算实际燃料消耗的等效燃料系数，包括电池充电所消耗的燃料、再生制动回收能量节省的燃料，即从发动机充电模式开始电池中累积的电量不是"免费"的。该算法的特点是在一个目标函数中同时包含燃料和电量消耗，即在时间段内等效燃料流量累计最小，每个时刻的等效燃料流量是发动机的实际燃料流量和电机使用的等效燃料流量之和。

在应用方面：对于能量维持型混合动力汽车，主要利用等效系数来防止电池突然耗尽。对于插电式混合动力汽车，主要应用于优化 Blended-type 型 PHEV 电量消耗阶段发动机和电池两个能源的能量分配。

通过简化处理，该种算法在计算上比动态规划更高效，并且非常适合潜在的在线应用，这些应用可以通过适当调整等价因子生成近似全局最优解的控制器。

为了便于理解 DP 和 ECMS 的区别，我们可以以图 4-156 为例，从 A 到 E 的过程中会经过 A→B、B→C、C→D 和 D→E 四个阶段，每个阶段可以选择不同的决策，如 A→B 阶段可以选择 A→B1 或者 A→B2，而每个决策成本不同，A→B1 的成本为 5，A→B2 的成本为 3，我们怎样花最少的成本从 A 到达 E？

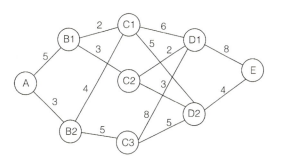

图 4-156　A 到 E

在这个问题上，ECMS 的解决方案相当于就是每一个阶段都选择成本最小的，也就是 A → B2 → C1 → D2 → E，成本为 16。而 DP 的解决方案相当于就是先把所有的方案都列出来，然后挑选成本最低的方案 A → B1 → C2 → D2 → E，成本为 15。

那么在 GT-SUITE 中是怎样实现这两种优化计算的呢？

4.5.2　GT-SUITE 中的 ECMS

在介绍 GT-SUITE 中的 ECMS 优化计算之前，首先要了解几个基本概念：

1）阶段（phase）：每一个时间步，时间步长一般设为 1s。

2）状态（state）：ECMS 状态变量有 SOC、档位、车速。

3）控制（control）：即在当前状态下，可以采取的一系列操作，一般包括档位、电机转矩、发动机转矩、离合器开启状态等。

4）控制决策：由当前状态下的任意一组可行控制变量组成。

5）策略：由各阶段状态及其相应的控制决策构成的控制变量序列。

ECMS 的计算过程如下：

1）根据用户定义的控制变量及其取值范围（档位、电机转矩、发动机状态、离合器开启状态等），组合出有限的多种控制决策。

2）计算当前牵引力功率需求。

3）计算每种控制决策对应的功率需求。

4）计算满足功率需求的每种控制决策下，现阶段总的等效油耗。

5）选择现阶段等效油耗最低的控制决策。

6）将各阶段下最优的且不违反约束条件的控制决策组成最后的控制策略。

具体的公式及说明可以直接查看 VehStateOptimization 对象帮助文档中 ECMS 部分，如图 4-157 所示。另外，在 v2023 版本中新增加了 BCMController 部件。

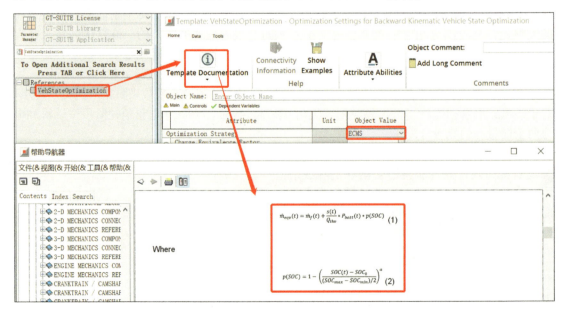

图 4-157　ECMS

4.5.3 GT-SUITE 中的 DP

同样，在介绍 GT-SUITE 中的 DP 优化计算之前，首先要了解几个基本概念：

1）阶段（phase）：每一个时间步，时间步长一般设为 1s。
2）状态（state）：GT 中 DP 优化的状态变量只限于 SOC。
3）控制（control）：即在当前状态下，可以采取的一系列操作，一般包括档位、电机转矩、发动机转矩、离合器开启状态等。
4）控制决策：由当前状态下的任意一组可行控制变量组成。
5）策略：由各阶段状态及其相应的控制决策构成的控制变量序列。
6）阶段代价函数（transitional cost function）：与各阶段的控制决策相关的油耗。
7）终端代价函数（final cost function）：与开始和最后的 SOC 相关的等效油耗。
8）全局代价函数（cost function）：终端代价函数与阶段代价函数之和。

DP 的计算过程归纳如下：

1）计算所有阶段的所有状态下，所有控制决策对应的所有组合（该过程耗时较长）的阶段代价函数（在时间序列上的正向计算）。
2）反向迭代计算最优控制决策序列（在时间序列上的反向计算）。

①计算 $t=n$ 时，所有状态的全局代价函数；②计算 $t=n-1$ 时，通过当前状态和阶段代价、目标状态和代价函数（$t=n$），计算所有可能的状态和对应的最优代价；③回溯计算到初始时刻，从而得到最优全局代价和对应的控制决策序列。

3）将最优控制决策序列回代，进行正向计算，得到最优状态轨迹、策略和代价函数，其中状态需要插值计算。

具体的公式及说明可以直接查看 VehStateOptimization 对象帮助文档中 DP 部分，如图 4-158 所示。

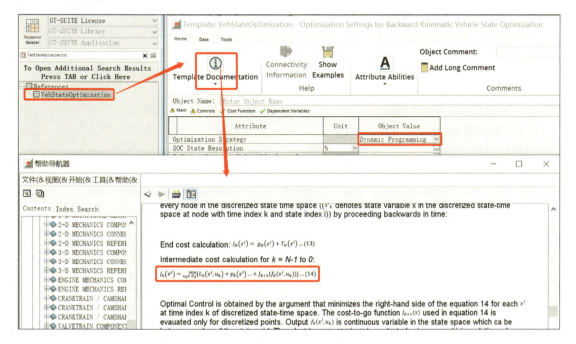

图 4-158 DP

4.5.4　P0~P4 案例

基于 P0~P4 架构的 ECMS 和 DP 能量控制优化,模型如图 4-159 所示。P0 为 BSG 电机,P4 为后轴驱动电机。发动机、变速器、离合器、车身模块等已经在前面小节之中做过详细介绍。

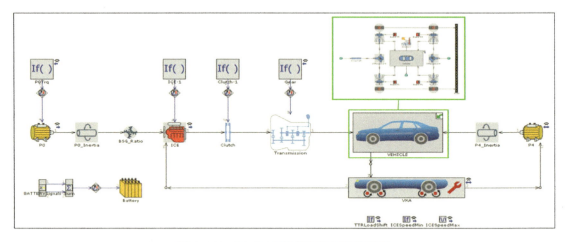

图 4-159　P0~P4 架构能量控制优化模型

技术参数:

1)车重:2000kg。

2)发动机:150kW/250N·m。

3)P0 电机:15kW/60N·m。

4)P4 电机:120kW/240N·m。

5)电池:$LiFePO_4$ 400V 35A·h。

6)变速器:9 档。

7)测试路谱:WLTC Class 3。

8)测试时间:1800s。

9)测试里程:约 23.2km。

10)测试海拔:0。

计算设置,如图 4-160 和图 4-161 所示:

1)VehKinemAnalysis 整车运动学分析模块设置。

2)Kinematic Solution Mode(运动学分析模式):backward-state-optimization。

3)Imposed Vehicle Speed(Backward kinematic Mode)(目标车速):在 Case Setup 中进行数值设置。

4)Vehicle State Optimization Object(优化对象):ECMS、DP。

ECMS 优化对象设置,在 Main 选项卡下,设置如图 4-162 所示:

1)Equivalence Factor(等效系数):在 Case Setup 中进行数值设置。

2)Penalty Function Exponent(惩罚指数):在 Case Setup 中进行数值设置。

3)Minimum Battery SOC(最小电量):0.4。

4)Maximum Battery SOC(最大电量):0.7。

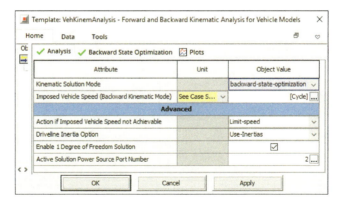

图 4-160　VehKinemAnalysis 设置 a

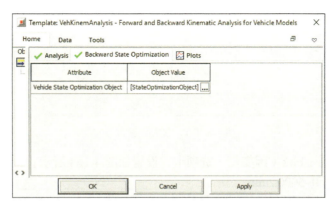

图 4-161　VehKinemAnalysis 设置 b

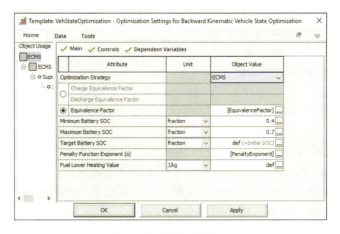

图 4-162　ECMS 设置 a

在 Controls（控制）选项卡下，设置如图 4-163 所示：

1）P4 Torque：Range: -245~+245N·m（D: 5%）。
2）P0 Torque：Range: -60~+60N·m（D: 5%）。
3）Rate: -30…+30N·m/s。
4）Gear Number：Range: 1~9。

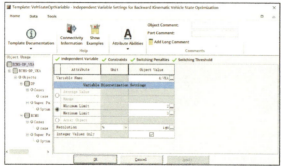

图 4-163 ECMS 设置 b

在 Dependent Variables（因变量）选项卡，设置如图 4-164 所示：

1）ICE Speed：0~5000r/min。

2）P0、P4 电机转矩约束（分别通过值选择器选择当前状态的最小、最大转矩进行限制）。

DP 优化对象，在 Main 选项卡设置如图 4-165 所示：

1）Penalty Function Exponent（α）（惩罚指数）：2。

2）Penalty Function Weight（λ）（惩罚指数权重）：4。

图 4-164 ECMS 设置 c

3）Terminal State Penalty Weight（γ）（终端惩罚指数权重）：50000×12。

4）Terminal State Penalty Exponent（β）（终端惩罚指数）：2。

5）Infinite Cost for Infeasible Controls（不可行控制成本）：1000。

6）Minimum Battery SOC（最小电量）：0.4。

7）Maximum Battery SOC（最大电量）：0.7。

8）SOC State Resolution（SOC 状态步长精度）：1%。

在 Controls（控制）选项卡下，设置如图 4-166 所示：

1）P4 Torque：Range：-245~+245N·m（D：5%）。

2）P0 Torque：Range：-60~+60N·m（D：5%）。

3）Rate：-30~+30N·m/s。

4）Gear Number：Range：1~9。

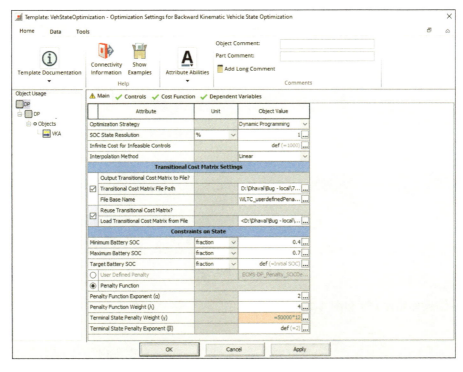

图 4-165　DP 设置 a

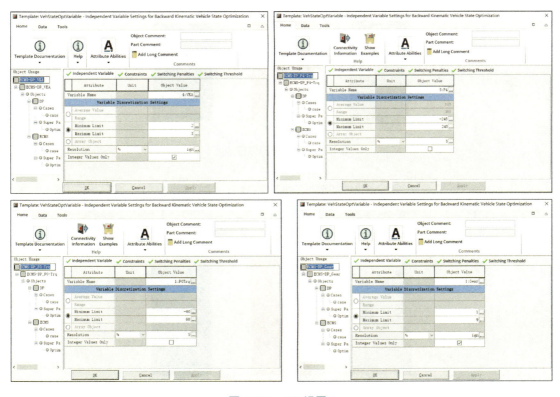

图 4-166　DP 设置 b

在 Dependent Variables（因变量）选项卡，设置如图 4-167 所示：

1）ICE Speed：0~5000r/min。

2）P0、P4 电机转矩约束（分别通过值选择器选择当前状态的最小、最大转矩进行限制）。

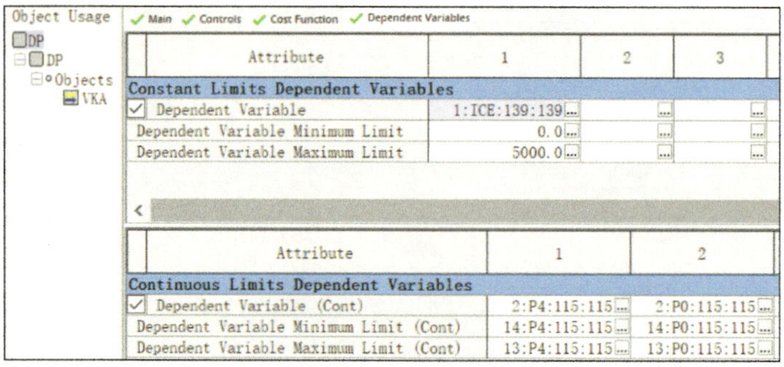

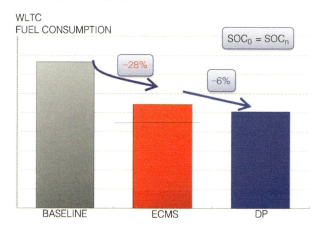

图 4-167　DP 设置 c

计算结果如图 4-168 和图 4-169 所示：

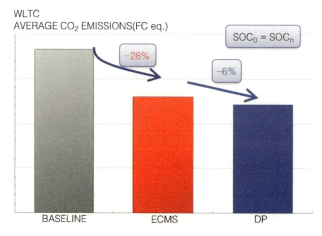

图 4-168　燃油消耗量对比

图 4-169　CO_2 排放量对比

在这个模型的计算结果（图4-170）中我们可以看到，通过ECMS优化，减少了发动机在低负荷点的工作时间，使油耗降低了28%。通过DP优化，使发动机的工作点进一步向低油耗区靠近，使油耗在ECMS的基础上进一步降低接近6%。

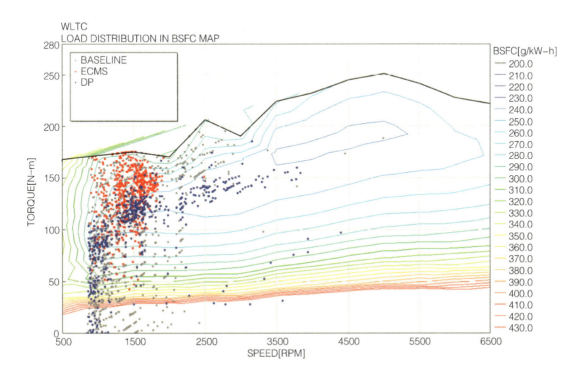

图4-170　运行工况点分布

4.6　流程化建模向导——GT-DRIVE+

GT-DRIVE+车辆向导建模是一种全新的建模模式，旨在帮助那些正在寻找快速且易于使用的界面的工程师，快速构建和修改传统燃油车和新能源汽车模型。车辆向导工具只需要用户回答一些关键问题（如车辆配置、拓扑、部件输入），选择对应的配置，即可快速生成可运行的模型。

本节将对GT-DRIVE+车辆向导建模工具进行介绍，然后再带领大家构建一个P0弱混混合动力架构模型，并将它添加到GT-DRIVE+车辆向导建模工具中。

4.6.1　GT-DRIVE+建模向导

如图4-171所示，单击GT-DRIVE+按钮，系统会直接弹出车辆建模向导窗口。由图4-172可以看出，目前可用的车辆配置有：电气化车辆、传统燃油车和架构师模式。其中，电气化车辆包括：纯电动、P0、P2、P0/P4、P4五种架构可选（图4-173）；传统燃油车包括：乘用车和商用车两种架构可选（图4-174）；架构师模式主要用于客户进行自定义全新架构。

例如，选择电气化车辆下的P2后，用户还需要根据右侧显示的P2向导流程图对P2涉及的各部件进行配置选型，如图 4-175 所示，包括变速器、发动机、电机、电池、电池管理系统（BMS）、计算任务、绘图是一些计算过程中的监视器，用户可根据需要做出选择。其中每个对象其实是对应一个 .gto 对象文件，此对象需要提前定义，然后再建立相应的对象库，在 GT-DRIVE+ 向导下只能进行相关对象的选择。

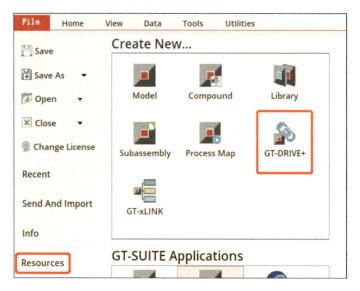

图 4-171　GT-DRIVE+

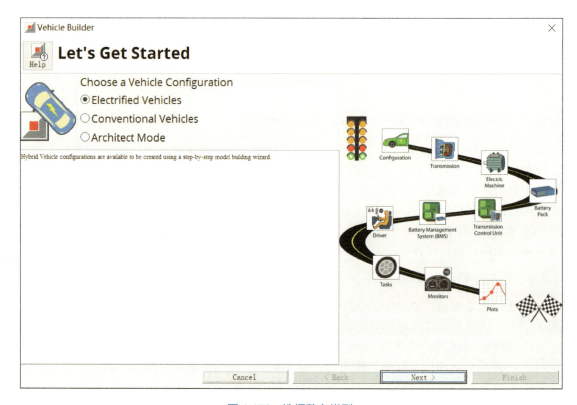

图 4-172　选择整车类型

第4章 整车动力传动系统的建模和仿真

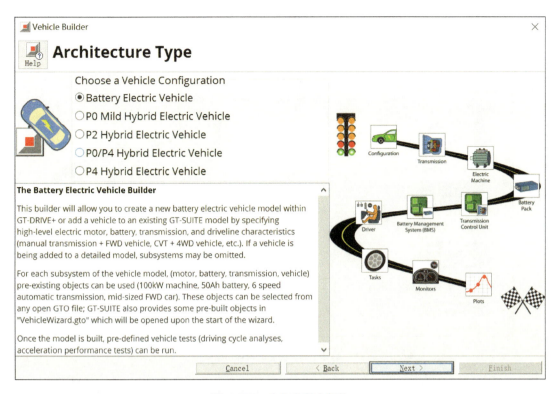

图 4-173 电气化整车架构

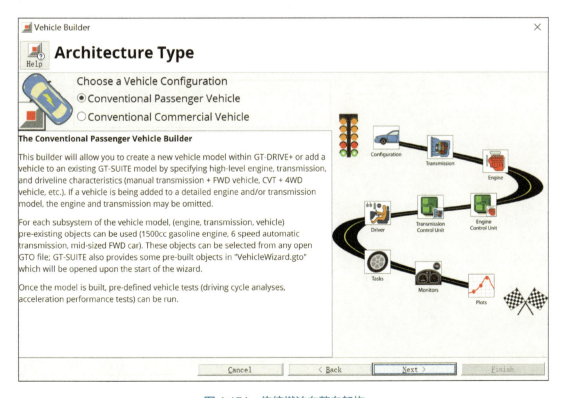

图 4-174 传统燃油车整车架构

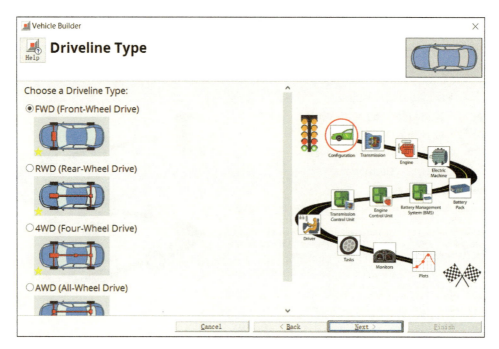

图 4-175 驱动类型选择

在完成所有步骤并做出所需的选择后,单击 Finish 创建一个 .gtdrive 模型,并全屏显示 Case Setup,如图 4-176 所示,用户可以再次对模型的相关配置及参数进行修改。

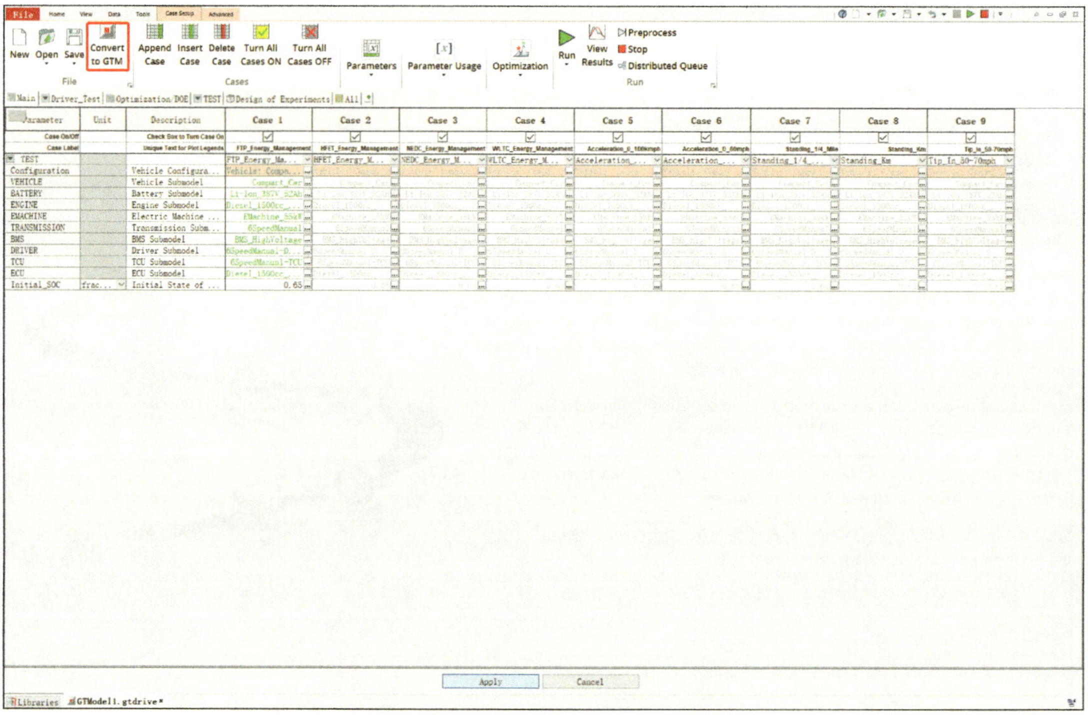

图 4-176 Case Setup 的定义界面

配置及参数确认后，再单击上面的 Convert to GTM，将新建的 .gtdrive 模型转换成 .gtm 模型，如图 4-177 所示。

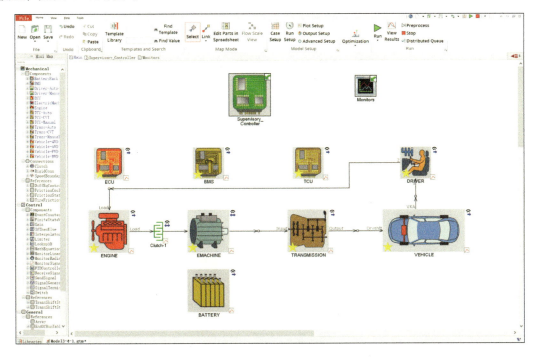

图 4-177　P2 模型

单击 Run 即可直接开始计算，计算界面如图 4-178 所示。

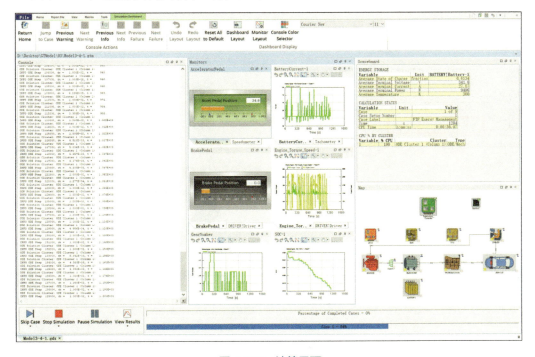

图 4-178　计算界面

4.6.2 创建 GT-DRIVE+ 架构

软件提供的整车架构可能并不能满足用户需求或者与产品实际架构不一样，这时候用户就需要搭建自己需要的整车架构模型。

1. 新建模型

单击 Home→New，选择 GT-DRIVE+（.gtdrive），单击"Finish"按钮，如图 4-179 所示。

图 4-179　新建 .gtdrive

系统弹出 Vehicle Builder 窗口，选择 Architect Mode（架构师模式），如图 4-180 所示，单击"Finish"按钮。

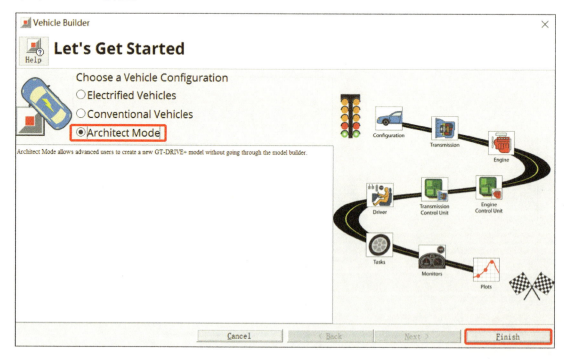

图 4-180　架构师模式

软件会新建一个 *.gtdrive 模型，Main 窗口会有一些搭建 GT-DRIVE+ 架构模型的介绍信息，如图 4-181 所示。看完后可以直接将这些信息直接删除，然后另存为 P0.gtdrive。

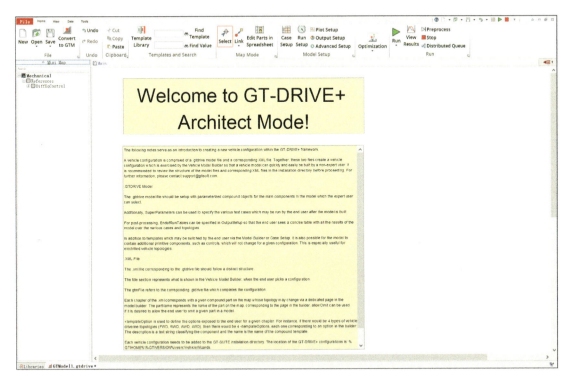

图 4-181　新建 *.gtdrive

2. 部件拖用

在进行部件参数设置之前，同样需要单击 Home → TemplateLibrary 或者左下角的 Librarys 打开模板库，将需要的模块添加到我们的模型中。但这里我们将添加一些复合模块，在 Librarys 的第二个下拉菜单中选择 VehicleData.gto，如图 4-182 所示。

VehicleData.gto 是系统自带的一个复合模块库，用户也可以建立属于自己的复合模块（.gtc）和模块库（.gto）。

这里我们将如下模块拖到 P0.gtdrive 中：BatteryPack、BMS、Driver-Auto-CVT、Driver-Manual、ECU、ElectricMachine、Engine、TCU-Auto、TCU-CVT、TCU-Manual、Trans-Auto、Trans-CVT、Trans-Direct、Trans-Manual、Vehicle-4WD、Vehicle-AWD、Vehicle-FWD、Vehicle-RWD。

模块拖动完成后如图 4-183 所示。

3. 部件命名

这里需要用变量的方式来对模块命名，也就是部件级变量，这样定义的好处是用户可以直接在 Case Setup 中直接更换不同的部件方案，更换性能参数更为方便。

分别双击需要用到的部件，如电池，设置如图 4-184 所示。

同理，按表 4-10 分别对其他部件进行命名。

GT-SUITE 整车能量管理仿真分析与实例解析

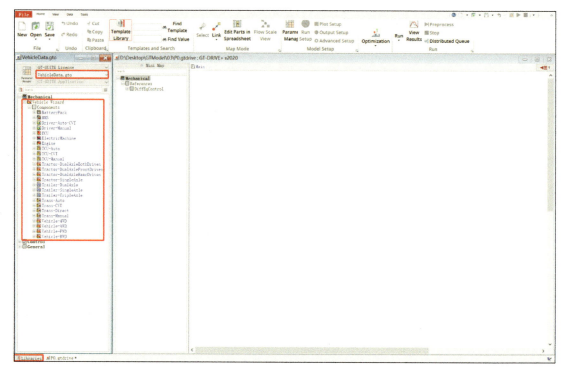

图 4-182　VehicleData.gto

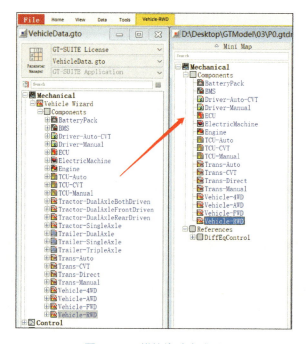

图 4-183　模块拖动完成后

第 4 章　整车动力传动系统的建模和仿真

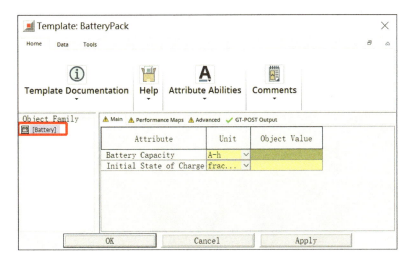

图 4-184　部件命名

表 4-10　部件命名

模块	变量名
BatteryPack	BATTERY
BMS	BMS
Driver-Auto-CVT	DRIVER
ECU	ECU
ElectricMachine	EMACHINE
Engine	ENGINE
TCU-Auto	TCU
Trans-Auto	TRANSMISSION
Vehicle-FWD	VEHICLE

4. 部件摆放

在摆放模型前，还需要一个变速齿轮模块，单击 Librarys 打开模板库，找到模块 GearConn 并拖到模型中，设置普通名称 ICE-BAS_Gearing，如图 4-185 所示。

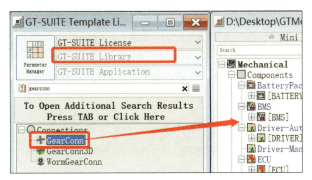

图 4-185　添加齿轮模块

完成前面部件的命名后，按图 4-186 所示进行摆放。

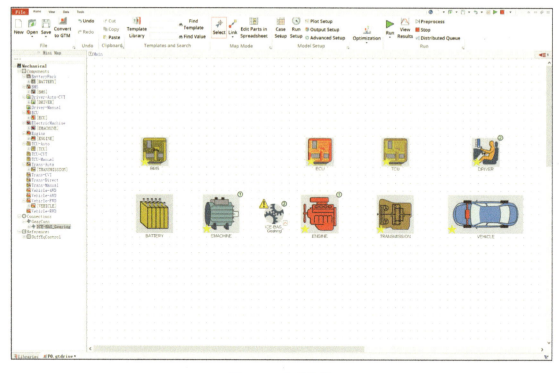

图 4-186 部件摆放

打开软件安装目录下的：v2023\examples\Vehicle_Systems_and_Energy_Management\Advanced_Features\GT-Drive+ 文件夹中的模型文件 SupervisoryController.gtdrive，然后将模型中的 SUPERVISORY 和 Monitors 模块直接复制到我们的模型 P0.gtdrive 中，如图 4-187 所示。

粘贴时系统会弹出变量确认窗口，直接单击"OK"按钮，如图 4-188 所示。

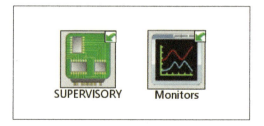

图 4-187 控制和监视模块

图 4-188 变量确认

将 SupervisoryController.gtdrive 中的设置混合驾驶模式的对象复制到 P0.gtdrive 中,如图 4-189 所示。

最后得到的模型如图 4-190 所示。

5. 部件连接

参考表 4-11 对部件进行连接。

连接完成得到的模型如图 4-191 所示。

6. 计算设置

为了让模型能更方便地计算不同类型的计算任务,可以定义一个设置计算任务的超级变量,如图 4-192 所示。打开 Case Setup,单击 Add Super Parameter,命名为 Test,并设置 9 个可选项,设置如图 4-193 所示。

图 4-189　混合控制模式对象

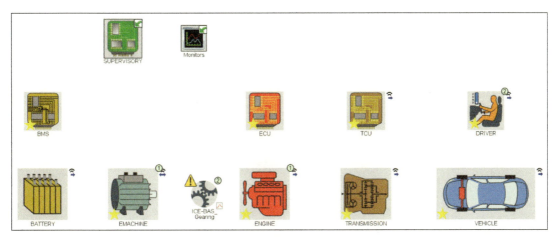

图 4-190　完成的模型

表 4-11　部件连接信号选择

Part		Link
Begin	End	Signal
EMACHINE	ICE-BAS_Gearing	—
ICE-BAS_Gearing	ENGINE	ENGINE: Flywheel(Load)
ENGINE	TRANSMISSION	ENGINE: Flywheel(Load)
		TRANSMISSION: Transmission Input(Input)
TRANSMISSION	VEHICLE	TRANSMISSION: Transmission Output(Output)
		VEHICLE: Driveshaft(Drvshft)
VEHICLE	DRIVER	VEHICLE: VKA Connection(VKA)
		DRIVER: VehicleBody(Body)
DRIVER	ENGINE	DRIVER: Prime Mover
		ENGINE: Flywheel(Load)

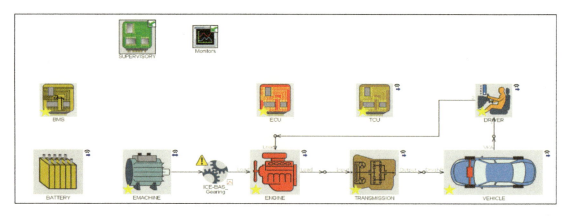

图 4-191 部件连接完成得到的模型

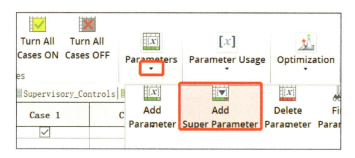

图 4-192 添加超级变量

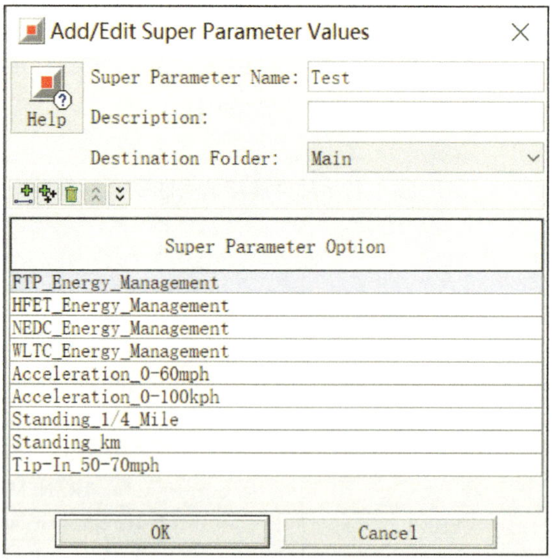

图 4-193 定义超级变量

单击"OK"按钮,超级变量 Test 将会添加到 Main 页下,再将 Main 下面的变量 Aux_Torque、Driver_Test、Initial_EngineSpeed、Simulation_Duration 和 TimeStep 右键移动到 Test 下,如图 4-194 所示。

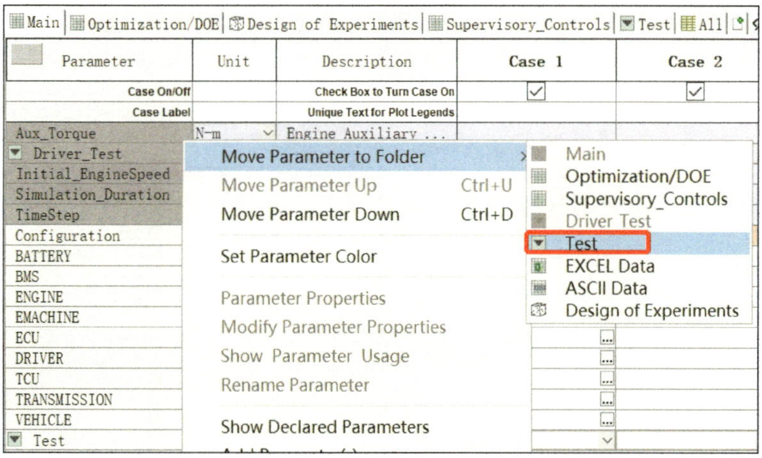

第 4 章　整车动力传动系统的建模和仿真

图 4-194　移动变量

按表 4-12 分别对 9 个 Case 中的超级变量 Test 进行设置。

表 4-12　Test 设置

Case No.	Test
1	FTP_Energy_Management
2	HFET_Energy_Management
3	NEDC_Energy_Management
4	WLTC_Energy_Management
5	Acceleration_0-60mph
6	Acceleration_0-100kph
7	Standing_1/4_Mile
8	Standing_km
9	Tip-In_50-70mph

设置标签变量 Case Label = [Test]，如图 4-195 所示。

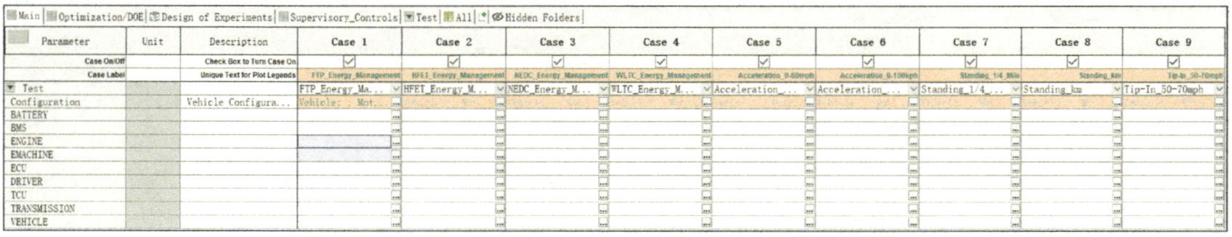

图 4-195　变量设置

设置电池对象，单击"…"，在系统弹出的窗口中选择前面拖进来的 BatteryPack 对象，然后命名为 BATTERY，如图 4-196 所示。

相同的操作完成其他对象的设置和命名，对象名称见表 4-13，设置完成如图 4-197 所示。

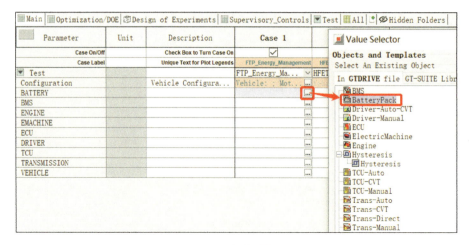

图 4-196　电池对象设置

表 4-13　对象设置名称

Template	Object Name
BatteryPack	BATTERY
BMS	BMS
Driver-Auto-CVT	DRIVER-AUTO-CVT
ECU	ECU
ElectricMachine	ELECTRICMACHINE
Engine	ENGINE
TCU-Auto	TCU-AUTO
Trans-Auto	TRANSMISSION-AUTO
Vehicle-FWD	VEHICLE-FWD

图 4-197　模块变量设置

为提高模型的适用性，还需要把经常要分析和修改的参数设置成变量，如电池的初始电量。双击 BATTERY，将 Initial State of Charge 设置成变量 [Initial_SOC]，再将它移到 Supervisory_Controls 页下，如图 4-198 所示。

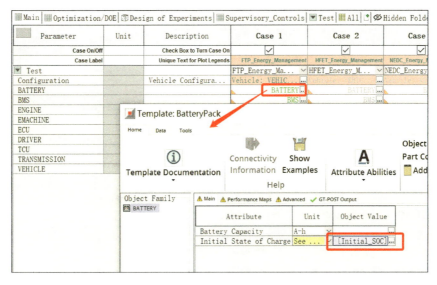

图 4-198　参数设置

单击 Hidden Folders，打开隐藏的参数页 Driver_Test，如图 4-199 所示。

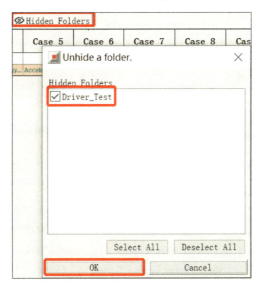

图 4-199　显示隐藏参数页

用相同方法完成表 4-14 参数的变量设置，并将它们移动到合适的参数页下。

表 4-14　参数设置

Object	Folder	Attribute	Object value (parameterized)	Destination Folder in Case Setup
BATTERY	Main	Initial State of Charge	Initial_SOC	Supervisory_Controls
DRIVER-AUTO-CVT	Analysis	Test Mode	TestMode	Driver_Test
		Kinematic Solution Mode	KINEMSOLN	
		Driveline Inertia Option	STATICOPT	

（续）

Object	Folder	Attribute	Object value (parameterized)	Destination Folder in Case Setup
DRIVER-AUTO-CVT	Advanced	Target Speed	TargetSpeed	Test
		Imposed Accelerator Pedal Position	ImposedAccelPedal	Test
		Imposed Brake Pedal Position	ImposedBrakePedal	Test
		Engine Speed Array	SpeedArray	Driver_Test
		Engine Accelerator Position Array	AccelArray	Driver_Test
		Lockup Clutch Actuator Position Override	LockupOverride	Driver_Test
		Shift Strategy Options Object	ShiftObject	Driver_Test
		Speed for Shift Schedule Output	OUTSPD	Driver_Test
		Shift Schedule Output File	ShiftFile	Driver_Test
ELECTRICMACHINE	Advanced	Control mode	MODE	Test
ENGINE	Advanced	Initial Speed - EngineState	Initial_EngineSpeed	Test
		Auxiliary Torque	Aux_Torque	Test
TRANSMISSION AUTO	Torque Converter	Minimum Output Speed (Kinematic Simulations)	IdleSpeed	Driver_Test
	Advanced	Initial Gear Number	Initial_GearNumber	Test
		Initial Speed Passing	Speed_Flag	Test
VEHICLE-FWD	Driveline	Tire Traction Model Option	ITMTYPE	Test
	Advanced	Initial Vehicle Speed	Initial_VehicleSpeed	Test
		Vehicle Speed (s) for "Time and Distance to Speed" RLTs	Performance_to_Speed	Test
		Vehicle Distance (s) for "Time and Speed to Distance" RLTs	Performance_to_Distance	Test
		Vehicle Speed to Halt Simulation	SimHault_Speed	Test
		Vehicle Distance to Halt Simulation	SimHault_Distance	Test
ICE-BAS_Gearing	Main	Gear Ratio	BAS_RATIO	Test
		Mechanical Efficiency	def (=1)	—

其中，VEHICLE-FWD 中的轮胎摩擦系数 Tire Friction Coefficient Map Object 需要设置。双击 DefaultPacejka 对象，选择 TireFrictionPacejka 对象即可，如图 4-200 所示。

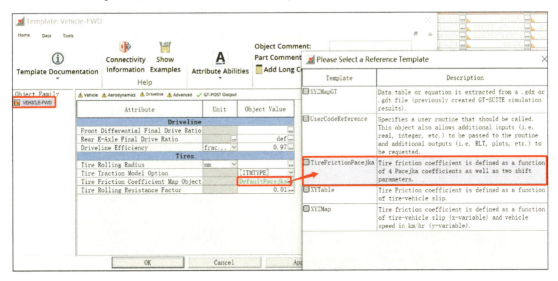

图 4-200　轮胎摩擦对象设置

变量设置完后，就是变量的赋值了，打开软件安装目录下 GTI\v2023\tutorials\Modeling_Applications\Vehicle_Driveline_and_HEV\GT-DRIVE+_Framework 文件夹中的 excel 文件 CaseSetupData.xlsx，然后按照 excel 文件对 Case Setup 中的变量进行设置，如图 4-201 和图 4-202 所示。

Main | Driver_Test | Optimization/DOE | Design of Experiments | Supervisory_Controls | Test | All

...ndent Par...	Unit	Description	Option #1	Option #2	Option #3
Option Values			Dynamic_Closed_Loop	Dynamic_Open_Loop	Dynamic_Mixed_Mode
TestMode		Test Mode (1=Spee...	1	3	MixedMode
KINEMSOLN		Kinematic Solutio...	Off	Off	Off
STATICOPT		Driveline Inertia...	Use-Inertias	Use-Inertias	Use-Inertias
IdleSpeed	RPM	Minimum Output Sp...	ign	ign	ign
AccelArray	%	Engine Accelerato...	ign	ign	ign
SpeedArray	RPM	Engine Speed Array	ign	ign	ign
ShiftObject		Shift Strategy Op...	ign	ign	ign
OUTSPD		Speed for Shift S...	Vehicle	Vehicle	Vehicle
ShiftFile		Shift Schedule Ou...	ign	ign	ign
LockupOverride	%	Lockup Clutch Act...	ign	ign	ign

图 4-201　Driver_Test 参数设置

Main | Driver_Test | Optimization/DOE | Design of Experiments | Supervisory_Controls | Test | All

...ependent Parameters	Unit	Description	Option #1	Option #2	Option #3	Option #4	Option #5	Option #6	Option #7	Option #8	Option #9
Option Values			FTP_Energy_Mana...	HFET_Energy_Man...	NEDC_Energy_Man...	WLTC_Energy_Ma...	Acceleration_0-60...	Acceleration_0-10...	Standing_1/4_Mile	Standing_km	Tip-In_50-70mph
TargetSpeed	km/h	Target Speed	FTP75_kph	HWY	NEDC	WLTC_Class3	400	400	400	400	ign
MODE		Control Mode	Brake Power	Brake Power	Brake Power	Brake Power	Brake Power	Brake Power	Brake Power	Brake Power	Brake Power
Driver_Test			Dynamic_C...	Dynamic_C...	Dynamic_C...	Dynamic_C...	Dynamic_C...	Dynamic_C...	Dynamic_C...	Dynamic_C...	Dynamic_C...
ITMTYPE		Tire Tractio...	Rigid	Rigid	Rigid	Rigid	Slipping	Slipping	Slipping	Slipping	Slipping
Simulation_Duration	s	Maximum Simu...	1874	765	1180	1800	60	60	60	60	30
ImposedAccelPedal	%	Imposed Acce...	ign	ign	ign	ign	100	100	100	100	100
ImposedBrakePedal	%	Imposed Brak...	ign	ign	ign	ign	0	0	0	0	0
Initial_VehicleSpeed	mi/h	Initial Vehi...	0	0	0	0	0	0	0	0	80.46713
Initial_GearNumbe		Initial Gear...	1	1	1	1	1	1	1	1	4
SimHault_Speed	mi/h	Vehicle Spee...	ign	ign	ign	ign	96.56056	100	ign	ign	112.65399
SimHault_Distance	mi	Vehicle Dist...	ign	ign	ign	ign	ign	ign	0.4023325	1	ign
Performance_to_Speed	mi/h	Vehicle Spee...	ign	ign	ign	ign	96.56056	100	ign	ign	112.65399
Performance_to_Distance	mi	Vehicle Dist...	ign	ign	ign	ign	ign	ign	0.4023325	1	ign
TimeStep		Maximum Inte...	0.01	0.01	0.01	0.01	0.001	0.001	0.001	0.001	0.001
Initial_EngineSpeed	RPM	Initial Engi...	1000	1000	1000	1000	1000	1000	1000	1000	def
Aux_Torque	N-m	Engine Auxil...	0	0	0	0	0	0	0	0	0
Speed_Flag		Initial Spee...	0	0	0	0	0	0	0	0	1
BAS_RATI		Gear Ratio	def (=1)	def (=1)	def (=1)	def (=1)	def (=1)	def (=1)	def (=1)	def (=1)	def (=1)

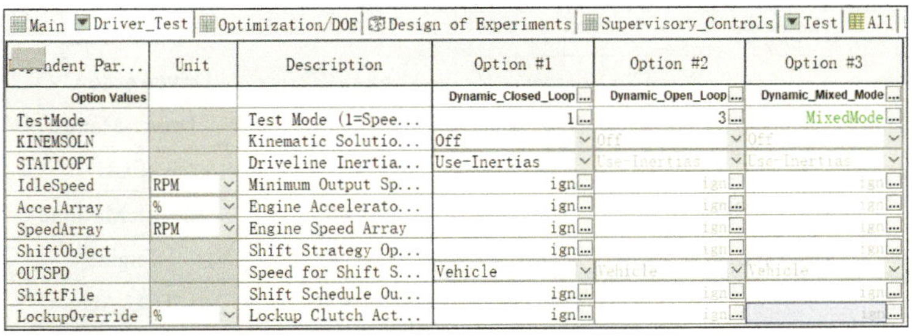

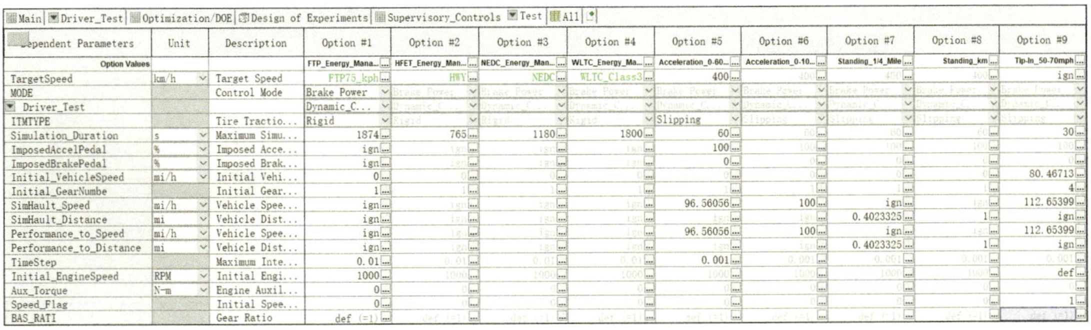

图 4-202　Test 参数设置

部件对象变量的范围可以通过右键选择 Modify Parameter Properties，如图 4-203 和图 4-204 所示。

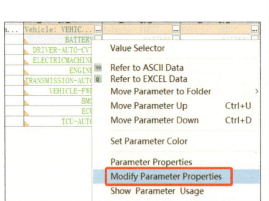

图 4-203　修改对象变量范围 a　　　　　图 4-204　修改对象变量范围 b

其他对象的范围可以参考表 4-15 进行设置。

表 4-15　修改对象变量范围

Parameter	Compounds to allow
BATTERY	BatteryPack
DRIVER	Driver-Auto-CVT
	Driver-Manual
ECU	ECU
EMACHINE	ElectricMachine
ENGINE	Engine
TCU	TCU-Auto
	TCU-CVT
	TCU-Manual
TRANSMISSION	Trans-Auto
	Trans-CVT
	Trans-Direct
	Trans-Manual
VEHICLE	Vehicle -4WD
	Vehicle -AWD
	Vehicle -FWD
	Vehicle -RWD
BMS	BMS

完成后，再次保存 P0.gtdrive，并关闭。

7. 设置配置文件

要想将我们设置的 P0 加到之前的 GT-DRIVE+ 架构式建模界面，就需要对 GT-DRIVE+ 的相关脚本进行修改。

直接将软件安装目录下 GTI\v2023\tutorials\Modeling_Applications\Vehicle_Driveline_and_HEV\GT-DRIVE+_Framework 文件夹中 VehicleData.gto、configurations.xml、P0HybridWizardConfig.xml 三个文件复制到前面搭建的 P0.gtdrive 文件夹下，如图 4-205 所示。

打开 configurations.xml 文件，将 P0HybridWizardConfig.xml 与配置文件 configurations.xml 关联。为此需在 configurations.xml 中添加如下命令行：\<configfile name="P0HybridWizardConfig.xml"/\>，并将 category title 改为 P0，如图 4-206 所示。

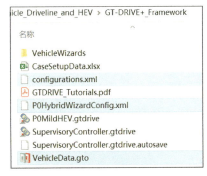

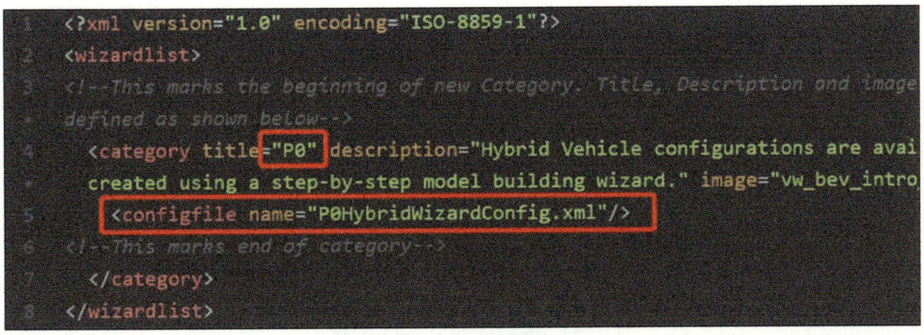

图 4-205　配置文件

图 4-206　关联配置文件

保存并关闭 configurations.xml，打开 P0HybridWizardConfig.xml，关联 P0.gtdrive 和模块库文件 VehicleData.gto，如图 4-207 所示，保存并关闭。为了便于理解和修改，脚本中都有注释，有兴趣的读者可以自行修改配置向导相关图片和设置。

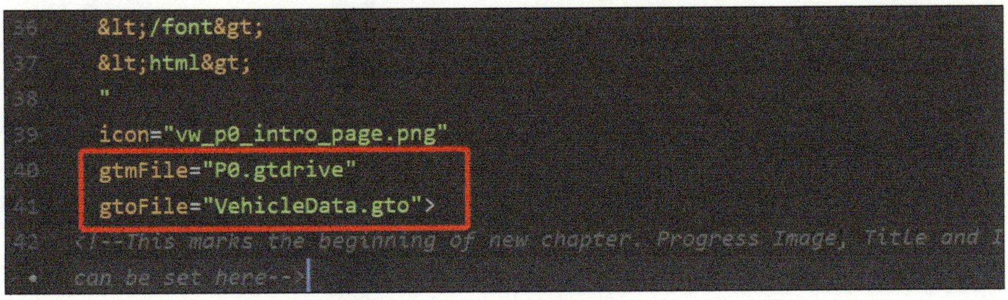

图 4-207　关联模块库文件

8. 添加配置文件

依次单击 File->Options->Vehicle Wizard Libraries，然后将前面修改的配置文件 configurations.xml 和目录添加到对应位置，如图 4-208 所示，并单击"OK"按钮。

再次单击 GT-DRIVE+，如图 4-209 所示。

此时，即可看到我们自定义的 P0 已经添加成功，如图 4-210 所示。

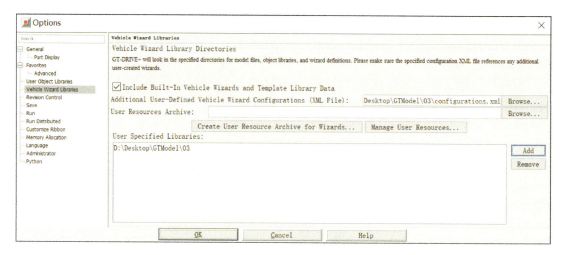

图 4-208　添加配置文件

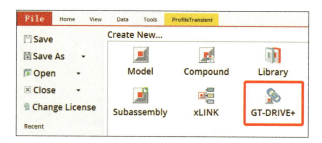

图 4-209　GT-DRIVE+

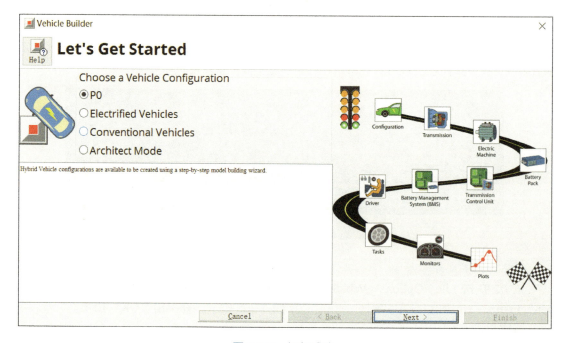

图 4-210　添加成功

第 5 章 动力总成热管理系统的建模

5.1 动力总成热管理系统概述

最初的车辆动力总成热管理系统仅指发动机冷却系统，在这个时期，冷却系统的设计目的是确保发动机温度不超过警戒温度。而随着发动机技术的不断完善，人们逐渐认识到高效率的发动机需要工作在一定的温度范围区间，过高或者过低的温度都会带来发动机效率的降低。于是，发动机冷却系统的任务则变成了在低温工况暖机、高温工况冷却，初步形成涵盖发动机水回路和润滑回路的热管理系统的概念。随着技术发展和设计的精益求精，涡轮增压技术、排气再循环（EGR）技术、变速器效率等对整车性能和排放性能的影响逐渐被重视，其对应的热管理技术如增压中冷、EGR 冷却、变速器热管理系统等也纳入车辆热管理系统的范畴。这些系统之间不是相互孤立的系统，而是存在相互的关联，这种复杂的多维度的系统布置对热管理系统开发者提出了严峻的挑战。

时至今日，车辆动力总成热管理系统逐渐演变成涵盖多学科、多系统的综合车辆管理平台，涵盖流体、液压、传热、控制等多个领域，业务范畴包括发动机热管理系统、变速器热管理系统、电池热管理系统、电机热管理系统、动力舱等几个子系统。热管理系统的工作介质也是多种多样，包括冷却液（通常为乙二醇防冻液）、润滑油、空气等。

1）发动机热管理系统：狭义的发动机热管理系统指发动机冷却液回路，以冷却液为工作介质，以水泵作为动力源，流经发动机水套的高温冷却液通过散热器与环境实现热量交换，为了快速暖机，在低温工况下使用节温器对散热器进行旁通，冬季工况下的空调暖风也使用发动机热管理系统的热量对乘员舱进行加热。广义上的发动机热管理系统则包含发动机润滑系统、增压中冷系统、EGR 冷却系统。

2）变速器热管理系统通过润滑油对变速器进行冷却，回路结构包括油泵、润滑油管路等。

3）电池热管理系统：电池热管理系统的工作介质有多种形式，比如空气、制冷剂、冷却液，甚至使用相变材料进行温度管理。目前市场上主流的电池热管理系统为冷却液间接冷却模式，即在高温工况下电池热管理系统通过空调系统与外部环境进行间接热交换，冷却液经板式换热器与空调系统进行换热后，通过水冷板对电池进行温度控制。在低温工况下，采用 PTC 或热泵等热源通过水冷板对电池进行加热。

4）电机热管理系统与发动机热管理系统类似，以冷却液为工作介质，通过换热器与外部环境进行热量交换。此外，电机控制器、DC/DC 变换器、充电机等电控部件通常也在该系统内进行温度控制。

5）动力舱（underhood）系统是车辆所有热管理系统与外部环境之间的换热端口，介质为空气，动力源为风扇。动力舱内换热元件的布置往往会影响各热管理系统的工作特性。这部分内容会在第 7 章进行讲解。

5.2 车辆动力总成热管理系统仿真的主要内容

GT-SUITE 作为一维多物理场仿真分析软件，其模块涵盖流体、传热、液压、电磁、机械、化学、控制等模块，可以满足热管理系统的仿真分析工作，主要分析内容包括：

1）系统回路分析：流量分布、温度分布、压力分布、换热量分布。

2）瞬态或稳态工况分析：流量、温度、压力、换热量等物理量的瞬态变化。

3）零部件选型：换热器、水泵、风扇、节温器、油泵。

4）管路布置、节流阀优化。

5）暖机过程分析。

在一维仿真分析的基础上，GT-SUITE 自带的前处理工具 GEM3D/COOL-3D 可快速将三维 CAD 数模转换为拟三维仿真模型，使用一维的仿真手段获得三维的空间计算结果，包括流量分布、温度分布、换热量分布，比较常见的应用包括：

1）动力舱分析：计算动力舱流量分布、温度分布和压力分布，分析各热管理系统之间的相互影响。

2）发动机热管理：考虑发动机传热结构，计算发动机机体温度分布、流量分布、换热量分布。

3）电池热管理：计算电芯温度分布、流量分布、压力分布、优化水冷板结构。

4）电机热管理：计算电机温度分布、换热量分布。

一套完整的热管理系统包括热源、动力源、换热元件、管路、阀门及控制元件等部分，通过工作介质的流动将热量从热源传递到换热元件，并传递给外部环境。以发动机热管理系统为例，热管理系统包括发动机机体（热源）、水泵（动力源）、散热器（换热元件）、风扇（动力源）、节温器（阀门）等几大部分。其所需的主要参数包括：

1）通用属性：工作介质、系统结构、调压原理图（包括膨胀水壶容积）。

2）管路及弯头：进出口直径、管路弯角、表面粗糙度、壁厚、壁面材料。这部分可以使用 GEM3D/COOL-3D 功能直接将 CAD 数模转换为一维计算模型。

3）节温器：升程曲线，包括开启段和关闭段，时间常数，不同升程下流阻（压降 VS 流量）曲线。

4）水泵：水泵 MAP（特性图），不同转速下流量 - 压升曲线。

5）风扇：风扇 MAP（特性图），不同转速下流量 - 压升曲线。

6）发动机机体：不同转速、负荷下发动机放热量，发动机缸体质量、材料，发动机缸盖质量、材料，水套容积（缸体部分、缸盖部分），水套流阻曲线，不同流量下水套换热系数。

7）散热器：质量、材料属性、几何尺寸（高度、宽度、厚度、管路布置、流层分布、翅片布置及尺寸），散热器单体试验数据。

8）其他换热部件，如空调暖风芯子：容积、换热量。

以上仅为发动机热管理系统建模所需的一般数据，随着不同的系统结构，不同的分析目的，所需参数略有不同。

5.3　发动机热管理系统建模

5.3.1　模型架构

本节将以一个简单的发动机稳态热管理系统建模为例，讲解热管理系统仿真中常用部件的建模方法。本节所用模型来自软件自带的案例（GTI\v2023\tutorials\Modeling_Applications\Cooling_Thermal_Management\Final_Models\05-HeatTransfer），如图 5-1 所示。

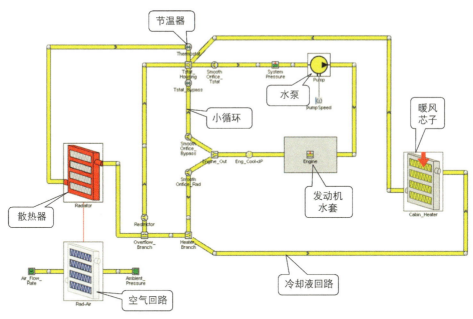

图 5-1 某发动机热管理模型布置

5.3.2 建模流程

通用的热管理建模流程如图 5-2 所示,包括参数搜集、零部件模型建立及校验、系统回路搭建、流体系统校验和热管理系统分析几部分。

1)参数搜集:根据所需分析的系统结构搜集所需的参数,包括回路原理图和零部件参数。

2)零部件模型建立及校验:由于实际搜集到的零部件参数会存在一定的数据测量误差,这部分需要对输入数据进行校验,对不合常理的数据进行处理。一般来说,几何尺寸的测量可信度比较高,而零部件的单体试验数据(如水泵 MAP、换热器测试数据)往往存在一定的误差,因此需要在零部件建模时对输入参数进行校验。

3)系统模型建立:根据回路结构和零部件模型搭建系统回路。

4)流体系统校验:热管理系统分析的基础是流动分析,因此在热管理系统分析开展之前,首先进行流体系统的仿真计算,确保流体系统的计算结果合理可信,主要分析在某特定工况下的流量分布。对于简单流体回路,或者经验比较丰富的使用者,这一步流程可以跳过。

图 5-2 热管理系统建模流程

5)热管理系统分析:进行热管理系统分析,计算热管理系统工作过程中的流量分布、压力分布、温度分布和换热量分布,分析的工况可以是稳态工况也可以是瞬态工况。

5.3.3 建模常用模块

发动机热管理系统建模常用的模块见表 5-1,这里列出了热管理系统的动力源、热源、散热器、系统管路等部分。

表 5-1 发动机热管理系统建模常用模块

推荐模块名称	图标
水泵（Pump）	
风扇（Fan）	
散热器（HxTubeFinMain 和 HxTubeFinSecondary）	
发动机体（EngineBlock-3Mass）	
其他热源（HeatAddition）	
节温器（Thermostat 和 ThermostatBypass）	
膨胀水壶（Accumulator）	
管路（PipeRound）	
分叉管（FlowSplitGeneral）	
环境边界（EndEnvironment）	

在实际的仿真分析工作中，针对不同产品设计阶段，或者不同的输入数据现状，可以使用不同的模块进行建模。比如在使用水泵建模时，在产品概念设计阶段，由于没有水泵的效率 MAP，可以在 PumpFlow 模块进行建模，只需要输入水泵流量和水泵效率即可进行概念分析，而到了产品的详细设计阶段，获得详细的水泵 MAP 数据后，则可以使用 Pump 模块进行水泵建模，GT-SUITE 提供的水泵模块如图 5-3 所示。

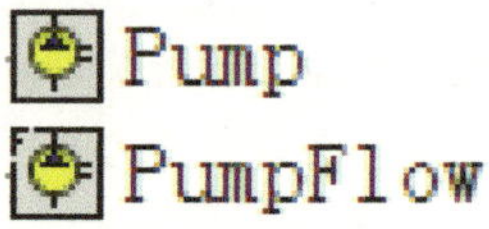

GT-SUITE 提供了不同层级的模板库，在进行建模时可以根据需要灵活选择。

图 5-3 两种水泵模块

软件安装包内提供了发动机热管理系统建模所需的输入参数表格，表格文件如图 5-4 所示，位于软件安装目录下，默认安装目录为：GTI\v2023\tutorials\Modeling_Applications\Cooling_Thermal_Management\DataSheets.xlsx。

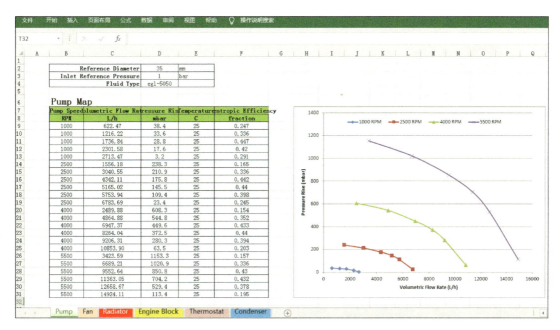

图 5-4 发动机热管理部件参数

5.3.4 水泵

1. 水泵建模

水泵使用 Pump 模块进行建模，所需的参数为水泵 MAP，即在不同转速状态下，水泵压升随水泵流量变化的曲线。除此之外，还需要水泵效率用于计算水泵功耗，图 5-4 所示的数据就是常规的机械水泵 MAP 数据。

在模型树目录下找到 Pump 模板，该模块位于树目录 Flow → Components 下，也可以在树目录上方的对话框中输入 pump 搜索，如图 5-5 所示。

如果在新建模型时没有进行预加载的勾选，则可以单击 Template Library 调出模板库，选择对应的模块或者在 Search 一栏搜索对应的模块，并拖拽到模型树目录下，如图 5-6 所示。

双击 Pump 模板新建水泵对象，定义水泵名称为 Pump，首先选择机械水泵，在 Pump Type 一栏选择转速边界 Speed Boundary Pump。水泵 MAP 数据在 Pump Specifications Object 一栏中进行输入，单击对话框后面的 "…" 图标，如图 5-7 所示，弹出值选择器。

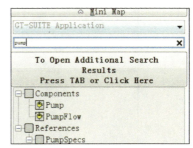

图 5-5 模块搜索方法

在 Value Selector 中，双击选择 PumpSpecs 模板。在水泵模板中，由于水泵特性只有一种类型的指针变量，因此只显示了 PumpSpecs 一个指针变量的模板，如图 5-8 所示，如果是其他的模块，则会有多个指针变量类型供选择。在变量选择器中，我们可以看到有两个位置有 PumpSpecs 模板，对话框上半部是本模型中（In GTM file）的指针变量类型，而下半部则是软件模板库（Template Library）中的指针变量类型。如果指针变量类型的名称相同，则选择任何一个都一样。本模型中的指针变量类型是在新建模型时的预加载步骤中导入的，其目的是方便快速查找模块。

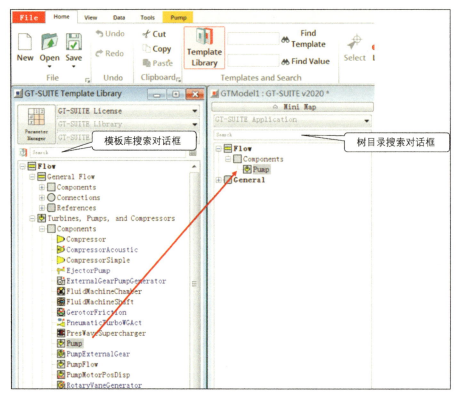

图 5-6　模板库模块拖拽

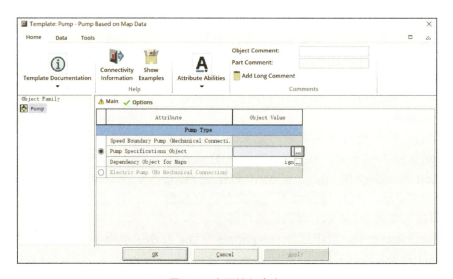

图 5-7　水泵特征定义

双击 PumpSpecs 定义水泵 MAP，命名为 Pumpdata。首先编辑在 Main 选项卡中内容，选择水泵类型为 Centrifugal（离心式），水泵 MAP 类型选择 Single Pump Map（单一 Map 数据）。未完成编辑的选项卡会有黄色叹号（！）提示，如图 5-9 所示。

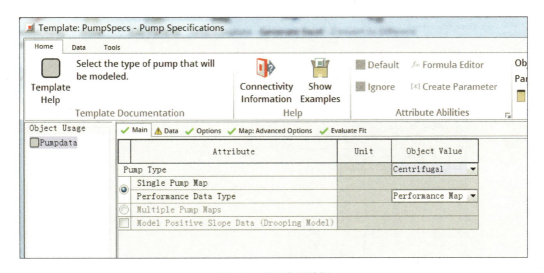

图 5-8　变量选择器

图 5-9　水泵类型选择

切换到 Data 选项卡，输入水泵 MAP 数据，如图 5-10 所示。首先选择水泵 MAP 测试时使用的工质，单击 Reference Fluid 对话框后面的"…"，选择 egl-5050，即乙二醇和水的 50∶50 体积比混合液。水泵 MAP 测试时的参考压力为 1bar，Reference Pressure（参考压力）一栏已经预填了 def，可以看到 def 后面的灰色字体说明（=1bar），即 def 数值为 1bar，与水泵 MAP 测试时的参考压力相同，可以不用手动收入。

输入水泵 MAP 数据，注意在输入数据之前，调整对应的单位。可以在对应的变量单击下拉箭头进行选择。需要注意的是，当已经在对应的变量中输入数值之后，再进行单位选择时，对应的数值也会发生变化，因此，一定要先确认单位，再输入数值。完成 MAP 数据输入后，会在右侧自动绘制出输入数据的曲线图，如图 5-11 所示。

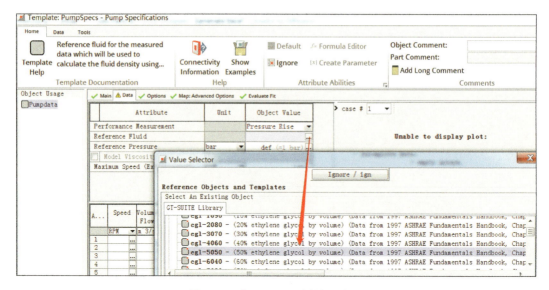

图 5-10 水泵 MAP 测试边界定义

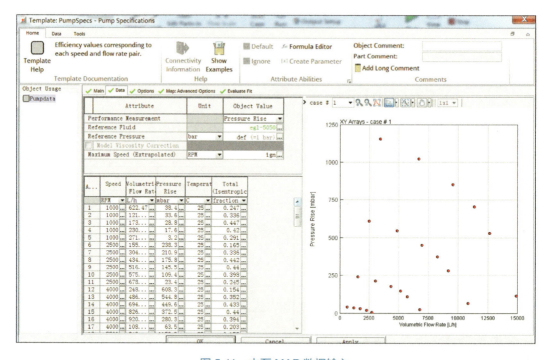

图 5-11 水泵 MAP 数据输入

2. 水泵数据校验

一般情况下,水泵输入数据的检查一般只需要检查水泵 MAP 数据是否合理,也就是在每一个转速下,流量-压升曲线的变化规律是否正常即可。除此之外还可以切换到 Evaluate Fit(拟合评估)选项卡中,单击 Show Preprocess Plot 进行水泵 MAP 的预处理检查,如图 5-12 所示。

预处理完成后,单击 Pressure Rise vs. Volumetric Flow Rate(fit),检查水泵压升与流量变化规律的拟合结果。其中,线图为拟合结果,散点为原始输入数据,这一步需要检查拟

第 5 章 动力总成热管理系统的建模

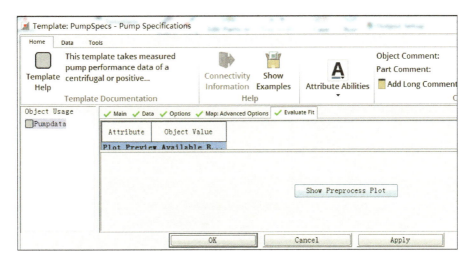

图 5-12 水泵 MAP 预处理

合结果是否与输入数据吻合，如图 5-13 所示。一般情况下，泵的性能 MAP 只需要第一象限的数据，但如果多个泵串并联，那么需要增加第二象限和第四象限的数据。

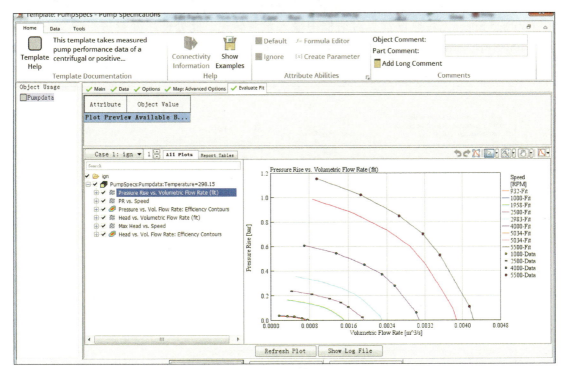

图 5-13 水泵流量 - 压升拟合结果

还可以单击 Pressure vs. Vol. Flow Rate: Efficiency Contours 检查水泵效率 - 流量 - 压升的预处理结果，如图 5-14 所示。

预处理完成后，单击 OK 退出水泵 MAP 编辑界面。在水泵编辑界面单击 OK 完成水泵定义。

165

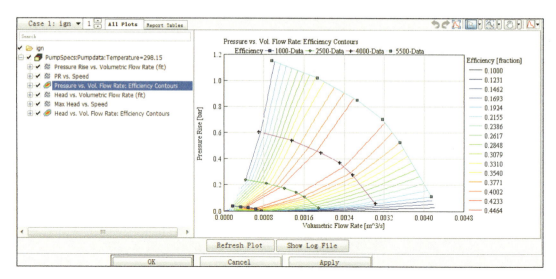

图 5-14 水泵效率-流量-压升拟合结果

对于机械水泵，需要使用 SpeedBoundaryRot 模块提供转速边界，如图 5-15 所示，该模块在模型树目录 Mechanical 目录下，双击建立水泵转速模板，命名为 PumpSpeed，在 Imposed Speed（转速设置）对话框中输入水泵转速，此处使用变量进行定义，输入 [PumpSpeed]，回车弹出 Add Parameter（添加变量）的对话框，提示变量名称和描述，单击 OK 确定。Initial Angular Position（初始转角）不需要定义，单击 OK 完成水泵转速建模。

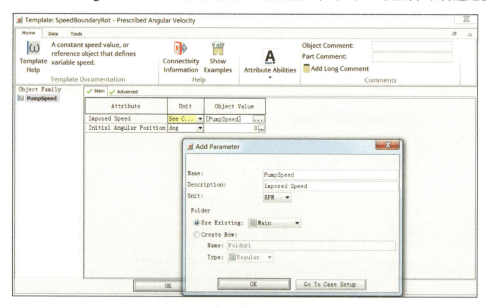

图 5-15 水泵转速定义

在树目录中，用鼠标左键选中定义好的 Pump 对象，按住鼠标左键拖拽至模型面板。软件会自动将其名字命名为 Pump-1，即为使用该水泵特性的第一个部件，此时，水泵部件右上角会有绿色底纹的圆圈，圆圈内部有数字 2，代表水泵有两个端口没有连接。

拖拽 PumpSpeed 至模型面板，放置在水泵附近，布置完成，如图 5-16 所示。

第 5 章 动力总成热管理系统的建模

图 5-16 模型面板布置

单击 Link 按钮，鼠标进入连接模式，如图 5-17 所示，连接水泵与水泵转速边界。此处的连接没有正方向，推荐的连接方法是先选择动力源（水泵转速），然后选择被控对象（水泵）。完成连接后，单击 Select 按钮退出连接模式。

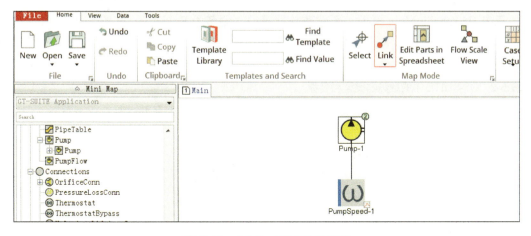

图 5-17 水泵与水泵转速的连接

5.3.5 散热器

1. 散热器数学模型

散热器建模和计算流程如图 5-18 所示，首先输入散热器的几何尺寸和单体试验数据进行 Nusselt 换热系数拟合。散热器的几何参数需要输入详细的流道尺寸、流道分布、翅片结构、翅片开窗结构等参数，散热器的单体试验数据则应包括详细的冷侧和热侧进出口边界，包括流量、压力、温度、换热量等数据。这个拟合过程是一个自动的过程，不需要手动处理。在获得 Nusselt 换热系数后，结合热管理系统的热侧边界和冷侧边界，即可计算实际过程中的换热量，进而获得详细的热侧出口温度和冷侧出口温度等计算结果。

167

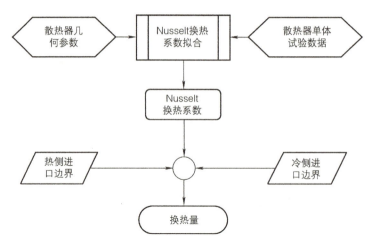

图 5-18 散热器建模及计算流程

不同类型的散热器使用的模板名称见表 5-2，其中管壳式散热器和同心管散热器使用相同的模板进行建模。每个散热器使用两个模块进行建模：Main 代表散热器的热侧边界，Secondary 代表散热器的冷侧边界。Main 侧输入散热器的几何尺寸、单体试验数据和 Main 侧初始状态，Secondary 侧只需输入初始状态即可。一般而言，将外部环境空气定义为 Secondary 侧。对于水冷式散热器而言，定义冷却液侧为 Main 侧，空气侧为 Secondary 侧。

2. 散热器几何参数输入

双击 HxTubeFinMain 模板，新建散热器模型，命名为 Radiator，如图 5-19 和图 5-20 所示。在 Components 有三个选项卡，包括散热器特征、Main（冷却液）侧初始状态和初始壁温三个选项。

表 5-2 GT-SUITE 中的散热器类型和名称

散热器的类型	模板名称
管翅式散热器	HxTubeFinMain HxTubeFinSecondary
板式散热器	HxPlateMain HxPlateSecondary
管壳式散热器	HxShellTubeMain HxShellTubeSecondary
同心管散热器	HxShellTubeMain HxShellTubeSecondary
其他	HxGeneralMain HxGeneralSecondary

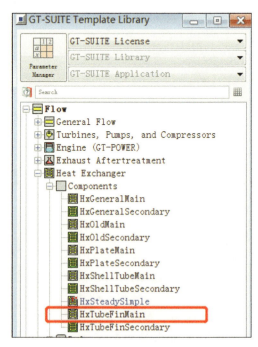

图 5-19 选择模板

第 5 章 动力总成热管理系统的建模

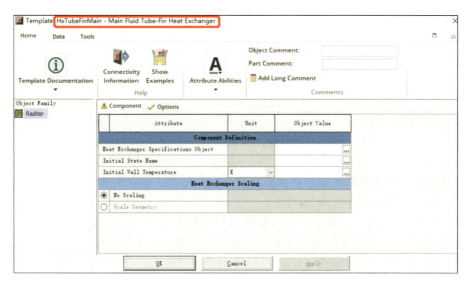

图 5-20 管翅式散热器建模主界面

Heat Exchanger Specifications Object（换热器特征）中包含了散热器几何尺寸和单体试验数据的内容，在对话框中输入散热器特征指针变量，命名为 Rad_Specs，如图 5-21 和图 5-22 所示，双击鼠标左键进入编辑界面。

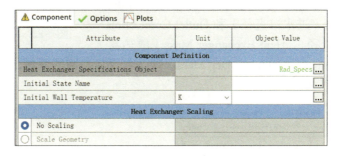

图 5-21 散热器特征指针变量的命名

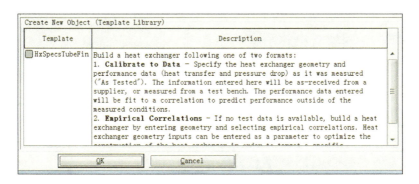

图 5-22 选择散热器模板

散热器特征参数输入包含三个主选项卡：Geometry（几何尺寸）、Heat Transfer（换热数据）和 Pressure Drop（流阻数据）。

几何尺寸下包含四个副选项卡：Overview（宏观尺寸）、Internal Tube（Main）（流道结构）、External Fin（Secondary）（翅片结构）和 Layout（流道布局）。

在 Overview 选项卡中，需要定义散热器的一些基础设置，Component Fluids（Main：Secondary）中定义 Main 侧与 Secondary 侧的工质类型，单击下拉箭头选择 Liquid:Gas，即 Main 侧为液体，Secondary 侧为气体；Heat Exchanger Model（换热模型）选择 Calibrate to Data，即根据单体试验数据拟合 Nusselt 换热系数；Heat Exchanger Discretization（散热器离散）中选择离散方式为 Number of Subvolume，并在 Number of Subvolume（per Pass）中输入 5，即散热器每一个流层离散为 5 个计算单元，一般来说，单相流换热器建议每个流程至少离散成 5 个计算单元，对于两相流的散热器如冷凝器和蒸发器，要求离散的单元数能够捕捉到相变的过程，因此总单元数要大于 20 个。

定义散热器宏观尺寸，每个尺寸名称后面的括号内有尺寸名称的简写，该简写名称与界面右侧的图示是对应的，如 Tube Length 后面注有（L），可以看到图示中的 L 对应的是散热器流道长度，如图 5-23 所示。Tube Flow Orientation（流道流向）选择为 Horizontal（水平），如果选择竖直流向，则图示也会发生变化。

如图 5-24 所示，输入散热器几何尺寸，包括 Tube Length（散热器流道长度）、Stack Dimension（散热器高度）、Total Heat Exchanger Depth（散热器厚度）、Inlet Connection Diameter（进水口直径）和 Outlet Connection Diameter（出水口直径）。Heat Exchanger Mass（散热器质量）选择 Automatically Calculate Dry Mass，即不包含冷却液的质量，这部分质量用于计算散热器本体的热容量。

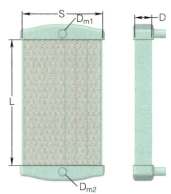

图 5-23　竖直散热器布置图

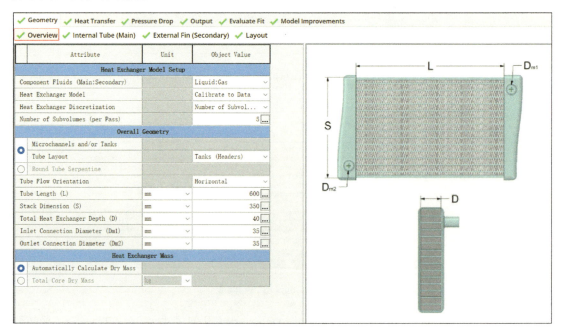

图 5-24　散热器宏观尺寸

切换至 Internal Tube（Main）选项卡，定义内部流道结构，Tube Geometry（流道几何）选择 Flat Tube（方形流道）。定义流道材料属性，单击 Tube Material Properties Object 对话框的"…"按钮，弹出 GT 内部材料数据库，选择 Aluminum（铝），单击 OK，如图 5-25 所示。

图 5-25　流道材料选择

如图 5-26 所示，勾选 Flat Channel Major Dimension（Chmaj）（流道宽度）和 Flat Channel Minor Dimension（Chmin）（流道高度），输入流道宽度和高度；在 Tube Wall Thickness（t）一栏中定义流道壁厚，在 Number of Channels in One Tube（Nch）中定义流道内通道数量，注意，此处的通道数量是指一根流道内的通道数量，该通道数量无法在外部观察到；Reference Length for Reynolds Number（参考长度）使用默认值即可；Fin Shape（翅片形状）指的是流道内部的翅片，本散热器选择 None（无内部翅片）。

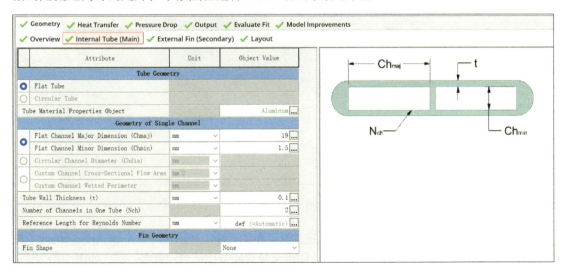

图 5-26　流道尺寸定义

切换至 External Fin（Secondary）选项卡，定义翅片结构。Fin Shape（翅片形状）选择 Triangular，即三角波纹翅片，GT-SUITE 中还支持其他类型翅片，如方形翅片、偏置翅片、板式翅片。当切换到不同的翅片类型后，对应的图示也会发生变化，如图 5-27 所示。

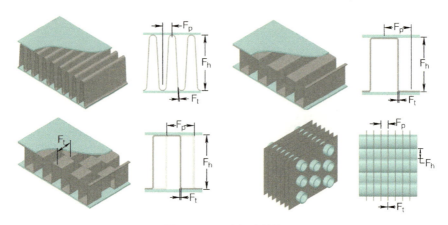

图 5-27　几种翅片结构

在图 5-28 所示的参数输入框中，Fin Pitch（Fp）一栏中输入翅片截距、Fin Thickness 中输入翅片厚度。其余如翅片高度、参考长度和材料属性输入默认值即可，即翅片高度根据散热器总高度和流道尺寸计算，翅片材料认为和管道材料相同。

勾选 Include Louver Geometry 激活翅片开窗，在 Louver Pitch（Lp）中定义开窗截距，在 Louver Length（Ll）中输入开窗部分长度，在 Louver Angle（θ）中定义开窗角度，在 Number of Louver Banks（Nlb）中定义开窗数量。

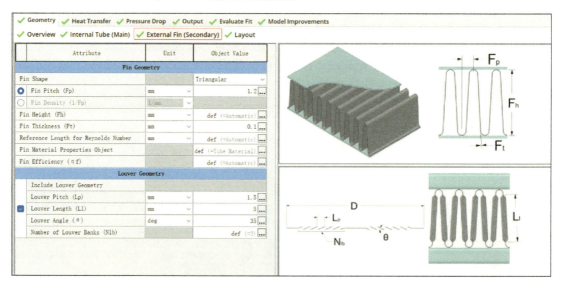

图 5-28　外部翅片结构

切换至 Layout（流道布局）选项卡，定义流道布局选项。External Fin Array Arrangement（外部翅片布置数量）选择为"Single，Nt+1"，即定义翅片层数比流道层数多一层，如图 5-29 所示。Tube Pitch（流道截距或翅片高度）一栏输入 def 即可，这是由于模型中已经定义了流道的几何结构、流道的层数和散热器总高度,因此流道与流道之间的间隔可以自动计算出。

Number of Tube Rows Along Depth(N_{row})是指沿着散热器厚度方向流道的排(row)数,图 5-30 所示为一个双排散热器的示意图。row1 表示为迎风侧的一面。

图 5-29 翅片层数比流道层数多一层

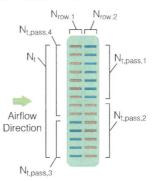

图 5-30 散热器截面图

Number of Passes(N_{pass})是指流程数量,图 5-31 中展示的是一个具有两个流程的流道布置结构,散热器左侧的水室被隔板分割为两个不连通的腔体,冷却液先进入左上方水室后,流经第一个流程,在右侧水室内改变流动方向,从左下方水室流出。

Inlet Tube Flow Direction 指的是第一个流层的流动方向,面向散热器的迎风面,从右往左为正方向。Number of Tubes 指的是总流道数。

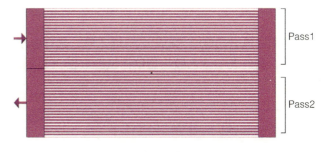

图 5-31 双流程散热器结构示意图

流道的布置和数量会影响冷却液的流速,最终影响换热量的计算。

Tank Width(or Height)指的是水室的宽度;Tank Volume 指水室容积。

本例所建立散热器的流道布置如图 5-32 所示。

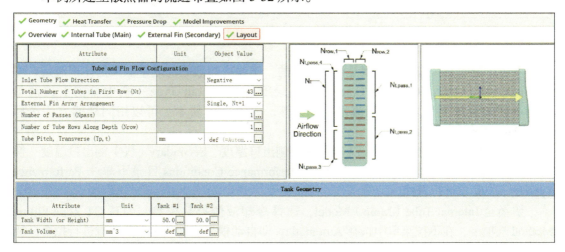

图 5-32 散热器流道布置

3. 散热器试验数据输入及拟合

切换至 Heat Transfer 选项卡，输入散热器单体试验数据，所需输入的数据包括冷却液侧的流量、进口温度、进口压力、出口压力、出口温度，空气侧的流量、进口温度、进口压力、出口压力，以及换热量。

首先定义热侧工质和冷侧工质，单击 Fluid Object 对话框中的"…"，选择 egl-5050。需要注意的是，由于在水泵 MAP 中引用过冷却液的工质，因此在选择工质时多了 In GTM file 的选项卡，里面列出的是本模型中所用过的工质，便于用户进行工质选择，如图 5-33 所示。

图 5-33　工质选择对话框

用同样的方法定义 Secondary 侧工质，选择 air2（空气）。
在右侧列表中输入散热器单体试验数据，如图 5-34 所示。

Att.	Main Mass Flow Rate (kg/s)	Main Inlet Temperature (C)	Main Inlet Pressure (bar)	Main Outlet Pressure (bar)	Secondary Mass Flow Rate (kg/s)	Secondary Inlet (C)	Secondary Inlet (mbar)	Secondary Outlet (mbar)	Heat Transfer Rate (kW)
1	0.44	95.0	2.0	1.99046	0.297	25.0	1000.0	999.89	15.132
2	0.88	95.0	2.0	1.97181	0.297	25.0	1000.0	999.89	16.836
3	1.32	95.0	2.0	1.94371	0.297	25.0	1000.0	999.88	18.121
4	1.76	95.0	2.0	1.90616	0.297	25.0	1000.0	999.88	18.832
5	2.2	95.0	2.0	1.85201	0.297	25.0	1000.0	999.88	19.232
6	2.64	95.0	2.0	1.77837	0.297	25.0	1000.0	999.88	19.483
7	3.08	95.0	2.0	1.69873	0.297	25.0	1000.0	999.88	19.654
8	3.52	95.0	2.0	1.61007	0.297	25.0	1000.0	999.88	19.776
9	3.96	95.0	2.0	1.51028	0.297	25.0	1000.0	999.88	19.865
10	0.44	95.0	2.0	1.99019	0.594	25.0	1000.0	999.72	24.173
11	0.88	95.0	2.0	1.97155	0.594	25.0	1000.0	999.71	29.046
12	1.32	95.0	2.0	1.94344	0.594	25.0	1000.0	999.7	33.052
13	1.76	95.0	2.0	1.90592	0.594	25.0	1000.0	999.7	35.627
14	2.2	95.0	2.0	1.8528	0.594	25.0	1000.0	999.69	37.155
15	2.64	95.0	2.0	1.7795	0.594	25.0	1000.0	999.69	38.143
16	3.08	95.0	2.0	1.69879	0.594	25.0	1000.0	999.69	38.826
17	3.52	95.0	2.0	1.61016	0.594	25.0	1000.0	999.69	39.32

图 5-34　散热器单体试验数据输入

需要注意的是，流量的类型是可以选择的，比如冷却液侧的流量如果是体积流量，可以在 Internal（Main）Reference Conditions 目录下的 Flow Rate Type 一栏中单击下拉菜单选择不同的流量类型，如体积流量、流速等，如图 5-35 所示。可以用同样的方法选择 Secondary 侧的流量类型。

换热量的表达还可以是 Main（冷却液）侧出口温度、Secondary（气）侧出口温度、换热效率等选项，如图 5-36 所示，可以在 Performance Conditions 目录下单击 Performance Type 的下拉菜单进行选择。

切换至 Internal Tube（Main）Model，选择冷却液侧换热模型，勾选 GT Zone Fitting Method 选项卡，在下拉菜单中选择 Automatic，即自动根据流动状态划分区域进行拟合，如图 5-37 所示。

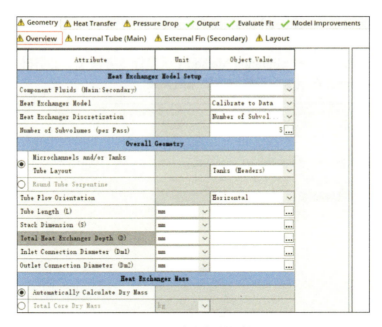

图 5-35　流量类型的选择

图 5-36　换热量类型的选择

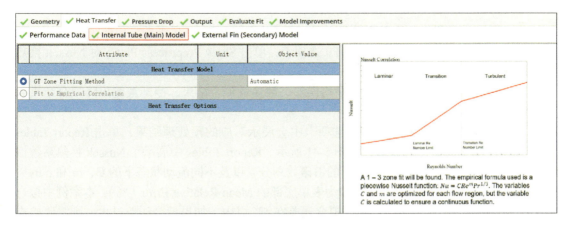

图 5-37　冷却液侧换热模型选择

切换至 External Fin（Secondary）Model，选择空气侧换热模型，勾选 GT Zone Fitting Method 选项，在下拉菜单中选择 Automatic，即自动根据流动状态划分区域进行拟合，如图 5-38 所示。

切换至 Pressure Drop 选项卡，如图 5-39 所示，单击 Internal Tube（Main）Model，定义

冷却液侧流阻拟合模型，在 Fit to Measured Pressure Drop Data 中选择 Heat Transfer Data，即根据散热器单体试验数据中的压差数据拟合流阻模型，Single Phase Correlation（单相流拟合公式）选择 Pipe Flow、ΔP Calibration Method（压降标定方法）。用同样的方法在 External Fin（Secondary）Model 选项卡中设置空气侧流阻模型。

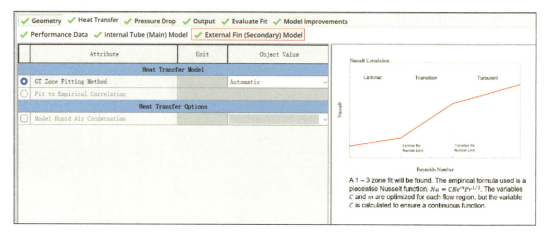

图 5-38　空气侧换热模型拟合方法

图 5-39　流阻模型设置

在实际建模过程中，由于散热器单体试验数据可能存在测量误差，因此需要对 Nusselt 拟合结果进行评估。切换至 Evaluate Fit 选项卡，单击 Show Preprocess Plot，对 Nusselt 换热系数进行预处理，如图 5-40 所示。

所需要评估的指标包括：拟合平均误差、散热量拟合结果、冷却液侧压降拟合结果和空气侧压降拟合结果。

预处理完成后，在 Evaluate Fit 选项卡中会展示对应的预处理结果，单击 Report Tables（报告表单）查看拟合平均误差，如图 5-41 所示。Report Tables 中展示了 Nusselt 换热系数拟合的详细信息，包括不同流动状态下的雷诺数划分，以及不同流动状态下的 C、m 和 n 的数值。Nusselt 换热系数的拟合平均误差为表单底部的 Mean Relative Error（%），本案例中拟合误差为 0.1215%。一般情况下，建议拟合误差在 5% 以内，如果拟合误差过大，则需要检查输入数据的正确性。

切换至 All Plots 选项卡，进一步检查换热量拟合结果，如图 5-42 所示，单击 HxSpecsTubeFin：Spec_Rad: Heat Transfer 目录，鼠标左键单击 Heat Transfer Rate Fit vs. Data，检查拟合后的计算结果与输入值之间的差异。其中，Fit 为输入的换热量，Ideal 为使用拟合后的 Nusselt 公式计算的换热量。从图中可以看出，拟合后计算的换热量与实际换热

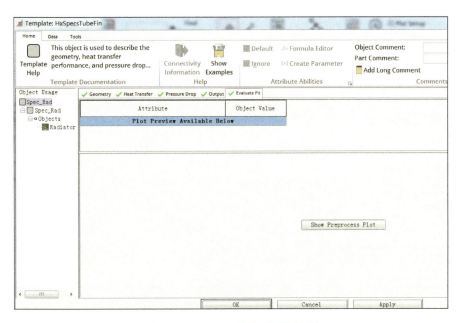

图 5-40 Nusselt 换热系数预处理

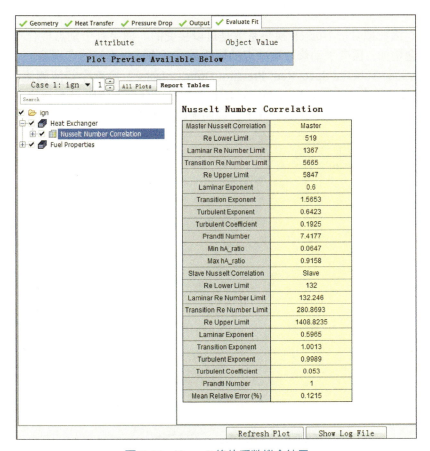

图 5-41 Nusselt 换热系数拟合结果

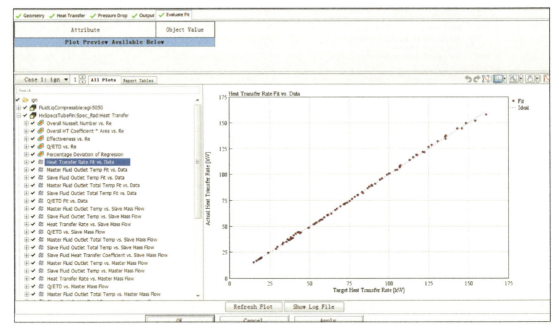

图 5-42　换热量拟合结果检查

量是吻合的，因此拟合的 Nusselt 换热系数是可以接受的。如果有个别点拟合不好，那么拟合平均误差会增加，需要手动修改这些点的换热量或者将这些不好的点剔除。

单击 HxSpecsTubeFin:Spec_Rad: Pressure Drop（Master）检查冷却液侧流阻拟合结果，如图 5-43 所示。单击 Pressure Loss Fit vs: Data，查看拟合后的流阻模型与输入数据之间的差异。本例中，试验数据均落在拟合线上，说明流阻模型拟合良好。

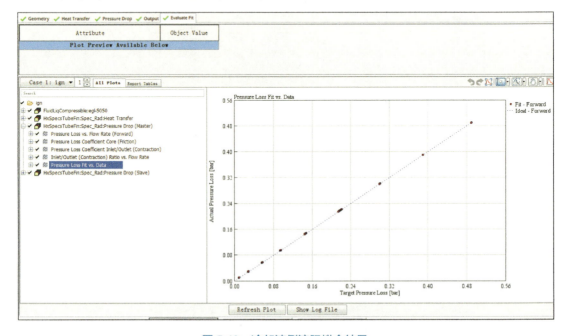

图 5-43　冷却液侧流阻拟合结果

可以用同样的方法检查空气侧流阻模型，如图5-44所示。

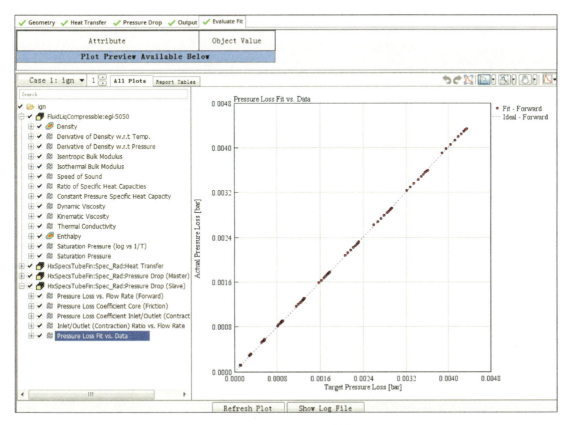

图5-44　空气侧流阻拟合结果

至此，完成散热器的几何参数输入、单体试验数据输入和散热器拟合结果检查的全部流程，单击Finish完成散热器特征参数输入。

> **小技巧**：Nusselt换热系数拟合过程一般需要几分钟的时间，在进行仿真计算时，软件首先对散热器的Nusselt换热系数进行拟合，然后进行系统工作过程计算。为了节省Nusselt换热系数拟合所消耗的时间，可以在完成Evaluate Fit后，单击Home选项卡下的Import.hx*File，将拟合后的Nusselt换热系数保存至模型中，从而在下次计算时跳过Nusselt换热系数拟合环节。

如图5-45所示，单击Import.hx*File按钮，系统弹出对话框，询问是否保留"*.hxtf"文件，单击保留或者不保留均可。

导入完成后的Nusselt换热系数如图5-46所示，可以发现，在Overview选项卡中，Heat Exchanger Model切换为Empirical Correlations（经验公式），Heat Transfer选项卡中切换为Nusselt换热系数。如需查看原始试验数据输入，将Heat Exchanger Model切换为Calibrate to Data即可。

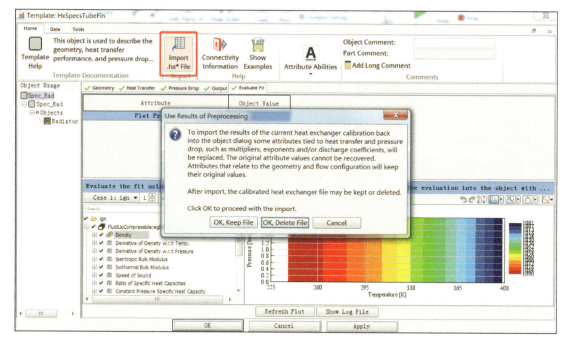

图 5-45 导入 Nusselt 换热系数

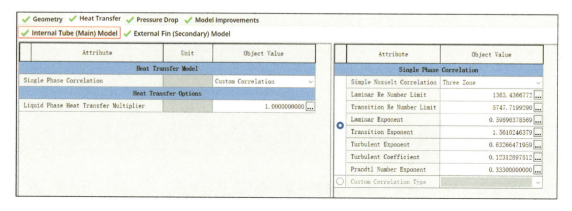

图 5-46 导入完成后的 Nusselt 换热系数

4. 初始状态定义

回到 HxTubeFinMain 建模主界面，定义散热器冷却液侧初始状态和初始壁温。在 Initial State Name 中输入冷却液侧初始状态的指针变量名称 Coolant_Initial，双击该名称弹出指针变量的选择界面。可选择的指针变量类型有三个，双击选择单相流的初始状态 FluidInitialState，如图 5-47 所示。

将初始压力和初始温度分别设为变量，即 [Coolant_Pressure] 和 [Coolant_Temperature]，在 CaseSetup 中可以一起进行赋值。工质选择 egl-5050，如图 5-48 所示。

散热器初始壁温使用变量 [Coolant_Temperature] 进行定义。至此，完成散热器 Main 侧全部参数输入，如图 5-49 所示。

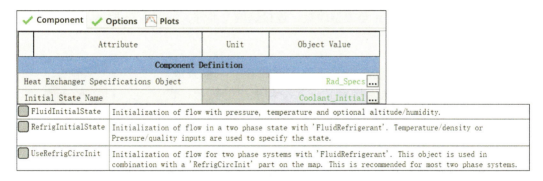

图 5-47 冷却液侧初始状态类型选择

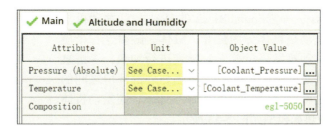

图 5-48 冷却液侧初始状态定义

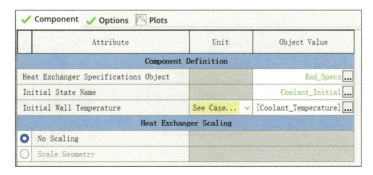

图 5-49 散热器初始壁温定义

5. 散热器空气侧模型

双击 HxTubeFinSecondary 搭建散热器空气侧模型，命名为 Rad_Air，只需定义空气侧初始状态即可，如图 5-50 所示。

与定义冷却液侧初始状态类似，定义初始压力、初始温度和工质，如图 5-51 所示。

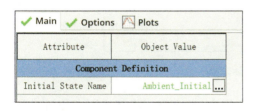

图 5-50 散热器空气侧建模

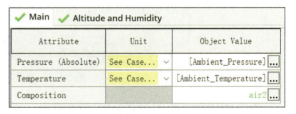

图 5-51 散热器空气侧初始状态

拖拽 Radiator 和 Rad-Air 至模型面板，连接这两个部件，如图 5-52 所示。

5.3.6 发动机机体

发动机机体在热管理系统中属于热源类模块，一般来说，可以使用 HeatAddition 模块直接定义进入冷却液中的热量；也可以使用 EngineBlock 模块进行建模，发动机机体的建模包括水套部分和机体两部分，发动机的发热量首先传递给发动机机体，发动机机体温度上升后与冷却液进行热量交换。在该模块中，使用简化的传热模型考虑发动机体与外部环境的换热。由于考虑了发动机机体的热容量，因此可以进行瞬态或稳态过程模拟；由于 EngineBlock 的发动机传热过程是简化的，因此进一步细化为 EngineBlock-3Mass——在 EngineBlock 的基础上对发动机机体进行细化，即将发动机机体分为缸套、缸体、缸盖这三个质量部分（3Mass）。发动机发热量首先对缸套进行加热，考虑缸套与冷却液、冷却液与缸体缸盖、缸体缸盖与外部环境之间的换热。除此之外，还可以使用 EngineBlock-5Mass，使发动机体部分更加细化。三种热源模型如图 5-53 所示。

HeatAddition 进行发动机机体的建模。如图 5-54 所示，在 Main 选项卡中定义冷却液容积、初始状态、产热率。

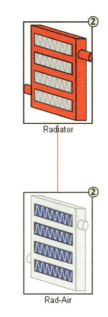

图 5-52 散热器冷却液侧与空气侧的连接

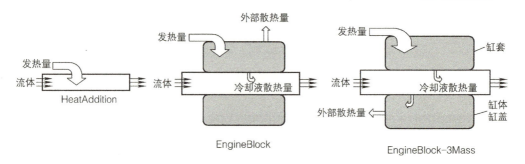

图 5-53 三种热源模型

Main | Plots

Attribute	Unit	Object Value
Volume of Fluid Inside Component	L	2.2
Initial State Name		Coolant_Initial
Heat Input Rate	kW	Coolant_HTR-XYZ
Heat Input Rate Multiplier		def (=1)
Pressure Drop Reference Object		ign

图 5-54 发动机机体定义

冷却液的初始状态定义如图 5-55 所示，冷却介质为 egl-5050。将初始压力和初始温度设置为变量，后续在 CaseSetup 中统一赋值。

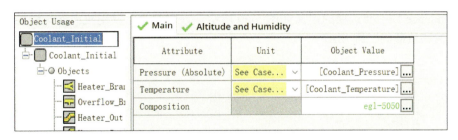

图 5-55　冷却液的初始状态定义

发动机向冷却液的传热率与发动机的工况点有关，故需要将 Heat Input Rate 设置为与发动机转速和负载相关的 MAP。由于本例没有集成整车模型，无法得知发动机的工作点，故需要手动定义发动机的转速和负载。在 CaseSetup 中首先增加两个参数（Add Parameter），即 Engine_Speed 和 Engine_Load，如图 5-56 所示。

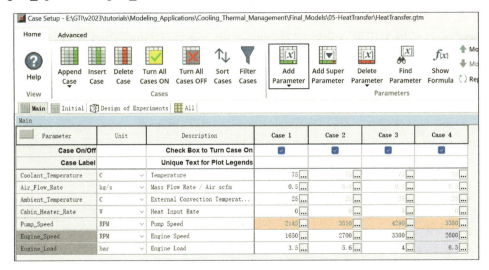

图 5-56　发动机工况定义

Heat Input Rate 选项的定义图 5-57 所示，该模板是 RLTDependenceXYZ 对象，其中 RLT 表示 Result 的意思。该对象的意义是将 Heat Input Rate 定义为两个自变量（X/Y）的 MAP。

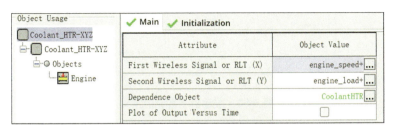

图 5-57　发动机出水口

在 Main 选项卡中通过值选择按钮，选择前面在 CaseSetup 中定义的表示发动机工况点的两个参数，即 engine_speed+，engine_load+，如图 5-58 所示。

Dependence Object 选项的定义如图 5-59 所示。该对象表示发动机向冷却液的传热率与发动机转速和负载的二维 MAP。

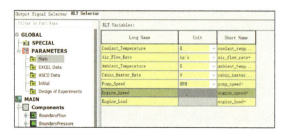

图 5-58　热量相关参数选择

图 5-59　相关 MAP 的数据输入

发动机水套的流阻可以通过 PressureLossConn 模板定义。在 Pressure Drop ReferenceObject 选项卡中输入指针变量 Engine_dP，在选择 FlowPDropTableRef 的类型后，设置工质、参考压力、参考温度和参考面积，如图 5-60 所示。

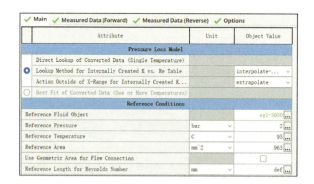

图 5-60　发动机水套流阻定义

切换至 Measured Data（Forward）对话框，输入水套流阻数据，单击 Flow Rate Input 对话框后面的下拉菜单选择流量类型为体积流量，输入水套流阻数据，如图 5-61 所示；单击 Finish 完成建模。

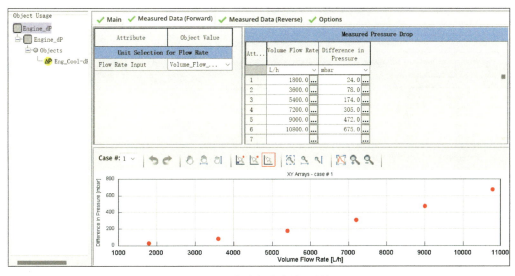

图 5-61　发动机水套流阻数据

5.3.7　节温器

节温器使用 Thermostat 和 ThermostatBypass 进行建模，一般情况下，Thermostat 用来控制大循环流量，ThermostatBypass 用来控制小循环流量。

双击 Thermostat 建立大循环回路节温器模型，在 Thermostat Behavior 选项卡中，节温器的升程可以是固定值，也可以是随温度进行变化，勾选 Lift Depends on Fluid Temperature 定义节温器升程随温度变化。使用冷却液初始温度来定义节温器初始温度。输入节温器时间常数，节温器时间常数用来体现时间响应特性，其定义为：当节温器温度发生突变时，节温器升程变化至目标升程 63.2% 的时间。单击 Part Name to Sense Temperature 对话框后的"…"弹出部件列表，选择发动机出水口作为提供冷却液温度的部件，即节温器升程根据发动机出水口冷却液温度进行控制，如图 5-62 所示。

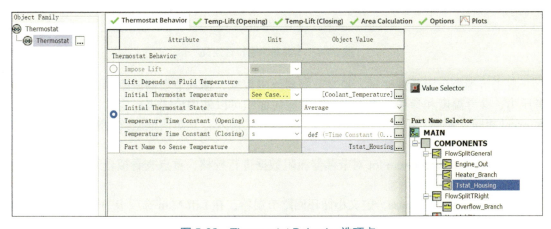

图 5-62　Thermostat Behavior 选项卡

切换至 Temp-Lift（Opening）选项卡，定义节温器升程在开启段随温度的变化。用同样的方法定义关闭段节温器升程随温度的变化，如图 5-63 所示。

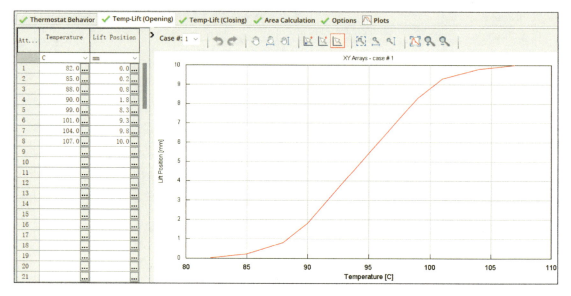

图 5-63　节温器升程开启段

切换至 Area Calculation 选项卡，定义节温器流阻特性，如图 5-64 所示。勾选 Calculate Effective Area Based on dP vs. Flow，定义节温器有效流通面积根据流阻数据进行拟合，定义节温器流阻指针变量名称。

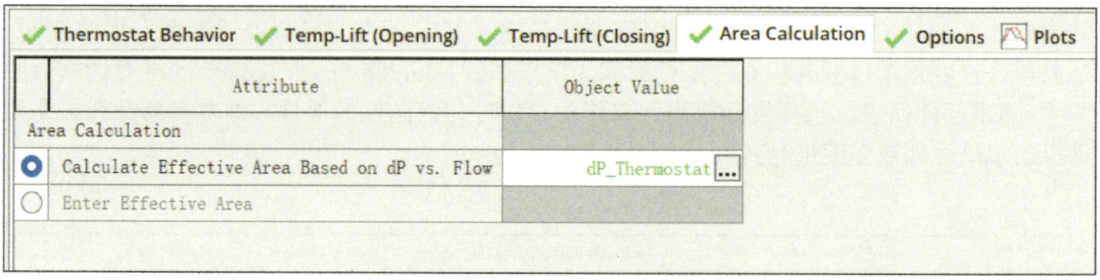

图 5-64　节温器流阻特性定义

双击节温器流阻指针变量，定义节温器流阻数据，输入节温器流阻测试时的工质、参考压力、参考温度和参考流通面积。参考流通面积可以使用公式进行定义，公式输入方法与 excel 相同，使用"="开头进行输入，使用公式输入，其对话框底纹为粉色，如图 5-65 所示。

单击 Show Preprocess Plot 对节温器流阻数据进行校核，重点查看拟合结果与输入数据是否吻合，如图 5-66 所示。

双击 ThermostatBypass，定义小循环回路节温器，在 Lift Map 选项卡中输入小循环回路升程与大循环回路升程的关系，如图 5-67 所示，并在 Part Name of Main Thermostat 对话框中勾选大循环节温器。

第 5 章 动力总成热管理系统的建模

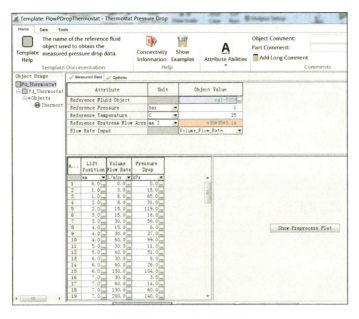

图 5-65 节温器流阻数据

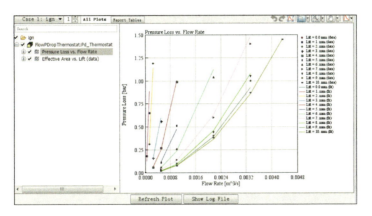

图 5-66 节温器流阻拟合结果

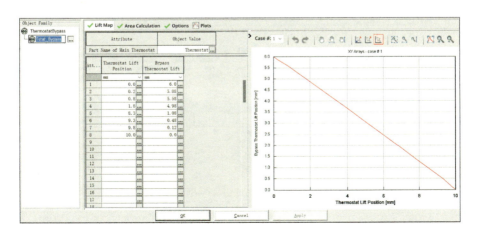

图 5-67 小循环节温器升程

与大循环节温器流阻定义方法相同，定义小循环节温器流阻模型和数据，如图 5-68 和图 5-69 所示。

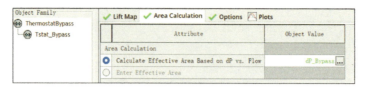

图 5-68　小循环节温器流阻模型

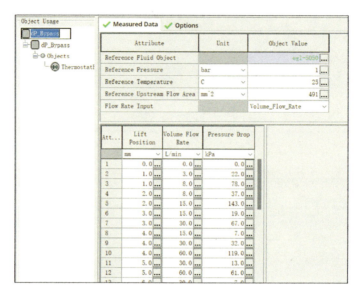

图 5-69　小循环节温器流阻数据

5.3.8　模型计算相关设置

1. 变量赋值

单击 Case Setup，如图 5-70 所示，对模型中的变量进行赋值。

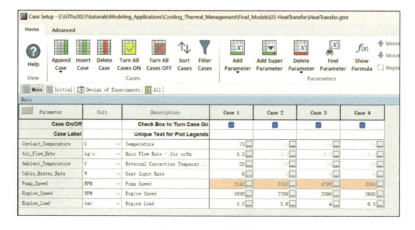

图 5-70　变量赋值

2. 求解器设置

单击 Run Setup，定义求解器设置，主要包括仿真时间、流体回路定义和传热求解器定义三个选项。

在 Time Control 选项卡中定义仿真时间，如图 5-71 所示，Time Control Flag 选择 continuous，用于模拟连续性物理过程。

注意：Periodic 用于定义周期性过程，如发动机循环。

定义最大仿真时间为 300s。由于本例是一个稳态工况，故将 Automatic Shut-Off When Steady-State 设置为 on 的状态，这样软件可以在达到稳态时提前中止计算。

注意：Maximum Simulation Duration（Cycles）用于与 periodic 对应，用于定义循环次数。

Initialization 选项卡定义初始状态，默认为 user_imposed（用户定义）。

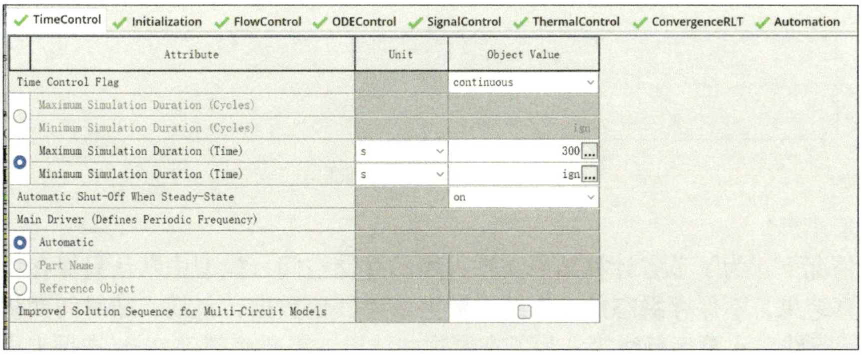

图 5-71　仿真时间定义

FlowControl 选项卡用于定义流体域求解器，Part Name List Object Identifying Circuits Belonging to Column 选项为 def 时，表明所有的流体部件都采用同一种流体求解器。在 Time Step and Solution Control Object 对话框中单击"…"选择 Implict（隐式）求解器，Implict 求解器用于热管理、空调等过程模拟，如图 5-72 所示。

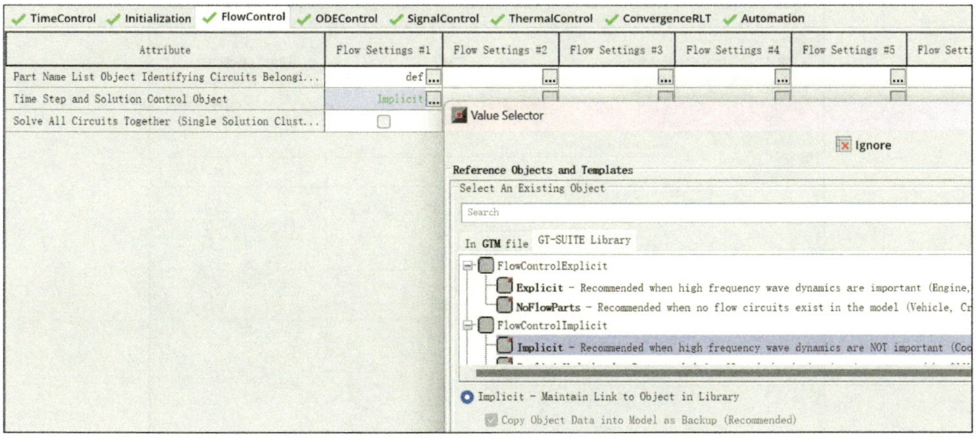

图 5-72　回路求解器选择

ODEControl 用于定义机械运动部件求解器，本案例中运动部件只有水泵转速和风扇转速两个部件，使用默认定义即可。

SignalControl 用于定义信号控制，可忽略。

ThermalControl 用于定义传热求解器，Thermal Wall Solver（壁温求解器）中选择 automatic，如图 5-73 所示。其中，steady 为稳态温度求解器，在计算温度场时不考虑热容量的影响，transient 为瞬态求解器，考虑实际的传热速度和过程，automatic 为根据模型设置（指针变量、工况条件等）自动判断。

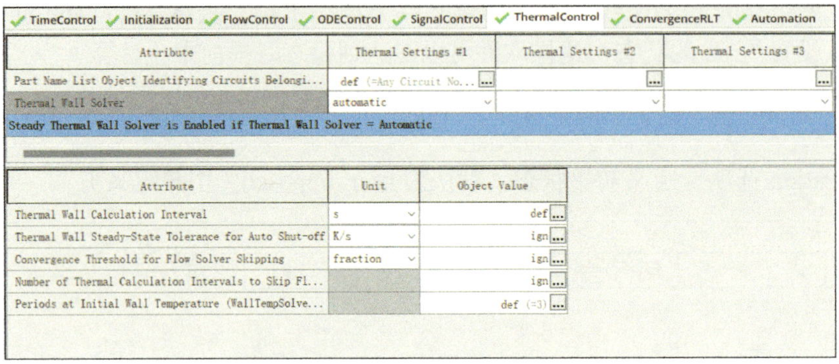

图 5-73 壁温求解器

3. 结果输出

一般情况下，为了节省计算结果文件占用的存储空间，模型中默认只保存稳态或者系统平均计算结果，不保存瞬态的计算结果数据或者其他数据，包括：随时间变化的瞬态结果、风扇运行线、水泵运行线等。为了查看这些结果，需要将部件 Plots 选项卡中对应的计算结果进行勾选。在部件建模过程中，Plots 选项卡处于隐藏状态，当部件拖拽到模型面板后 Plots 选项卡自动显示。

打开模型面板中的水泵，切换至 Plots 选项卡，勾选所关注的计算结果，需要查看水泵运行工况点在水泵效率 MAP 中的位置，勾选 Total（Isentropic）Efficiency Map with Operating Points。另外，还需查看水泵流量、压升、功耗随时间的变化，如图 5-74 所示。其他部件的操作与此类似。

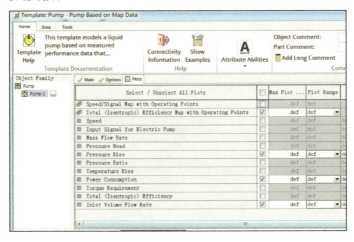

图 5-74 水泵 Plots 勾选

勾选完成后，在水泵图标的右下角会有类似示波器的图标，表示这个部件有 Plots 处于勾选状态，如图 5-75 所示。

图 5-75　勾选 Plots 后的水泵图标

在实际分析过程中，由于系统回路结构不同，所得到的计算结果也随之变化。在确定所需关注的结果时，可以单击 Output Setup，勾选 Store Time RLT Results，这样计算结果文件会保存所有的瞬态结果，如图 5-76 所示。

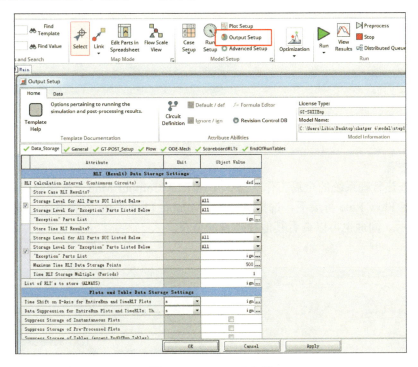

图 5-76　Time RLT 勾选

4. 模型运行

单击 Run 按钮计算模型，如图 5-77 所示。

图 5-77　Run 按钮

系统弹出 GT-POST 界面，计算完成后，单击 View Results 查看计算结果，如图 5-78 所示。

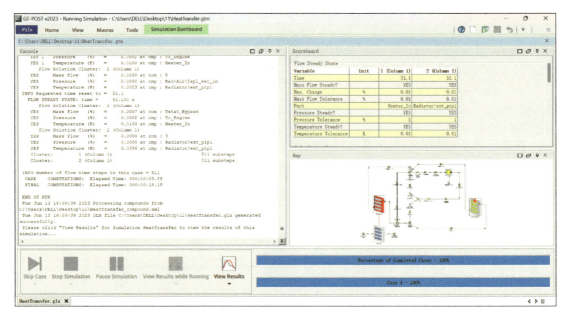

图 5-78　计算结果

5. 结果查看

首先检查热管理系统的全局工作状态，单击 RLT Contour Map，查看最后一个时刻系统计算结果。在 Flow Rate 目录下，选择 Average Volume Flow Rate 查看系统的体积流量分布，如图 5-79 所示。同理也可以查看其他物理量的分布。

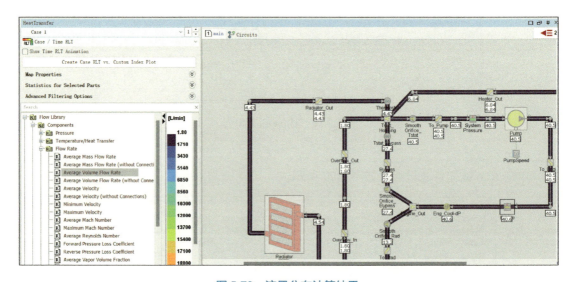

图 5-79　流量分布计算结果

5.4 电驱动、电池热管理系统

5.4.1 建模原理

新能源汽车热管理系统中，动力总成热管理系统主要包括电机热管理系统和电池热管理系统。新能源热管理系统与发动机热管理系统大同小异，都是将热量通过冷却介质从发热源散逸到外部环境中。表 5-3 对比了常见的发动机、电机和电池热管理系统架构，实际的车辆采用的结构和冷却形式比较多样，本书不再一一列举。在新能源汽车热管理系统中，诸多电子控制元件代替了传统部件的使用，比如使用电子水泵代替机械水泵，使用电子风扇代替机械风扇。

表 5-3 常见的发动机、电机、电池热管理系统架构对比

比较内容	发动机热管理系统	电机热管理系统	电池热管理系统
热源	发动机	电机	电池
冷却形式	冷却液直冷		空气冷却，冷却液直冷，制冷剂间接冷却
加热（暖机）形式	小循环暖暖机	无	额外热源（PTC、热泵）
水泵	机械水泵	电子水泵	
风扇	机械风扇/电子风扇	电子风扇	
节温器	有	无	
小循环	有	无	
换热器	管翅式换热器	管翅式换热器	管翅式换热器，板式换热器
其他部件	空调暖风、增压中冷、EGR 冷却	电机控制器、DC/DC 变换器、车载充电机	无

常见的电机热管理系统要实现车辆电器元件的冷却，包括电机本体、电机控制器、DC/DC 变换器、车载充电机等部件，其中电机本体散热量较大，因此一般称该回路为电机热管理系统。热交换器与发动机热管理系统相同，一般使用管翅式换热器进行散热，冷却介质一般为冷却液。

电池热管理系统的冷却形式较多，包括空气冷却、冷却液直冷和使用制冷剂循环间接冷却这三种模式。随着纯电动汽车续驶里程的增加和充电时间的缩短，电池发热量也越来越大，使用空气冷却和冷却液直接冷却的形式往往不足以满足电池的冷却需求。常见的电池冷却系统是使用板式换热器与空调回路进行热量交换，通过空调回路与外部环境进行散热的形式。由于电池在低温状态下容量有明显下降，且电池自身发热量不足以对电池本体进行暖机，因此需要额外的热源对电池加热，常见的热源为 PTC（Positive Temperature Coefficient）加热器，或者使用热泵空调技术对电池进行间接加热。

5.4.2 热源建模

与发动机机体类似，电机热管理系统和电池热管理系统热源的处理方法也分为两种。

一种方法是不考虑发热元件本身的传热过程，而是将元件发热量作为冷却介质的吸热量，这种方法适用于稳态的热管理系统分析，或者类似于电机控制器、DC/DC 变换器、车载充电机等不考虑本体传热过程的部件，使用 HeatAddition 模块建立模型，如图 5-80 所示，所需的输入参数包括腔体（水套）容积、散热量和流阻曲线三部分。

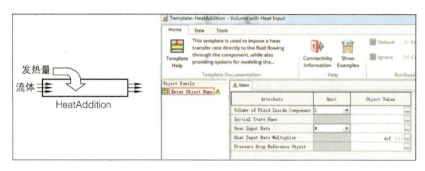

图 5-80　HeatAddition 模块

另一种方法是对于电机、电池本体，使用 ThermalMass（热质量块）、FlowSplitGeneral、PressureLossConn 等模块来搭建传热模型，用于模拟热源体的温升以及热源与冷却液的换热过程，如图 5-81 所示。

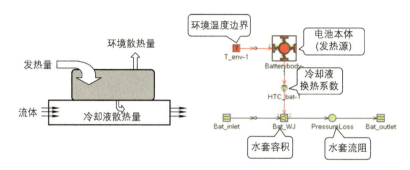

图 5-81　某电池传热模型

由于分析的目的不同，电机和电池的热源模型可以自由搭建。图 5-81 所示为一种电池传热模型的案例，使用 ThermalMass 模块建立电池体模型，使用 FlowSplitGeneral 建立电池水套模型，使用 Temperature 模块建立电池外部环境温度边界，使用 PressureLossConn 模块搭建水套流阻模型。电池本体与水套之间的对流换热系数使用 ConvectionConn 进行模拟，其数值可通过指针变量设置为随水套流量的函数。

1. 电池热管理系统热源等效

本书使用 ThermalMass 进行电池的建模。

ThermalMass 是通用型热质量模块，用于描述某一质量单元的热特性，包括热容、导热热阻等内容，所需的输入参数包括材料属性、质量、初始温度、发热量以及传热端口的定义。同一个 ThermalMass 可以有多个传热端口，每个传热端口需要定义传热面至质心的传热距离、传热面面积等参数，用于计算从传热面至质心的导热热阻。其中定义了电池与冷却液的换热端口。在与对应的模块连接时，应确保连接端口与对应的部件一致，如图 5-82 所示。

材料属性可以选择 Material Properties Object（各向同性）或 Anisotropic Material Properties Object（各向异性）。如果是各向同性，则需要输入导热系数、密度和比热容；如果是各向异性，则需输入不同方向的导热系数，在传热端口处，还需选择该传热端口是沿着哪个方向导热。

图 5-82 ThermalMass 模块

本例的电池材料属性选择 Material Properties Object（各向同性），定义导热系数为 100W/（m·K），密度为 1000kg/m³，比热容为 900J/kg·K。电池质量为 216kg，设定初始温度为环境温度 [Ambient_Temperature]，电池的发热量 Source Heat Rate 设定成全局变量用作参数分析 [Battery_Source_Heat_Rate]。

用 ThermalNode 模块建立电池水冷板模型，如图 5-83 所示。ThermalNode 用于模拟均匀、各向同性、集中质量所需的输入参数，包括材料属性、质量、初始温度、发热量以及传热端口的定义。其中有多个传热端口，每个端口定义了传热面积等参数。这里面定义了两个传热端口：一个是水冷板与电池的换热端口；另一个是水冷板与冷却液的换热端口。在与对应的模块连接时，应确保连接端口与对应的部件一致，如图 5-83 所示。

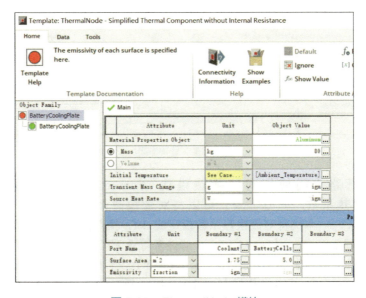

图 5-83 ThermalNode 模块

材料属性通过值选择器选择 Aluminum，对应水冷板质量为 10kg，设定初始温度为环境温度 [Ambient_Temperature]。

用 PipeRound 等效水套及管路，如图 5-84 所示，设定管路基本参数，管径为 3cm，管长为 1m，其中管路 Thermal 页面设定壁面温度方法为 Wall Temperature from Connected Thermal Primitive，壁面温度与水冷板换热连接相关。冷却液回路的初始压力为 [Coolant_Pressure_init]，初始温度为 [Coolant_Tempe_init]，冷却液选择 egl-5050。

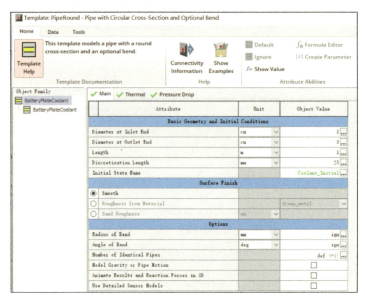

图 5-84　等效水套及管路的设置

电池体与水冷板之间设置热阻来定义导热连接，如图 5-85 所示，其导热热阻为 0.005（$m^2·K$）/W，换热面积设置成默认值 def。

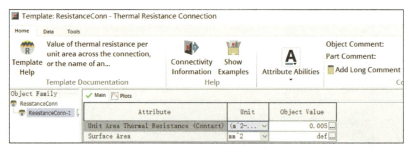

图 5-85　导热热阻

水冷板与管路之间使用对流换热模块（ConvectionConn）连接，如图 5-86 所示，输入对流换热系数，如有需要，可以将对流换热系数定义为随水套流量的函数（RLTDependenceXY）。本例将对流换热系数设定成 def，换热面积也设置成默认值 def。

在电池热管理系统中，用 HeatAddition 部件来等效 PTC 加热，在低温状态下给电池回路加热。新建部件，并命名为 BatteryHeater，设定 PTC 容积为 0.5L，内部冷却液初始状态参数选择 Coolant_Initial，其中换热量 Heat Input Rate 暂时输入为 0kW，后续在电池加热工况通过控制器来输入加热功率，如图 5-87 所示。

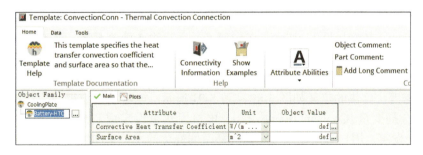

图 5-86　对流换热系数

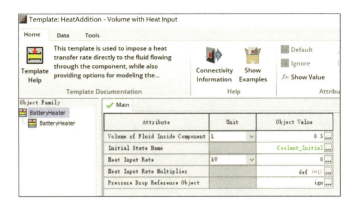

图 5-87　PTC 等效

2. 电机热管理系统热源等效

电机本体、逆变器以及 DC/DC 变换器用 ThermalNode 部件等效。如图 5-88 所示,新建 ThermalNode 部件并命名为 TM-E-Motor,其中需要定义电机材料属性、质量、初始温度和发热量。

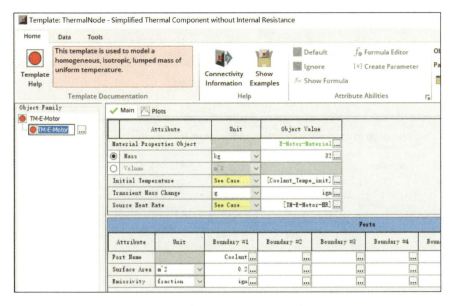

图 5-88　电机本体

材料属性可以选择 Material Properties Object（各向同性）或 Anisotropic Material Properties Object（各向异性）。如果是各向同性，需要输入导热系数、密度和比热容；如果是各向异性，则需输入不同方向的导热系数，在传热端口处，还需选择该传热端口是沿着哪个方向导热。本例选择 Material Properties Object，并自定义材料属性 E-Motor-Material，导热系数、密度、比热的定义如图 5-89 ~ 图 5-91 所示。电机初始温度与冷却液初始温度一致，设定成全局变量 [Coolant_Tempe_init]。电机发热量设定成 [TM-E-Motor-HR]，后续在 Case Setup 中设定，用户可以输入恒定值和随时间变化的发热量曲线（根据工况，结合整车工况计算电机的发热量）。电机换热端口命名为 Coolant，设定换热面积为 $0.2m^2$。

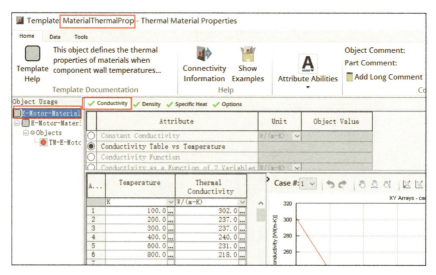

图 5-89　电机材料导热系数

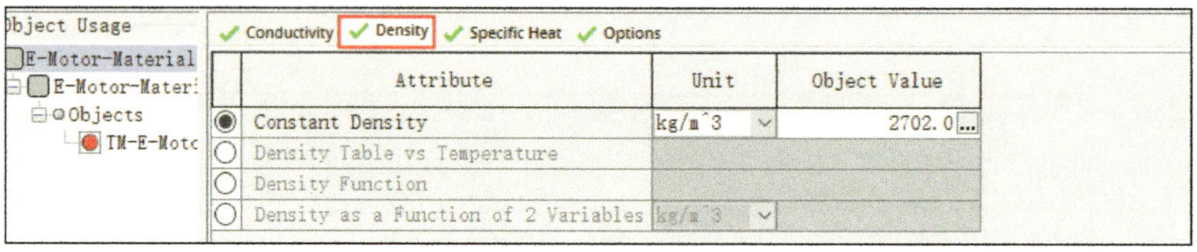

图 5-90　电机材料密度

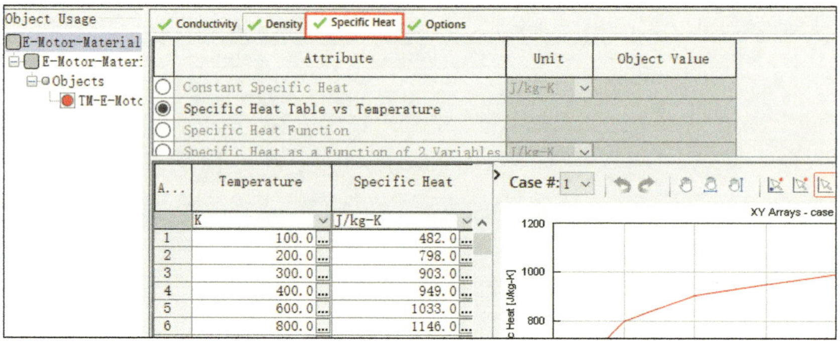

图 5-91　电机材料比热容

电机水套由 FlowSplitGeneral 部件来简化，用来等效电机水套的容积和换热面积，如图 5-92 所示。冷却液初始状态 Coolant_Init 设置初始压力为 [Coolant_Pressure_init]，初始温度为 [Coolant_Tempe_init]，电机热管理系统中的冷却液为 egl-5050。水套 Thermal 页面设定壁面温度方法为 Wall Temperature from Connected Thermal Primitive，壁面温度与电机换热连接相关。

图 5-92　电机水套等效

在 Pressure Drop 页面设定水套流阻模型，摩擦模型进行默认设置不做调整。切换到 Boundary Data 选项卡中，简单设置进口和出口方向即可，如图 5-93 所示。

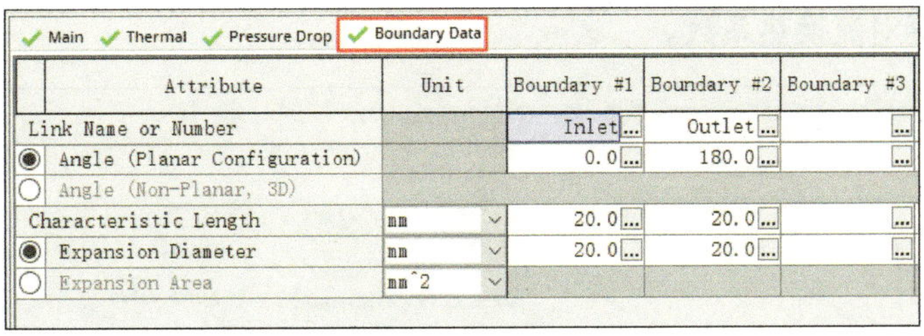

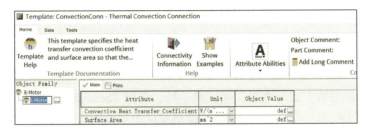

图 5-93　水套端口

电机本体与水套之间使用对流换热模块（ConvectionConn）连接，如图 5-94 所示，输入水套对流换热系数，如有需要，可以将对流换热系数定义为随水套流量的函数（RLT-DependenceXY）。

图 5-94　水套对流换热系数

新建 ThermalNode 来等效逆变器，其中逆变器的材料为铝，逆变器质量 10kg，发热量以恒定值的方式输入 200W，初始温度与冷却液初始温度一致，如图 5-95 所示。

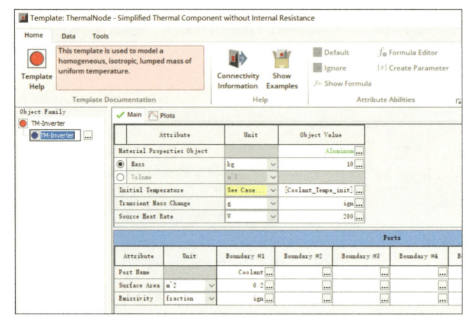

图 5-95　逆变器等效

逆变器水套由 FlowSplitGeneral 来等效，该部件设定如图 5-96 ～ 图 5-98 所示。逆变器、DC/DC 变换器与水套之间使用对流换热模块（ConvectionConn）连接，与电机本体换热连接一致，输入水套对流换热系数。

图 5-96　逆变器水套 a

DC/DC 变换器等效方式与电机、逆变器一样，新建 ThermalNode，设定 DC/DC 变换器的材料为铝，DC/DC 变换器质量为 2.5kg，发热量以恒定值的方式输入 100W，初始温度与冷却液初始温度一致，如图 5-99 所示。

第 5 章 动力总成热管理系统的建模

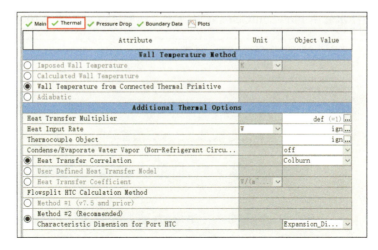

图 5-97 逆变器水套 b

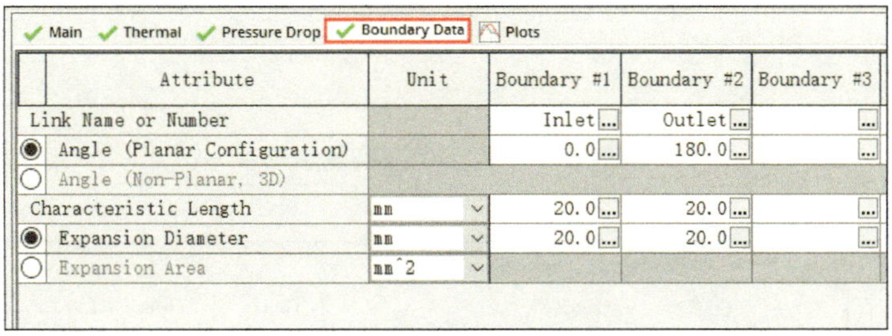

图 5-98 逆变器水套 c

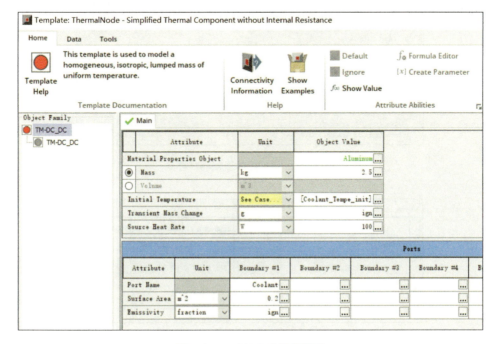

图 5-99 DC/DC 变换器等效

DC/DC 变换器水套由 FlowSplitGeneral 来等效，该部件设定如图 5-100~ 图 5-102 所示。

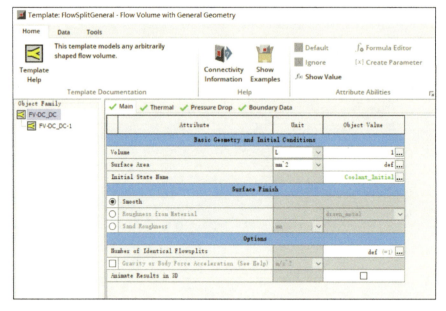

图 5-100　DC/DC 变换器水套 a

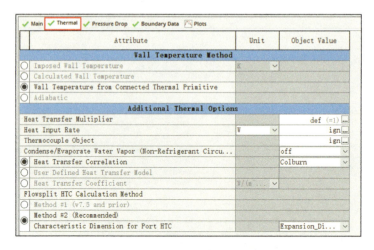

图 5-101　DC/DC 变换器水套 b

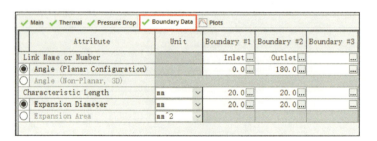

图 5-102　DC/DC 变换器水套 c

电机本体、逆变器以及 DC/DC 变换器由 ThermalNode 和 FlowSplitGeneral 部件来等效。完成后的模型连接如图 5-103 所示。

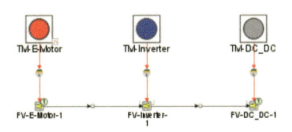

图 5-103　电机模型等效

5.4.3　电子水泵建模

电子水泵的建模方法与机械水泵大体相同，使用 Pump 模块进行建模。与机械水泵不同的是，电子水泵 Pump Type 选择 Electric Pump。由于电子水泵是占空比控制，因此在 Input Signal 中输入水泵占空比，如图 5-104 所示。

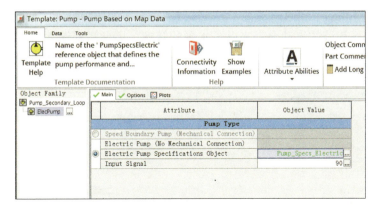

图 5-104　电子水泵模型

相对于机械水泵，电子水泵需输入传动系统机械效率和最大输入功率，如图 5-105 所示。

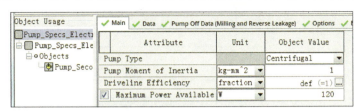

图 5-105　电子水泵机械效率和最大输入功率

相对于机械水泵，电子水泵 MAP 的输入格式多了一列——水泵占空比，机械水泵的水泵效率一栏变为电子水泵功耗，并需要定义当水泵断电时最大占空比（Lower Signal Threshold for Pump Off）和极限转速时的最小占空比（Upper Signal Threshold for Constant Speed），如图 5-106 所示。

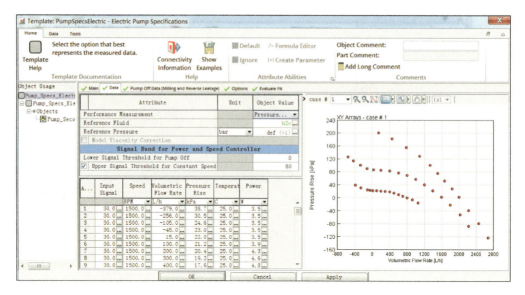

图 5-106　电子水泵 MAP

在新能源汽车热管理系统中，电子水泵的串并联布置十分常见，因此需要模拟电子水泵在停机状态（Milling）和回流状态（Reverse Leakage）的流阻特性，如图 5-107 所示。停机状态下，由于冷却液的流动会带来电子水泵的转速，因此需要输入不同流量状态下的水泵转速和流阻数据。而在回流状态下，则需要输入不同流量状态下的水泵流阻。

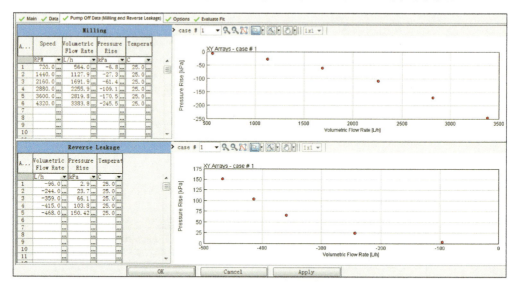

图 5-107　水泵停机状态和回流状态的流阻特性

5.4.4　电子风扇建模

电子风扇的建模与电子水泵类似。需要将风扇类型定义为 Electric Fan，并通过风扇占空比（Input Signal）控制风扇状态，输入 [Underhood-Fan-Controls] 来实现风扇控制，如图 5-108 所示。

第 5 章 动力总成热管理系统的建模

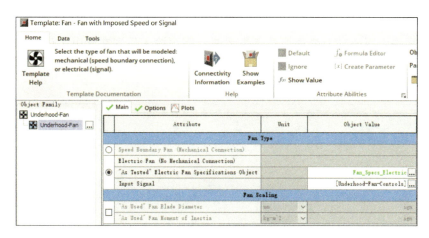

图 5-108 电子风扇模型

电子风扇常规输入与机械风扇相同，包括叶片直径、轮毂直径、风扇厚度、转动惯量等参数。除此之外，还需要输入机械系统传动效率和最大输入功率，如图 5-109 所示。

图 5-109 电子风扇常规输入

电子风扇效率 MAP 与电子水泵效率 Map 相同，需要输入风扇占空比、转速、流量、压升和功耗。除此之外，还需要定义断电时最大占空比（Lower Signal Threshold for Fan Off）和极限转速时的最小占空比（Upper Signal Threshold for Constant Speed），如图 5-110 所示。

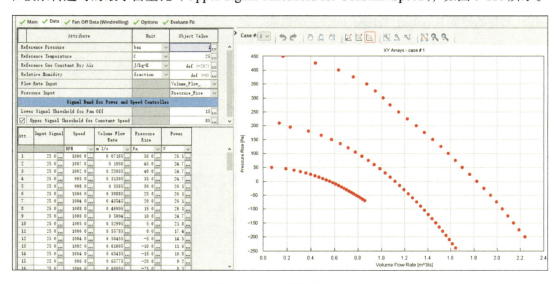

图 5-110 电子风扇 MAP

在车辆行驶过程中，即使风扇处于断电状态，车速带来的进风量也会导致风扇转动，并带来压力损失，影响动力舱内换热器进风量，需要输入风扇在断电（停机）状态下，风扇不同转速的流阻特性，包括风扇转速、流量、压升。此时风扇对气体压力的作用是阻抗特性，因此压升数据应为负值，如图 5-111 所示。

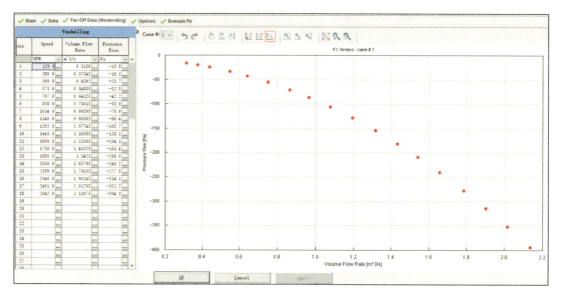

图 5-111　停机状态数据

5.4.5　换热器建模

常见的电机热管理系统使用管翅式换热器与外部环境进行热量交换，其建模方法和标定方法与发动机散热器的相同。本例基于传热和压降的经验模型建立电机散热器模型。

双击 HxTubeFinMain 模板新建换热器模型，命名为 Primary_Radiator_M，如图 5-112 所示。在 Component 有三个选项卡，包括换热器特征、Main（冷却液）侧初始状态 Coolant_Initial 和初始壁温 [Coolant_Tempe_init] 三个选项。

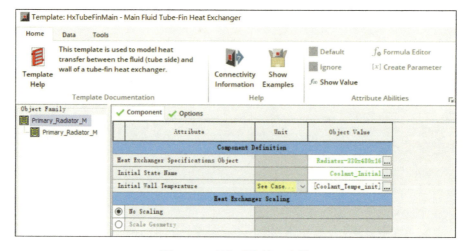

图 5-112　管翅式换热器建模

Heat Exchanger Specifications Object（换热器特征）中包含了换热器几何尺寸和单体试验数据的内容，在对话框中输入换热器特征指针变量，命名为 Radiator-330x480x16，双击进入编辑界面。

如图 5-113 所示，输入散热器几何尺寸，包括 Tube Length（散热器流道长度）、Stack Dimension（散热器高度）、Total Heat Exchanger Depth（散热器厚度）、Inlet Connection Diameter（进水口直径）和 Outlet Connection Diameter（出水口直径）。Heat Exchanger Mass（换热器质量）选择 Automatically Calculate Dry Mass（自动计算干重），利用输入的管和翅片几何尺寸自动计算换热器的质量，这部分质量用于计算散热器本体的热容量。

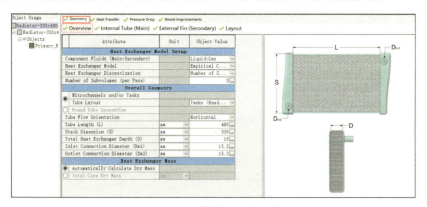

图 5-113　散热器几何尺寸

切换至 Internal Tube（Main）选项卡，定义内部流道结构，Tube Geometry（流道几何）选择 Flat Tube（方形流道）。定义流道材料属性，单击 Tube Material Properties Object 对话框的"…"按钮，系统弹出 GT 内部材料数据库，选择 Aluminum（铝），单击 OK 确定。

如图 5-114 所示，勾选 Flat Channel Major Dimension（流道宽度）和 Flat Channel Minor Dimension（流道高度），输入流道宽度和高度；在 Tube Wall Thickness 一栏中定义流道壁厚，在 Number of Channels in One Tube 中定义流道内通道数量，注意，此处的通道数量是指一根流道内的通道数量，该通道数量无法在外部观察到；Reference Length for Reynolds Number（参考长度）使用默认值即可；Fin Shape（翅片形状）指的是流道内部的翅片，本散热器选择 None（无内部翅片）。

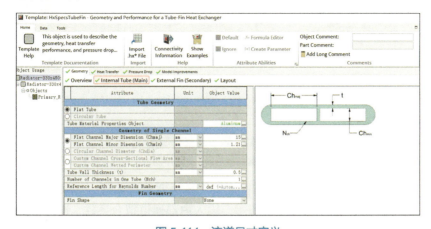

图 5-114　流道尺寸定义

切换至 External Fin（Secondary）选项卡，定义翅片结构。Fin Shape（翅片形状）选择 Triangular，即三角波纹翅片。在图 5-115 所示的参数输入框中，Fin Pitch 一栏中输入翅片截距、Fin Thickness 中输入翅片厚度。其余如翅片高度、参考长度和材料属性输入默认值即可，即翅片高度根据散热器总高度和流道尺寸计算，翅片材料认为和管道材料相同。

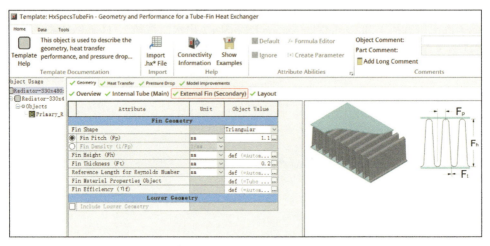

图 5-115　外部翅片结构

切换至 Layout（流道布局）选项卡，定义流道布局选项。External Fin Array Arrangement（外部翅片布置数量）选择为"Single，Nt + 1"，即定义翅片层数比流道层数多一层。本文建立的是一个单芯子散热器，在厚度方向为单层换热结构，在迎风方向上为单流层，高度方向有 33 个流道，参数输入如图 5-116 所示。

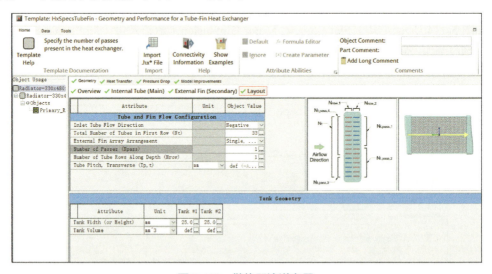

图 5-116　散热器流道布局

注：这里的散热器侧向截面缩略图仍是双排的散热器，此图不随着设置的变化而变化，仅作为参考。

切换至 Heat Transfer 选项卡，本例直接输入换热器拟合系数。一般情况下，用户可通过输入试验数据进行拟合。如图 5-117 所示，输入内部通道拟合系数，通过 Nu-Re 关联式来计算换热系数。外部翅片换热系数计算公式如图 5-118 所示。

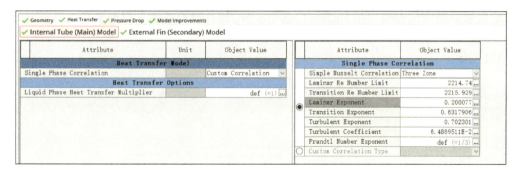

图 5-117　内部通道换热系数计算公式

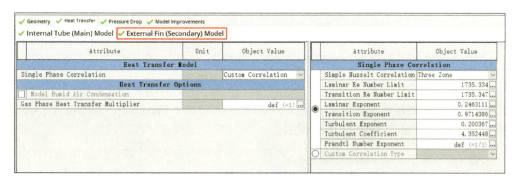

图 5-118　外部翅片换热系数计算公式

换热器压降模型参考管道流量-压降拟合公式，内部和外部通道压降拟合模型如图 5-119 和图 5-120 所示。

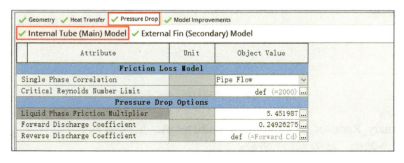

图 5-119　换热器内部通道压降拟合模型

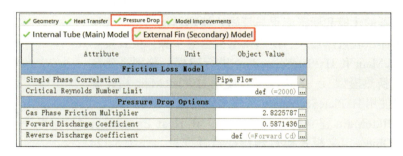

图 5-120　换热器外部通道压降拟合模型

电机散热器空气侧模型用 HxTubeFinSecondary 部件进行建模，双击 HxTubeFinSecondary 搭建散热器空气侧模型，命名为 Primary_Radiator_Air，只需定义空气侧初始状态即可，如图 5-121 所示。

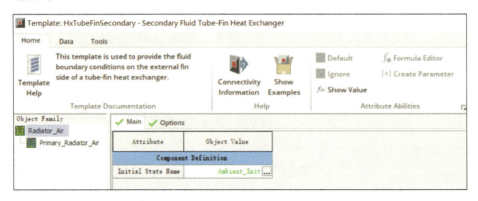

图 5-121　散热器空气侧建模

类似于冷却液侧初始状态定义，定义初始压力 [Ambient_Pressure]、初始温度 [Ambient_Temperature] 和工质 air2，如图 5-122 所示。

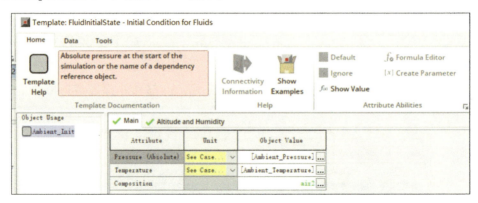

图 5-122　散热器空气侧初始状态

拖拽 Primary_Radiator_M 和 Primary_Radiator_Air 至模型面板，连接这两个部件，如图 5-123 所示。

电池热管理系统一般通过板式换热器（Chiller）与制冷剂回路进行热量交换，此时板式换热器的作用相当于空调系统蒸发器。板式换热器的建模和标定流程与管翅式换热器相同，即几何参数输入、单体试验数据输入、换热模型拟合等步骤。板式换热器使用 HxPlateMain 和 HxPlateSecondary 进行建模，分别搭建制冷剂侧和水侧换热模型。一般情况下，使用 HxPlateMain 搭建制冷剂侧模型，使用 HxPlateSecondary 搭建水侧模型。

双击 HxPlateMain 建立制冷剂侧模型，在 Heat Exchanger Specifications Object 定义板式换热器特征指针变量，如图 5-124 所示。

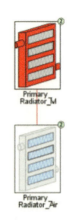

图 5-123　电机散热器冷却液侧与空气侧的连接

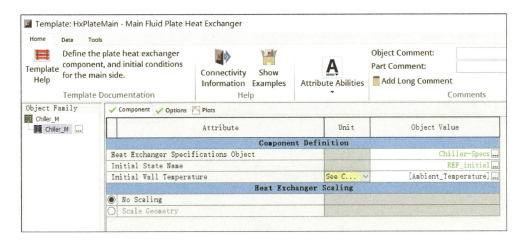

图 5-124　HxPlateMain 建模界面

在 Geometry 选项卡中，输入板式换热器几何特征。

如图 5-125 所示，在 Overview 选项卡输入板式换热器宏观尺寸，包括长度、宽度、壁厚、材料、制冷剂侧进口管径、冷却液侧进口管径和质量。由于是定义制冷剂与冷却液进行换热，在 Component Fluids（Main: Secondary）一栏中选择 Refrigerant : Liquid，即定义 Main 侧为制冷剂，Secondary 侧为冷却液。由于是涉及制冷剂的换热器，需要捕捉到制冷剂的相变过程，因此换热器的计算总单元数应大于 20。在本案例中，制冷剂一共有 3 个流层，在 Number of Subvolumes（per Pass）一栏中输入 20，即将制冷剂划分为 60 个计算单元。

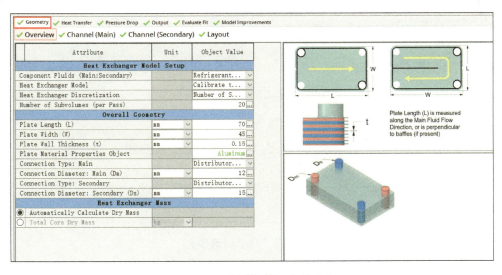

图 5-125　板式换热器宏观尺寸

如图 5-126 所示，在 Channel（Main）一栏输入制冷剂侧管道尺寸，主要输入参数为管道高度。一般情况下，为了提高效率，板式换热器在管路内壁会有一些凸点，用于增加换热面积，并对冷却液造成扰流。这种情况下，可以通过 Heat Transfer Area Multiplier（换热面积倍数）和 Flow Area Multiplier（流动面积倍数）进行调整。

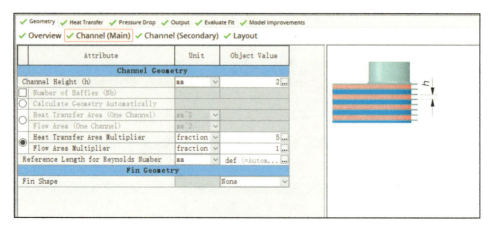

图 5-126　Main 侧几何尺寸

Channel（Secondary）侧建模方法与 Main 侧相同。

如图 5-127 所示，在 Layout 选项卡中定义 Main 侧和 Secondary 侧流层分布情况。所需输入的数据包括流层数量、每个流层的通道数量和布置方式。在本案例中，制冷剂侧分为 3 个流层，每个流层有 3 个通道，冷却液侧为单流层，10 个通道。First Channel Fluid: Main Inlet Face（第一个通道）选择 Secondary，即第一层通道为冷却液，在 Secondary Inlet Relative to Main Inlet: Length 中定义冷却液入口在长度方向上与制冷剂入口的流动方向关系，本案例中为对置布置形式。

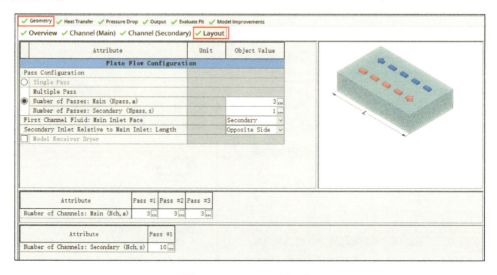

图 5-127　Layout 选项卡

Heat Transfer 选项卡中定义换热数据、传热模型。

如图 5-128 所示，在 Performance Data 中输入单体试验数据。这里需要注意的是，由于在上文的设置内容中，已在 Overview 选项卡中的 Component Fluids（Main: Secondary）一栏选择了流动介质是 Refrigerant: Liquid，因此在 Performance Data 中的 Main Reference Condition 中出现了 Refrigerant Property State 一栏，即制冷剂口状态输入在这里可以选择 Temperature（温度）、Quality（干度）和 Temperature or Quality。本案例使用干度进行输入。

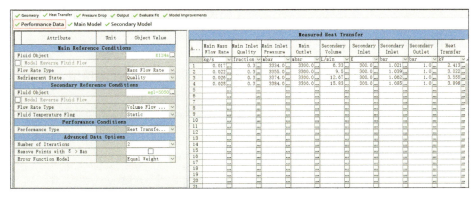

图 5-128 板式换热器 Performance Data

如图 5-129 所示,在 Main Model 中选择制冷剂侧换热模型,包括单相流状态、冷凝状态、蒸发状态和超临界状态的数学模型,可以勾选下拉菜单进行选择。

注意:制冷剂的换热公式计算与 Nusselt 换热系数模型有所不同,但基本原理是相似的。

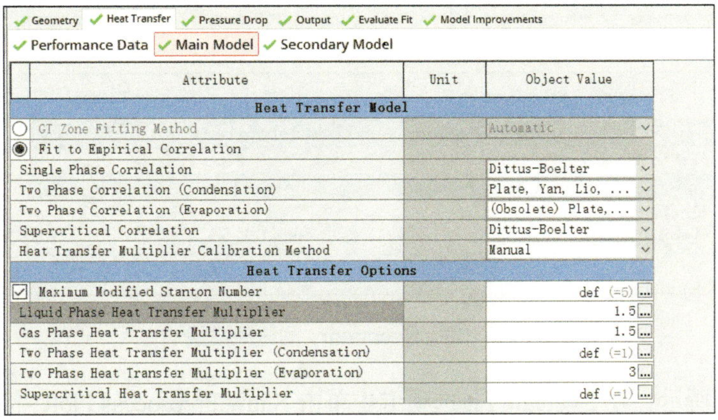

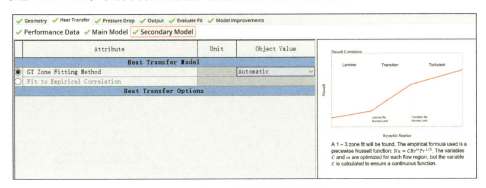

图 5-129 制冷剂侧换热模型

如图 5-130 所示,在 Secondary Model 选择冷却液侧换热模型,GT Zone Fitting Method 可以勾选 Automatic,软件自动根据输入数据进行流动状态判断。

图 5-130 冷却液侧换热模型

> **注意**：这里与发动机散热器的空气侧传热模型设置不同，但效果是类似的，在建模时可以自由选择。

如图 5-131 和图 5-132 所示，在 Pressure Drop 选项卡中定义压降模型，在 Main Model 和 Secondary Model 都选择 Heat Transfer Data。

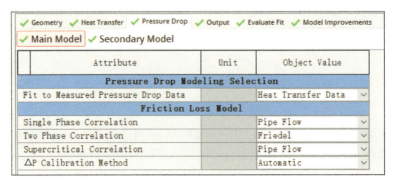

图 5-131 Main 侧压降模型

图 5-132 Secondary 侧压降模型

如图 5-133 所示，在 Evaluate Fit 选项卡中单击 Show Preprocess Plot，检查拟合结果。

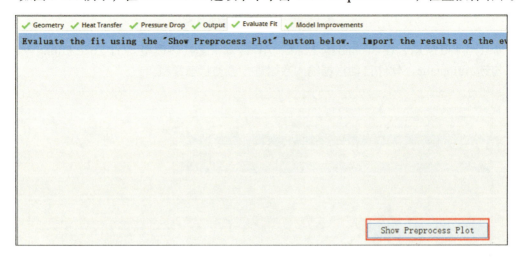

图 5-133 板式换热器拟合

如图 5-134 ~ 图 5-137 所示，与散热器拟合检查的过程相同，包括 Mean Relative Error（平均相对误差）、Heat Transfer Rate Fit vs. Data（换热量校验）和 Pressure Loss Fit vs. Data（压降校验）。

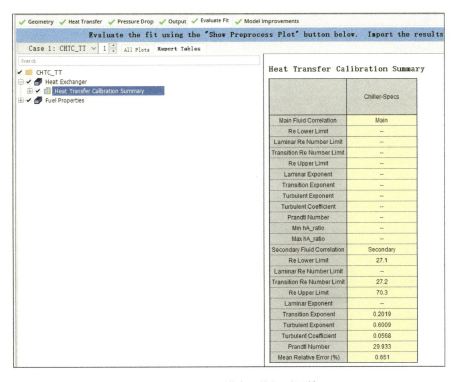

图 5-134　Map 拟合平均相对误差

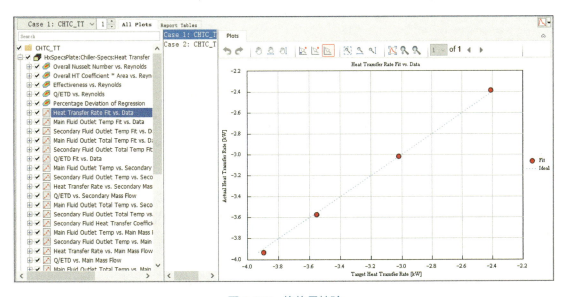

图 5-135　换热量校验

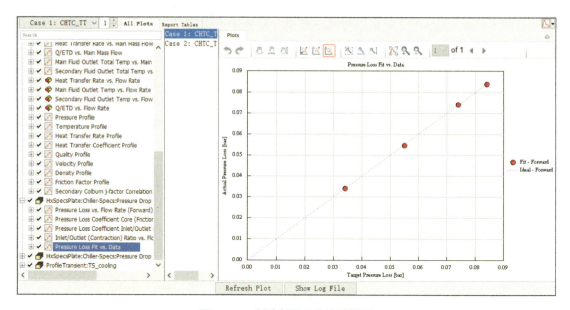

图 5-136　制冷剂侧压降校验模型

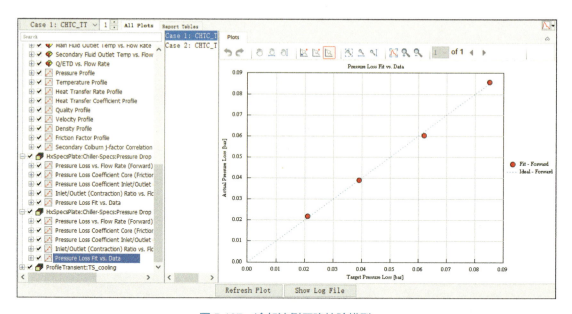

图 5-137　冷却液侧压降校验模型

如图 5-138 所示，完成拟合校验后，单击 Import .hx File 导入拟合后的换热模型。

切换至 HxPlateMain 建模界面，定义制冷剂侧初始状态和初始壁温。其中对于制冷剂侧初始状态定义，单击 Initial State Name 对话框后的"…"选择 RefrigInitialState，设定制冷剂初始状态对应的温度以及制冷剂密度等信息，如图 5-139 所示。

注意：在系统集成过程中，把空调系统各部件的制冷剂初始状态设置为相同即可。

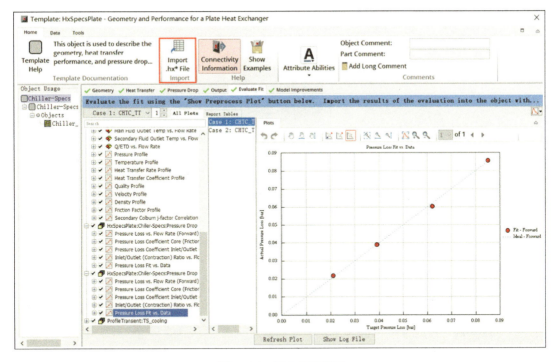

图 5-138　导入换热模型

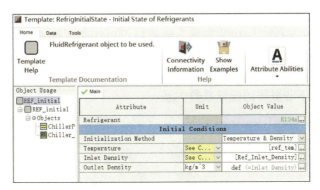

图 5-139　制冷剂侧初始状态

切换至 HxPlateSecondary 建模界面,定义冷却液侧初始状态,如图 5-140 所示。

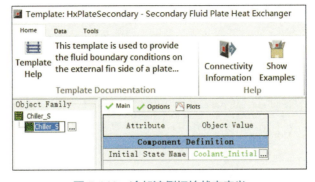

图 5-140　冷却液侧初始状态定义

连接板式换热器的 Main 侧和 Secondary 侧,如图 5-141 所示。

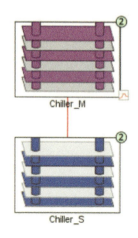

图 5-141 板式换热器模型

5.4.6 节温器

电机热管理系统与发动机热管理系统类似,通过节温器来切换大小循环回路,保证电机系统在最优的温度区间运行。在低温工况下使用节温器对散热器进行旁通,来达到电机系统暖机效果。

用 ValveMultiPort 部件来创建节温器,该模板可以用于线性阀、旋转阀、电子阀建模。如图 5-142 所示,新建 ValveMultiPort 部件并命名为 Primary_Thermostat,在 Geometry and Behavior 页面定义节温器容积及控制类型。选用蜡式节温器,需要设定节温器升程和温度的关系以及在不同开度下节温器的流量系数关系。

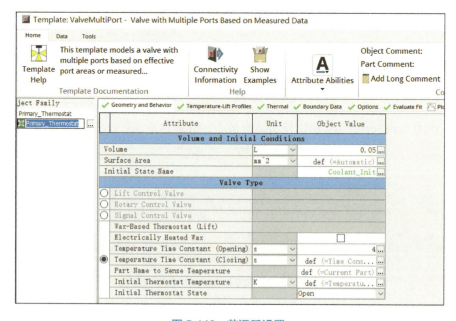

图 5-142 节温器设置

如图 5-143 所示，在 Temperature-Lift Profiles 页面设置节温器升程和温度的关系。

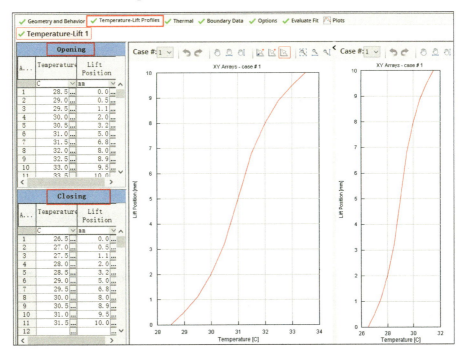

图 5-143　节温器升程和温度曲线

同时节温器 Thermal 页面设置成绝热，不考虑节温器壁面的换热。在 Boundary Data 页面设置节温器不同端口的流动特性，如图 5-144 所示。

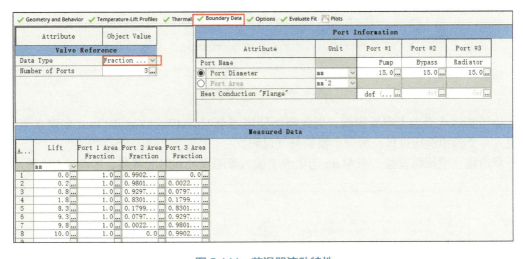

图 5-144　节温器流动特性

5.4.7　膨胀水壶

用 Accumulator 部件来创建膨胀水壶，如图 5-145 所示，设置膨胀水壶总容积和冷却液初始状态。

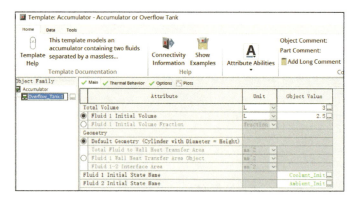

图 5-145　膨胀水壶

切换至 Thermal Behavior 选项卡定义壁温边界，与管路模型类似，膨胀水壶的传热模型也有三种，使用 Imposed Wall Temperature（给定壁温）设定环境温度 [Ambient_Temperature] 作为膨胀水壶的壁温边界。

由于膨胀水壶与外部大气环境是连通的，使用 EndEnvironment 模块搭建外部空气环境。双击建立环境空气边界，定义环境压力、环境温度和工质。其中，环境温度使用变量进行定义，工质选择空气（air2），如图 5-146 所示。

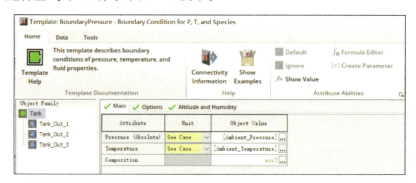

图 5-146　环境边界定义

由于膨胀水壶盖上有泄压阀，因此需要使用两个 ValveCheckSimpleConn 来建立泄压阀模型：一个模拟泄压过程；另一个模拟补气过程。

双击建立泄压阀模型，在 Main 选项卡中输入参考直径和时间常数，如图 5-147 所示。

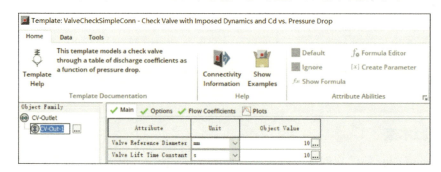

图 5-147　泄压阀模型

切换至 Flow Coefficients 选项卡，输入流通系数（Discharge Coefficient）随压降的函数，如图 5-148 所示，当泄压阀进出口压差达到 0.5bar 时，泄压阀开启泄压。

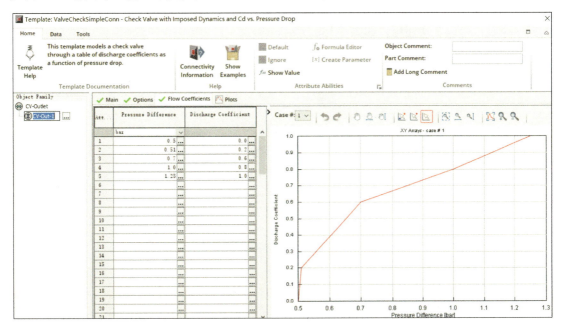

图 5-148 泄压阀流阻数据

用同样的方法建立补气过程泄压阀模型，与泄压阀不同的是，当补气阀进出口压差达到 0.1bar 时即开启补气过程，如图 5-149 所示。

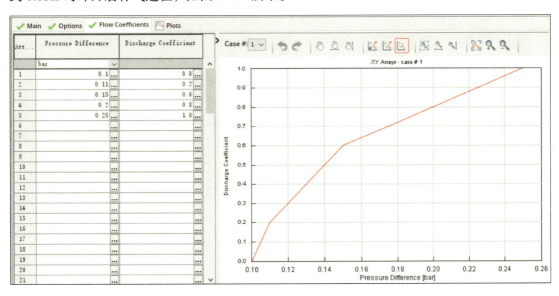

图 5-149 补气阀流阻数据

拖拽膨胀水壶、泄压阀、补气阀和环境空气至模型面板，其中环境空气拖拽两次。单击进入连接模式，按照气体流动过程连接部件。例如：在泄压过程中，膨胀水壶内空气经过泄压阀流入大气环境，在模型中，需要从膨胀水壶连向泄压阀，然后从泄压阀连向环境空气；而在补气回路中，则是从环境空气连向补气阀，从补气阀连向膨胀水壶。

由于膨胀水壶的工质 2 为空气，在连接膨胀水壶时，须选择端口 2，Accumulator 模块的同一个端口可以多次使用，如图 5-150 所示。

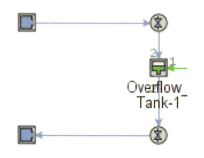

图 5-150　膨胀水壶的连接

5.4.8　电驱动、电池热管理系统模型介绍

1. 电机热管理模型

电机热管理系统空气回路由 BoundaryPressureRam 来模拟风压作用。输入环境静压力、环境温度、车速、风压系数（Ram Air Pressure Coefficient）和工质，如图 5-151 所示。

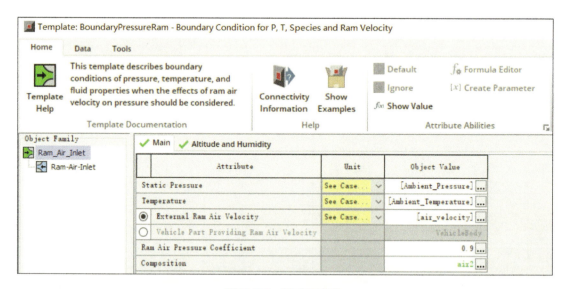

图 5-151　进风口定义

由于风扇本身不能直接与环境空气连接，需要使用管路模型搭建一段风扇出口管路，壁温模型选择绝热，如图 5-152 所示。其中空气初始状态 Ambient_Init，设置初始压力为 [Ambient_Pressure]、初始温度为 [Ambient_Temperature]，其中组分通过值选择器选择空气 air2。

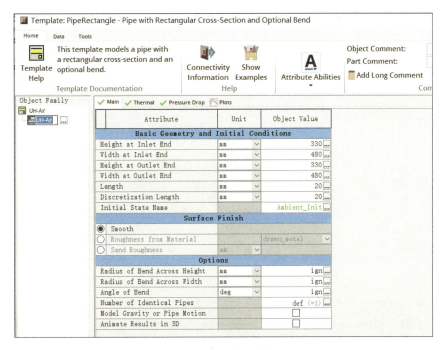

图 5-152 风扇出口管路

由于风扇出口受车速影响较小，可以使用 BoundaryPressure 模块建模，设置出口环境压力 [Ambient_Pressure]、温度 [Ambient_Temperature] 以及空气属性 air2。拖拽进风边界、环境空气、风扇出口管路至模型面板，沿着空气流动方向连接，完成空气回路连接，如图 5-153 所示。

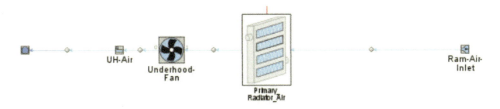

图 5-153 空气回路连接

电机热管理系统管路主要输入参数包括管径、管长、表面粗糙度，壁温模型等，用 PipeRound、FlowSplitGeneral 进行建模搭建水泵进出口、旁通、散热器进出口管路，管路使用相同的初始状态和壁面温度求解模型。本文使用 FlowSplitGeneral 搭建电机热管理回路中大循环和小循环的管接头，双击建立散热器出水口管接头，命名为 Pump_flow。定义管接头容积、表面积和初始状态，如图 5-154 所示。其中管路一般为塑料材质，因此壁面需要单独定义，选择管路材料为 PA66，设置壁面厚度为 4mm，壁面传热边界和初始温度为系统环境温度 [Ambient_Temperature]，管路与外部环境的对流换热系数为 5W/m^2·K，如图 5-155 所示。Pressure Drop 选项卡一般情况下不需要定义。切换到 Boundary Data 选项卡中需要定义端口名称、端口方位角、端口特征长度和扩张直径，如图 5-156 所示。将这些管路布置在模型面板中，管径和管长如图 5-157 所示。

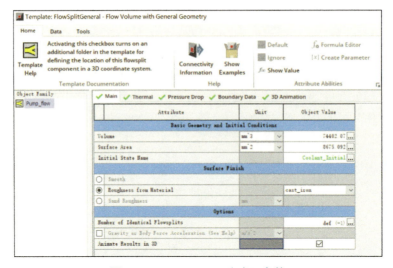

图 5-154　Pump_flow 出水口参数

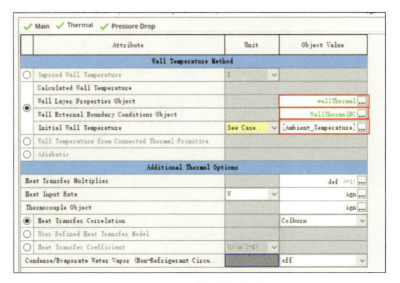

图 5-155　壁温求解模型

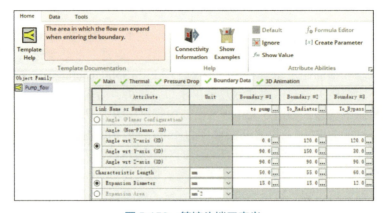

图 5-156　管接头端口定义

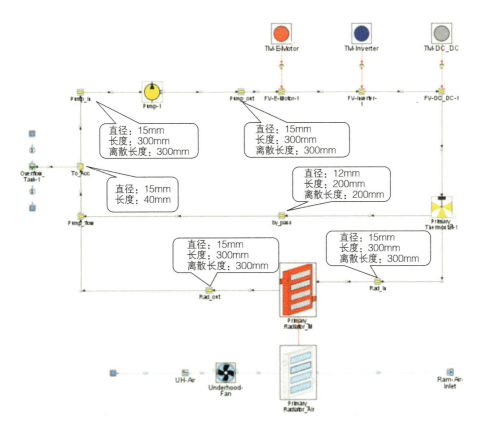

图 5-157　电机热管理系统

单击 Case Setup，如图 5-158 所示，对模型中的变量进行赋值。可以在单位的下拉菜单中对单位进行更改。本文模拟的是初始温度为 30℃，电机发热量为 2500W ，风扇输入占空比为 45.8，水泵占空比设置为 90（在部件中单独设置），对应外部风速为 100km/h 的温升工况。

Main | Design of Experiments | All

Main

Parameter	Unit	Description	Case 1
Case On/Off		Check Box to Turn Case On	☑
Case Label		Unique Text for Plot Legends	
TM-E-Motor-HR	W	Constant or Dependency Refer...	2500
air_velocity	km/h	External Ram Air Velocity	100
Underhood-Fan-Controls		Input Signal	45.8
Coolant_Tempe_init	C	Temperature	30
Ambient_Pressure	bar	Pressure (Absolute)	1
Coolant_Pressure_init	bar	Pressure (Absolute)	1
Ambient_Temperature	C	External Convection Temperat...	30

图 5-158　工况设置

将 Run Setup 中的计算时间设置为 1800s，运行模型后打开 GT-POST，在后处理可查看电机热管理系统水温变化曲线，如图 5-159 所示，出水温度都在 38℃范围内。

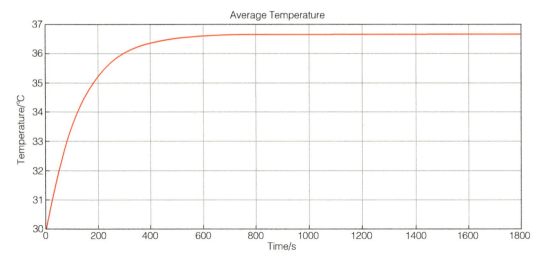

图 5-159 电机出水温度变化曲线

2. 电池热管理系统模型

电池 Chiller 换热器在空调系统中相当于蒸发器。该案例设定恒定制冷剂回路边界来计算电池热管理稳定工况，设定制冷剂进口流量，出口压力、温度。

定义制冷剂入口边界 BoundaryFlow，如图 5-160 所示，设定制冷剂流量 [mass_flow_Ref]、参考温度 [ref_tem] 以及制冷剂属性 R134a。制冷剂出口边界由 BoundaryPressure 部件进行定义，设定出口压力 [ref_Pressure_out] 和温度 [ref_Temperature_out]，如图 5-161 所示。

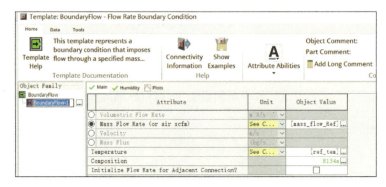

图 5-160 制冷剂入口边界

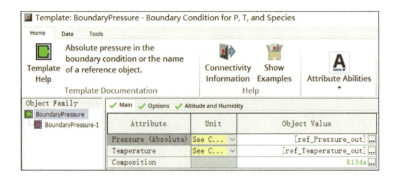

图 5-161 制冷剂出口边界

进出口边界与 Chiller 换热器由进出口管路连接，如图 5-162 所示建立管路，设定管路初始状态为 REF_initial，管路壁面设置成绝热 Adiabatic，压降模型不考虑管路压降 No Friction Pressure Losses。

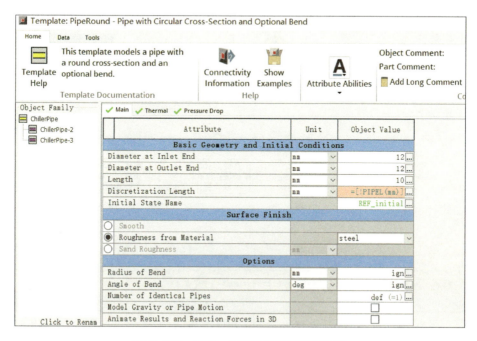

图 5-162　Chiller 换热器进出口管路设置

将 Chiller 换热器及制冷剂进出口边界设定并进行连接，如图 5-163 所示。

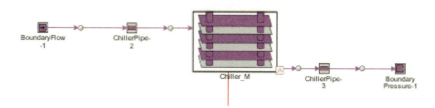

图 5-163　Chiller 制冷剂侧连接

图 5-164 所示为电池热管理回路模型，在冷却液回路中，电池、板式换热器（Chiller）与 PTC 发热器串联，板式换热器另一侧与制冷剂回路连接。使用手动搭建的电池传热模型，PTC 发热器使用 HeatAddition 模块建模，输入 PTC 发热量（加热工况）等参数。管路初始状态选择 Coolant_Initial。本例电池热管理系统管路壁面不考虑与外部环境的换热，在管路 Thermal 页面设置壁面温度方法为绝热，Pressure Drop 页面选择默认设置。

单击 Case Setup，如图 5-165 和图 5-166 所示，对模型中的变量进行赋值。本例设定动力电池恒定发热量 2kW 以及 Chiller 在恒定流量的稳定工况下对电池进行冷却。

将 Run Setup 中的计算时间设置为 1000s，运行模型后打开 GT-POST，在后处理可查看电池冷却工况所对应的电池内部温度变化，如图 5-167 所示。

图 5-164 电池热管理回路模型

Main | Refrigerants | Design of Experiments | All

Main

Parameter	Unit	Description	Case 1
Case On/Off		Check Box to Turn Case On	☑
Case Label		Unique Text for Plot Legends	
Ambient_Pressure	bar	Pressure (Absolute)	1
Ambient_Temperature	C	Ambient Temperature	38
Coolant_Pressure_init	bar	Pressure (Absolute)	2
Coolant_Tempe_init	C	Temperature	38
Battery_Source_Heat_Rate	kW	Source Heat Rate	2

图 5-165 工况设置 a

Main | Refrigerants | Design of Experiments | All

Refrigerants

Parameter	Unit	Description	Case 1
Case On/Off		Check Box to Turn Case On	☑
Case Label		Unique Text for Plot Legends	
ref_tem	C	Temperature	13.7
Ref_Inlet_Density	kg/m^3	Inlet Density	68.6305
mass_flow_Ref	g/s	Mass Flow Rate (or air scfm)	45.192783
ref_Pressure_out	bar	Pressure (Absolute)	4.53
ref_Temperature_out	C	Temperature	15.66

图 5-166 工况设置 b

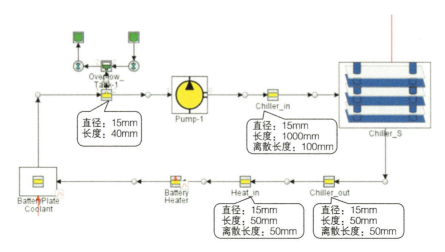

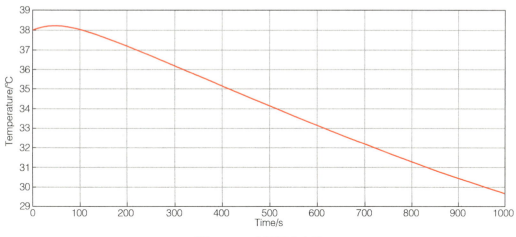

图 5-167 电池温度变化

5.5 拓展介绍

5.5.1 准 3D 发动机

在一些情况下，除了分析发动机进出口冷却液温度，还需要初步评估发动机缸体、缸盖的温度场。GT-SUITE 在简易的热源模型的基础上，通过细化发动机结构参数，生成详细的传热网路，可以计算发动机温度场。这种分析方法同时具有计算速度快和仿真精度高等特点，是介于一维分析与三维有限元分析之间的一种分析方法，称之为准 3D 分析。

在软件自带的 Example → Cooling Engine 目录下，介绍了几种发动机机体热源模型的案例。其中 Cylinder Deactivation 使用参数化的结构数据搭建发动机机体传热模型。

如图 5-168 所示，在 Cylinder Deactivation 案例模型中，使用 GT-SUITE 搭建的发动机

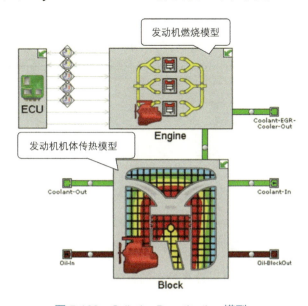

图 5-168 Cylinder Deactivation 模型

燃烧模型和发动机机体传热模型进行联合模拟。发动机燃烧模型计算缸内气体温度和流量变化，为发动机机体传热模型提供缸内空气边界和传热模型；发动机机体传热模型根据缸内传热边界和水套换热边界计算发动机缸内温度场，并为发动机燃烧模型提供壁温边界。

图 5-169 是发动机机体传热模型，在缸内传热模型中，使用 EngCylStrucCond 模块搭建发动机结构传热模型，使用 Pipe 和 FlowSplitGeneral 模块搭建水套和润滑油路流体模型，使用 ConvectionConn 连接发动机结构传热模型和流体模型，实现对流换热。

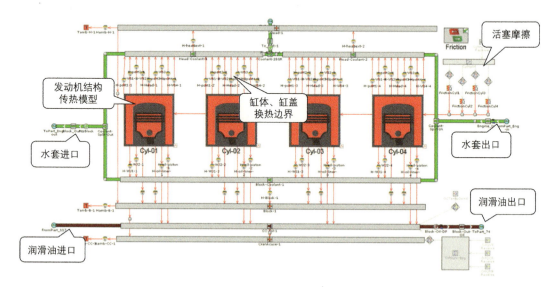

图 5-169　发动机机体传热模型

注意：发动机结构传热模型需要多个连接端口与流体模型连接。除此之外，该模型还使用经验公式计算活塞摩擦，并作为活塞的摩擦热模型。

EngCylStrucCond 模块所需主要输入参数包括结构参数和传热参数，如各处的换热系数、壁面厚度、传热面积等参数，如图 5-170 所示。

Structure-Structure HTR | Head | Piston | Cylinder | Valves and Ports

Attribute	Unit	Object Value
Skirt to Cylinder HTR Coefficient	W/(m^...	def (=5000)
Ring to Piston HTR Coefficient	W/(m^...	def (=15000)
Ring to Cylinder HTR Coefficient	W/(m^...	def (=30000)
Valve to Seat HTR Coefficient	W/(m^...	def (=50000)
Valve to Guide HTR Coefficient	W/(m^...	def (=12500)
Head Gasket Contact Resistance	(m^2-...	def (=5E-5)
Head Gasket Material Object		CarbonSteel
Head Gasket Thickness	mm	2
Ring/Engine Friction Ratio		0.5
Skirt/Engine Friction Ratio		0.5
Head to Valve Seat Contact Resistance	(m^2-...	def (=1E-12)

Attribute	Unit	Object Value
Cylinder Material Object		Aluminum2024-T6
Cylinder Wall Thickness (average)	mm	8
Cylinder Length	mm	180
Head-Water Jacket Top Distance	mm	3
Head-Water Jacket Bottom Distance	mm	123
Use Axi-symmetric 2-D cylinder (360 deg. water jac...		
Use 3-D cylinder		
Water Jacket 1 Included Angle	deg	150
Water Jacket 1 Relative Angle	deg	75
Water Jacket 2 Included Angle	deg	def
Water Jacket 2 Relative Angle	deg	def
Radial Mesh Resolution		2
Theta Mesh Resolution		16
Axial Mesh Resolution		16
Inlay Material Object		Iron
Inlay Thickness	mm	2
Inlay Contact Resistance	K/W	def

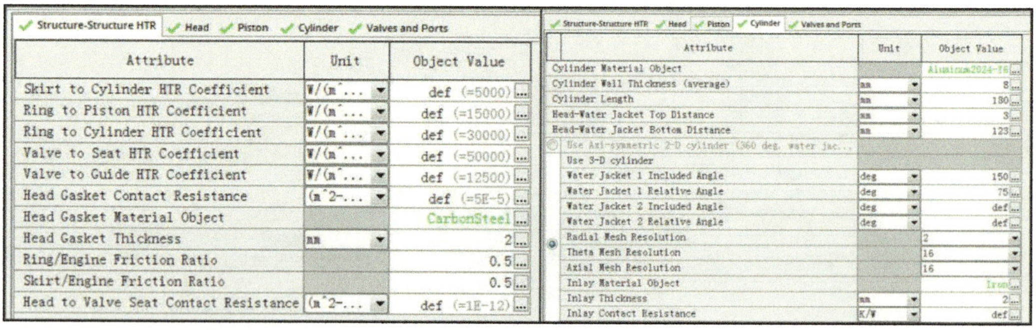

图 5-170　传热参数与结构参数输入

EngCylStrucCond 模块除了可以计算稳态的缸体、缸盖、活塞温度及换热量外，还可以输出结构温度场的 3D 视图，如图 5-171 和图 5-172 所示。

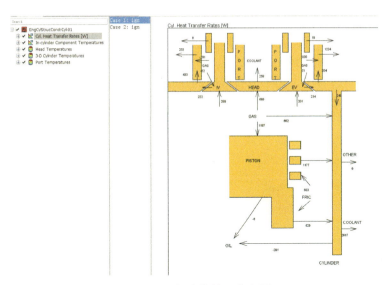

图 5-171 缸内换热量分布图

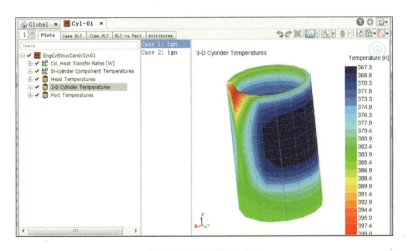

图 5-172 缸体温度场

该模型可以与热管理回路连接,分析发动机机体与热管理系统之间的相互影响。

模块 EngCylStrucCustom 可以直接导入发动机 CAD 数模,自动生成发动机传热模型,可以参考案例 Example → Cooling Engine → FE_Cylinder_Custom_Meshes → 4cyl-Cooling-FECyl-CustomMesh.gtm。

5.5.2 准 3D 电池

新能源汽车电池包内电芯温度的差异会对电池管理系统、电池一致性和寿命产生影响。在进行电池热管理仿真分析时,电芯温差也是热管理系统开发的重点。类似于准 3D 发动机模型,电池模型也可以开展准 3D 分析。

与整包建模类似,在进行准 3D 电池包分析时,使用传热的基本单元搭建复杂的传热模型,包括固体单元(ThermalMass)、流体单元(Pipe、FlowSplitGeneral),传热单元(ConductanceConn、ConvectionConn、ResistanceConn)来模拟电芯与电芯之间、电芯与水冷板之间、水冷板与冷却液之间的传热过程。在进行准 3D 电池建模时，一般以电芯为最小单位建立传热模型。从而可以在计算结果中查看电芯的温度分布。

图 5-173 所示为某准 3D 电池包模型，该电池包由 10 个模组构成。由于模组之间具有相同的结构，在建模过程中，为了节省模组的建模时间，将模组封装为 gtsub 子模型，使用 SubAssemblyExternal 模块调用模组模型，如图 5-174 所示。

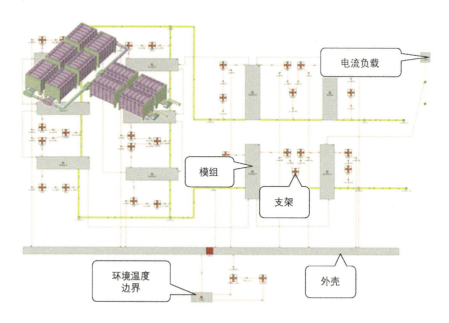

图 5-173　准 3D 电池包模型

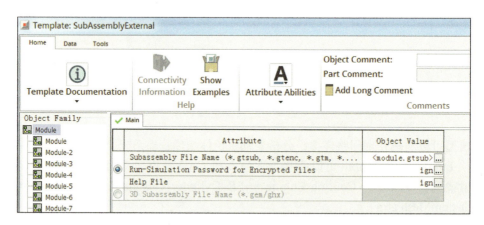

图 5-174　模组模型调用

如图 5-175 所示，其中，一个模组包括 6 个电芯，使用 ThermalMass 搭建电芯模型和水冷板模型，使用 Pipe 模块搭建冷却液流体模型。电芯和冷板之间使用 ConductanceConn（导热）连接，冷板和冷却液之间使用 ConvectionConn（对流）连接。使用 Battery 模块搭建电池等效电路模型，作为电池的发热量，使用 Gain（比例）模块采集 Battery 模块发热量，与电芯连接，将发热量传递给电芯，与此同时，将电芯温度反馈给 Battery 模块，作为 Battery 模块计算发热量的温度边界。

注意：.gtsub 文件为子模型格式，可在模型另存时选择 gtsub 格式。为了与主模型进行数据交换，需要使用 SubAssExternalConn 模块作为通信端口，可以传递任意物理量或信号。

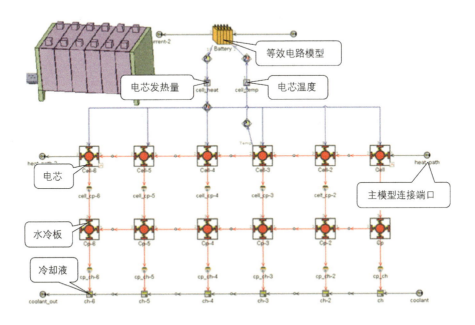

图 5-175 模组模型

如图 5-176 所示，方形截面管路使用 PipeRectangle 模块建模，传热模型设置为 Wall Temperature from Connected Thermal Primitive。对于口琴管式流体，不需要单独建立每一根流道的流体模型，在 Number of Identical Pipes 一栏中输入并列的流道数量即可。

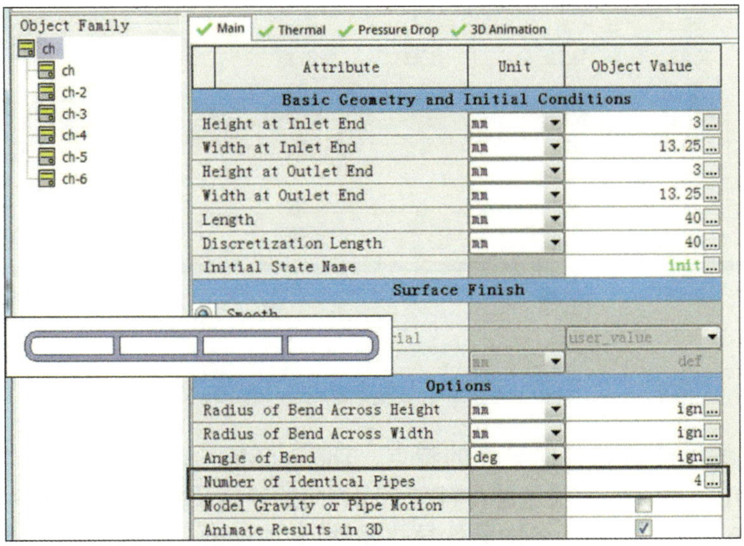

图 5-176 口琴管式流体建模

使用准 3D 电池仿真模型，可以输出稳态或瞬态电芯温度变化曲线，并查看电池包内换热量分布情况，如图 5-177 和图 5-178 所示。

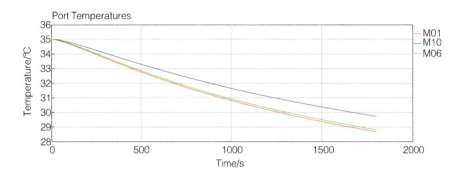

图 5-177　电芯温度分布

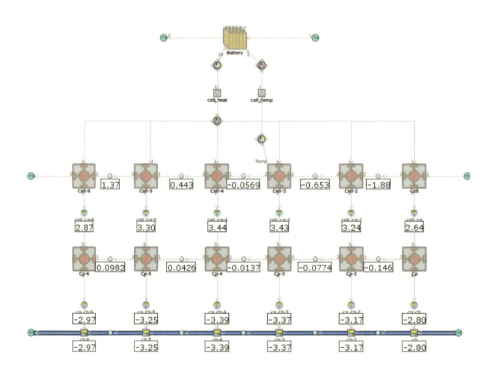

图 5-178　模组内换热量分布（单位：W）

由于电芯的导热具有各向异性的特点，ThermalMass 材料属性需要勾选 Anisotropic Material Properties Object，定义电芯材料在不同方向的导热系数，如图 5-179 所示。

如图 5-180 所示，当激活各向异性导热属性后，ThermalMass 的端口属性增加了一行 Material Properties Axis 属性，根据电芯结构选择对应的导热方向即可。

第 5 章 动力总成热管理系统的建模

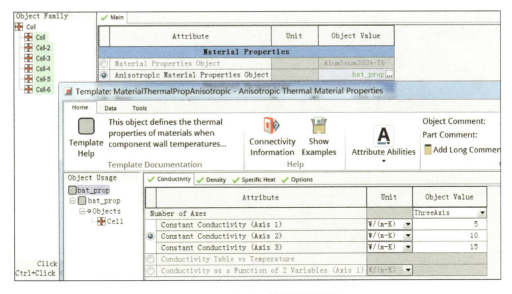

图 5-179 各向异性的材料属性

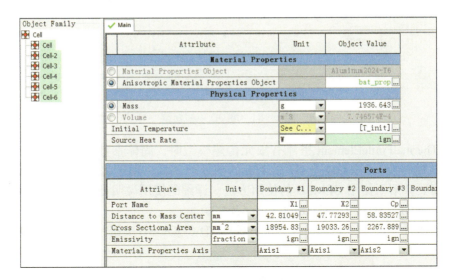

图 5-180 各向异性的导热端口

5.5.3 准 3D 电机

对于常规水冷电机，使用 ACMachinePMSynchThermal 模块即可实现准 3D 电机传热模型的建模。实际上，ACMachinePMSynchThermal 模块本身就是使用 ThermalMass 搭建的参数化模块。

对于其他电机，可以根据电机结构搭建准 3D 电机模型。软件自带的案例 Example → Cooling_Electric → FE_Motor_Cooling → E-Motor-ThermalFiniteElement.gtm 介绍了一种使用有限元模块搭建的准 3D 电机热管理模型。相对于准 3D 电池使用的 ThermalMass，该电机热管理模型使用 ThermalFiniteElement 代替 ThermalMass 搭建固体传热模型。

如图 5-181 所示，搭建的电机热管理模型包括固体导热部分和流体对流部分，其中固体导热部分包括电机外壳、定子、线圈、转子、磁钢和轴承，流体对流换热部分包括水套和气隙。

235

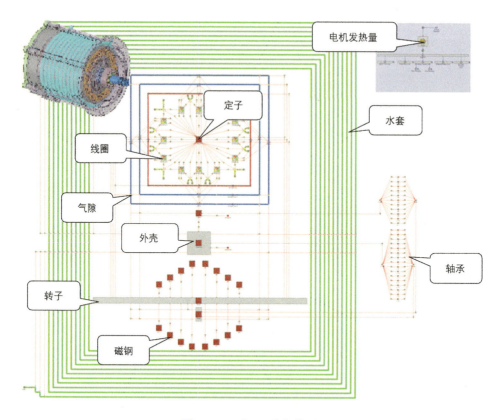

图 5-181 准 3D 电机模型

使用 ThermalFiniteElement 搭建有限元传热模型时，固体参数需要使用 GEM3D 功能根据几何数模转换。GEM3D 是 GT-SUITE 的前处理工具，用于将几何数模转换为计算模型。这里简要介绍下使用 GEM3D 的使用方法，详细的使用说明参照 Tutorials → Graphical Application → GEM3D → GEM3D-tutorials.pdf 文档。

如图 5-182 所示，在 File 选项卡下单击 GEM3D\COOL-3D 按钮，调出 GEM3D 操作界面。

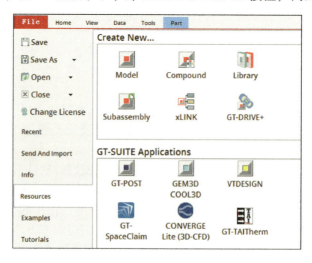

图 5-182 GEM3D\COOL-3D 按钮

如图 5-183 所示，单击 Import3D 可以导入 CAD 几何数模。选中对应的部件，鼠标右键 Convert Shape to Component 弹出部件转换对话框。

图 5-183 部件转换

如图 5-184 所示，转换类型选择 Thermal Mass → General Finite Element，定义最大最小网格单元。

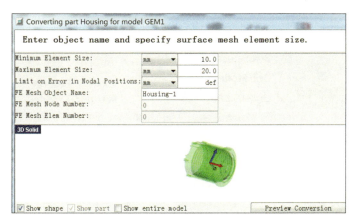

图 5-184 有限元网格单元

如图 5-185 所示，定义初始状态和材料属性。

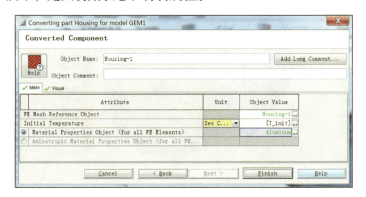

图 5-185 初始状态和材料属性定义

如图 5-186 所示，部件转换完成后，还需要定义传热端口，鼠标右键选择 Thermal FE Port，进入传热端口选择界面。选择对应的传热面，单击 OK 确定。

图 5-186　传热端口选择

如图 5-187 所示，单击 Export GT Model 即可将该数模转换为 gtm 模型。

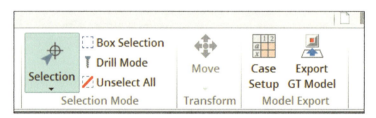

图 5-187　导出 gtm 模型

如图 5-188 所示，使用 ThermalFiniteElement 模块搭建的电机模型，可以直接输出类似于有限元软件的温度场视图。

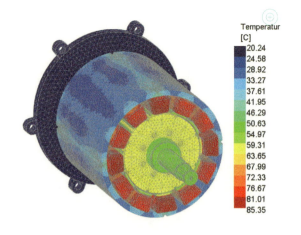

图 5-188　电机温度场计算结果

5.5.4 换热器缩放

在对换热器进行选型和优化的过程中，往往需要对尺寸缩放后的换热器在系统中的工作效果。在 GT-SUITE 中，由于是使用 Nusselt 换热系数公式进行换热量计算，因此当对换热器的几何尺寸进行缩放时，换热面积、工质流通面积也随之变化，从而可以基于已拟合的 Nusselt 换热系数预测缩放后的换热器工作效果。

单击换热器 Main 侧的 Scale Core Geometry 选项卡，勾选缩放模式。

如图 5-189 所示，一种模式是直接输入目标尺寸进行定义，勾选 Scale Using Absolute Dimensions，输入缩放后的换热器的长度和高度。

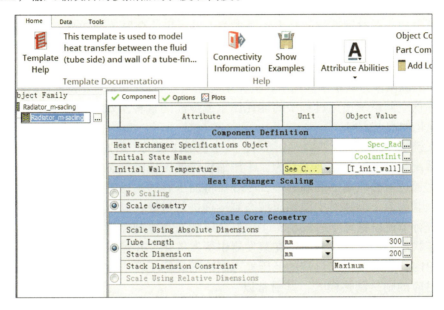

图 5-189　基于直接输入目标尺寸

另一种模式是基于相对尺寸的缩放，勾选 Scale Using Relative Dimensions，输入管道长度、管道数量进行缩放，如图 5-190 所示。

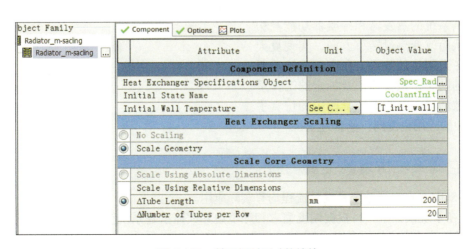

图 5-190　基于相对尺寸的缩放

第 6 章　整车空调系统的建模

6.1　空调系统概述

汽车空调系统是对乘员舱内空气温度、湿度、流速等进行调节的功能装置，其通过制冷、加热、通风和净化处理，以满足驾驶员对车辆内部环境的舒适性要求。空调系统一般由压缩机、冷凝器、膨胀阀、蒸发器、储液罐、高低压管路、电气控制装置等零部件构成。为实现空调制冷或制热的基本功能，密闭管路中的制冷剂不断进行着气液状态切换和循环流动。传统燃油汽车空调系统的动力主要来源于发动机，会导致近 20% 的油耗增加，但与之相对的是其能量转换效率却明显低于 40%；而对于新能源汽车而言，受限于电池包储能容量的短板，空调系统对电池包的能量分流将极大制约着车辆续驶里程的提升，尤其是北方地区，新能源汽车为满足制热需求，空调系统往往会导致 50% 的续驶里程的降低。因此，如何有效降低空调系统使用过程中的能耗比重或提高能量转换效率，已然成为相关研究人员关注且优化的重点方向。

空调系统制冷循环原理如图 6-1 所示，其中包括压缩机、蒸发器、冷凝器和膨胀阀。

空调系统制冷工况的循环流动为：①压缩机将低压端的气态制冷剂加压成为高压气态制冷剂；②通过散热风扇的降温处理，冷凝器将加压后的高压气态制冷剂转为中温高压液态制冷剂；③储液干燥器对中温高压液态制冷剂进行过滤，滤出其中水分和杂质，并对液态制冷剂进行节流以稳定压力波动；④中温高压液态制冷剂经管道流向膨胀阀，使之成为低温低压雾状形态；⑤雾状制冷剂在蒸发器中蒸发气化，并经鼓风机将蒸发器周围冷空气吹入乘员舱内；⑥蒸发器出口端的低压气态制冷剂经低压管道被吸入压缩机，重复新的循环。与之对应的则是制热模式，其通常以正温度系数热敏电阻（Positive Temperature Coefficient Thermistor，PTCT）或热泵为热源加热电池包和乘员舱。目前，热泵空调技术也逐步走入市场，其基于"逆卡诺循环"的工作原理（见后文），通过四通换向阀将空调系统的蒸发器和冷凝器功能互相对换，从而改变热量转移方向，实现夏天制冷、冬天制热的效果。在空调系统重要性凸显的同时，试验验证及标定的工作量也呈指数增加，因此设计阶段中的仿真手段在其中的应用也得到行业普遍重视。

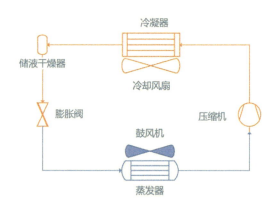

图 6-1　空调系统示意图（制冷循环）

6.2　空调系统仿真的主要内容

GT-SUITE 在空调系统开发全流程均有实际应用。

1）在系统设计中，可根据温度需求和环境边界大体搭建系统简易模型以确定空调系统的设计目标，并完成架构布置。

2）在子系统设计中，可基于子系统边界指标完成关键指标确认，如制冷剂流量、制冷剂加注量、散热功率等。

3）在零部件详细设计阶段，则可基于完整模型对零部件进行选型，并对系统展开迭代验证。

空调系统仿真的困难点主要体现在多相流、能量流分配、热源、瞬态等精准计算。作为一维多物理场仿真分析软件，GT-SUITE 的建模能力涵盖流体、传热、液压、机械、控制等领域，能够满足几乎所有传热传质、控制优化等领域的仿真分析工作。一般来说，空调系统包括热源（乘员舱）、动力源（压缩机、风扇）、管路、阀门及控制单元等部分。常用的模块见表 6-1。本章将在第 5 章的基础上，侧重补充 PID（Proportional Integral Derivative）控制模块、膨胀阀、换向阀、旁通阀和乘员舱 5 类模块的定义方式。

表 6-1 空调系统建模常用模块

推荐模块名称		图标
压缩机	CompressorRefrig	
风扇	Fan	
换热器	HxTubeFinMain HxTubeFinSecondary	
膨胀阀	ExpansionValveRefrig	
旁通阀	DCV32_AT_PA	
换向阀	DCV42_PB-AT_PA-BT	
乘员舱	Cabin	
风门	HVAC_Door	
循环初始化	RefrigCircInit	
压焓、温熵图	PhTsDiagramRefrig	

6.3 空调系统相关模块介绍

6.3.1 PID 控制模块

PID 控制模块可根据给定值和实际输出值构成控制偏差,将偏差按比例、积分和微分通过线性组合构成控制量,对被控对象进行控制,如图 6-2 所示。工程领域中,为减少不必要的振荡,通常会将 D 值(微分系数)设置为 0,并通过逼近法不断调节 P 值(比例系数)和 I 值(积分系数)以维持系统稳定可控。

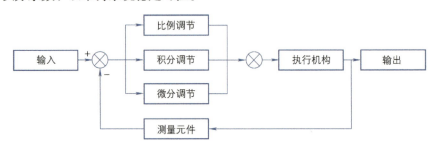

图 6-2　PID 原理

GT-SUITE 中的"PIDController"模块可实现 PID 控制模块的基本功能。如图 6-3 所示,在 Main 选项卡中,主要定义目标值(Target for the Input Signal)、控制器调节参数(Gains Specification/Calculation)和监控器开关(Display Performance Monitor)3 项内容。其中控制器模块提供了两种调节方式:一为 PID 三参数的直接设置;二为响应斜率(Slope)、时间常数(Time Constant(Tau))、校正时间与时间常数比值(Ratio of Settling Time to Time Constant)

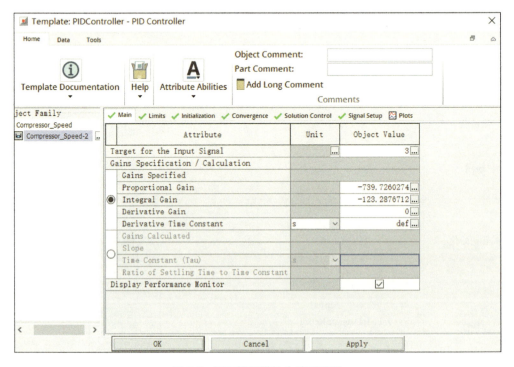

图 6-3　PID 控制模块主选项设置

的参数输入。如图 6-4 所示，假设系统为一阶线性，其状态行为可表示为

$$Y = Y_{\text{init}} + k\Delta x(1 - e^{-t/\tau})$$

式中，k 为响应效率，$k = \Delta Y/\Delta X$ 其中 ΔY 是 PID 控制对应的响应信号，ΔX 是 PID 控制对应的激励信号；t 为时间；τ 为时间常数。

通常情况下，PID 控制器仅适用于一阶线性系统的控制，所幸在工程领域中，多数设备输入的响应表现足够接近一阶线性系统的性质。

如图 6-5 所示，在 Limits 选项卡中，PID 控制器提供了最小、最大输出（Minimum/Maximum Output），最小、最大输出率（Minimum/Maximum Output Rate）的选项。而在无需进行限制的情况下，用户可直接输入"ign"忽略该参数；在 Initialization 选项卡中，用户可自行选择任意初始输出（Initial Output），State 2 Initial Value 与初始导数滤波项相关，其通常被设置为"def"（缺省值为 0）；State 1 Initial Value 与初始积分项有关，其功能激活需考虑到驻留时间（Dwell Duration）和初始值（Initial Output）的设定，初始化常规设置如图 6-5 所示。

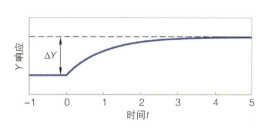

图 6-4　激励和响应的关系

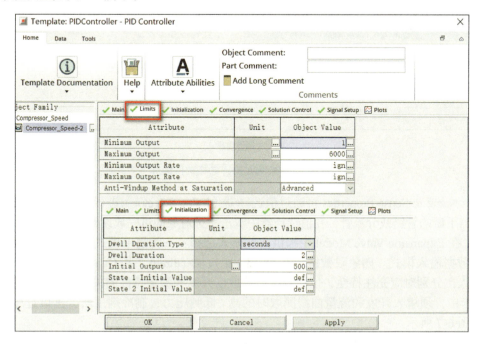

图 6-5　PID 控制器模块限制和初始化设置

6.3.2 膨胀阀

膨胀阀安装在蒸发器入口，主要节流和控制制冷剂流量的作用。将高温高压的液态制冷剂进行节流成为低温低压的雾状制冷剂进入蒸发器蒸发吸收热量。空调系统中的热力膨胀阀可使用 ExpansionValveRefrig 进行设置。Main 选项卡需选择下游蒸发器部件、膨胀阀表征形式及基本特性，如图 6-6a 所示。

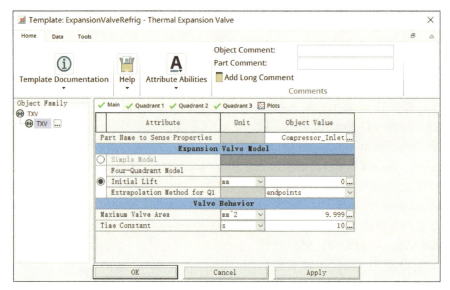

a) 设置界面

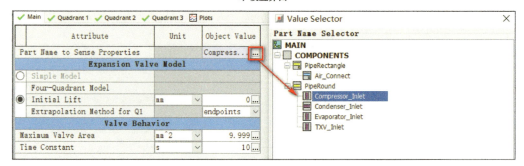

b) 部件选择

图 6-6 膨胀阀设置界面和部件选择

Part Name to Sense Properties 可通过值选择器（Value Selector）进行选择，选择对象通常为蒸发器下游的管路或分流管，在值选择器中双击所选对象即可完成设置，如图 6-6b 所示。

GT 在 Expansion Valve Model 中提供两种模式选择：一为简单模式 Simple Model；二为四象限数据输入模式。四象限数据可在 Quadrant 1、Quadrant 2 和 Quadrant 3 三个选项卡中依次输入，分别对应充注特性、位移和压力特性、开度和流量特性的关系。其中在 Quadrant 3 选项卡中，须填入开度和流量曲线测取时的高/低侧压力、制冷剂工质、进口过冷度等内容，如图 6-7 所示。

当选择 Simple Model 时，Target Property 属性提供了目标焓值（Enthalpy）、干度（Quality）、过热度（Superheat）三个选项，如图 6-8 所示。当选择控制目标为过热度时，需

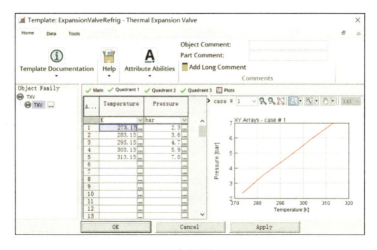

a) 充注特性

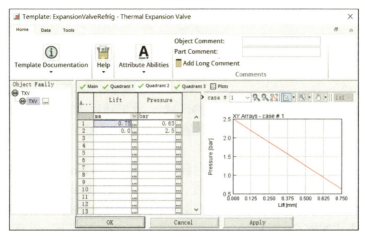

b) 位移和压力特性

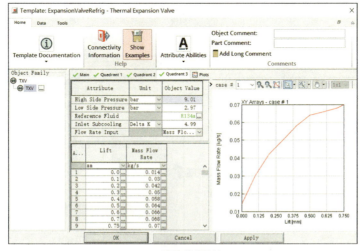

c) 开度和流量特性

图 6-7 四象限数据输入

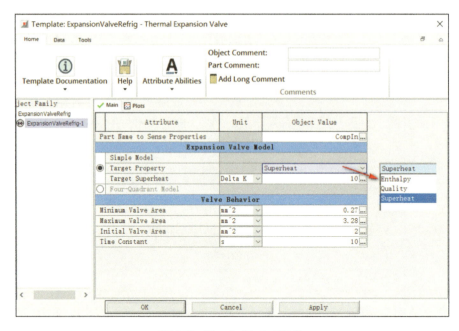

图 6-8 Simple Model 模式

在 Target Superheat 设置过热目标值（仅过热区域），此值随后便转换为目标焓值。此外，与四象限模式相比，Simple Model 模式还需要输入最小阀门面积（Minimum Valve Area）和初始阀门面积（Initial Valve Area）两个属性。

膨胀阀除了以 ExpansionValveRefrig 模板表征之外，TXVSimpleTargetSH 也是常用模板之一。此模板可针对用户设置的特定过热度，实现膨胀阀适时调节的功能，同时该模板的控制逻辑必须和孔道（Orifice）模板综合使用，其中孔道可表征阀门在特定流量下的物理开度，其信号连接方式如图 6-9 所示。

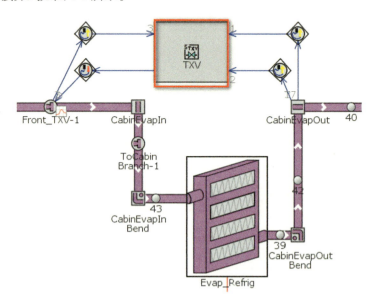

图 6-9 TXVSimpleTargetSH 模板信号连接方式

TXVSimpleTargetSH 模板需输入三个信号：蒸发器出口温度、孔道直径（膨胀阀物理层面表示）、蒸发器出口过热度。通过这些信号，模板可实时计算下一时间步长下的阀门直径并对阀门进行驱动，其计算公式如下：

$$\frac{\mathrm{d}A}{\mathrm{d}t} = A_{\mathrm{nom}} \times \frac{(T_{\mathrm{sh}} - T_{\mathrm{target}})}{\tau T_{\mathrm{nom}}} \quad (6\text{-}1)$$

式中，$\frac{\mathrm{d}A}{\mathrm{d}t}$ 为孔道直径随时间的变化率；A_{nom} 为孔道最大直径；T_{sh} 为采集的蒸发器出口过热度信号；T_{target} 为用户设定的过热度；τ 为阀门时间常数；T_{nom} 为采集的蒸发器出口温度信号。

在实际控制过程中，当蒸发器出口温度高于设定目标值时，阀门直径扩大并使得蒸发器出口温度下降，反之则温度上升。

如图 6-10 所示，双击 TXVSimpleTargetSH 模板，在 Main 选项卡中需设置目标过热度（Target Superheat Value）和时间常数（Time Constant），其中时间常数决定了阀门对温度变化的响应程度。为系统稳定起见，时间常数不能小于时间步长，通常可比时间步长大 1~2 个数量级；Valve Geometry 选项卡中，可设置阀门开启面积的最大 / 最小值（Minimum/Maximum Valve Opening Area in mm2）。

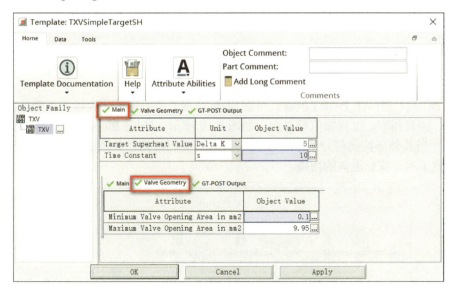

图 6-10　TXVSimpleTargetSH 模板参数输入

6.3.3　换向阀

换向阀是热泵型空调装置上用来改变制冷剂气体流向用的阀，用它能改变室外热交换器和室内热交换器的功能，以达到人们所需的夏天制冷、冬天采暖的要求。DCV42_PB-AT_PA-BT 模板可模拟一个 4/2 型阀门，是空调系统中常用的换向阀模板之一，内部性能属性可根据供应商提供的信息或测试数据进行定义。方向控制阀库中的模板均以 DCV 开头，这些模板均可基于流量特性和压降数据表征阀门属性，同时此类模板均为复合模板，用户可通过鼠标右击选择 Edit Compound Template 选项进行内部结构查看或修改，如图 6-11 所示。

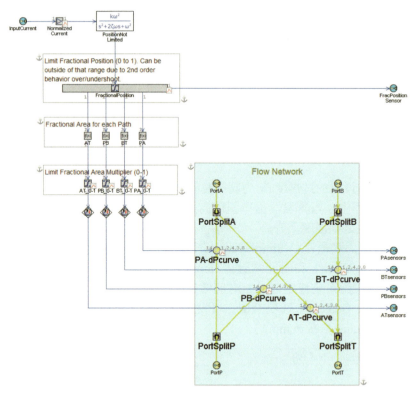

图 6-11　DCV42_PB-AT_PA-BT 模板内部结构

双击 DCV42_PB-AT_PA-BT 模板，可在 Main 选项卡中设置流体流量和压降的关系曲线、阀门阻尼、固有频率、电流阈值等参数，如图 6-12 所示。Valve Rated Current 属性为阀门的换向信号，当其外部控制信号值小于该设定值时，阀门维持初始连通的状态；当外部信号值大于设定值时，完成流向的切换。

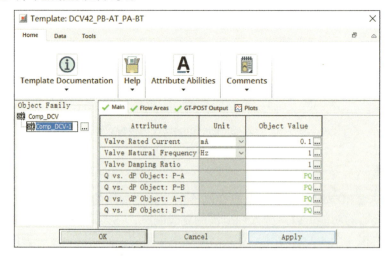

图 6-12　换向阀 Main 选项卡设置

用户需定义不同路径下的流体流量和压降的属性，为简化操作，可直接在值选择器选择 FlowPDropLossCoef 模板，并将正向和逆向压降系数均设置为 0 进而忽略流体在阀门处的压力损失，如图 6-13 所示。GT 也为用户提供了其他诸多的流量/压降模板，如 FlowPDropTable、FlowPDropSimple、FlowPDropTempTable 等，用户可根据现有数据、功能实现来展开选择。

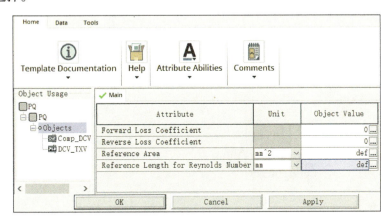

图 6-13 压降系数设置

切换至 Flow Areas 选项卡，该部分定义了换向阀未通入外部信号时的初始状态，如图 6-14 所示。用户可预设 Initial Fractional Position 参数，其取值范围可在 0~1 的区间内，假若该值为 0，模块可根据 1-x 和 x 的表达式计算得出不同端口的连通状态，如下设置可表示阀门维持 P-A 端口、B-T 端口连通的初始状态。

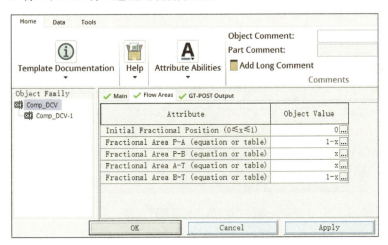

图 6-14 换向阀 Flow Areas 选项卡设置

如图 6-15 所示，换向阀使用过程中需介入四个端口管路和一个电流控制信号。建议对管路对象命名时，可以 B、P、A 和 T 作为标签以便于后续的准确连接。

HP_mode 对象为一个信号产生器，如图 6-16 所示。选用 SignalGenerator 模板，并可在 Signal Type 中选择类型。选择 constant_or_reference 信号类型，在 Constant or Dependency Reference Object 属性中设定定值或变量对象。设置 [HP_mode] 参数以便在 Case Setup 中进行统一设置，本例中 0 表示制冷循环，1 表示热泵循环。

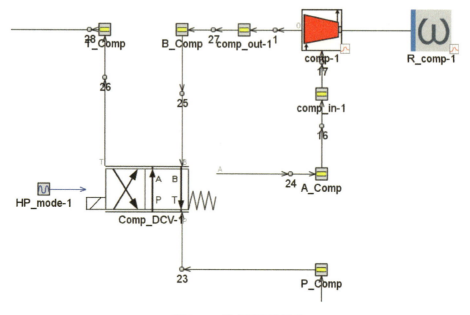

图 6-15 换向阀连接型式

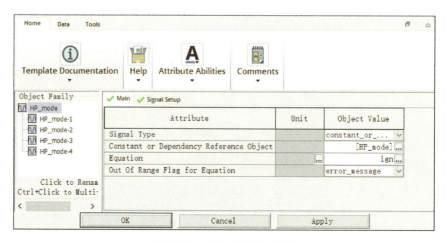

图 6-16 换向阀信号产生器

6.3.4 旁通阀

DCV32_AT_PA 模板为 3/2 型阀门，模板自带三个端口并通过连接任意两个端口实现阀门的旁通功能。该模板同样是一个复合模板，其内部结构如图 6-17 所示。

双击 DCV32_AT_PA 模板，可在 Main 选项卡中设置旁通阀相关特性，如阀门固有频率、阻尼比、电流阀值等，如图 6-18 所示。其属性具体设置与换向阀模块一致。

切换至 Flow Areas 选项卡，如图 6-19 所示。将 Initial Fractional Position 属性设置为 0，并基于下方 1-x 和 x 表达式可知，此时 P-A 端口相连，而 A-T 端口处于断开状态。

第 6 章 整车空调系统的建模

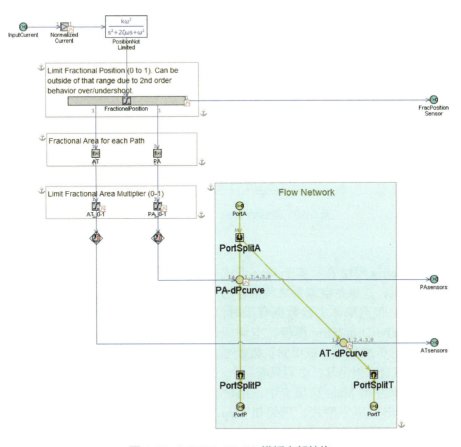

图 6-17 DCV32_AT_PA 模板内部结构

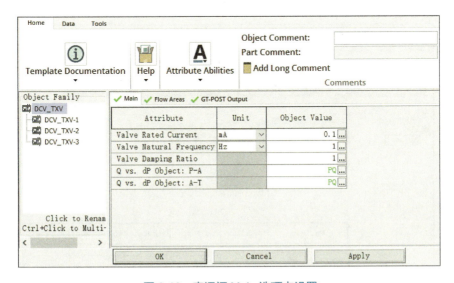

图 6-18 旁通阀 Main 选项卡设置

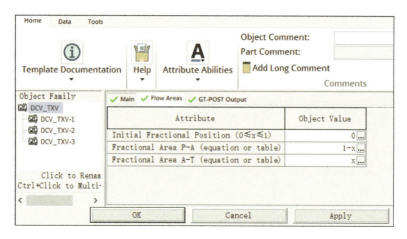

图 6-19 旁通阀 Flow Areas 选项卡设置

6.3.5 压缩机

CompressorRefrig 模块表示基于 Map 型式的制冷剂用压缩机，这也是空调系统所推荐的压缩机建模模板。但当单体实验数据有限时，则建议使用 CompPosDispRefrig 模板。空调压缩机结构示意如图 6-20 所示。该压缩机模板可有任意数量的进气口，但出气口必须只有一个。

在空调压缩机中的 Main 选项卡中，用户需在其中定义进出口压力型式、压缩机 Map 等属性，如图 6-21 所示。Inlet/ Outlet Pressure Flag 有总压（total）和静压（static）两类选项；Rack Position 属性则为用户提供了 VGT/VNT

图 6-20 空调压缩机结构示意

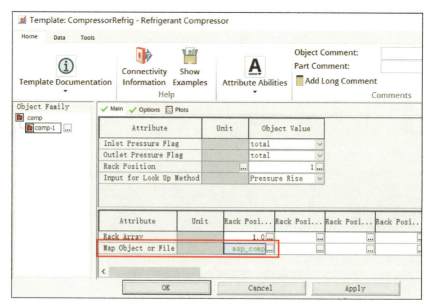

图 6-21 空调压缩机 Main 选项卡设置

设置的能力，一般来说，空调压缩机几何形状固定，其值便可设为 1（即只有一个 Map）；空调压缩机的质量流量、出口温度、轴功率等数值预测则是通过 Map Object or File 引用对象计算得出。

Map Object or File 属性中选用 CompressorMapRaw 模板。与 CompressorMap 模板不同，CompressorMapRaw 模板中的输入 Map 不需要修正，且用于两相流环境。压缩机 Map 建议指定至少四个速度，每个速度下必须输入三行或更多的其他数据（如流量）。实际中，压缩机 Map 最多可输入 60 条速度线、300 行数据，Map 设置如图 6-22 所示。

注意：当 Map 数据由外部 SAE 文件直接映射，模板中的所有数组应全部设置为 "ign"。

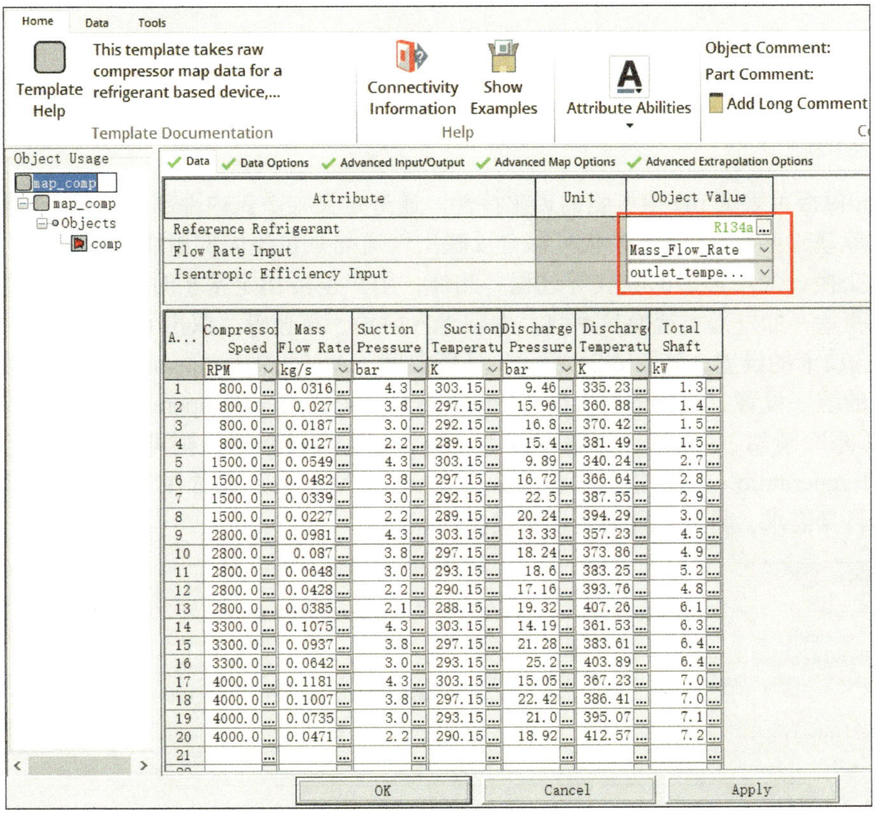

图 6-22　空调压缩机 Map 设置

通常情况下，当空调压缩机不预设转速时，即其与发动机和电机直接机械连接时，Shaft 模板常被使用；而当空调压缩机直接通过转速控制时，SpeedBoundaryRot 模板可直接驱动压缩机转动，其对象设置如图 6-23 所示，可在 Imposed Speed 属性中设置变量或直接引入信号实现压缩机转速的可变控制。

注意：如果任意 Pressure Flag 属性被设置为总压（total），或 Options 选项卡中的 Efficiency: PR Lookup Definition 属性设置为 total-total，则 CompressorMapRaw 模板会基于相邻管路或容腔中的流速计算总压。而面对此情况，相邻管路或容腔的直径则会非常重要，因为该值将影响流速并进而影响总压。

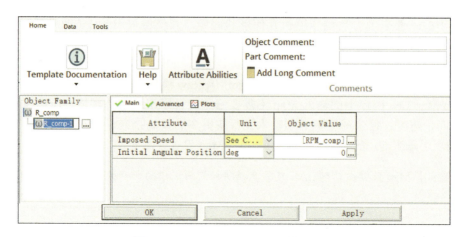

图 6-23 SpeedBoundaryRot 模板设置

6.3.6 乘员舱

Cabin 模板可表征 0D 乘员舱的热源特性。通过定义乘员舱内部部件材料、质量、厚度、初始温度等基础参数，Cabin 模板可综合反映出气流与乘员舱内部组件的热交换、环境和车身间的热交换、太阳辐射的吸收等过程。此外，用户也可指定基于时变信号或模型 RLT 信号的瞬态变量，如外部对流换热系数、太阳光入射角、车速等。双击 Cabin 模块，首先完成 Ambient 选项卡的设置，如图 6-24 所示，环境温度（Ambient Temperature）可设置为变量以便于后续的统一设置；有效辐射温度（Effective Sky Radiative Temperature）的典型数值范围在 230K（寒冷晴朗）~285K（温暖多云）之间，如无具体数据，则可将其取值直接配置为 Ambient Temperature；太阳辐射通量（Solar Flux on Vehicle）通常在 1000W/m² 附近，用户也可根据自身需求，将其设置为变量型式。

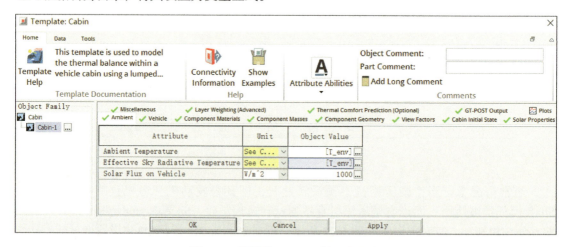

图 6-24 乘员舱 Ambient 选项卡设置

切换至 Vehicle 选项卡，如图 6-25 所示，用户可在其中定义车速、乘员舱体积、内外部换热系数等属性。通常情况下，车速（Vehicle Speed）、外部换热系数（External Heat Transfer Coefficient）非定值，且外部换热系数会与车速呈一定相关性；乘员舱内部换热系数（Internal Heat Transfer Coefficient）取值范围常在 5~20 W/(m²·K) 之间，其值主要与乘员舱进风量有关。此 3 类属性可设置为变量，以便于后续统一设置或标定优化，将乘员舱体积（Cabin Air Volume）设置为 4m³。

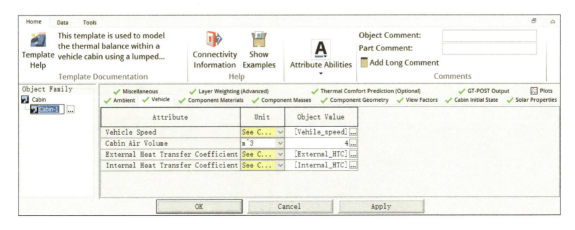

图 6-25　乘员舱 Vehicle 选项卡设置

对于车速，可在 Case Setup 中进行设置。选用 ProfileTransient 模板，该模板可定义基于时间瞬态的数据文件，按图 6-26 所示填入数据。

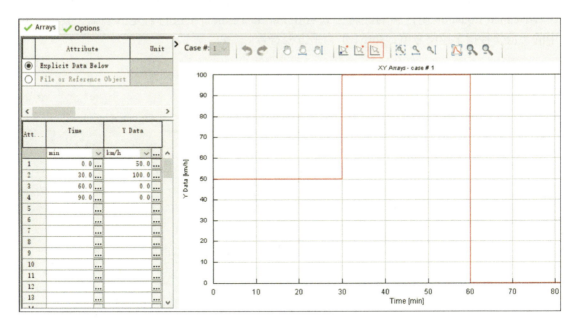

图 6-26　车速定义

对于外部换热系数的定义，鉴于其与车速成函数关系，即外部换热系数 = 1.163 × $\left[4+12\times\left(\dfrac{车速}{3.6}\right)^2\right]$，可使用 RLTDependenceXY 模板进行设置，如图 6-27 所示。Wireless Signal or RLT（X）属性可通过值选择器选择车速信号，圈选 Initial X Input 并为车速设置初始值。Dependence Object 属性可用 XYFunction 或 XYTable 模板，如需将因变量和自变量设定为等值关系，则该属性可以设置为"def"。

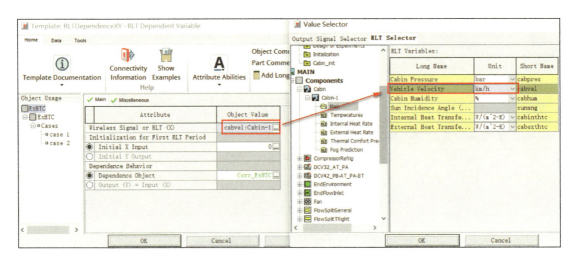

图 6-27　RLTDependenceXY 模板设置

本例 Dependence Object 属性对象选用 XYFunction 模板，具体设置如图 6-28 所示。User-Defined Equation 属性中的经验公式可在 Formula Editor 中进行自定义编辑，其中公式中的 x 值便特指车速信号值，sqrt（）为平方根符号。

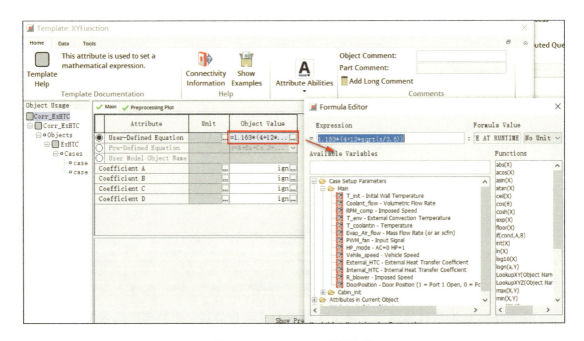

图 6-28　XYFunction 模板设置

回到 Cabin 对象，并切换至 Component Materials 选项卡。如图 6-29 所示，用户需定义不同部件、不同位置上的具体材料，各材料对象包括密度、比热容、导热系数等参数。GT

材料库中已包括多类常用材料，如玻璃、钢材、尼龙、聚氨酯等，用户可很方便地通过值选择器选择。

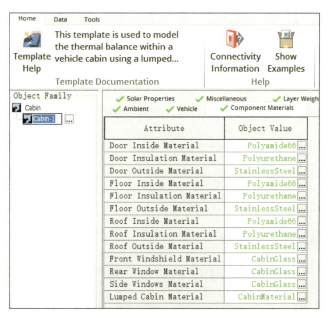

图 6-29 乘员舱 Component Materials 选项卡设置

切换至 Component Masses 选项卡，用户需在其中定义车门、底盘、车顶、玻璃等各部分总质量，如图 6-30 所示。Cabin Interior Mass（dash, seats, etc）属性为乘员舱内部部件（如仪表盘、座椅等）的整体质量，该值通常在 20kg（小型汽车）和 200kg（大型工程机械，如拖拉机）的范围内。此外，为匹配乘员舱温度瞬态曲线，Cabin Interior Mass 常被设为变量并展开后续标定优化。

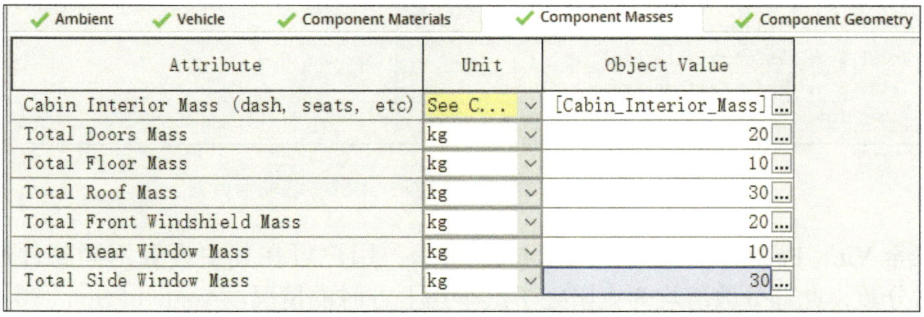

图 6-30 乘员舱 Component Masses 选项卡设置

切换至 Layer Weighting（Advanced）选项卡，用户可自定义乘员舱各部件中的各层质量占比，如图 6-31 所示。结合 Component Masses 选项卡中的各部件总质量设定，模板可自动计算各层中的具体质量。

切换至 Component Geometry 选项卡，具体设置如图 6-32 所示。用户可在其中定义乘员舱不同组件的厚度和表面积，其中 Cabin Interior（seats, dash, etc）Area 属性为乘员舱内部有效表面积，其值范围通常在 5~10m² 区间内。

✓ Solar Properties ✓ Miscellaneous ✓ Layer Weighting (Advanced) ✓ Thermal Comfort Prediction (Optional)

Attribute	Unit	Object Value
Fraction of Door Mass in Inside	fraction	0.2
Fraction of Door Mass in Insulation	fraction	0.005
Fraction of Door Mass in Outside	fraction	0.7995
Fraction of Door Length in Inside	fraction	0.15
Fraction of Door Length in Insulation	fraction	0.7
Fraction of Door Length in Outside	fraction	0.15
Fraction of Floor Mass in Inside	fraction	0.2
Fraction of Floor Mass in Insulation	fraction	0.005
Fraction of Floor Mass in Outside	fraction	0.7995
Fraction of Floor Length in Inside	fraction	0.15
Fraction of Floor Length in Insulation	fraction	0.7
Fraction of Floor Length in Outside	fraction	0.15
Fraction of Roof Mass in Inside	fraction	0.2
Fraction of Roof Mass in Insulation	fraction	0.005
Fraction of Roof Mass in Outside	fraction	0.7995
Fraction of Roof Length in Inside	fraction	0.15
Fraction of Roof Length in Insulation	fraction	0.7
Fraction of Roof Length in Outside	fraction	0.15

图 6-31　乘员舱 Layer Weighting（Advanced）选项卡设置

✓ Ambient ✓ Vehicle ✓ Component Materials ✓ Component Masses ✓ Component Geometry

Attribute	Unit	Object Value
Total Roof Thickness	mm	100
Total Door Thickness	mm	180
Total Floor Thickness	mm	160
Total Front Windshield Thickness	mm	10
Total Rear Window Thickness	mm	10
Total Side Windows Thickness	mm	10
Total Roof Surface Area	m^2	1.5
Total Doors Surface Area	m^2	1.3
Total Floor Surface Area	m^2	1.8
Total Front Windshield Surface Area	m^2	0.9
Total Rear Window Surface Area	m^2	0.75
Total Side Window Surface Area	m^2	1.25
Cabin Interior (seats, dash, etc) Area	m^2	7

图 6-32　乘员舱 Component Geometry 选项卡设置

切换至 View Factors 选项卡。如图 6-33 所示，用户可在其中设置不同部件的太阳通量的入射分数，此部分数值均为太阳处于汽车正上方时的情况。Angle of Sun（90 degrees = directly overhead）属性为太阳相对于汽车的角度，90° 表示为太阳正处于汽车正上方。调整该角度，输入的 View Factors 值乘以该角度正弦值便是此时实际的 View Factors 值。

切换至 Cabin Initial State 选项卡，如图 6-34 所示，用户需在其中定义不同部件、不同位置的初始温度。与常规的初始值有较大不同，此处初始值对于乘员舱性能标定极其重要，因此初始温度的高低表现了乘员舱吸热量的多少，对乘员舱平均温度变化曲线的拟合有着直接影响。用户可将此部分设置为变量，方便适时调节，各点温度可多次测量取平均值输入。Cabin Air “Soak” Initial State 属性可使用 FluidInitialState 模板定义，表征乘员舱空气的初始状态，在冷却（Cool-Down）测试中，其初始湿度值也尤为重要。

Attribute	Unit	Object Value
Roof Solar View Factor (sun directly overhead)		1
Doors Solar View Factor (sun directly overhead)		0.1
Front Windshield Solar View Factor (sun directly o...		0.7
Rear Window Solar View Factor (sun directly overhead)		0.5
Side Window Solar View Factor (sun directly overhead)		0.1
Angle of Sun (90 degrees = directly overhead)	deg	90

图 6-33 乘员舱 View Factors 选项卡设置

Attribute	Unit	Object Value
Cabin Air "Soak" Initial State		Air_Soak_Init
Initial Roof Outside Temperature	See C...	[Roof_Outside_Temp_Init]
Initial Roof Inside Temperature	See C...	[Roof_Inside_Temp_Init]
Initial Doors Outside Temperature	See C...	[Doors_Outside_Temp_Init]
Initial Doors Inside Temperature	See C...	[Doors_Inside_Temp_Init]
Initial Floor Outside Temperature	See C...	[Floor_Outside_Temp_Init]
Initial Floor Inside Temperature	See C...	[Floor_Inside_Temp_Init]
Initial Front Windshield Temperature	See C...	[FrontWindshield_Temp_Init]
Initial Rear Windshield Temperature	See C...	[RearWindow_Temp_Init]
Initial Side Windows Temperature	See C...	[SideWindows_Temp_Init]
Initial "Lumped Mass" Temperature	See C...	[Cabin_Mass_Temp_Init]

图 6-34 乘员舱 Cabin Initial State 选项卡设置

切换至 Solar Properties 选项卡，如图 6-35 所示，用户需定义不同部件的吸收率、辐射率和透射率参数。

切换至 Miscellaneous 选项卡，如图 6-36 所示。用户可在其中设置驾驶员热量输入、体温、水分（汗液）输入、乘员舱环境湿度、防火墙热量输入等参数，通常默认输入如下数据即可。

Attribute	Object Value
Exterior Doors and Roof Absorptivity	0.4
Exterior Doors and Roof Emissivity	0.96
Windows Absorptivity	0.15
Windows Emissivity	0.9
Front Windshield Transmissivity	0.7
Rear Windscreen Transmissivity	0.7
Side Windows Transmissivity	0.7

图 6-35 乘员舱 Solar Properties 选项卡设置

Attribute	Unit	Object Value
Occupant Moisture/Sweat Fluid Object		h2o-vap
Occupant Moisture/Sweat Temperature	C	37
Occupant Moisture/Sweat Input	g/s	0
Occupant Heat Input	W	0
Firewall Heat Source Term (optional)	W	0
Ambient Humidity for Fog Prediction	fraction	0.4

图 6-36 乘员舱 Miscellaneous 选项卡设置

如图 6-37 所示，乘员舱除去正常的输入、输出的连接之外，在完整的暖通空调（Heating Ventilation Air Condtioning，HVAC）回路中，压力释放装置（Cabin Relief or Adjoining Llink）也需进行连接以保证乘员舱内部压力的稳定，其连接对象 pressure_relief 可使用 EndEnvironment 模板进行定义。

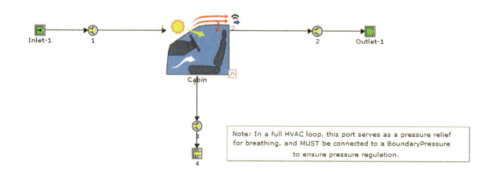

图 6-37　乘员舱模块连接部署

乘员舱模型设置完毕之后，用户必须基于平均温度曲线对乘员舱热阻特性展开优化标定，常规设置的优化变量有内部换热系数和内部组件总质量两类。乘员舱单体标定模型可参考 Single_Volume_Cabin_Pulldown_Medium.gtm（路径：v2023\examples\Cabin\Single_Volume_Cabin）

6.3.7　风门

HVAC_Door 模板可作为 HVAC 的一个组件使用，表征风门开闭的状态。该模板具备气流混合器或分流器的功能，并假定风门开度与有效流通面积呈线性关系。如果风门的非线性行为（如风门与有效流通面积）已知，那么可预先调整风门开度实现此类影响的控制。鉴于 HVAC_Door 模板是一个复合模板，如图 6-38 所示，当混合静压室存在三个以上端口时，可直接在混合模块中进行自定义编辑。

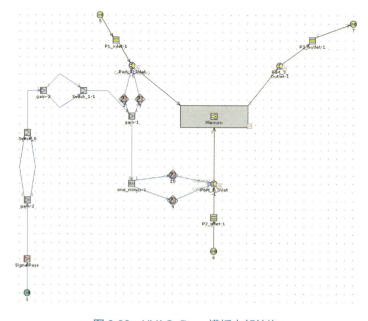

图 6-38　HVAC_Door 模板内部结构

通用的 HVAC_Door 模板为三端口配置，可在设置的参考直径约束下对端口的压力损失进行优化。模板的核心本身为一个 FlowSplitGeneral 组件，具备准 3D 流动求解功能。

注意：混合流（Combined flow）必须连接至端口 3，而分流（Separated flow）则必须连接至端口 1 和 2，如图 6-39 所示。

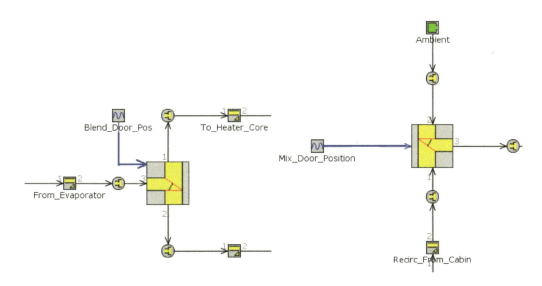

图 6-39　HVAC_Door 模板端口连接

双击 HVAC_Door 模板，在 Main 选项卡中，将虚拟混合静压室容积（Mixing Plenum Volume）设置为 5L，并设置初始状态，如图 6-40 所示。

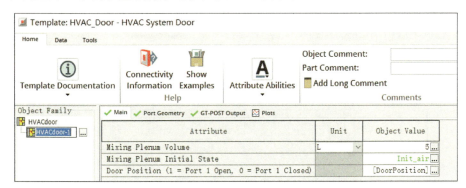

图 6-40　HVAC_Door 模板 Main 选项卡设置

Door Position 可设置为变量以便后续端口开闭控制。其中 0 表示为端口 1 关闭，1 表示为端口 1 开启，表现形式如图 6-41 所示。

如图 6-42 所示，切换至 Port Geometry 选项卡，可在其中定义端口空间布置、特征长度、参考直径等信息。

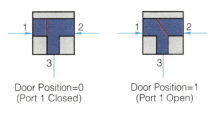

图 6-41　Door Position 示意

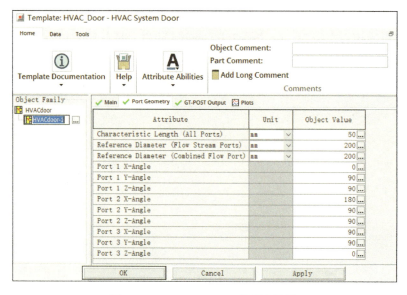

图 6-42 Port Geometry 选项卡设置

6.3.8 循环初始化

RefrigCircInit 模板可便于用户统一设置 AC 循环中制冷剂类型、填充量、系统温度等初始参数，模板对象不需要与其他部件相连接，具体设置如图 6-43 所示。Flow Part Name Identifying Refrigerant Circuit to be Initialized 属性可通过值选择器选择 AC 循环某一特定部件，GT 可基于选定部件自动识别出完整的制冷循环；若是系统存在多个制冷剂回路，可分别对应设置多个 RefrigCircInit 初始化对象，并在每个对象中单独设置一个对应的部件。

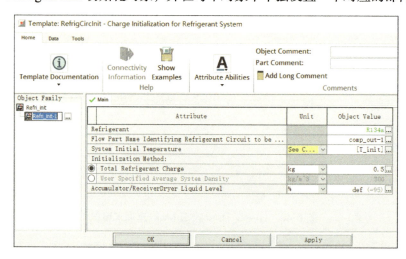

图 6-43 RefrigCircInit 模板设置

GT 为初始化方式（Initialization Method）提供了两种方式：一是直接设置总的制冷剂填充量；二是自定义系统制冷剂平均密度。当系统中制冷剂填充量参数未知时，通常直接勾选 User Specified Average System Density 并设置制冷剂平均密度参数。为合理估计平均密度，应基于系统循环型式、制冷剂类型等条件综合判断，常规参数可参考表 6-2。

表 6-2　不同制冷剂对应的系统密度

用途 / 情况	制冷剂 （或工作介质）	估算冷凝压力 /bar	饱和液体密度 /（kg/m³）	建议的系统平均密度 /（kg/m³）
朗肯循环	水	1.0	958.6	335.5
朗肯循环	乙醇	1.0	736.8	257.9
朗肯循环	R245FA	3.0	1280.5	448.2
空调循环（含热泵）	R134a	20.0	1011.4	252.9
空调循环（含热泵）	R1234yf	20.0	888.9	222.2

鉴于 AC 循环初始化对象可直接输入制冷剂填充量，用户可通过设定 Total Refrigerant Charge 属性变量并优化系统填充量，以保证在满足系统功能的前提下降低成本。图 6-44 为某空调系统 R134a 填充量与过冷度性能的关系。

6.3.9　压焓图、温熵图（Ph-Ts）输出

压焓图、温熵图是分析空调系统循环的重要工具，常用于空调系统循环设计、计算和分析。PhTsDiagramRefrig 模板可绘制循环终了或瞬态下的压焓（P-h）曲线和温熵（T-s）曲线，旨在为用户提供有效的两相流系统状态分析工具。在 Main 选项卡中，GT 为用户提

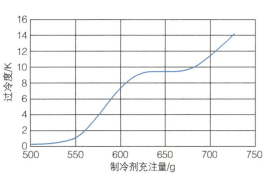

图 6-44　某空调系统 R134a 填充量与过冷度性能的关系

供了三种定义两相流系统边界的功能，Pick one part for automatic plotting and labeling 属性可通过选择某一 HVAC 系统的部件进行系统自动识别；Pick parts for automatic plotting and user-defined Labeling 和 Pick parts with location for user-defined plotting and Labeling 属性则通过指定部分回路中的部件识别制冷系统，如图 6-45 所示。

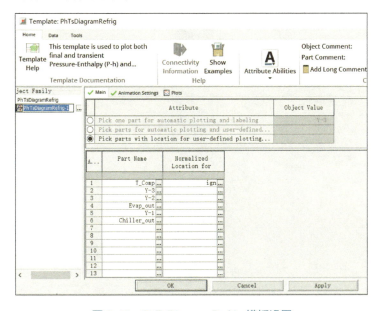

图 6-45　PhTsDiagramRefrig 模板设置

6.4 空调系统建模流程

6.4.1 空调系统模型介绍

打开软件自带模型 System_Model.gtm（路径：v2023\tutorials\Modeling_Applications\AC_and_Waste_Heat_Recovery\Air_Conditioning），模型布置如图 6-46 所示。完整系统中包含冷凝器、蒸发器、膨胀阀、压缩机、鼓风机、乘员舱及诸多连接管路等部件，其中冷凝器、蒸发器均使用 HxMain（制冷剂侧）和 HxSecondary（风侧）模板，鼓风机使用 Fan 模板。第 5 章已经详细讲述了其建模流程，此处不再赘述。空调系统模型中，初始化模板和 Ph-Ts 分别是用来对空调系统初始化和后处理分析的工具，在模型中不用与其他部件进行连线；压缩机、鼓风机转速未设置复杂逻辑进行控制，而是直接在 SpeedBoundaryRot 模板中进行定义。

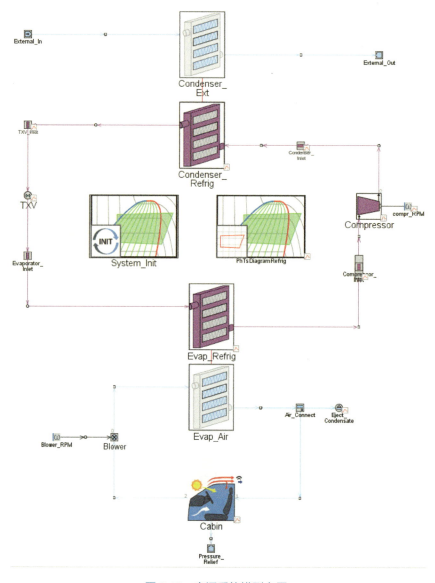

图 6-46 空调系统模型布置

蒸发器部件与其他散热器（如冷凝器等）情况稍有不同，考虑空气中水蒸气将在蒸发器表面遇冷凝结，将对换热器换热能力产生影响，如图 6-47 所示，在对应选项页选择空气冷凝的计算方法。

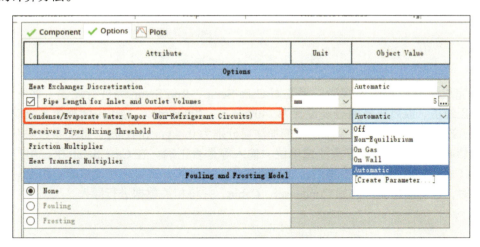

图 6-47　考虑蒸发器空气冷凝

对于风侧中的冷凝水，系统模型应具备将水排除至环境的功能，避免模拟中进入乘员舱的气流物质与实际实验不符，此时需借助 EjectorConn 模板的功能。如图 6-48 所示，Fluid Object 属性可定义排出物质对象，可在 GT 库中选择水（h2o，非 h2o-vap）；Ejector Location（Pipes only）属性可定义 Ejector 在管道中的标准化位置，0 为管道入口端，1 为管道出口端；对于除水量而言，模块提供了完全排出（Complete Ejection）和设定最大排出流量（Maximum Ejection Mass Flow Rate）两种方式。

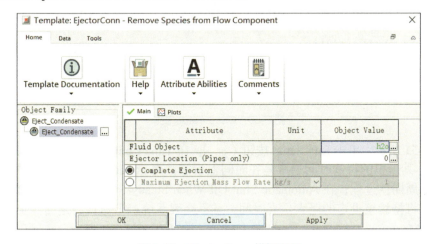

图 6-48　EjectorConn 模板设置

注意：EjectorConn 模板不可直接与 HxSecondary（风侧）模板相连，通常可与管道或分流管模板（如 PipeRectangle、PipeRound、FlowSplit 等）连接。信号连接通常为部件至 EjectorConn 模板的方向，如图 6-49 所示。

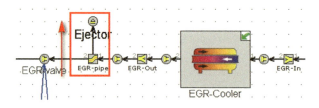

图 6-49　EjectorConn 模板连接

当完成所有信号的连接后，需要对 Case Setup、Run Setup 等进行设置。如图 6-50 所示，对压缩机、鼓风机转速分别设置为 2400r/min、2000r/min，这也说明整个系统仅计算单点工况；冷凝器进气流量、系统制冷剂加注量分别为 0.8kg/s 和 0.4kg，此类参数对系统运行结果的影响较大，用户需着重注意单位、输入等是否正确。在 Case Setup 中，用户可点击 Append Case 按钮以设置多个算例，通过控制单一变量的方式实现对比试验；但变量参数数量较多时，也可新建文件夹如 Condenser、Cabin，并将相关数据进行导入。

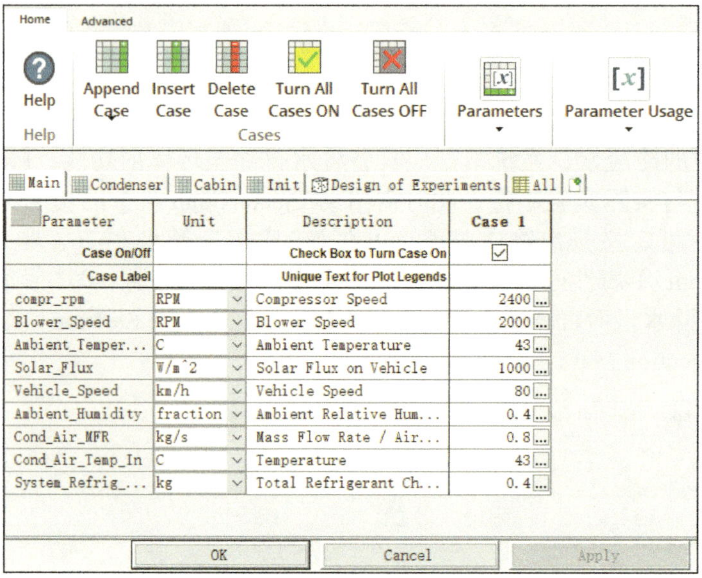

图 6-50　Case Setup 设置

如图 6-51 所示，单击 Run Setup 按钮（  ），在 Time Control Flag 属性下拉菜单中选择 continuous，其模拟的持续时间通常是在时间上指定，而 periodic 则常用在发动机性能仿真中以模拟其周期性过程；在 Automatic Shut-Off When Steady-State 属性下拉菜单中选择 off，预示着计算将持续至设定的最大仿真时间，且不会因系统趋于迭代稳定而停止计算。最大仿真时间（Maximum Simulation Duration (Time)）设置为 200s。

切换至 FlowControl 选项卡，如图 6-52 所示。对于空调系统而言，鉴于其系统存在气液两相的现实，不同流体回路应特定指出并分别设置不同流动求解器，以保证空调的计算精度和速度。Part Name List Object Identifying Circuits Belonging to Column 属性的功能便是定义不同流动循环回路；Time Step and Solution Control Object 属性则是定义回路中流体求解器的功能。对于制冷剂两相流系统、冷却系统等建议使用隐形求解器（FlowControlImplicit），可通过值选择器在 GT 库中选择，其求解器适用于对高频流体特性不敏感的情况。

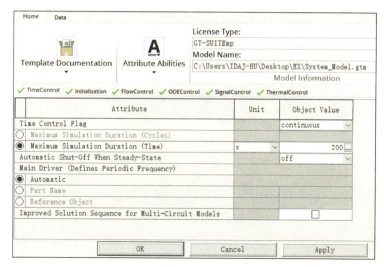

图 6-51　Run Setup 中 TimeControl Flag 设置

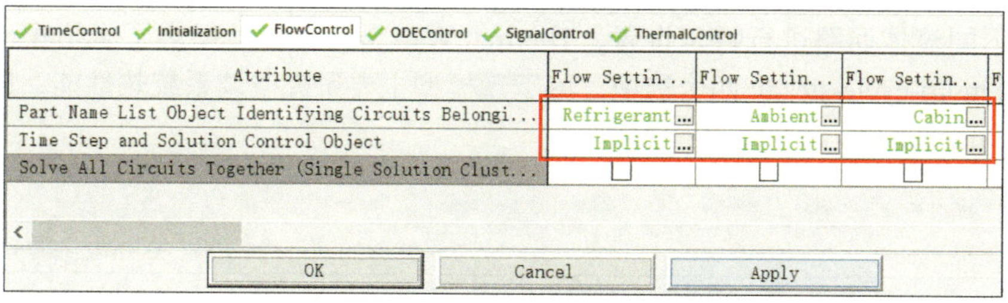

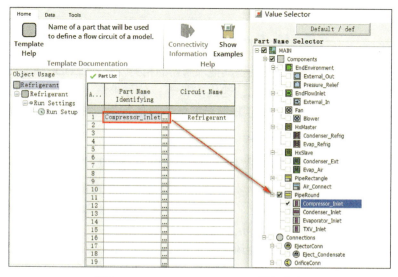

图 6-52　Run Setup 中 FlowControl 设置

双击回路定义中的 Refrigerant 对象，其使用的模板为 FlowCircPartSelector，可通过引用某一回路任一部件即能实现整个回路的自动识别，如图 6-53 所示。其中，Part Name Identifying Circuit 属性可通过值选择器直接选择某一回路部件名称；Circuit Name 属性可指定所识别回路的唯一名称，输入"def"则表示直接使用部件名作为回路名称。

图 6-53　FlowCircPartSelector 模板定义

267

重复上述步骤，对风侧和乘员舱侧回路分别进行定义，如图 6-54 所示。

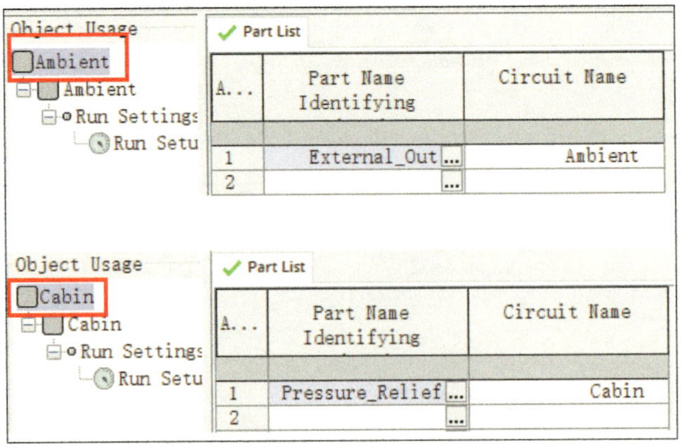

图 6-54　风侧和乘员舱侧回路定义

切换至 ThermalControl 选项卡，如图 6-55 所示。与 FlowControl 类似，温度求解器也可针对不同流体回路进行特定设置，Thermal Wall Solver 属性提供了 automatic、steady、transient 和 multi-cycle-steady 四个选项，鉴于现模型主要研究空调系统热性能，因此选择瞬态求解器（transient）。

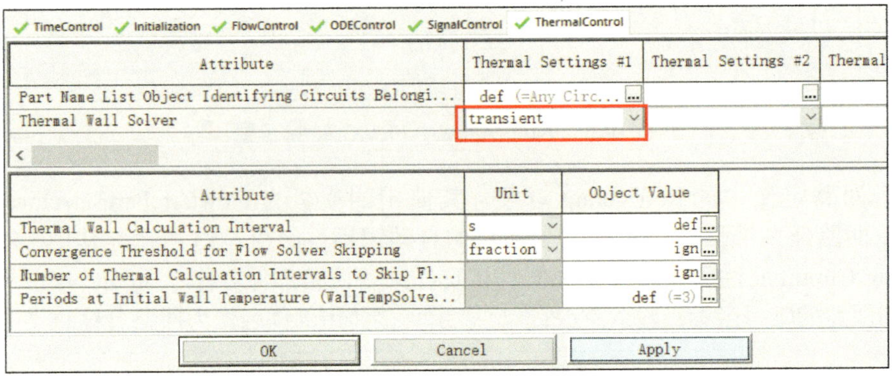

图 6-55　Run Setup 中 ThermalControl 设置

除上述介绍之外，Run Setup 中还具备其他求解器的相关设置，如 ODE 求解（ODEControl），其可设置模型内常微分方程求解方式、迭代步长等；信号求解（SignalControl），其能模拟实际控制系统（ECU、TCU 等）和与第三方工具的通信行为，常用在 SiL/HiL 中。设置完成后，单击运行按钮（ 　）进行计算。

计算完毕后，单击 View Results 按钮（ 　），在 GT-POST 中对仿真结果进行分析。查看空调系统结果前，用户应预先确认不同部件的拟合情况如冷凝器、蒸发器、压缩机等。图 6-56 所示为冷凝器换热量拟合情况，用户可在 Heat Transfer Rate Fit vs. Data 中查看，由图可知冷凝器拟合值与实验值匹配良好。

如图 6-57 所示，用户可在冷凝器风侧对象的 Pressure Loss Fit vs. Data 栏中查看其压降拟合程度，可见拟合精度较高。

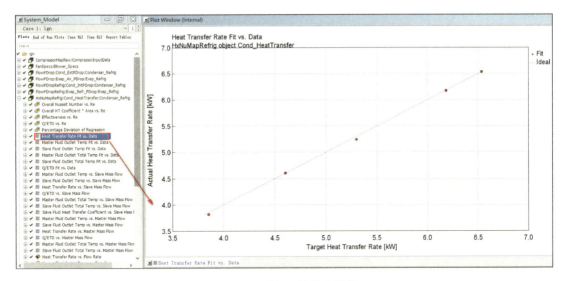

图 6-56　冷凝器换热量拟合

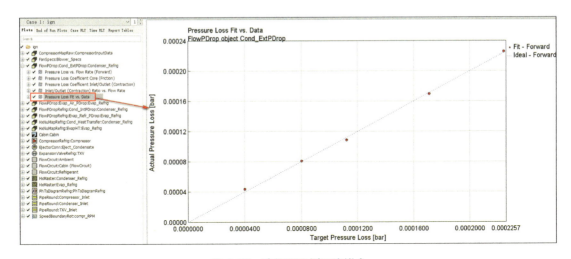

图 6-57　冷凝器风侧压降拟合

如图 6-58 所示，用户可在冷凝器制冷剂侧对象的 Pressure Loss Fit vs. Data 栏中查看其压降拟合程度。相比上述两项结果，制冷剂压降拟合偏差较大，但最大偏差不超过 5%，同样是在允许误差以内。如上述参数拟合与实验值存在较大出入，用户可适当调节 HxHTCorrRefrig 模板中的传热关系式模型，并检验散热器几何尺寸及单体实验数据，具体内容请参考第 4 章。

重复上述方式检验蒸发器的数据拟合情况，如出现拟合问题，同样需对蒸发器单体进行深入检验。如图 6-59 所示，鉴于蒸发器模块已开启水蒸气遇冷凝结的功能，EjectorConn 对象排出水流量的多数情况下不为 0kg/h，如未有水排除，用户需继续检查蒸发器、EjectorConn 等设置。

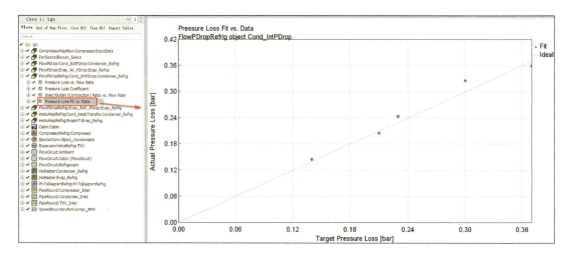

图 6-58 冷凝器制冷剂侧压降拟合

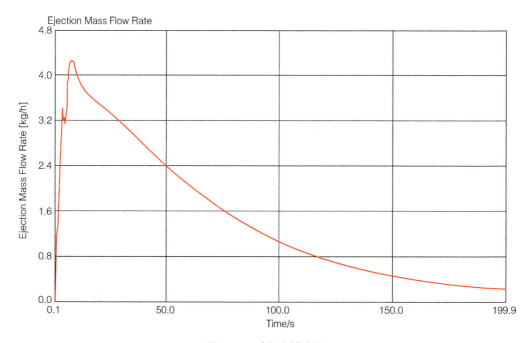

图 6-59 冷凝水排出量

图 6-60 为压缩机性能 Map，用户可在图形中查看空调系统不同工况运行点下的效率、折合转速等参数在压缩机 Map 中的位置，以此可检验压缩机单体模型准确与否，同时也能为压缩机选型、压缩机转速控制优化等提供途径。

图 6-61 为空调系统 Ph-Ts 示意图，用户可从整体分析空调系统运行得正常与否。

如图 6-62 所示，根据乘员舱单体模型标定，空调系统中乘员舱平均温度的变化与试验数据的对比更能反映出系统计算的可靠性。正常情况下，若是乘员舱温度曲线出现偏差，用户可参考鼓风机转速控制、风道压降、乘员舱热阻性能等方向进行纠错处理。

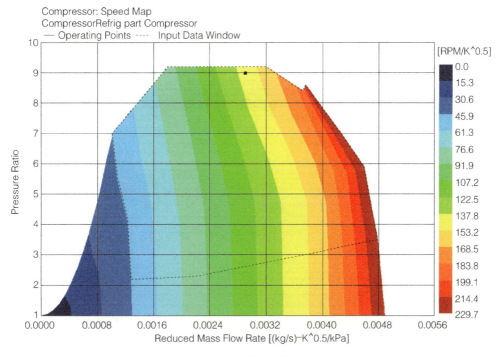

图 6-60 压缩机性能 Map

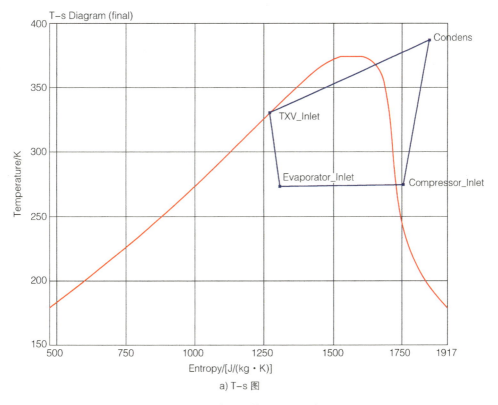

a) T-s 图

图 6-61 空调系统 Ph-Ts 示意图

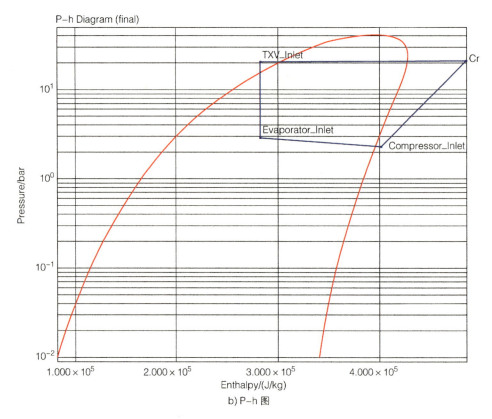

b) P-h 图

图 6-61 空调系统 Ph-Ts 示意图（续）

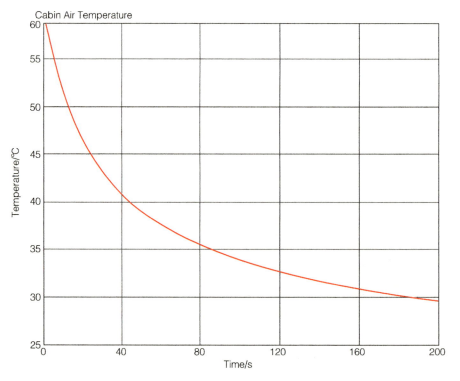

图 6-62 乘员舱平均温度

6.4.2 拓展：热泵系统

热泵空调可将低位热源的热能转移到高位。水泵是将低处的水泵到高处，热泵与之类似，是一种可将低位热源的热能强制转移到高位热源的空调装置。热泵系统使用四通换向阀、旁通阀可以使空调中的蒸发器和冷凝器功能互相对换，改变热量转移方向，从而达到夏天制冷、冬天制热的效果。相比 PTC 热敏电阻制热存在功耗大的缺陷，热泵空调加热模式更加节能，其耗能大约为 PTC 加热模式的 50%。

在 GT 中可以采用上文所提及的换向阀等来建立热泵模型，也可以采用控制"Orifice"部件的通断功能来实现制冷剂"换向"。这种方法也是在 GT 中最常使用的方法，读者可以去查看 GT 中关于热泵的案例，路径为 GTI\v2023\examples\Air_Conditioning_and_Heating\Heat_Pump_HVAC_Systems\4-Way_Valve_Heat_Pump\System_HeatPump.gtm。模型示意图如图 6-63 所示。

对于热泵的建模与仿真，目前行业内也有非常多的工程应用，读者可以自行参考一些文献来进行了解，例如贾凡等对不同控制策略下新能源汽车跨临界 CO_2 热泵最优运行特性的研究。

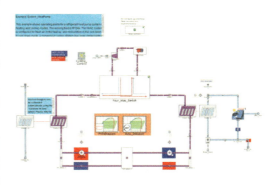

图 6-63　GT 热泵模型示意图

6.5　使用 GT-TAITherm 进行舒适性分析

6.5.1　GT-TAITherm 概述

在 GT-SUITE 中使用 GT-TAITherm 模块，可实现乘员舱舒适性仿真计算的功能。其中，GT-SUITE 用于快速求解乘员舱内部流体域的对流边界，而 GT-TAITherm 则是一类 3D 红外特性和热特性的建模分析工具，其提供了快速的 3D 传导、对流和多反射辐射换热的温度求解能力，也就是说，GT-TAITherm 可为 GT-SUITE 提供实时精准的热壁边界条件，这样即可为乘员舱热仿真提供一个完整、精准且快速的解决方案。

本文简化 GT-TAITherm 和 GT-SUITE 的乘员舱几何机构，并在后续进行联合仿真计算。为将乘员舱 3D 流体域转化为 GT-ISE 可运行的 1D 流体域，预处理器 COOL-3D 同样会被使用，部分 COOL-3D 功能介绍可参见 7.2 节。通常情况下，复杂或简单的 3D 几何物体在 GT-SUITE 中的处理过程基本一致，而实际中对于复杂的乘员舱在转化为一维流体域之前可作适当简化，以提升离散速度且对仿真结果影响较小。

如果 COOL-3D 导入文件为网格结构（Mesh Shape），可直接使用"Simplify Mesh"功能进行简化处理，其选项在 COOL-3D 中的 Convert 菜单栏。新划分的网格将自动按照所填入的最小及最大的元素尺寸重新映射。建议将座椅、驾驶员等内部结构依次导入并转化为流动阻力件（Blockage）。如图 6-64 所示，在 Simplify Mesh 界面中，"Update Preview"选项可实现简化网格形状的预览功能，勾选左下方的"Show original shape"和"Show new shape"选项可显示出乘员舱原始形状和新形状，利于检查 3D 结构在重新划分网格过程中的偏移量。

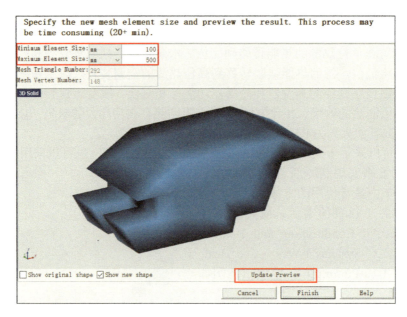

图 6-64　Simplify Mesh 界面

对于乘员舱的网格，本文建议最小、最大单元尺寸分别由 250mm、1000mm 开始调节，网格再划分（Remesh）次数不限；对于座椅的网格，建议最小、最大单元尺寸分别由 100mm、500mm 开始；而驾驶员（人体模型）的网格，则建议最小、最大单元尺寸分别由 50mm、500mm 开始调节。

本文案例所需文件路径为：v2023\Tutorials\Modeling_Applications\Cabin\GT-Flow_Solution，具体包括：

1）乘员舱的几何简化结构：3D_Cabin_Simple.scdoc。
2）GT-TAITherm 模型文件：3D_Cabin_Simple_TAITherm_Start.tdf。
3）标定用的试验测量曲线：VolumeAveragedTemp_Measurement.xlsx。

基本 3D 乘员舱所需的数据如下，需求数据可根据模型预期用途适当增减：

1）网格化的 3D 乘员舱几何结构。
2）组件构成（包括组件结构如层数及厚度、材料属性、组件表面属性）。
3）环境边界（包括环境温度、环境湿度、太阳辐射通量、天气状态、车辆速度等）。
4）乘员舱内部体积。
5）进 / 出风口的位置和形状。
6）空气流量和入口温度（如未连接到 HVAC 系统）。
7）空气入口湿度（如需模拟湿度）。
8）CFD 流场映射所需数据。

6.5.2　GT-TAITherm 模型处理

本节将使用 GT-TAITherm 搭建简化版乘员舱几何模型。首先启动 GT-TAITherm 软件，并打开 3D_Cabin_Simple_TAITherm_Start.tdf 文件（其路径为：v2023\Tutorials\Modeling_Applications\Cabin\GT-Flow_Solution）。该模型中的乘员舱几何结构已导入 TAITherm 中，网格元素也被合并为不同部分。

1. 玻璃属性设置

如图 6-65 所示，首先对汽车窗口属性进行设置。在 Editor 菜单栏中选择 Assembly 子菜单并选择 "Windows" 组件，由此可选择窗口中所有玻璃部件。

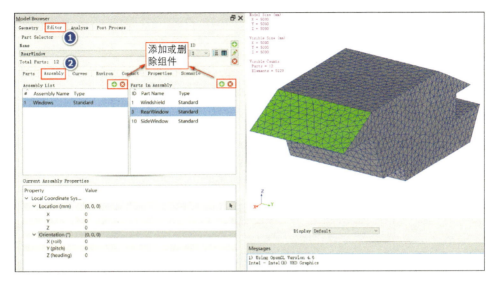

图 6-65　全选 Windows 所有部件

返回 Parts 子菜单，勾选 "Transparent" 复选框，如图 6-66 所示，这使得窗口转变为可被太阳辐射穿透的透明部件。接下来，选择窗口材料为 [Glass, Conventional Automotive]，并将厚度调整为 3mm。而当鼠标停留在所选材料上时，材料属性数据将自动弹出。

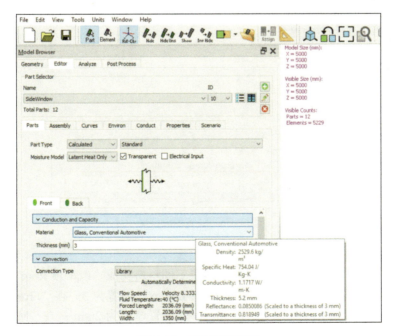

图 6-66　玻璃属性设置

如图 6-67 所示，将鼠标移至"Surface property"，此处可设置玻璃表面的发射率和吸收率。当设置为 [Default Surface] 时，如图 6-68 所示，其发射率和吸收率值通常为 0.9 和 0.7，而该缺省值也可在 Properties 子菜单下的"Surfaces"选项中进行更改。此外，"Initial Temperature"可设置窗口部件的初始温度，前后窗口的"Convection Type"可定义表面对流形式。

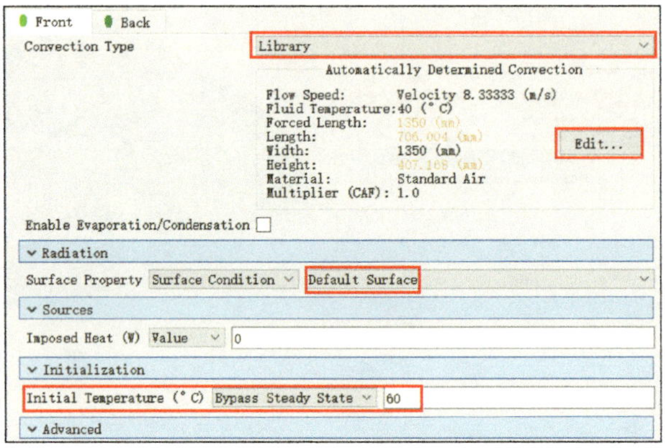

图 6-67 对流、初始温度和表面属性设置

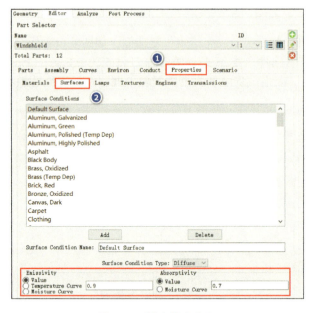

图 6-68 缺省值自定义

2. 多层材料属性定义

如图 6-69 所示，乘员舱诸多部分是由多层不同材料构成。以车顶 Roof 为例，将"Part Type"改变为 [Multi-Layer]，并将"Number of Layers"设置为 3。在"Front"选项中，可选择前端材料为 302 钢 [Stainless Steel, 302]，并设置厚度为 2mm；在"Middle"选项中，设置中部材料为泡沫 [Polyurethane Foam]，其厚度为 20mm；在"Back"选项中，选择内部材料为聚丙烯 [Polypropylene]，设置厚度为 2mm。

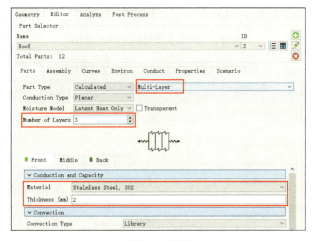

a) 多层材料参数设置(一)

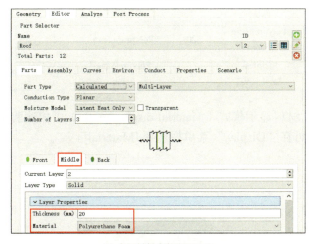

b) 多层材料参数设置(二)

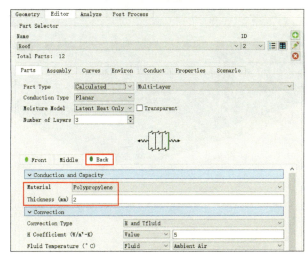

c) 多层材料参数设置(三)

图 6-69　多层材料的属性定义

重复上述步骤，为乘员舱其他具有多层不同材料的部件进行设置，具体属性见表6-3。

表6-3 其他多层材料部件的属性

Part	#of Layers	Layer 1（Front）		Layer 2		Layer 3	
		Material	Thickness（mm）	Material	Thickness（mm）	Material	Thickness（mm）
Dashboard	2	Polyurethane Foam	20	Polypropylene	2	—	—
Seat	2	Polyurethane Foam	20	Leatger	2	—	—
Floor	3	Stainless Steel，302	2	Polyurethane Foam	10	Polypropylene	2
Mid Tunnel	2	Polyurethane Foam	25	Polypropylene	2	—	—
Rear Seat	2	Polyurethane Foam	20	Canvas	2	—	—
Rear Shelf	2	Polyurethane Foam	20	Polypropylene	2	—	—
Door	3	Stainless Steel，302	2	Polyurethane Foam	25	Polypropylene	2

如图6-70所示，材料显示模式（Material display mode）可快速验证材料分配的精确与否。为进入该模式，可在"Display"菜单栏选择[Material]。

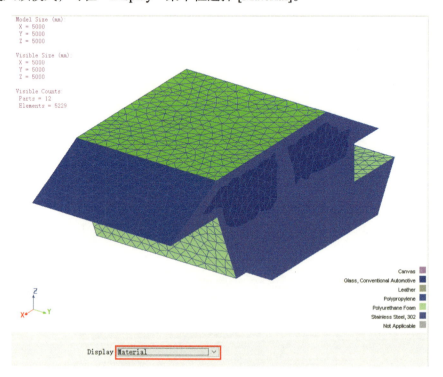

图6-70 切换至材料显示模式

3. 设置环境边界和太阳辐射

如图 6-71 所示，切换至 Editor 菜单栏中的 Environ 子菜单，可选择 "Bounding Box" 并将环境温度设置为 40℃。Bounding Box 可作为一个假想且可包裹整个乘员舱的盒子，可用于设置外部环境的温度以便其与乘员舱进行辐射热交换。边界框偏移量（Bounding Box offset）则为乘员舱实体边缘到 Bounding Box 之间的距离。假定发射率为 1（即黑体），由此可将环境表征为一个无限大且恒温的吸热部件。随着将环境建模为一个简单的 Bounding Box，可建立 "Solar Lamp" 以模拟太阳辐射的性质。

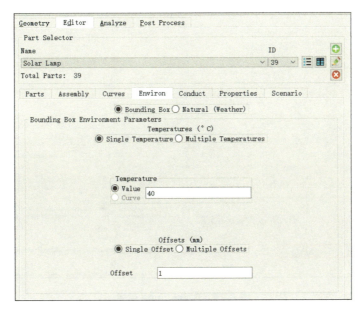

图 6-71 环境边界设置

> **注意**：可在 "Natural（Weather）" 选项中添加环境和天气的数据文件，用以描绘详细的气候条件。

如图 6-72 所示，选择 Solar Lamp 部件，将其温度类型更改为 [Assigned]，并将部件类型设置为 [Solar Lamp]。切换至 "Front" 选项卡，单击 "Show Pyranometer Locations" 按键，在系统弹出的窗口中单击 "Plus" 以添加一个日射强度计，并将其元素编号设置为 2806，"Desired Incoming Flux" 调整为 $1000W/m^2$。设置完成后，单击 Close 退出。

4. 初始温度设置

如图 6-73 所示，单击 "Part List" 按钮并选择除 Solar Lamp 之外的所有部件，可实现一键调整所有部件初始温度的功能。选择完毕后，单击 Close 退出。

接下来，单击 "Summary Table" 按钮以打开部件汇总表，内含除 Solar Lamp 之外的所有部件信息。如图 6-74 所示，按住 Shift 键，并单击某一部件 "Initial Temperature Type" 字段，即可一次性编辑所有选中条目。将 "Initial Temperature Type" 调整为 [Bypass]。

同时按住 Shift 键，单击 "Initial Temperature" 选项中的任一部件，输入 60℃ 的初始温度，即可实现所有部件初始温度的一键更新。

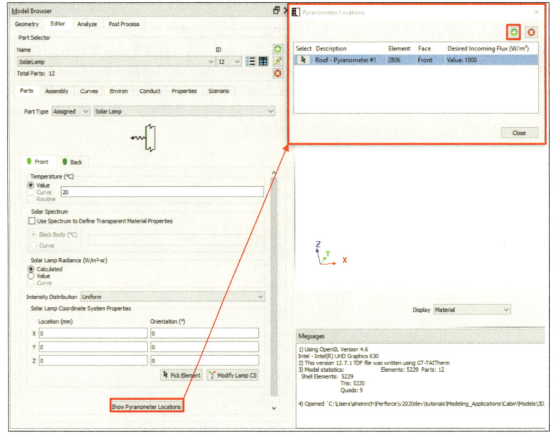

图 6-72　Solar Lamp 设置

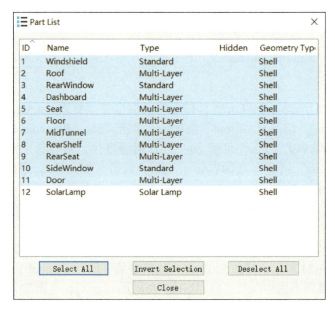

图 6-73　部件选择

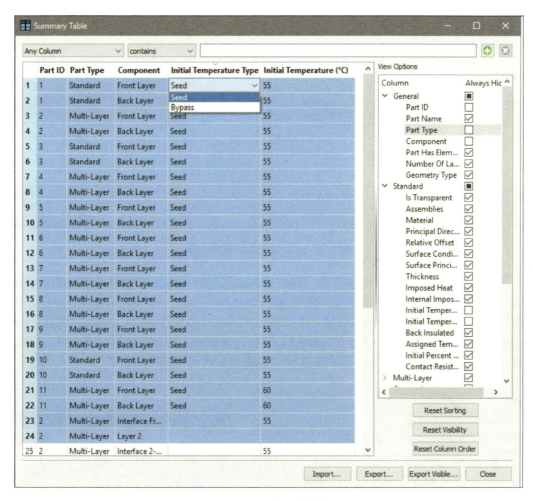

图 6-74 一键设置功能

注意：当初始温度类型设置为"Bypass Steady State"时，其输入的初始温度便是初始条件；当初始温度类型设置为"Seed Steady State"时，系统会自动将稳态模拟结束后的温度作为初始温度，这意味着其实际初始温度可不同于"Initial Temperatures"的设置。

5. 对流换热设置

如图 6-75 所示，对于前风窗玻璃、车顶、后窗、地板、侧窗和车门的外表面，可搭建与车速相关的对流模型。以 Windshield 对象为例，切换至"Front"选项，将"Convection"下拉框调整为 [Library] 并单击"Edit…"按钮。[Library] 对流选项利用经典对流关联公式，并综合用户所输入的部件尺寸和流体特性实时计算传热系数。鉴于此例中的对流类型（Convection Type）已设置为 [Automatic]，因此 [Library] 对流将采用平板对流公式，求得的换热系数是水平自然对流、垂直自然对流和混合强制对流的综合结果。将流体温度设置为 40℃，输入流速为 8.33333m/s，并单击"Set to Part sizes"按钮，其可根据所选部件的布局自动计算几何数据。单击 OK，关闭窗口界面。

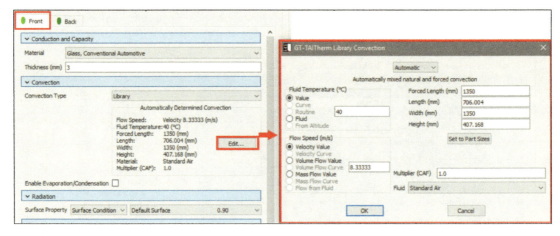

图 6-75 [Library] 对流换热设置

对屋顶、后窗、侧窗、地板和车门部件重复上述操作，为其外表面设立一致的对流计算规则。如图 6-76 所示，再次使用部件列表"Part List"功能，选择除 Solar Lamp 以外的所有部件，并切换至"Back"选项栏中。下拉 Convection 并选择 [Co-simulation]，输入"Initial H Coefficient"为 5 W/（m²·K），"Initial Fluid Temperature"初始流体温度为 60℃。通过此设置，可在联合仿真中通过 GT-SUITE 实时计算乘员舱内表面的换热系数。

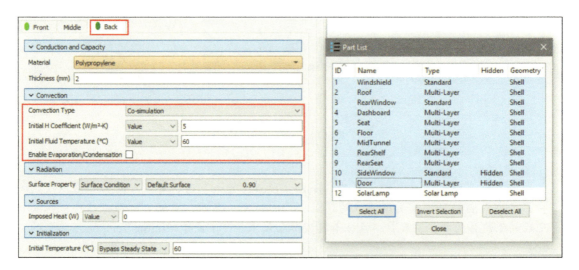

图 6-76 [Co-simulation] 对流换热设置

6. 求解器和收敛标准设置

如图 6-77 所示，切换至 Analyze 子菜单设置，如果时间参数以分钟为单位，可在 GT-TAITherm 工具栏中单击"Second"按钮（ ）将其单位更改为"s"。输入"Duration"计算持续时间为 900s，"Step Size"步长为 10s。

> **注意**：GT-TAITherm 中的计算持续时间不能低于 GT-ISE 中的数值，GT-TAITherm 中的步长时间也应是 GT-ISE 中通信间隔（Communication Interval）的倍数。

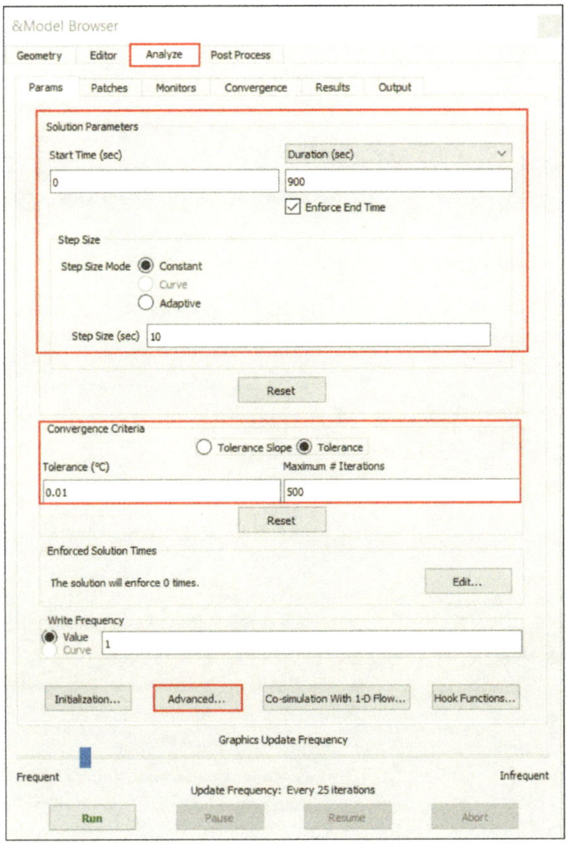

图 6-77 Analyze 子菜单设置

将收敛标准（Convergence Criteria）调整为"Tolerance"，并输入 0.01℃的容差。单击"Advanced"，系统进入"Advanced Solution Parameters"界面。

如图 6-78 所示，完善"Advanced Solution Parameters"窗口中的输入；单击"Calculate Optimal Value"按钮以计算 solar lamp 的最佳精度水平，单击 OK 即可将精度级别更改为最佳值。关闭窗口，完成设置。

最后，将 GT-TAITherm 模型保存并更名为 3D_Cabin_Simple_TAITherm。

7. 导出几何网格

GT-TAITherm 和 GT-SUITE 代表着两种不同的几何离散方式，而在联合仿真中双方需相互映射，因此非常有必要将 GT-TAITherm 中乘员舱模型的几何网格进行导出。由于 Solar Lamp 部件不属于联合仿真的一部分，因此建议在输出几何图形时将其排除。

切换至 Editor 菜单栏，并选择 Solar Lamp 部件，在工具栏中单击隐藏按钮（ ）即可完成隐藏操作。选择 File-Export-Export Geometry，在 Export Geometry 界面中单击 Browse 按钮并索引至与乘员舱相同的文件夹，输入文件名为"3D_Cabin_Simple_Mesh"，单击 Save 保存。勾选"Export only visible geometry"复选框，并确保单位设置为 Meters，如图 6-79 所示。

单击 OK，完成几何网格的导出。单击工具栏中的显示按钮（ ），可复现 Solar Lamp 部件，再次保存模型并关闭 GT-TAITherm。

图 6-78　Advanced Solution Parameters 界面设置

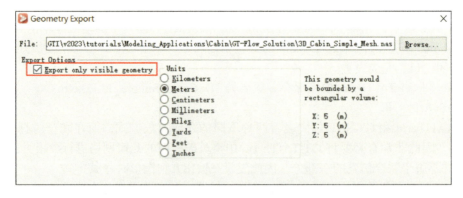

图 6-79　几何网格导出设置

6.5.3　乘员舱 COOL-3D 建模

本节使用 GT 提供的预处理工具 COOL-3D 将乘员舱内的 3D 流体域转换为 GT-ISE 可识别的 1D 流体域。如图 6-80 所示，打开 GEM3D/COOL-3D 并单击"Import 3D"按钮（ ），在弹出的"Create New Document"界面中勾选 [Cabin Modeling]，单击 Next。

图 6-80　新建 COOL-3D 模型

如图 6-81 所示，单击 Browse，索引 3D_Cabin_Simple.scdoc 实体乘员舱文件路径（v2023\tutorials\Modeling_Applications\Cabin\GT-Flow_Solution）。该文件包括乘员舱的表面几何形状和两个前排座椅，单击 Finish 完成导入。正如 6.1 节所说，网格形状（Mesh Shape）也能导入 COOL-3D，但必须在转化为流体空间（Flow Space）或流动阻力件（Blockage）之前将网格形状转化为实体形状（Solid Shape）。

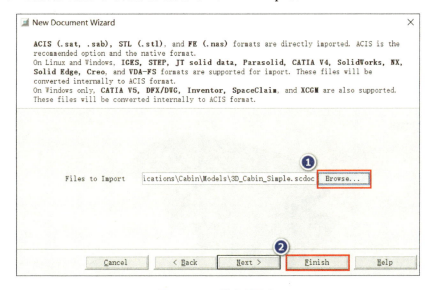

图 6-81　三维文件导入

1. 模型转换

为将乘员舱内部容腔离散为多个子容腔，需将表征乘员舱外部形状的 Cabin_Simple_solid 转化为流体空间。如图 6-82 所示，鼠标右键单击 Cabin_Simple_solid 并选择 "Convert Shape to Component"，在弹出的窗口中选择 "Flow Space"，单击 Next。

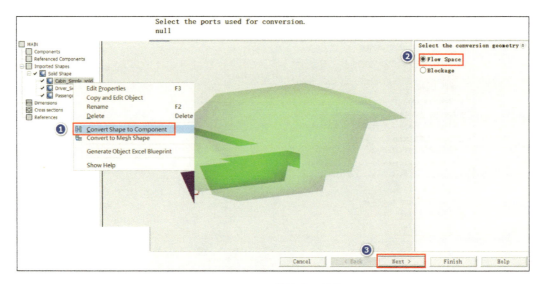

图 6-82　乘员舱外表面转化

可注意到，在下一个弹出界面中"Cross Section Type"选项已默认为 [Use imported shape]，即导入的几何形状将被自动用来创建流体空间，进而无需通过手动创建横截面（Create cross sections）的方式定义，如图 6-83 所示。单击 Next，并将对象命名为 Cabin_Simple。

图 6-83　流体空间转换

如图 6-84 所示，在 Initial State 选项卡中，可通过值选择器定义"Initial State Name"参数，并将其命名为 Air_Init。对于初始状态中的压力、温度，可使用"[名称]"的形式设为指针变量，并在后续的 Case Setup 中统一定义。单击 OK 即可完成流体空间的设置。

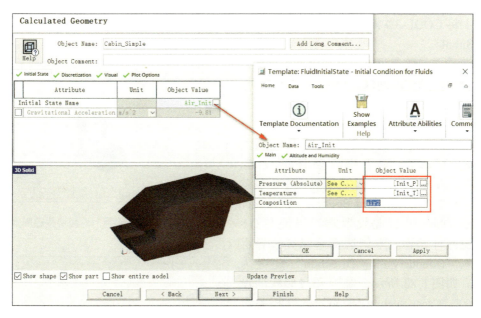

图 6-84　初始状态定义

下一步需对汽车座椅等实体形状转换为流动阻力件 Blockage。如图 6-85 所示，右击部件 Driver_Seat_solid 并选择 "Convert Shape to Component"，在系统弹出的转换窗口中选择 [Blockage]，并单击 Next。

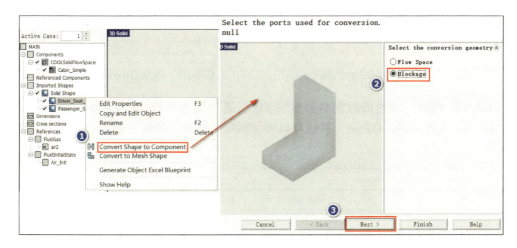

图 6-85　驾驶员座椅转换

同样地，在下一步设置中，"Cross Section Type" 选项默认为 [Use import shape]，无需做任何更改并单击 Next，将对象命名为 Driver_Seat，单击 Finish 即可完成几何图形的转换，如图 6-86 所示。对乘员座椅 Passenger_Seat_solid 重复如上步骤，并将其命名为 Passenger_Seat。

2. 通风口设置

在此之前，需通过工具栏中的 Save 按钮（）将 COOL-3D 模型保存并命名为 3D_Cabin_Simple。

为模拟乘员舱通风口，可在模型中创建几个气流开口。从中间的仪表板通风口开始，选中乘员舱流体空间（Flow Space），并选择"Flow Opening"，如图 6-87 所示。

对系统弹出的模块界面，将其命名为 Dashboard_Middle。对于边界条件的设置，GT 提供了两种方式：一是在该界面中强制输入边界条件对象 Imposed Boundary Condition Reference Object；二是设置端口以便与 GT-ISE 其他部件相连。本例选择第二类边界定义方式，"Boundary Flow Direction"设置为"Inlet"。如图 6-88 所示，对于开口形状的设置，可在"Cross Section Name"进行相关定义，并命名为 DB_Middle。

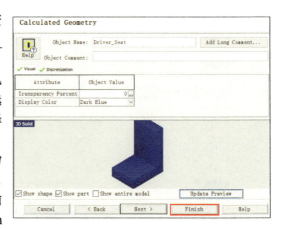

图 6-86　流动阻力件模块设置界面

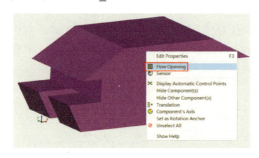

图 6-87　Flow Opening 选择

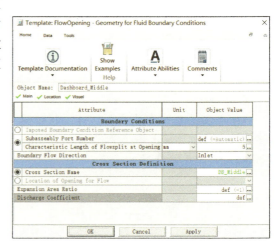

图 6-88　Flow Opening 主选项卡设置

如图 6-89 所示，双击横截面名 DB_Middle，通过值选择器选择 CSRect 模板以创建一个矩形开口。可注意到，GT 也为其他开口形状制定了相应的模板，如圆、椭圆或用户自定义等。

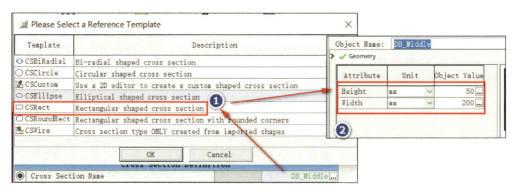

图 6-89　DB_Middle 开口设置

返回 Dashboard_Middle 对象，并切换至 Location 选项卡中，如图 6-90 所示，将 Location X 更改为 520mm，Location Z 更改为 660mm。单击 OK，完成仪表盘中间进气口的设定。

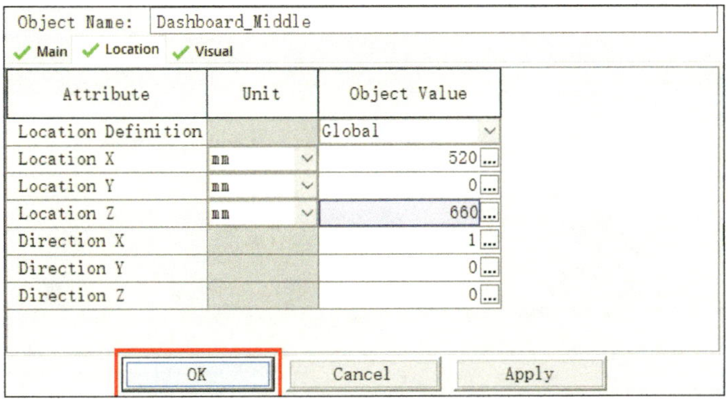

图 6-90　Flow Opening 空间位置定义

本例会另外创建两个仪表盘通风口、两个脚部通风口、一个除霜口、一个乘员舱后排通风口、一个空气出口。

注意：在仿真过程中，并非所有的通风口都必须保持开启状态，用户可将 COOL-3D 模型离散至 GT-ISE 之后再根据实际来决定其中哪些是开启、哪些应该关闭。

鉴于后续通风口存在矩形截面这一同形结构，用户可使用"Copy and Edit Object"选项轻松创建其他对象。如图 6-91 所示，以 DB_Side 对象为例，其高度和宽度均为 75mm，设置完成后单击 OK。

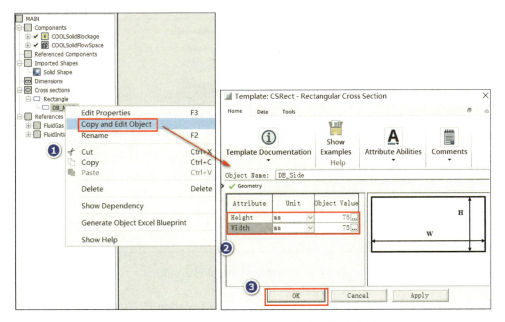

图 6-91　Copy and Edit Object 复制及编辑功能

重复复制及编辑过程，创建其他四个相关定义对象，如图 6-92 所示。

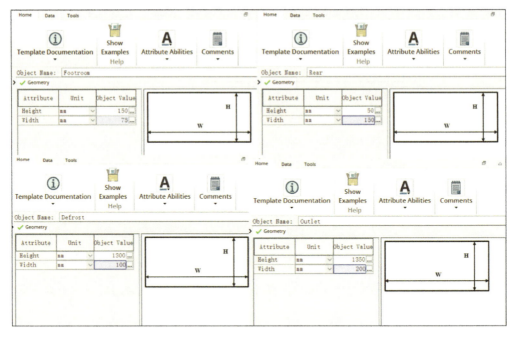

图 6-92　通风口形状定义

现在可以开始创建其他开口，用户可再次使用复制及编辑对象的功能以简化操作。如图 6-93 所示，右击模型树中的 Dashboard_Middle 对象，选择 Copy and Edit Object 功能，并将对象名称更改为 Dashboard_Right。对于横截面设置，可使用值选择器选择对象 DB_Side。

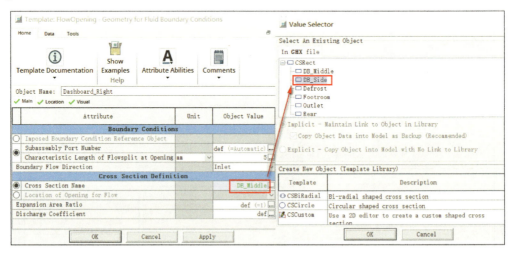

图 6-93　Dashboard_Right 开口定义

如图 6-94 所示，在 Dashboard_Right 对象中的 Location 选项卡中将位置 Y 更改为 600mm，Location X 和 Location Z 的值保持不变。单击 OK，即完成新对象创建。

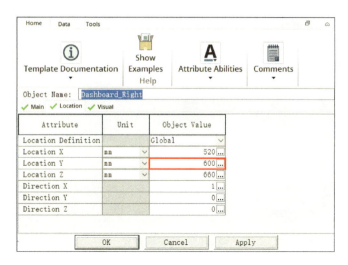

图 6-94　Dashboard_Right 位置定义

重复上述操作，其开口位置信息见表 6-4。

注意：对于出口流道开口，应选择 [Outlet] 以改变边界流动方向。

气流开口方向由法向向量来定义，法向向量的 X、Y 和 Z 分量等价于在每个开流对象中定义的 X、Y 和 Z 方向。因此后排和仪表板的通风口指向正 X 方向，除霜通风口指向正 Z 方向，脚部通风口和出口流道指向负 Z 方向。

表 6-4　不同开口的位置信息

	Dashboard_Left	Footroom_Right	Footroom_Left	Defrost	Rear	Outlet
Cross Section Object	DB_Side	Foot room	Foot room	Defrost	Rear	Outlet
Location X	520	200	200	300	1700	2950
Location Y	−600	500	−500	0	0	0
Location Z	660	420	420	700	350	800
Direction X	1	0	0	0	1	0
Direction Y	0	0	0	0	0	0
Direction Z	0	−1	−1	1	0	−1

3. 添加温度传感器

当用户想获取乘员舱特定位置的温度数据时，可在 COOL-3D 模型中添加多个温度传感器，传感器可放置在流体空间中的任何位置。如图 6-95 所示，选定乘员舱流体空间，用鼠标右键单击选择 Sensor，将新对象命名为 DriverHeadTemp 并输入模块端口为 1001。坐标系统的下拉菜单从 [local] 改为 [global]，并输入位置 X 为 1200mm，Location Y 为 −410mm，Location Z 为 850mm。

对于传感器类型的定义，可在 "Signal Quantity to Sense" 参数下通过值选择器进行选择，如图 6-96 所示。

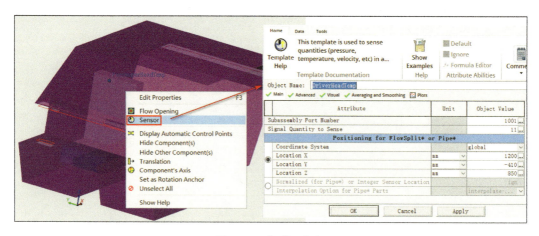

图 6-95 传感器定义

注意：除温度以外，多个变量参数同样能被感知，如压力、速度或相对湿度等。

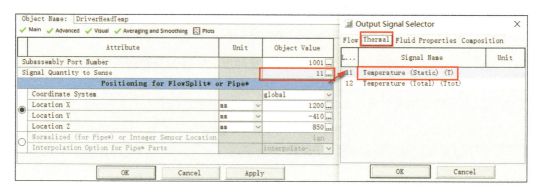

图 6-96 DriverHeadTemp 温度传感器定义

用同样的方式创建另一个名为 PassengerHeadTemp 的温度传感器，其相关参数如图 6-97 所示。

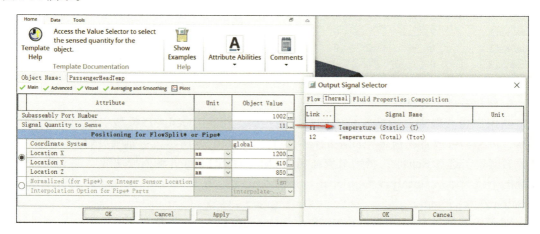

图 6-97 PassengerHeadTemp 温度传感器定义

在下方的截图中，用户可看到在乘员舱 COOL-3D 中添加了所有的流体开口和温度传感器后的模型，如图 6-98 所示。

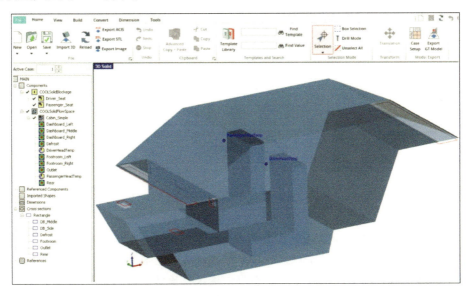

图 6-98　乘员舱 COOL-3D 模型示意

4.乘员舱 COOL-3D 模型离散

在将 COOL-3D 模型离散至 GT-ISE 之前，用户必须预先定义子体积（sub-volume）的大小，每个子体积将被建模为 FlowSplit 对象。为了实现子体积大小的设定，用户应分别定义沿 X、Y 和 Z 轴的离散长度。对于乘员舱建模，建议对 X、Y 和 Z 方向设定相同的离散长度，从而将流体空间分割成立方体式的子体积。

选定乘员舱流体空间，鼠标右键单击并选择"Edit Properties"选项。切换至 Discretization 选项卡，将离散方式由"自动"切换为"手动"，并输入 X、Y、Z 方向的离散长度为 150mm。

接受率（Flow Split Acceptance Ratio）表示离散出子体积若低于一定比例的立方体体积，COOL-3D 将在离散流空间时自动忽略该部分流体空间。本例中，用户可将接受率设置为默认值 0.1。单击 OK，完成设置，如图 6-99 所示。

用户可通过工具栏中的 export GT model 按钮（ ）将 COOL-3D 模型导入至 GT-ISE 仿真环境中。乘员舱内的座椅将起到流体堵塞的作用，因此需将与之重合的流体空间区域从子体积环境中切除。为确保删除的可靠，用户可先后使用"Preview"和"Model Sectioning"的功能。

在导出窗口中，单击"Preview"按钮，COOL-3D 可将流体空间离散化。当该流程运行结束后，立方体样式的子体网络将显示在模型中。如图 6-100 所示，鼠标右键单击 3D 画布，选择模型切片（Model Sectioning），此时一个横

图 6-99　离散条件定义

切模型的平面将出现。通过调整相应的平面位置，可在流体空间中的座椅处产生一个缺口，即流堵的表现形式。

图 6-100　模型离散预览

> **注意**：可在流堵属性中单独定义局部的接受率，该值会与流体空间的全局接受率有所不同。可增加局部（座位等）阻塞的接受率，以确保它们能被"切出"子体积网格并充当流堵而不需要更改全局流体空间。因此，建议将座椅及其他乘员舱内部的流动障碍物几何形状，并将其转换为障碍物。鉴于本模型中，座椅已从子体积网络种完美地裁剪出来，因此不需要调整局部接受率。

关闭切片窗口，在离散 GT 模型窗口中单击"Export"按钮，COOL-3D 离散模型将导出为一个外部子文件。在 GT-ISE 中打开子文件，可看出每个垂直层的子体积被合并成一个 MatrixFlowSpli 部件。

6.5.4　GT-ISE 模型建立

接下来需将导出的子文件集成至 GT-ISE 仿真模型中，并定义联合仿真的边界条件和参数。要创建一个新的 GT-ISE 模型，如图 6-101 所示，单击工具栏中的 NEW 按钮，在弹出的创建向导中选择 GT Model（.gtm）并按 Next；在下一步中，选择空调/余热回收（Air Conditioning/Waste Heat Recovery）作为应用，单击 Next 并选择通用流体库（General Flow），最后单击 Finish 完成新模型创建。

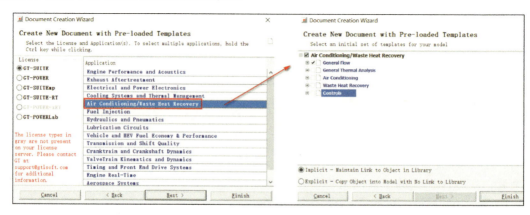

图 6-101　新建 GT-ISE 模型

将模型保存，并命名为 3D_Cabin_Simple_TAITherm_Coupled。

1. COOL-3D 子系统集成

为了将离散出的 COOL-3D 模型集成在 GT-ISE 环境中，SubAssemblyExternal 模板将被使用。如图 6-102 所示，首先在模块库中搜索 SubAssemblyExternal 模板，将其拖放至建模界面中，并命名为 External_Subassembly_Cabin_Simple。

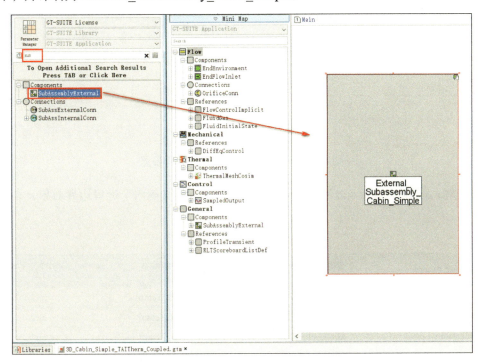

图 6-102　SubAssemblyExternal 模板导入

如图 6-103 所示，双击 SubAssemblyExternal 对象，并通过值选择器调入子系统（3D_Cabin_Simple.gtsub）。单击 OK，关闭界面。

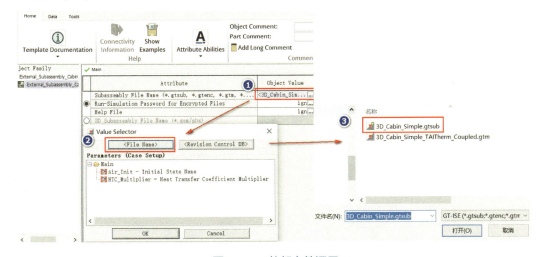

图 6-103　外部文件调用

2. 设置边界条件

为定义不同通风口的流量和温度，将 EndFlowInlet 模板拖入建模界面，并将新对象命名为 Dashboard_Middle。如图 6-104 所示，在体积流量（Volume Flow Rate）参数中输入 [DB_Middle_VFR]，在温度（Temperature）参数中输入 [DB_Middle_Temp]。对于 Composition 属性，可使用值选择器从 GT-SUITE 库中调用 air2 作为流体组分。

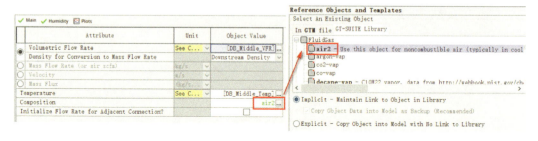

图 6-104　Dashboard_Middle 边界设置

类似地，通过 "Copy and Edit Object" 功能依次创建其他六个进口边界对象，具体设置见表 6-5。

表 6-5　边界条件设置

Object Name	Volume Flow Rate [L/s]	Temperature [K]	Composition [—]
Dashboard_Right	[DB_Right_VFR]	[DB_Right_Temp]	air2
Dashboard_Left	[DB_Left_VFR]	[DB_Left_Temp]	air2
Footroom_Left	[FR_Left_VFR]	[FR_Left_Temp]	air2
Footroom_Right	[FR_Right_VFR]	[FR_Right_Temp]	air2
Defrost	[Defrost_VFR]	[Defrost_Temp]	air2
Rear	[Rear_VFR]	[Rear_Temp]	air2

乘员舱的出口须连接一个压力边界，选择 EndEnvironment 模板，将对象命名为 Outlet 并填写属性，如图 6-105 所示。

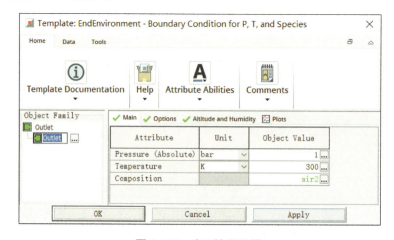

图 6-105　出口边界设置

将创建的边界对象稍作整理，其布局效果如图 6-106 所示。

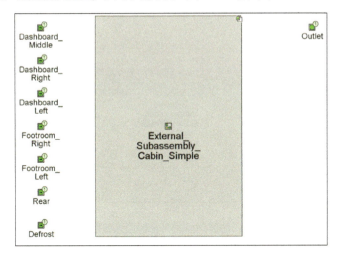

图 6-106　模型布局效果

切换至信号连接模式，单击 Dashboard_Middle 对象，随后再单击 External_Subassembly_Cabin_Simple 对象，此时两者之间将创建出一个连接。在图 6-107 的窗口中选择 Dashboard_Middle，单击 OK 完成连接。

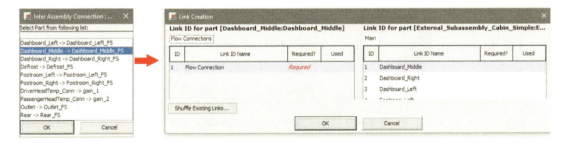

图 6-107　信号连接模式

用相同的方式，将其他入口边界对象与调用组件进行连接，尤其注意连接端口是否匹配。如是出口边界与外部模型的连接，请先单击 External_Subassembly_Cabin_Simple 对象，再单击出口边界对象。单击键盘 ESC 键，可退出信号连接模式并切换回选择模式。现模型如图 6-108 所示。

3. 传感器信号存储

为存储温度传感器的结果，SampledOutput 模板将被使用，并将新对象命名为 Sensor_Signals。切换至 Sampling Window 选项卡，将 Type of Sampling Window 选项更改为 "Entire Run"；在 Sampling Rate 选项卡中，将采样频率设置为 1s；Signal Labels 选项卡中的具体设置如图 6-109 所示。

再次选择信号连接模式，并将 External_Subassembly_Cabin_Simple 对象与 Sensor_Signals 对象连接。将 DriverHeadTemp_Conn 和 DriverHeadTemperature 相连，如图 6-110 所示。重复此过程，将 PassengerHeadTemp_Conn 连接到 PassengerHeadTemperature。仿真期间，两个温度传感器信号均以 1s 的采样频率进行存储。

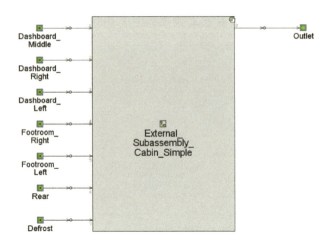

图 6-108　边界对象和外部模型连接后的效果

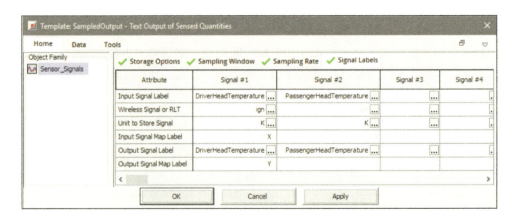

图 6-109　SampledOutput 模板对象设置

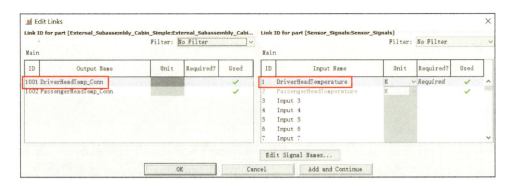

图 6-110　温度传感器信号连接

4. 定义联合仿真边界

定义联合仿真的边界条件，需在模型中添加设置一个 ThermalMeshCosim 模板，该模板是 GT-SUITE 和 GT-TAITherm 之间的耦合接口。同样地，在模板库中搜索 ThermalMeshCosim 模板，将其拖放到 GT-ISE 建模界面，并将新对象命名为 InterfaceCoSimulation。如图 6-111

所示，在 Geometry 选项卡中，使用值选择器为"Mesh File"参数进行设置，直接选择 3D_Cabin_Simple_Mesh.nas（6.5.2 中 GT-TAITherm 模型文件），将网格文件"Unit in Mesh File"单元设置为 m。

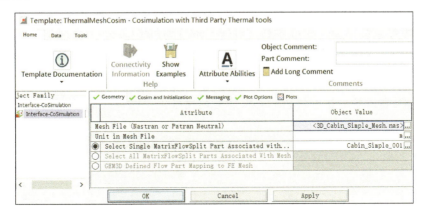

图 6-111　耦合模板中的 Geometry 选项卡设置

此外，需选择一个与网格文件相关的外部子部件 MatrixFlowSplit，在"Select Single MatrixFlowSplit Part Associated with Mesh"参数中使用值选择器选择名为 3D_Cabin_Simple.gtsub 的外部文件，并在列表中选择第一个 MatrixFlowSplit 对象（Cabin_Simple_001）即可，如图 6-112 所示。

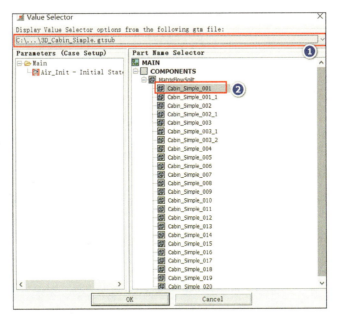

图 6-112　COOL-3D 离散文件选取

切换至"Cosim and Initialization"选项卡，首先下拉数据交换方法（Data Exchange Method）菜单并选择 [Instantaneous]；随后在 Cosimulation Input 参数中选择 GT-TAITherm（或是 Thermal Tool Executable，并通过值选择器浏览到 TAITherm 文件在用户电脑中的位置）；对 Thermal Model File 属性可选择 3D_Cabin_Simple_TAITherm.tdf 的 TAITherm 模型文件。

首次数据交换滞后时间"Time before First Data Exchange"和通信间隔"Communication Interval"设置为5s。

注意： 对于通信间隔时间，用户可使用一个瞬态配置文件来设置一个动态通信间隔。

本例以传热系数倍数为校准参数，可在 Heat Transfer Coefficient Multiplier 属性上输入 [HTC_Multiplier]。如图 6-113 所示，GT-SUITE 和 GT-TAITherm 的耦合通常以 GT-SUITE 计算乘员舱内的流场，圈选 [GT Flow Solution] 即可。

注意： CFD 流场可映射到 Flowsplit 容腔的网格上，进而提高流体计算的精度。

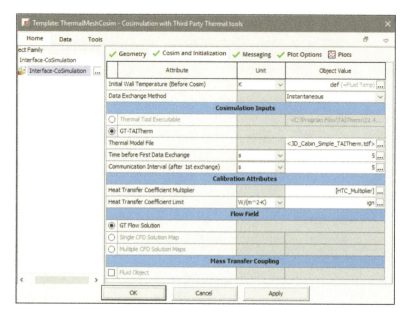

图 6-113　耦合模板初始化设置

再切换至 Plot Options 选项卡，选择 3D Plot Storage Frequency for Animation，并输入 10s 的存储频率，如图 6-114 所示。

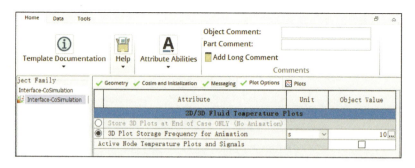

图 6-114　耦合模板图形输出设置

在 Plots 选项卡中勾选图 6-115 所示的选项，单击 OK 完成 Interface-CoSimulation 对象的所有设置。

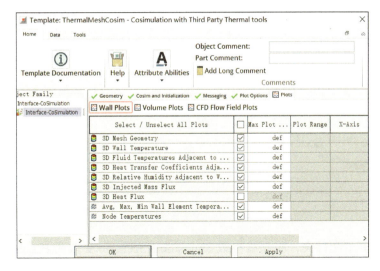

图 6-115　耦合模板 Plots 选择

5. Case Setup 设置

单击工具栏中的 Case Setup 图标，打开后可创建一个超级参数以模拟气候场景类型（加热、冷却等）控制进风口边界。为添加超级参数，可在 Case Setup 界面中选择 Add Super Parameter（ ）按钮，并将其命名为 Simulation_Scenario。如图 6-116 所示，设置 Cool-Down 和 Heat-Up 两类选项，单击 OK 即可将超级参数添加至 Case Setup 中。

现创建的超级参数已存在于 Case Setup 的主文件夹中，在超级参数的下拉菜单中，用户可自由选择 Cool-Down 和 Heat-Up 两个选项。为了定义不同场景下的具体活动，用户需将所有流量、温度参数从 Main 文件夹移动至 Simulation_Scenario 文件夹，并填写具体参数，如图 6-117 所示。

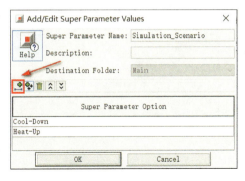

图 6-116　超级参数定义 a

Independent Param...	Unit	Description	Option #1 Cool-Down	Option #2 Heat-Up
Option Values				
DB_Middle_VFR	L/s	Volumetric Flow Rate	30	10
DB_Right_VFR	L/s	Volumetric Flow Rate	20	10
DB_Left_VFR	L/s	Volumetric Flow Rate	20	10
Rear_VFR	L/s	Volumetric Flow Rate	10	0
FR_Right_VFR	L/s	Volumetric Flow Rate	0	10
FR_Left_VFR	L/s	Volumetric Flow Rate	0	10
Defrost_VFR	L/s	Volumetric Flow Rate	0	30
DB_Middle_Temp	C	Temperature	6	50
DB_Right_Temp	C	Temperature	6	50
DB_Left_Temp	C	Temperature	6	50
Rear_Temp	C	Temperature	6	50
FR_Right_Temp	C	Temperature	6	50
FR_Left_Temp	C	Temperature	6	50
Defrost_Temp	C	Temperature	6	50

图 6-117　超级参数定义 b

其次，将 COOL-3D 模型中的外部参数导入 Case Setup 中，如图 6-118 所示。

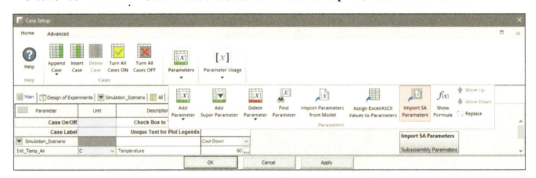

图 6-118　外部参数导入

切换至 Main 主文件夹，将超级参数 Simulation_Scenario 更改为 [Cool-Down]，并输入 60℃的初始空气温度和换热系数倍率为 1 的 HTC_Multiplier，如图 6-119 所示。

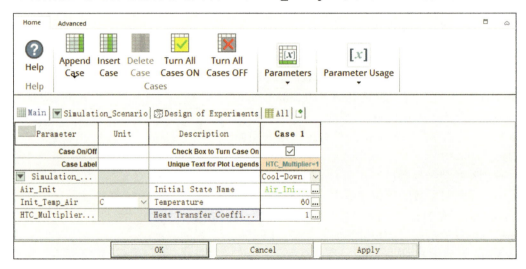

图 6-119　初始参数设置

6. Run Setup 设置

接下来需定义仿真基础设置如模拟类型、持续时间和流体求解器等。单击工具栏中的 Run Setup 图标，在 TimeControl 选项卡中将 Time Control Flag 更改为 [continuous]，并定义 10min 的最大模拟持续时间，将自动停止计算功能（Automatic Shut-Off When Steady-State）由 [on] 切换至 [off]，如图 6-120 所示。

如图 6-121 所示，切换至 FlowControl 选项卡，设置流体求解器（Time Step

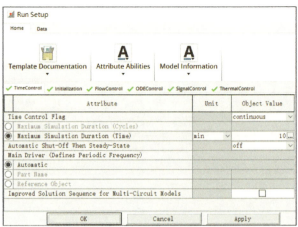

图 6-120　TimeControl 选项卡设置

and Solution Control Object）为隐式控制（Implicit）。设置过程如图 6-121 所示。

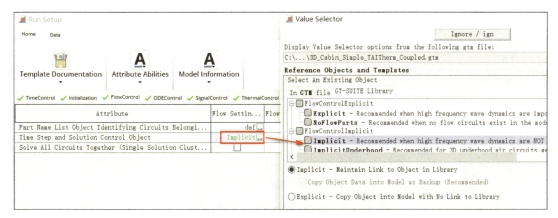

图 6-121　FlowControl 选项卡设置

完成所有设置后保存模型，完整模型如图 6-122 所示。

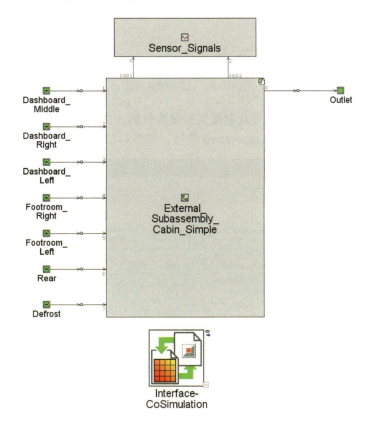

图 6-122　GT-ISE 完整模型示意

7. 模型标定流程

通常情况下需使用实验温度曲线校正模型，本例使用传热系数倍率作为校准参数。GT 集成设计优化器，用户可很方便地使用自动寻优功能。

优化功能的具体说明请参考后续内容。首先用户可将 HTC_Multiplier 设置为 1~20 之间的控制参数，优化分辨率通常应在 5% 或更低，但为减少优化迭代次数，用户可设置为 30%，如图 6-123 所示。

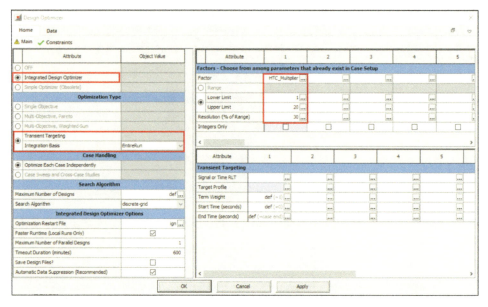

图 6-123　优化基本设置

再者，用户必须选择目标信号及温度实验曲线数据，在 Signal or Time RLT 参数中使用值选择器选择 Volume Averaged Temperature 信号，如图 6-124 所示。

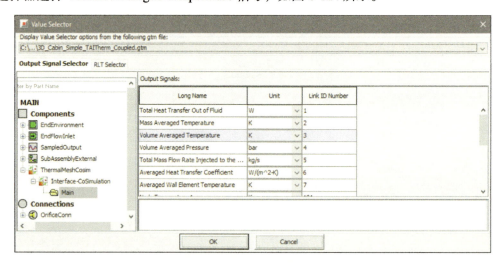

图 6-124　优化目标选择

最后，用户需定义瞬时配置文件。在 Target Profile 参数中选择 ProfileTransient 模板并将其命名为 TransientTempProfile，并导入瞬时试验数据（数据路径：v2023\Tutorials\Modeling_Applications\Cabin\GT-Flow_Solution\VolumeAveragedTemp_Measurement.xlsx）。目标值导入如图 6-125 所示。

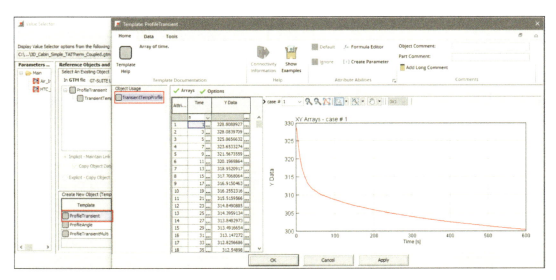

图 6-125 优化目标值导入

关闭设置窗口后，优化设置界面如图 6-126 所示。

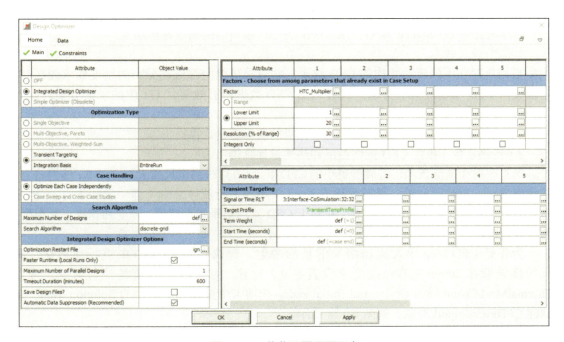

图 6-126 优化设置界面示意

如有足够的许可 License 的话，可增加并行设计的最大数量（Maximum Number of Parallel Designs）以加速优化。单击工具栏中的 Run 按钮，集成设计优化器将自动启动，其后 GT-SUITE 和 GT-TAITherm 的求解器 UI 将出现在计算机屏幕中。

除直接使用优化器之外，也可手动改变不同 HTC_Multiplier 值下温度变化，图 6-127 便是其中计算结果，可看出最优 HTC_Multiplier 为 15。

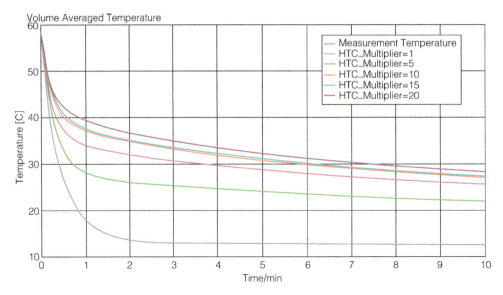

图 6-127　不同 HTC_Multiplier 值下的温度变化

6.5.5　高级建模功能

本节将介绍 GT-SUITE 和 GT-TAITherm 中 3D 乘员舱的高级建模功能。

1. CFD 流场映射

当用户存在不同流动架构的 CFD 结果，并对乘员舱内部流动分布的精度要求较高时，建议使用 CFD 流场映射的方法。所导入的 CFD 数据将有效替代 GT 中的求解方案，此时 GT 所能提供的计算数据包括但不限于：

1）流体节点的表面速度（根据 CFD 提供的质量通量计算得出）。

2）传热系数（根据 CFD 壁面温度和热通量计算得出）。

通过映射和插值技术，将典型更小的 CFD 单元/节点映射至尺寸大得多的 GT 体网格上，并确保质量和能量的守恒。通过此种方式，GT 不再进行流体求解（即动量和压力），但完整的 GT 能量和质量求解仍被使用，并利于 CFD 流场结果实现焓值/温度和物质（如湿度）的有效传递。

为保证 CFD Map 导入流场结果的精确映射，建议在 COOL-3D 中进行离散化，离散长度设置在 30mm 左右，接受率设置在 0.7 上下。为使用 CFD 流场映射数据，可在 ThermalMeshCosim 模板 Cosim and Initialization 选项卡中选择 Single CFD Solution Map，并创建 CFDFieldImport 对象，如图 6-128 所示。

CFDFieldImport 对象用于从 CFD 输出文件导入数据（当前是 Ensight Case Gold 格式）。此外，该功能可支持任意符合 Ensight Case Gold 标准的 CFD 输出文件格式，如 STAR-CCM+ 或 ANSYS Fluent。为运行 CFD 映射 Map，需填充 CFDFieldImport 引用对象中的所有属性，命名为 CFD-Data，设置内容如图 6-129 所示。

传热系数的映射有两种不同的方法：一是基于壁面温度、流体温度和壁面热通量计算传热系数；二是直接 CFD 数据 Map 导出并映射传热系数。建议使用第一种方式，因为该方法能自动考虑 GEM3D/COOL-3D 模型的离散化大小。

第 6 章 整车空调系统的建模

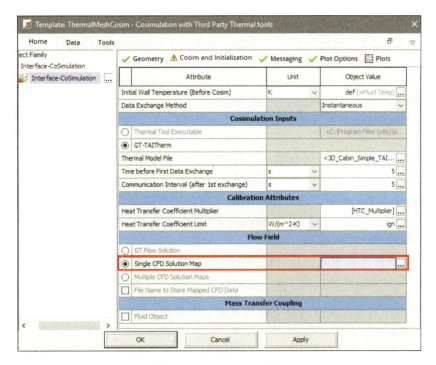

图 6-128 CFD Map 导入

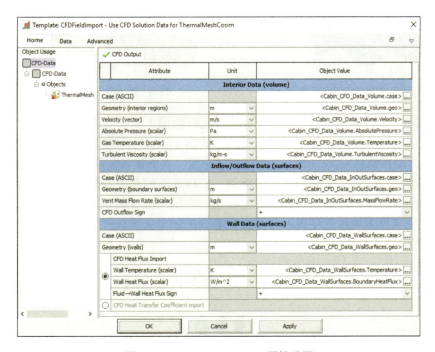

图 6-129 CFDFieldImport 属性设置

2. CFD 流场数据输入

由于 GT 是根据 CFD 模拟的热通量来计算换热系数的，所以需要采用非绝热的模拟方

307

式。考虑到稳态模拟可轻易实现这一目标,因此为进一步简化 CFD 模拟,可设置等壁温边界条件。如果在 CFD 模拟中包含了风道,则需在 CFD 模拟运行之前指定额外的参考平面,并将其放置在实际的乘员舱入口。在 STAR-CCM+ 中,该特性被称为内部接口(Internal Interface),此流体边界应与 COOL-3D 中创建的开口(Flow Opening)保持一致,如未能对齐则可能会导致气流被错误输送到 GT 流场空间内。

CFD 工具中导出的数据可基于 Ensight Case Gold(C 二进制)格式标准生成 3 个独立的 *.case 文件:

1)乘员舱内部体积:几何数据(包括流体中每个单元格的位置)、温度(联合壁温和热通量计算传热系数)、速度矢量(精准映射速度场)、压力和黏度(用于正确评价热力学性质)。在 ANSYS Fluent 中,为导出所需的文件,用户需在选择 Ensight Case Gold 作为文件类型之后,继续框选导出窗口中的 Ensight Parallel 选项。以内部体积网格中的速度矢量为例,其输出图形如图 6-130 所示。

2)乘员舱表面网格单元:几何数据(包括壁面表面网格位置)、壁面温度和流体到壁面的热通量(联合壁温和热通量计算传热系数)。壁面网格上的边界热通量如图 6-131 所示。

注意:确保只选择表面网格(如乘员舱、座椅等),而不包括开口(包括通风口和出风口)表面网格。

图 6-130　乘员舱内部体积网格示意

图 6-131　表面网格上热通量示意

3)气流进入或离开乘员舱的表面网格:几何数据(包括表面上每个单元格的位置)、质量流量(用于计算质量和能量平衡)。在 ANSYS Fluent 中不能直接导出所需的质量流量数据,因此,用户需自定义一个场函数以通过速度、表面积和密度来计算质量流量。首先,为体积流量创建一个自定义场函数,即将 X、Y 和 Z 上的速度及其对应的表面积相乘;其次,通过将创建的体积流量场函数与密度相乘,为质量流量创建另一个自定义场函数;最后用户可使用创建的场函数导出入口和出口表面的质量流量。进出口表面网格作为乘员舱边界的形式如图 6-132 所示。

注意:确保进出口表面不包括乘员舱的表面。

图 6-132　进出口表面网格边界示意

3. 使用 CFD 数据创建 COOL-3D 模型

在 CFD 数据可用的情况下，可使用三个导出的 .geo 文件在 COOL-3D 中直接创建模型。切换至 Build 菜单栏中，并选择 Flow Space CFD Mesh 图标，如图 6-133 所示。

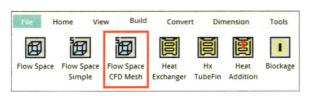

图 6-133　Flow Space CFD Mesh 图标

在 Location 选项卡中选择对应的 .geo 文件，分别用于表示体积网格、壁面网格和开口表面网格，并在 Initial State 选项卡中定义初始化对象，如图 6-134 所示。最后，用户也能添加传感器来检测特定点温度。

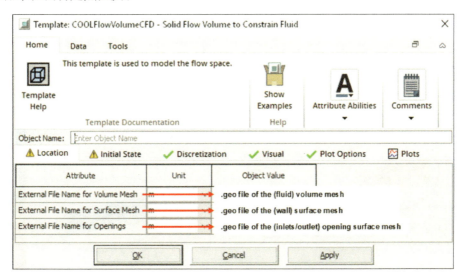

图 6-134　CFD 网格文件导入

4. GT-POST 中验证 CFD 数据

为确保 CFD 数据的准确导入，建议打开 ThermalMeshCosim 对象 Plots Options 选项卡中的 CFD Field Preprocess Plots，如图 6-135 所示。通过这些图，可在运行模型之前检查 CFD 数据和流场映射的质量。为对模型进行预处理，可单击工具栏中的 Prepocess 按钮 ( )。

预处理完成后，可在 GT-POST 中打开模型。在 Location and Flow Rates of CFD Boundaries used in GT 一图中，如图 6-136 所示，用户可清晰看出 CFD 质量流量是如何映射到相应的 GT 体网格上的。通常情况下，通风口处的流量为正，出风口处的流量为负，若是两者之间的流量符合一致，则需检查 CFD 的数据；如图中显示的所有网格流速为零，则检查 COOL-3D 模型中的开口位置是否与 CFD 数据中的开口位置一致。若是直接使用 CFD 数据创建 COOL-3D 模型，鉴于开口位置是从 CFD 中直接加载得出的，通常可避免 CFD 设置冲突。

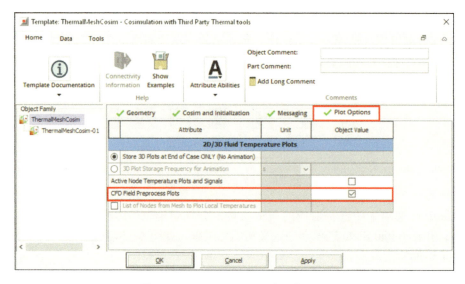

图 6-135　Plots Options 选项卡设置

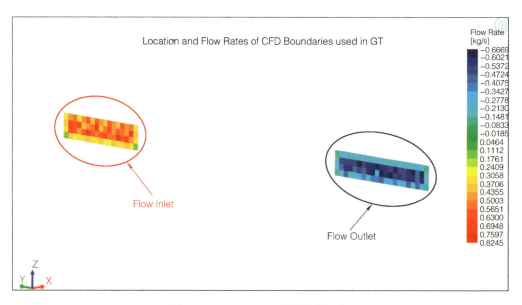

图 6-136　GT-POST 质量流量示意

此外，如果 3D Heat Transfer Coefficient Mapped from CFD 图中所有数据为零，但 3D Heat Flux Mapped from CFD 和 3D Fluid/Wall Temperature Mapped from CFD 两图中显示合理的数据映射，则需变更 ThermalMeshCosim 对象中 Fluid → Wall Heat Flux Sign 属性的符号。

5. 舒适性假人模型

通过搭建 GT-TAITherm 人体模型，可实现物质交换（通常为水蒸气）的功能，这也影响着乘员舱内部的空气湿度，同时这也是影响乘员舱舒适性的一个重要因素。耦合 GT-TAITherm 人体模型时，需打开 ThermalMeshCosim 对象、Co-Sim and Initialization 选项卡中的 Fluid Object 属性。当人体模型集成在系统中时，COOL-3D 乘员舱也需包括人体模型，以将人体所占的额外的体积裁剪出去，如图 6-137 所示。

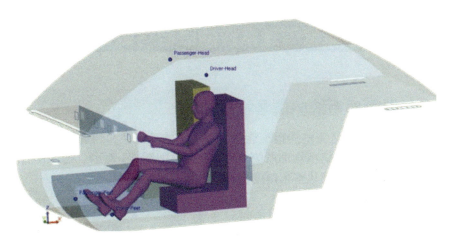

图 6-137　COOL-3D 中的人体模型

在完成乘员舱人体模型的搭载后，该模型可用于后续的联合仿真。在 GT-TAITherm 中选择 [Co-Simulation] 作为人体外表面的对流类型，并勾选 Enable Evaporation/Condensation 以启用蒸发属性，如图 6-138 所示。

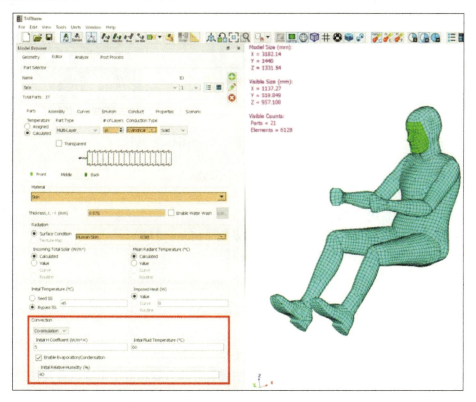

图 6-138　GT-TAITherm 中的人体模型设置

最后在 GT-ISE 界面中，将外部 GT-TAITherm 模型替换为包含人体模型的新导出文件。

第 7 章 整车能量管理系统的联合仿真

7.1 整车能量管理系统的仿真模型概述

整车产品研发关注的是完整的整车能量管理系统的动力性和经济性,因此需要将各个子系统连接起来,实现整车能量管理系统的完整建模,如图 7-1 所示。这样我们才能明确系统中能耗最恶劣的部分,并且从整车角度进行分析和方案优化。

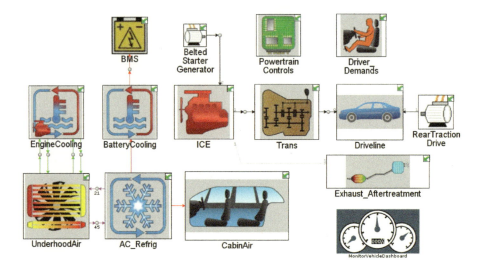

图 7-1 整车能量管理系统的仿真模型示例

典型的整车能量管理系统模型包括以下几个部分:
1) 整车动力传动系统 (Driveline)。
2) 发动机冷却系统 (EngineCooling)。
3) 电驱动(电机和电机控制器等)冷却系统 (Motor_TM)。
4) 电池冷却和加热系统 (BatteryCooling)。
5) 空调系统 (AC_Refrig)。
6) 乘员舱 (CabinAir)。
7) 动力舱 (UnderhoodAir)。
8) 控制系统 (PowertrainControls)。
9) 其他耗能元器件(低电压负载)(AUX)。

前 6 项已经在 4~6 章中进行讲解,本章主要针对动力舱和多子系统联合建模进行讲解。GT-SUITE 中包含了控制系统的建模和案例,但是由于控制系统类型和方法难以归类,且各个厂商的产品都有较大差异,因此本书不进行讲解,读者如有兴趣可以自行查看 GT-SUITE 的手册和 help 文档。关于第 9 项,低电压负载模型可以在 GT-SUITE 中进行仿真,但根据我们的经验,这个部分的能耗往往在 250~500W 之间,建立详细模型来考虑这部分能耗并不是非常必要。

7.2 动力舱 COOL-3D 建模

7.2.1 COOL-3D 建模原理

动力舱的建模需要用到 GT-SUITE 的前处理模块 COOL-3D。COOL-3D 是基于 3D 建模理念，解决因零部件堆积而导致的空气流动和热分布问题，实现了准三维计算功能，并了解零部件布置形式对换热器性能和冷却系统设计的影响。相比于纯一维模型，COOL-3D 可在三个方向上求解能量和流动方程，并具备瞬态求解功能；而与三维 CFD 软件相比，COOL-3D 可在兼顾较高计算精度的同时，实现更快的计算速度，进而实现系统级别的仿真。

COOL-3D 可以导入几何数模进行结构和位置识别，方便快速建立模型。使用者只需要输入部件的性能数据，即可完成建模，如图 7-2 所示。

GT-SUITE 使用 NS 方程求解流动状态，相比于 CFD 求解，GT-SUITE 对 NS 方程的求解进行了一些简化，如对湍流项进行了简化，如图 7-3 所示。

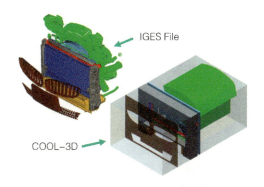

图 7-2 COOL-3D 直接导入几何数模

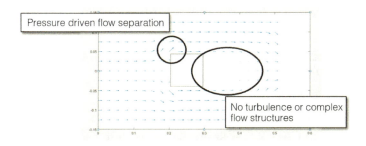

图 7-3 GT-SUITE 中的流动求解

GT-SUITE 的 NS 方程求解器能够保证求解精度，图 7-4 所示为 GT-SUITE 通过 COOL-3D 建立的动力舱模型散热器部分的切面，计算结果为散热器表面的流动速度分布，与 CFD 计算的结果相比，云图上的差异比较小，流量分配误差也在 1% 范围内，证明 GT-SUITE 的求解器完全有能力准确计算动力舱的流动状态。

7.2.2 COOL-3D 建模需求参数

以动力舱建模为例，其 COOL-3D 建模所需数据如下：

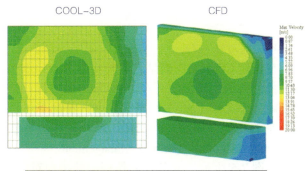

图 7-4 GT-SUITE 的计算结果和 CFD 计算结果的对比

通用属性：
1）各换热器 3D 模型的位置和尺寸。
2）风扇和风扇罩 3D 模型的位置和尺寸。
3）Blockage（如前饰板、格栅开度）3D 模型的位置和尺寸。
4）流量开度的 3D 模型的位置和尺寸（如动力舱下方开口）。
5）进出口边界条件（环境温度、环境压力、流量系数，进出口压力和温度，进出口流率和温度）。
6）风扇转速。
7）外部流体类型（包括相对湿度）。

换热器属性：
1）流体体积。
2）结构材料的质量。
3）材料属性。
4）换热器的几何（高度、宽度、管数量、管的几何、翅片几何）。
5）试验性能数据包括入口温度、压力和流体的流率和特性值（效率、总体换热率、单流体侧出口温度或温度比），试验中所使用的流量。
6）压降、流率和试验中所用流量。

风扇属性：
1）风扇转动惯量。
2）进口参考条件下风扇性能数据（流率作为压力比 / 压升、转速和效率的函数）校核所用试验数据。
3）沿着冷却空气流动路径的长度取自各个横截面的流场结果（压力、温度和速度）。
4）通过每个部件的空气流动率。
5）所有换热器内部流体的出口温度。
6）所有换热器的换热率。

大部分几何数据是由 CAD 文件获得的，部分数据如进气格栅处的流量系数则需要通过优化或三维 CFD 计算而来。散热器、风扇等部件的参数设置也大体与第 4 章所述类似，完整的 COOL-3D 建模流程如下所述。

7.2.3　COOL-3D 建模流程

1. 导入对象库 Object Library

在创建 COOL-3D 模型之前需将参考 Object 库进行导入，通过此种方式可实现前期的设置部件再利用功能。可在 File-Options 中打开操作窗口，并在 User Object Libraries 中设置自定义库文件（.gto）的路径，多数情况下可设置多个路径以实现不同文件之间组件数据共享的功能，如图 7-5 所示。参考案例的对象文件夹路径为 v2023\Tutorials\Modeling_Applications\Cooling_Thermal_Management。

如图 7-5 所示，单击 Add 按钮，并指向对应路径即可完成 gto 库的定位。该库包含之后建模所需的两个换热器数据。尤其是想要将所有可能使用到的组件数据保留单一来源时，Object 建库的功能则显得极为通用。选定路径后，在 Options 对话框中单击 OK，接受所有改变。

第 7 章 整车能量管理系统的联合仿真

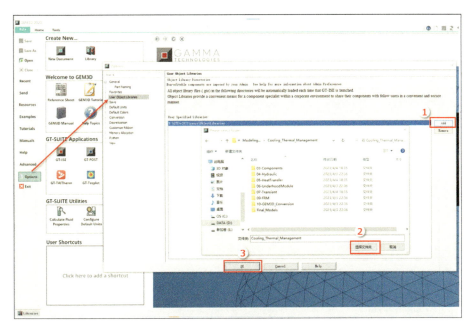

图 7-5 添加库文件路径

打开 GT-SUITE 库，从库中选择 Components.gto，即可出现换热器建模所需数据，如图 7-6 所示。

2. 新建 COOL-3D 模型

目前的 GT-SUITE 版本中，GEM3D 和 COOL-3D 的建模或后处理共用一个界面。打开软件后，在 Home 菜单中选择 New 选项，随后系统弹出新建模型的界面，选择 COOL-3D 并单击 Finished，完成 COOL-3D 空白模型的建立，如图 7-7 所示。

为确保模型后续的可离散化及模型文件的实时保持，可先在 Home 菜单中选择 Save As，或是快捷键 <Ctrl + Shift + S>，为模型进行重命名并保存的处理。COOL-3D 建模常使用到的功能大多集中在 Build 菜单中，其涵盖 Flow Space、Flow Space Simple、Tube-Fin Heat Exchanger、Old Heat Exchanger、Heat Addition、Blockage、Fan 等部件。

3. 换热器模型搭建

COOL-3D 或 GT-ISE 对换热器建模时，其唯一的区别是 COOL-3D 需多定义一组三维空间中的位置参数。换热器其他参数定义可参考第 4 章的相关介绍。从 Build 菜单中单击换热器按钮（🔲）进行构建。

首先以散热器 Radiator 的建模为例，在 Main 选项卡中进行几何和初始条件的定义，并通过值选择器，在"Heat Exchanger Specification Object"中导入散热器（"Rad_Specs"）的几何和性能数据。相关数据均已存储在

图 7-6 选择 Components.gto

gto 库文件之中，用户可直接调用使用，如图 7-8 所示。

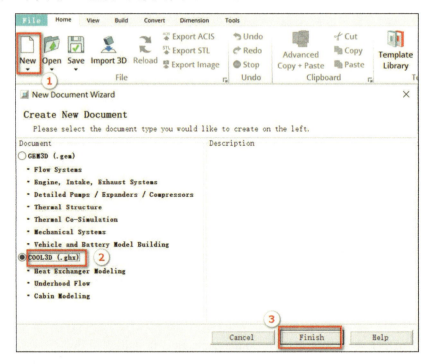

a）新建文件

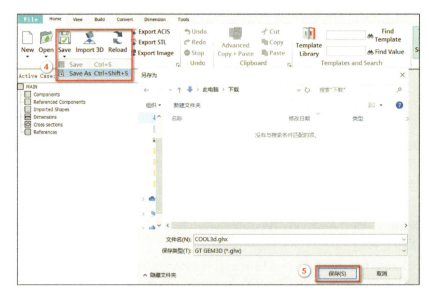

b）保存文件

图 7-7 新建 COOL-3D 模型

如同 GT-ISE 中的"Hx TubeFinMain"模块，其在定义过程中需设定内部流体的初始状态。同样使用值选择器，选择"FluidInitialState"为换热器定义内部初始状态。压力和温度使用定义参数的方法，这样在后面步骤可以再次利用，初始流体的成分为"egl-5050"。

第 7 章 整车能量管理系统的联合仿真

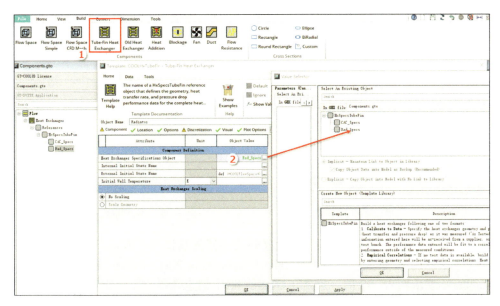

图 7-8 散热器几何和性能对象定义

此外，散热器外部流体的初始状态可直接输入默认值"def"，其表示外部流体的初始状态将与"COOLFlowSpace"动力舱流域状态一致。随后，对初始流体温度设置为初始壁面温度 [Coolant_T]，完成 Main 选项卡中的设置，如图 7-9 所示。

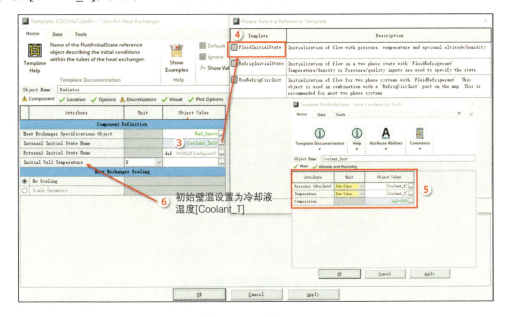

图 7-9 散热器初始状态定义

如图 7-10 和图 7-11 所示，在 Location 选项卡中可以进行换热器 X、Y、Z 三维位置的设置。换热器的参考点可以选择 9 个空间点（上左、上中、上右、中左、中心、中右、下左、下中和下右）中的一个。在这个算例中，选择在 CAD 中测量底部的中心（bottom center）位置。

317

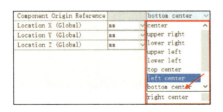

图 7-10 局部坐标系参考点

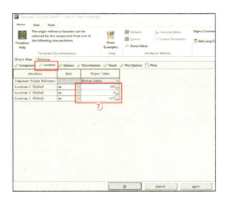

图 7-11 换热器空间位置定义

可选择：在 Discretization 选项卡中定义热交换器的端口号（入口/出口连接），以便于将后续模型与 GT-ISE 集成。尽管对于 Inlet Subassembly Port Number 或 Outlet Subassembly Port Number 不要求输入一个值，但是在 GT-SUITE 中创建必要的连接使它更容易。如图 7-12 所示，对于"Radiator"（散热器）入口和出口的端口数字分别设置为 101 和 102。

注意：输入的数字不重要，可以是其他不同的值，只要不重复即可。

在"Radiator"中单击 OK 完成部件设置。如果设置成功，一个 3D 换热器模型会出现在 project map 中（Visual 选项卡可以用来改变部件的颜色）。

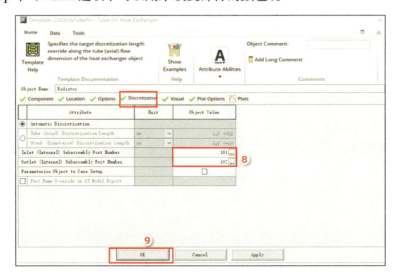

图 7-12 散热器连接端口设置

类似地，选择 Build-Tube-Fin Heat Exchanger 继续搭建中冷器 CAC 模型。通过值选择器，在"As Tested"Heat Exchanger Specifications Object 选择 CAC 的参数对象，名称为"CAC_Specs"，如图 7-13 所示。

CAC 初始状态名称设为"CAC_Init"，初始壁面温度设为 [Boost_T]，如图 7-14 所示。

CAC 的局部坐标系参考点位置也从底部中心（bottom center）进行定义，如图 7-15 所示。

第 7 章 整车能量管理系统的联合仿真

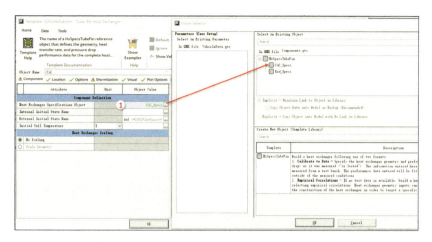

图 7-13 CAC 几何和性能对象定义

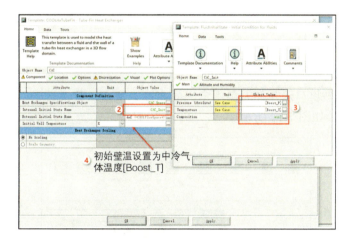

图 7-14 CAC 初始状态定义

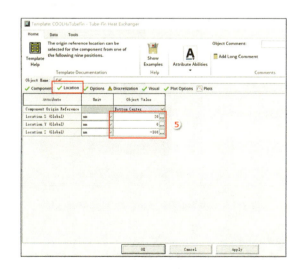

图 7-15 CAC 局部坐标系参考点位置定义

最后，如图 7-16 所示，在 Discretization 选项卡中定义 CAC 入口和出口部件端口号，分别为 201 和 202，完成设置后单击 OK。

图 7-16　CAC 端口号设置

热交换器的渲染将显示几何对象中定义的高度、宽度、管道数量、通道数量、内核数量和内部流动方向，如图 7-17 所示。

图 7-17　热交换器和 CAC 模型的空间示意

4. 冷凝器 Heat Addition 建模

COOLHeatAddition 是 COOLHeatExchanger 的简化。它要求较少的几何输入，只能模拟外部的一面，并施加热量输入速率而不是使用性能图。当内部流体属性不是必要的时候，可以使用这个部件。并且在散热率已知的情况下（例如冷凝器），不需要部件的所有信息。

本例通过 COOLHeatAddition 构建动力舱中的冷凝器模块，从 Build 菜单中选择按钮（）。冷凝器中设置换热量参数，而非换热 MAP，即不考虑内部流体性能，只考虑其对外界影响。冷凝器中的热输入速率将设置为一个参数，以便数值可以改变。COOLHeatAddition 对象定义包括较粗略的结构尺寸和外部压降数据两个部分，如图 7-18 所示。

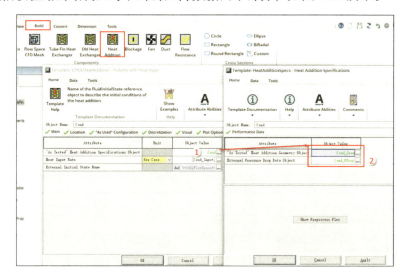

图 7-18　冷凝器对象定义

"As Tested"Heat Addition Specifications 的设置可以用数值选择器来创建 HeatAdditionSpecs。如图 7-19 所示，在"As Tested" Heat Addition Geometry 中可以定义加热器的几何数据。完成设置后，单击 OK。

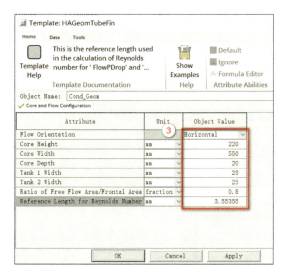

图 7-19　加热器的几何数据

双击 Cond_PDrop，设置冷凝器压降 MAP。冷凝器几何和压降数据可在：v2023\tutorials\Modeling_Applications\Cooling_Thermal_Management\DataSheets.xlsx。如图 7-20 所示，在 External

Pressure Drop Data 中可以用"FlowPDrop"输入冷凝器的外部压降，可以在 DataSheets.xlsx 文件中复制压降数据。当数据输入完成后单击 OK，并且接受 HeatAdditionSpecs 的创建。

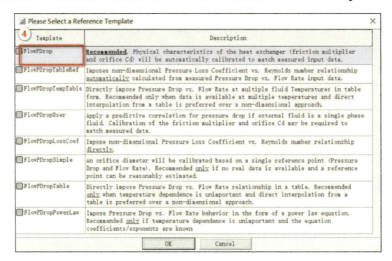

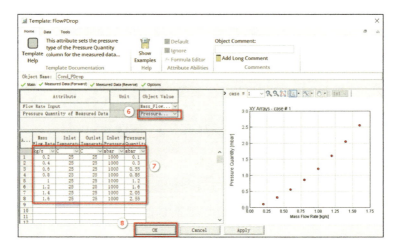

图 7-20　冷凝器压降模型定义

第7章 整车能量管理系统的联合仿真

如图 7-21 所示，在 Location 中设置冷凝器空间位置设置。当完成创建冷凝器后，单击 OK，各换热器堆叠的空间示意如图 7-22 所示。冷凝器未考虑内部流体运动情况，仅将其看作放热源，无具体进出口，因此不需要设置流入流出端口号。

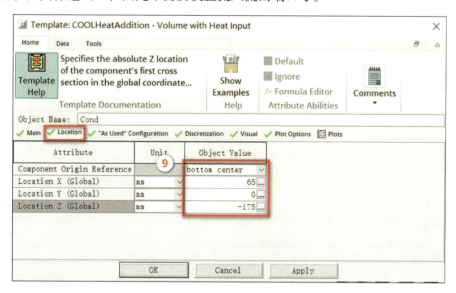

图 7-21 冷凝器空间位置设置

5. 流域约束定义

通过流域来定义动力舱模型的约束条件。如果没有流域，模型将不会运行。有两种方法建立流域，并且两种方法均是可用的：

1）使用 COOLFlowSpaceSimple 建立流域。该模板的几何是根据模型中存在的组件的几何进行自动计算。这个方法是最简单的形式，但是对形状的灵活性有限制。如果选择该选项，则模型中仅允许一种流域类型。教程中将使用这个方法。

2）使用 COOLFlowSpace 来创建定制的流域模型。这个模板的几何更具有灵活性，并通过使用 cross sections extruded over distances 进行控制。对象的位置也进行具体设置，而不是由相对位置定义。如果选择这个方法，则模型中将允许多种 COOLFlowSpace。

本例使用 COOLFlowSpaceSimple 方法定义模型的

图 7-22 各换热器堆叠的空间示意

约束。如图 7-23 所示，从 Build 菜单中选择流域简化按钮（ ）创建简化的流域。创建的流域空间对象将自动涵盖目前为止创建的组件。

6. 设置阻碍物

Blockage 可用于构建任何形状以限制（阻止）在特定位置。孔也可以添加到阻碍物中，以允许流过它们，例如横梁或冷却包的框架。

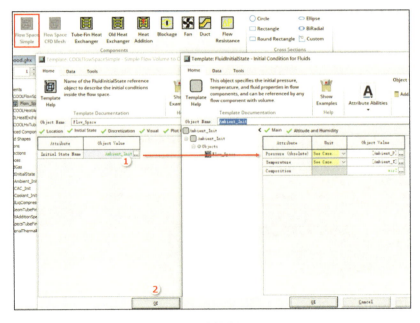

图 7-23　流域空间设置

为了表示保持冷却包中的框架，将添加 Blockage。从 Build 菜单中选择 Blockage 按钮（），Cross Sections 选项卡可用于创建 Blockage 的自定义形状。与"COOLFlowSpace"相似，如图 7-24 所示，可以使用 Cross Sections Extruded Over Distances 定义阻碍物形状。然而，定义使用框架的 Blockage 横截面的一种简单方法便是将横截面名称设置为"def"。"def"值将自动使用 Blockage 放置在其中的任何流域的形状，所需要的就是定义拉伸距离。

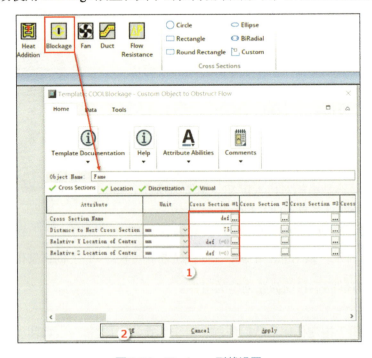

图 7-24　Blockage 形状设置

如图 7-25 所示，在 Location 中设置阻碍物位置。另外，通过勾选"Create Holes for Intersecting Components"属性，与 Blockage 相交的任何组件（即换热器）都会自动在 Blockage 中创建一个孔。当冷却套中的组件可能改变尺寸和位置时，这对于在冷却套周围快速创建框架尤其有用。对于这些部件的任何改变将会使孔进行适当的调整。当构建框架完成后，单击 OK。

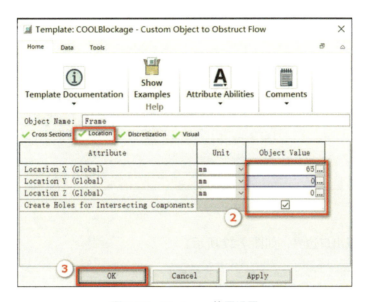

图 7-25　Blockage 位置设置

7. 定义边界条件

边界条件被定义为流域的一个特征（一个子组件）。在 COOL-3D 中有两种类型的边界条件：

1）创建一个参考对象，直接在 COOL-3D 中设置压力、温度和流率。

2）创建一个悬挂连接，在 GT-ISE 模型中将电机回路与其他流动部件集成。本教程将采用这个方法。

在创建边界条件之前，首先选择流域。当它被选中时，工具栏中的边界条件（"FlowOpening"）图标（ ）将是可用的。与换热器相似，子端口数字可以设置为"def"，或为悬挂连接自动定义一个数字。为了更容易与模型集成，将入口边界设置为 301。特征长度预先填入推荐值，以创建协助后面集成的流量。输入的值可以调整创建流量的尺寸。

注意：选择施加的边界条件参考对象选项允许将边界条件定义为压力、温度或流量。

边界流向方向值对于记录边界位置处的流速而言很重要。如果流动沿着连接的方向，记录的流率和速度将为正值。

如图 7-26 所示，为了易于定义边界条件的形状，选择 Location of Opening for Flow 选项。此处选择的值将自动创建与所选位置处的流域尺寸完全相同的边界开口。如果选择了横截面名称选项，则可以为边界开口定义形状。流域入口边界设置完成后，单击 OK。

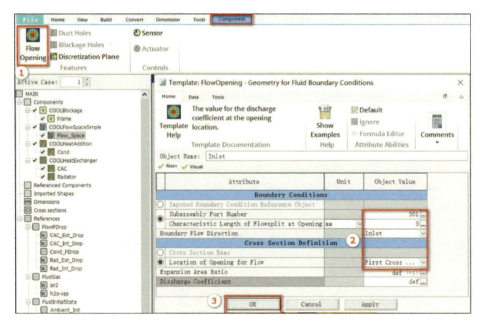

图 7-26　入口边界设置

然后设置流域出口边界，如图 7-27 所示。

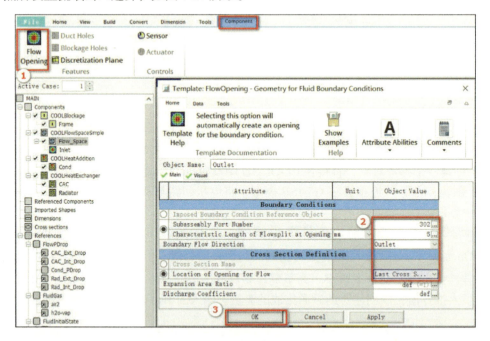

图 7-27　出口边界设置

8. Case Setup 设置

COOL-3D 中的 Case Setup 与 GT-ISE 有些许不同。在 COOL-3D 的 Case Setup 中也能进行增减 case，这里每个 case 表示一个动力舱模型，当模型离散后创建出对应的动力舱模型。如果通过 GT-ISE 直接去调用 COOL-3D 文件，则 COOL-3D 文件中只能有一个 case。如有其他方案设置，将会在 GT-ISE 中进行设置。

如图 7-28 所示，打开 Case Setup，变量均设置为 "*"，使变量浮动，以便 GT-ISE 知道在使用 "Main" .gtm 模型时导入它们。但与几何和位置相关有的变量不能设置为 "*"，必须定义一个具体数值。本案例中没有关于位置或几何对象的参数，所以可以设置所有的参数为 "*"。设置完成后，在 Case Setup 中单击 OK，完整示意图如图 7-29 所示。

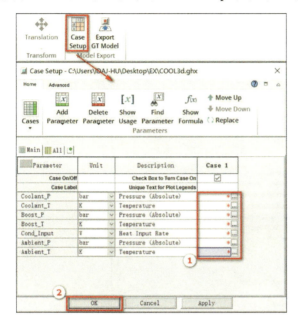

图 7-28　Case Setup 设置

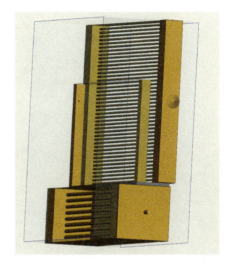

图 7-29　完整动力舱 COOL-3D 模型示意

可选方法：单击工具栏中的输出按钮（），可离散化 COOL-3D 模型以生成等效的 .gtsub 模型文件。

7.2.4　COOL-3D 标定流程

如图 7-30 所示，双击鼠标左键打开 v2023\Tutorials\Modeling_Applications\Cooling_Thermal_Management\06-UnderhoodModule 路径中的 UnderhoodModule.gtm 模型。该模型可用来进行动力舱冷却的稳态工况计算，从而确定最终的冷却液温度。需要添加一些气体的边界条件用于计算，包括机舱入口空气流量和温度，CAC 的空气流量、压力和温度，以及冷却液流量和热量，因此使用 "EndFlowInlet" 定义环境空气（Ambient_In）和 CAC（CAC_In）的边界条件。可以选择通过设定动力舱入口的空气流量，大致标定机舱内总的空气流量，同时要考虑到流阻损失、空气分布等因素。动力舱标定通过动力舱计算得到各个换热器外表面的空气流量，与试验测试数据或 CFD 仿真计算得到的数据进行对标。用户可以参考软件中的其他模型的设定方法，在此仅进行相应的功能介绍。另外，冷却液的边界条件包括流量、热量等设置，将在 "ImposeFlow" 模块中进行输入。

UnderhoodModule 模块使用了 SubAssemblyExternal 模块，该模块具有调用外部子部件（外部模型）的功能，其可调用上一步所创建的 COOL-3D 模型。如图 7-31 所示，打开 UnderhoodModule 模型，使用 3D 子文件名（*.gem/ghx）的值选择器指向 COOL-3D（.ghx）

文件。设置完成后，单击 OK。

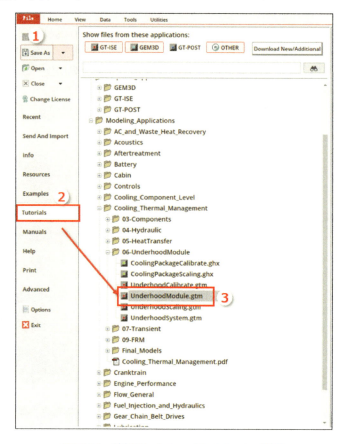

图 7-30　选择 UnderhoodModule.gtm 模型

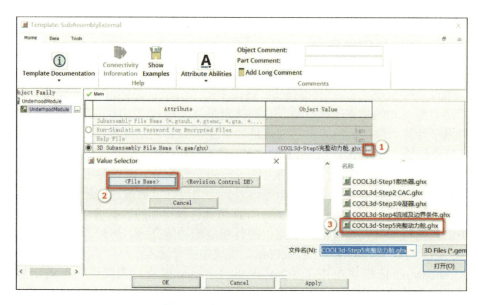

图 7-31　调用 COOL-3D 模型

可选方法：COOL-3D 模型可离散产生一个 .gtsub 模型文件，如需调用 .gtsub 模型，则需勾选 SubAssemblyExternal 模型上方的 Subassembly File Name，并以上述相同的形式完成（*.gtsub）对象的选择及调用。

将外部子组件和 UnderhoodModule 模块进行连接，端口数字应与 COOL-3D 模型中定义的子端口数字匹配：

1）散热器入口：101。
2）散热器出口：102。
3）CAC Inlet：201。
4）CAC Ouelet：202。
5）Ambient Inlet：301。
6）Ambient Outlet：302。

按照上述列表完成端口连接，如图 7-32 所示。

注意：如果端口号与实际设置不一致，则双击与外部子部件连接线段。在连接窗口中输入一个新的连接 ID，然后单击 OK 即可。

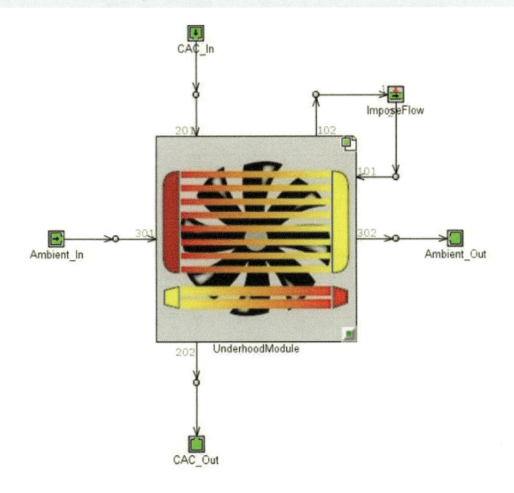

图 7-32 端口连接

动力舱模型有内外两个回路循环，将不同回路设置不同流体求解对象，便于计算收敛。打开 GT-ISE 中的 Run Setup，定义多个流动设置，即内外循环各一列，从而使得不同循环的求解/收敛标准不同。COOL-3D 的动力舱模型内部流动求解与外部流动求解应该选用不同的求解设置，其中内部循环使用 Part Name List 的流动设置 #1 栏的值选择器，并选择"FlowCircPartSelector"模板。

"FlowCircPartSelector"模板允许选择部件来定义将要创建的循环以及它们的名称。使用部件名称的数值选择器确认循环列，并选择与 CAC 和冷却液循环相关的两个部件（可以选择任何部件）。如果使用"def"，将选择一个随机部件（不推荐）。通过值选择器选择回路中的模型部件，GT 可通过部件自动识别不同回路。当导入部件名称时，在每个部分的 Circuit Name 栏中为每个部件提供一个名称，当求解器运行时可快速识别循环。如果名称设为"def"，将用所选择的部件名称替代。完成设置后，单击 OK。

如图 7-33 所示，用相同的方法设置第二栏（Flow Settings#2），定义名称为环境空气循环。完成设置后，单击 OK。

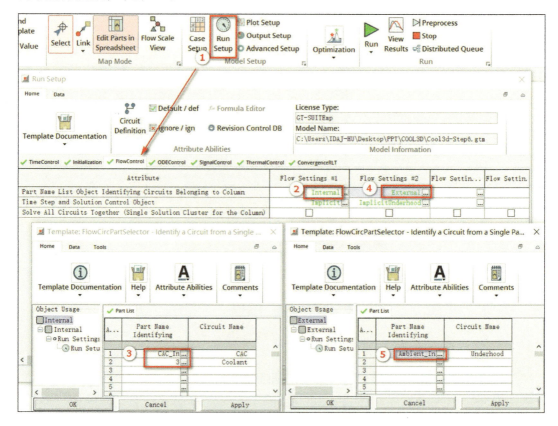

图 7-33　FlowControl 设置

对每一栏定义所要使用的求解器，在 Time Step and Solution Control 中，Flow Settings #1 选择"Implicit"，该求解器常用于冷却系统、空调等循环中，对流体高频特性不敏感；Flow Settings#2 选择"ImplicitUnderhood"，该求解器针对 COOL-3D 的动力舱模型进行了优化，推荐在 COOL-3D 模型中使用。如图 7-34 所示，完成求解器设置后，单击 OK。

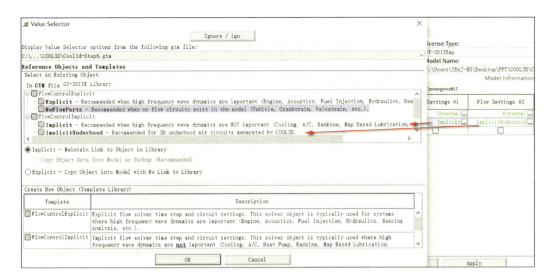

图 7-34 求解器选择

运行模型之前，需创建动力舱模型的测试算例。打开 Case Setup 设置动力舱模型的边界条件，其边界条件通常取自流量测功机或 CFD 结果，并将用于验证模型。如图 7-35 所示，在设置工况点之前，单击 Import SA Parameters 按钮，确定所有的参数都是从外部 COOL-3D 文件中导入。

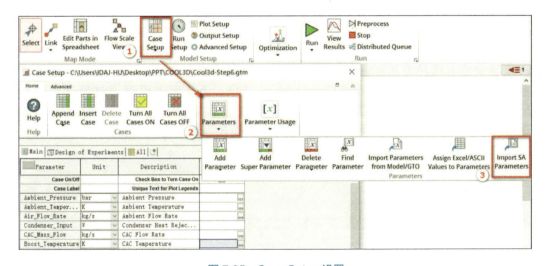

图 7-35 Case Setup 设置

当所有参数都导入模型后，工况点参数设置可参考案例模型，设置完成后单击 OK。在 Case Setup 可视化界面中选择动力舱模型路径，可实现模型预览功能，如图 7-36 所示。

单击 RUN 进行模型计算，但此时仿真将进行预处理（COOL-3D 模型离散），耗时较长，预处理完成后求解器正式开始计算算例。计算完成后，可在 GT-POST 中用 RLT Contour 模式查看稳态冷却液温度，并可通过双击任何部件来打开结果的汇总对话框，也可以查看其他稳态 RLT（如流量、出口换热器温度等）。

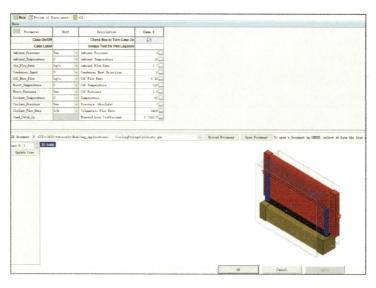

图 7-36　Case Setup 可视化界面

由于 COOL-3D 模型被简化，有时需要校准模型流量系数，使空气流量仿真值与实验值相匹配。上述计算中的空气流量边界已设置为 1.7kg/s，但流经冷凝器的计算值为 0.795kg/s，小于试验值 0.9kg/s，为使更多的流量通过冷凝器，要在其周围增加阻力部件。打开 v2023\tutorials\Modeling_Applications\Cooling_Thermal_Management\06-UnderhoodModule 路径中的 UnderhoodCalibrate.gtm 模型，鼠标右键单击"UnderhoodModule"打开动力舱模型，并且选择 Open External Subassembly，将自动打开 COOL-3D 的动力舱模型。

冷凝器需要设置流阻模型，在 Build 菜单栏中选择流阻模块（ ）进行相关参数设置。流阻设置有两种方法：一是创建一个采用流域形状的平面；二是创建一个矩形的形状。用流域形状时选择 Default Cross Section 选项。流动阻力模型通过值选择器选择"FlowPDropLossCoef"进行设置。选择该模板将通过设置压力损失系数来模拟冷凝器周围的压降。如图 7-37 和图 7-38 所示，为正向和反向损失系数创建一个参数，以便可以使用 GT-SUITE 求解器进行校准。设置完成后，单击 OK。

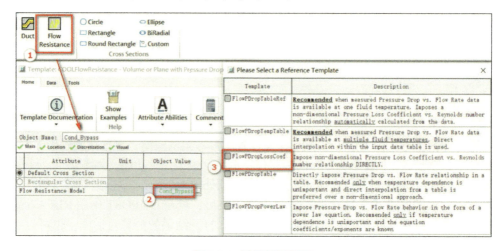

图 7-37　流阻模型设置

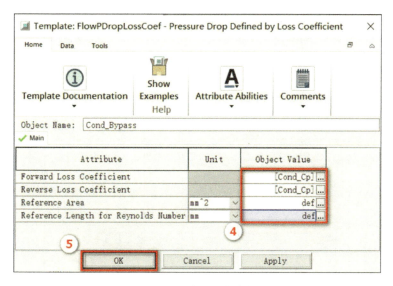

图 7-38 流阻损失定义

如图 7-39 所示,在 Location 选项卡中,设置 X 位置使其与冷凝器保持相同位置。完成对冷凝器流阻平面创建后,单击 OK。

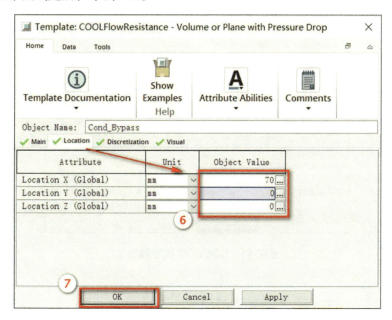

图 7-39 空间位置定义

在返回到 GT-ISE 界面之前,如图 7-40 所示,在 COOL-3D 的 Case Setup 中将 [Cond_Cp] 以 * 进行占位。当完成设置后单击 OK。单击离散模型( )生成 .gtsub 文件。返回 GT-ISE,为了加快校核计算,如图 7-41 和图 7-42 所示,UnderhoodModule 模块将调用 .gtsub 文件。

注意:在 Subassembly File Name(*.gtsub, *.gtenc, *.gtm, *…)中设置。

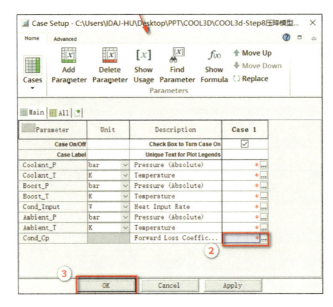

图 7-40　COOL-3D 占位符使用

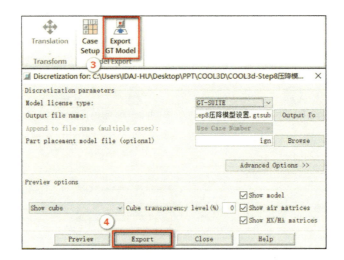

图 7-41　COOL-3D 模型离散化

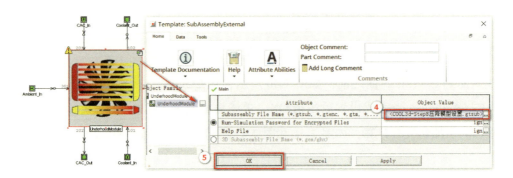

图 7-42　调用 .gtsub 模型

第 7 章 整车能量管理系统的联合仿真

如图 7-43 所示,进入 Case Setup,选择 Import SA Parameters 按钮导入新建的流阻系数,设置 [Cond_Cp] 参数的初始值为 1(校核后,覆盖此值)。完成设置后,单击 OK。

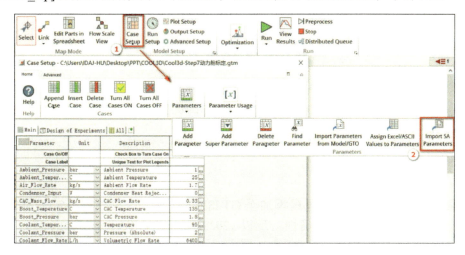

图 7-43 导入流阻系数

在 Optimization 栏中校核冷凝器周围的流阻系数,选择 Optimization-Integrated Design Optimizer。如图 7-44 所示,启用集成设计优化器,并将目标设置为 "Target",将 Response RLT 设置为冷凝器的外部质量流量。使用值选择器对话框顶部的下拉列表,找到冷凝器所在的外部 .gtsub 文件。RLT 变量的目标值设为 0.9。在 Factors 项中,用值选择器设置 Factor 为 [Cond _Cp] 该值为与目标流率相匹配的压损阻值。Lower、Upper Limit 以及 Resolution 设置如图 7-44 所示。设置完成后单击 OK。

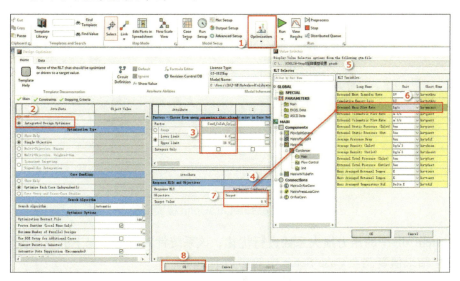

图 7-44 流阻系数优化设置

此时,优化求解器已找到冷凝器周围的正确压力损失系数,适合的压损系数将产生正确的冷凝器流量。运行该模型,在达到正确数值之前,优化器将进行几次迭代。完成后,优化器将记录相应的优化结果,如图 7-45 所示。

```
------------ FINAL RESULTS ------------
* Case-Independent Factors:
        Cond_Calib_Cp - Case 1: 5.943779
* Responses:
        ha-masext:UnderhoodModule%Condenser [kg/s] - Case 1: 0.9
----------------------------------------
```

图 7-45　流阻系数优化结果

该算例的流阻优化值为 5.943779，将这个值复制到 GT-ISE 中 [Cond_Cp] 参数内，确认校核无误后，关闭 Optimization-Design Optimizer 中的优化器，以便使用不同的算例条件执行 Case Sweep。

7.2.5　COOL-3D 其他应用

1. 外部标定的模式

将压力边界、格栅压降和风扇添加至 GT-ISE 界面中，以校核在一定车速条件下动力舱的压降（目标流量）的正确性。现以 v2023\Tutorials\Modeling_Applications\Cooling_Thermal_Management\06-UnderhoodModule 路径下的 UnderhoodSystem.gtm 模型为例，对其系统压降的校准标定。特定工况（车速 =100km/h，风扇速度 =5000r/min）下，动力舱 COOL-3D 模型将连接外部风扇模型，标定流程与 7.2.4 节冷凝器流阻标定大体相同，主要区别集中在风扇和出口压力边界条件之间的压降设置。直接使用 PressureLossConn 模块定义流量系数并展开优化处理，如图 7-46 所示。流经风扇的目标流量为 1.7kg/s。

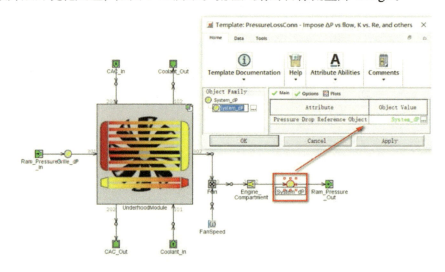

图 7-46　PressureLossConn 模块设置

对 System_dP 中的压力损失系数进行优化，该系统针对特定工况下的风扇流量展开优化。将优化结果值复制至 Case Setup 中的参数 [Engine_Calib_Cp] 内，完成动力舱的全部校核，如图 7-47 所示。

2. 换热器缩放

完成动力舱模型校准后，可以继续研究冷却组件的几何改变对整个系统的影响，一个比较常见的例子便是对换热器的几何尺寸进行缩放。研究换热器缩放影响

```
------------ FINAL RESULTS ------------
* Case-Independent Factors:
        Engine_Calib_Cp - Case 1: 1.6504173
* Responses:
        fan-masa:Fan [kg/s] - Case 1: 1.7
----------------------------------------
```

图 7-47　PressureLossConn 优化结果

时,外部模型需再次直接指向 COOL-3D(.ghx)模型,以充分衡量换热器结构变化对动力舱内部流场和温度场的影响。

在对换热器进行选型和优化过程中,往往需要对缩放后的换热器实际效果开展研究。在 GT-SUITE 中,由于是使用 Nusselt 换热公式进行换热量计算,当对换热器的几何尺寸进行缩放时,那么换热面积、工质流通面积也随之变化,从而可以基于已拟合的 Nusselt 换热系数预测缩放后的换热器工作效果。

在动力舱 COOL-3D 中,打开 Radiator,进入"As Used Configuration"选项卡中。该选项卡可用来定义散热器模型参数。在散热器几何的"As Used"中用值选择器来创建需要缩放的参考对象。

GT 提供了两种方式对换热器进行缩放比例调节:一是基于几何尺寸,勾选 Scale Using Absolute Dimensions,输入缩放后的换热器的长度和高度;二是基于相对尺寸,勾选 Scale Using Relative Dimensions,输入管道长度、管道数量进行缩放。

本例通过输入高度、宽度参数的绝对尺寸实现散热器几何边界的变换。COOL-3D 中的尺寸参数不能直接使用 * 占位符进行定义,其原因在于占位符属性无法实现模型在 COOL-3D 的实际显示,因此必须在 Case Setup 定义具体数值。如图 7-48 所示,在 Case Setup 中,输入缩放的高度值为 350mm,宽度值为 600mm。完成设置后,单击 OK。

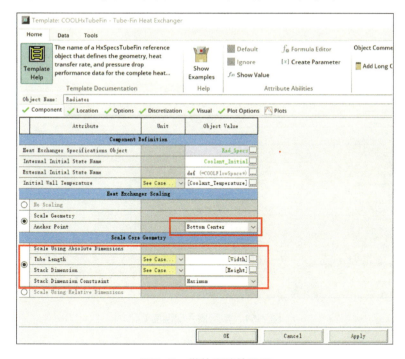

图 7-48 散热器缩放设置

如图 7-49 所示,Anchor Point 锚点位置设置为 bottom center。实际中,尺寸变动易导致部件干涉,通过锚点设置可固定散热器的相对位置,尤其当 COOL-3D 模型存在诸多约束时,该功能显得非常有效。

对散热器尺寸缩放对象进行定义后,COOL-3D 模型并不会立刻显示出变化。保存 COOL-3D 模型后返回 GT-ISE 界面。同样地,在 GT-ISE 中打开 Case Setup,并选择 Import

SA Parameters 以导入 COOL-3D 中设定的几何缩放参数。此后，可在 GT 中展开对散热器几何变换影响的相关研究。

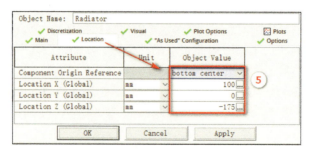

图 7-49 散热器位置定义

如图 7-50 所示，Case 1 以原始散热器几何尺寸作为基准，Case 2 为缩放后的几何尺寸，为保证两者试验工况相匹配，其他边界条件一致。单击 OK，运行模型。

| Height | mm | Heat Exchanger Height | 350 | 300 |
| Width | mm | Heat Exchanger Width | 600 | 550 |

图 7-50 Case Setup 设置

当仿真完成时，可在 GT-POST 中查看散热器的性能（如顶端水箱温度），可对比散热器几何改变后的影响，如图 7-51 所示。

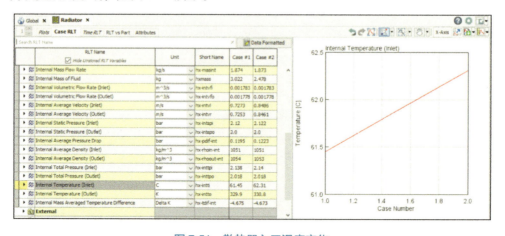

图 7-51 散热器入口温度变化

7.3 整车与各子系统模型的连接

整车能量管理系统涉及多个子系统，每个子系统自成体系，提供适当的模型边界后也可完成独立的仿真分析项目。整车能量管理仿真的工作就是将这些子系统联合在一起，实现多系统联合仿真，分析子系统之间的相互影响。

本节将以整车动力传动系统模型为基础，讲解如何与发动机冷却系统模型、电机冷却系统和电池冷却系统模型进行集成。

7.3.1 整车传动系统与发动机冷却系统连接

发动机与水冷系统的连接即将发动机散热量传递至水冷系统中,并与相应模块建立相关信号的链接,如 EngineBlock,可将发动机散热量当作 EngineBlock 的热源,如有需要可再将 EngineBlock 的当前温度反馈给发动机。

本文以软件自带 P2_Hybrid.gtm 模型为例(路径:v2023\examples\Vehicle_Systems_and_Energy_Management\Vehicle_Topology\Hybrid\Passenger_Vehicles),打开后将模型另存。

为方便信号连接,可用鼠标右键单击发动机组件 ENGINE 选择 Absorb Subassembly 将组件展开,如图 7-52 所示。ENGINE 组件展开后示意如图 7-53 所示。

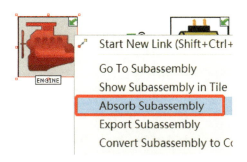

图 7-52　展开组件 ENGINE

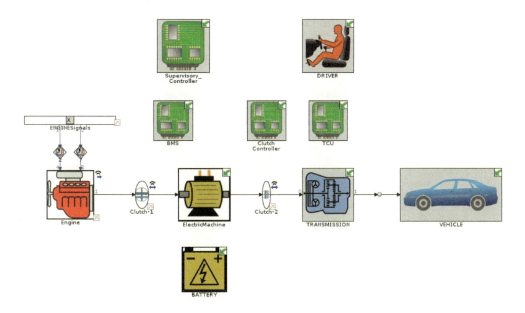

图 7-53　ENGINE 组件展开后示意

将发动机水冷系统模型 Coolant_System_1D_Underhood.gtm 打开并另存(路径:v2023\examples\Cooling_Vehicle_Thermal_Management\Coolant_System),长按鼠标左键框选水冷系统模型,右击选择 Copy,并切换到 P2_Hybrid 空白区域进行粘贴,在弹出的变量确认窗口直接单击 OK。如图 7-54 和图 7-55 所示,粘贴后完整模型如图 7-56 所示。

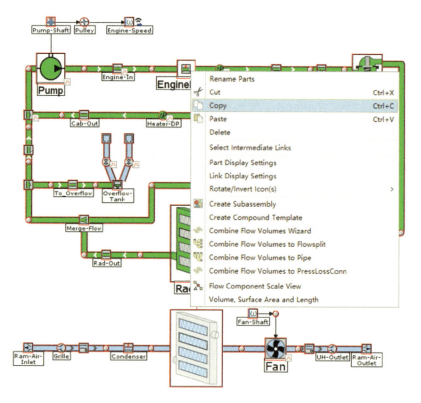

图 7-54 复制水冷系统

Parameter	Parameter Label	Value(s) from Clipboard	Value(s) in Target Model	Analysis	☑
Engine-Speed	Imposed Speed	3000 (RPM)	Does not exist	Safe to Paste.	☑
BMEP-Engine	Imposed BMEP	10 (bar)	Does not exist	Safe to Paste.	☑
ram_velocity	External Ram...	80 (km/h)	Does not exist	Safe to Paste.	☑
fan_speed	fan speed	3000 (RPM)	Does not exist	Safe to Paste.	☑
accum_press	initial acc...	1.3 (bar)	Does not exist	Safe to Paste.	☑
accum_temp	initial acc...	=[COOLANT_TE...	Does not exist	Safe to Paste.	☑
ambient_pres...	Pressure (Ab...	1 (bar)	Does not exist	Safe to Paste.	☑
AMBIENT_TEMP	ambient air ...	25 (C)	Does not exist	Safe to Paste.	☑
COOLANT_TEMP	initial cool...	75 (C)	Does not exist	Safe to Paste.	☑
HOSE_WALL_TEMP	initial hose...	=[COOLANT_TE...	Does not exist	Safe to Paste.	☑
PIPE_WALL_TEMP	initial pipe...	=[COOLANT_TE...	Does not exist	Safe to Paste.	☑
coolant_pres...	Pressure (Ab...	1.3 (bar)	Does not exist	Safe to Paste.	☑
coolant_pres...	Pressure (Ab...	2.6 (bar)	Does not exist	Safe to Paste.	☑

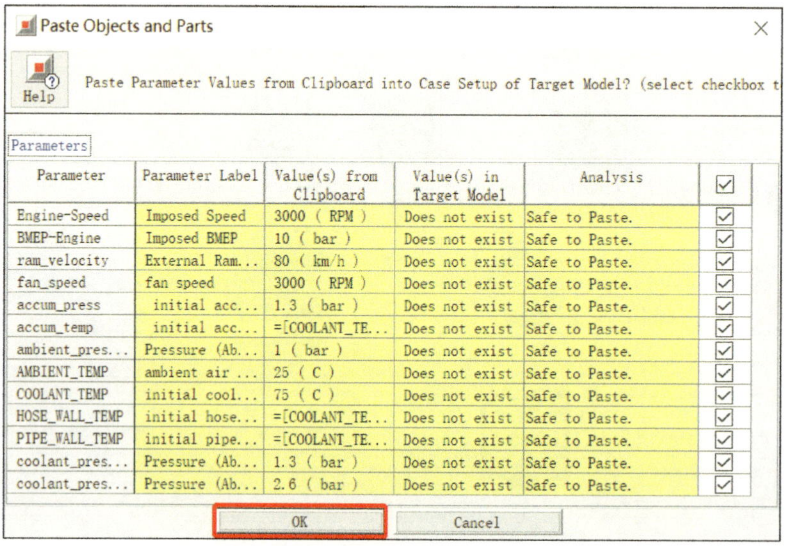

图 7-55 变量确认

删除 Engine-Speed 模块和 Pulley 与 Pump-Shaft 之间的所有连线，将 Pulley 与 Engine 进行连接（Pulley → Engine），连接时选择 Engine 的 Accessory Drive 信号，此时发动机转速与水泵转速便有了直接关联，如图 7-57 所示。

第 7 章 整车能量管理系统的联合仿真

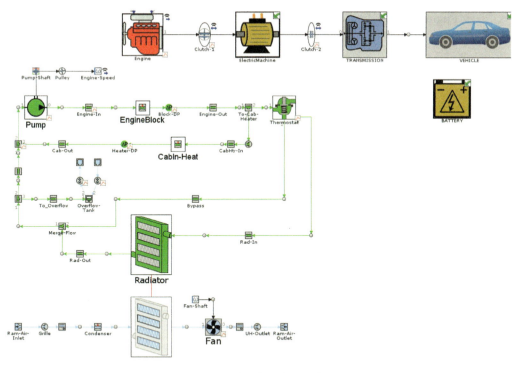

图 7-56 粘贴后完整模型示意

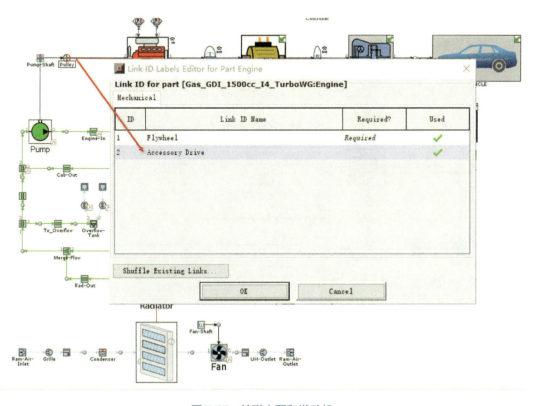

图 7-57 关联水泵和发动机

双击 EngineBlock 对象，将 Heat Input Rate 设为 0，散热器设置如图 7-58 所示。

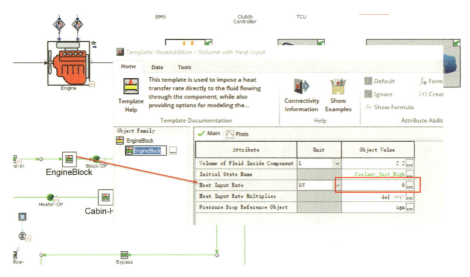

图 7-58 散热量设置

如图 7-59 所示，建立 Engine 和 EngineBlock 的热关联，由于这两个模块不能直接相连，因此用户需使用 Gain 模块，其中 Gain 值设为默认值 def（=1）即可。EngineBlock 对象中的输入信号选择为 Heat Input Rate（kW），考虑到本例发动机模型为 MAP 类型对象，水套温度并不直接影响发动机性能，因此无须反馈发动机当前温度。

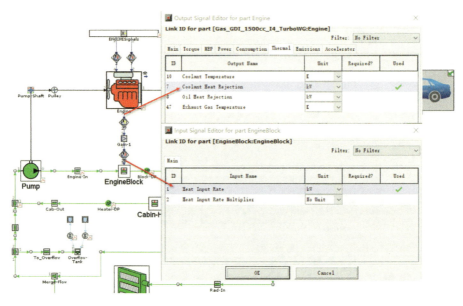

图 7-59 建立热关联

单击 Run 之前，用户还需对流体回路的求解器及步长进行设置，如图 7-60 所示。打开 Run Setup → FlowControl，在 Time Step and Solution Control Object 属性中选择 GT-SUITE Library 的隐性求解器（Implicit）即可。

图 7-60　流体求解器设置

单击 Run 即可计算，计算界面如图 7-61 所示。

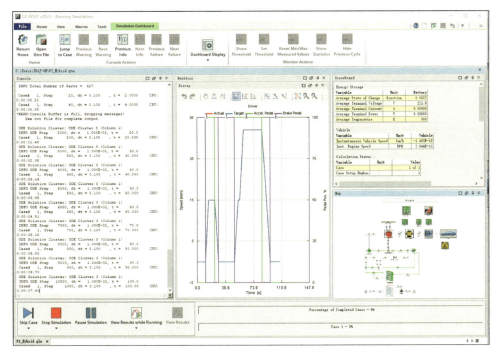

图 7-61　计算界面

7.3.2 车辆动力系统与电驱冷却系统连接

本例在 7.3.1 基础上建立电驱冷却系统，冷却形式为水冷。冷却系统模型中包括电机、逆变器、DC/DC、水泵、节温器以及散热器。同样，为了方便连接信号连接，鼠标右键单击电机组件 ElectricMachine 选择 Absorb Subassembly 将组件展开，如图 7-62a 所示。ElectricMachine 组件展开后示意如图 7-62b 所示。

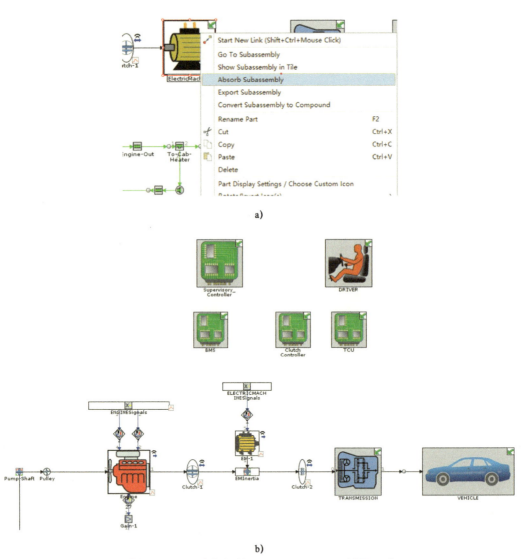

图 7-62　展开电机组件 ElectricMachine 及其展开后

本例中用 FlowSplitGeneral 来等效电机、逆变器和 DC/DC 的冷却水套，用于模拟热源与冷却液之间的对流换热。在 FlowSplitGeneral 中输入电机实际水套容积和换热面积，并将 Wall Temperature Method 设为 Wall Temperature from Connected Thermal Primitive（图 7-63a）。

新建 ThermalNode 模块来等效电机、逆变器和 DC/DC，模拟均匀、各向同性、集总质量的热节点，所需的输入参数包括材料属性、质量、初始温度、发热量、对流换热面积。然后分别将 ThermalNode 与对应的 FlowSplitGeneral 连接起来，完成传热模型搭建（图 7-63b）。

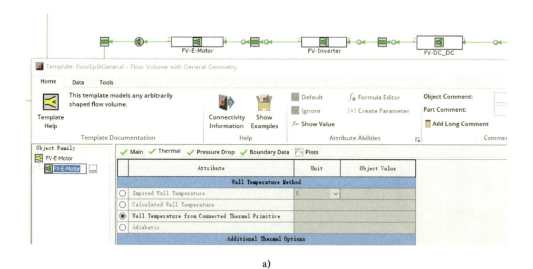

图 7-63　电机水套和热源设置

其中等效电机（ThermalNode）的发热量需要从电机（Motor）获取，新建一个无线信号 ReceiveSignal 模块，通过无线信号方式获取电机发热量 Heat Dissipation Rate(kW)，设置如图 7-64a 所示。

将新建好的 ReceiveSignal 与电机热节点 ThermalNode(TM-E-Motor) 连接，信号选择如图 7-64b 所示。

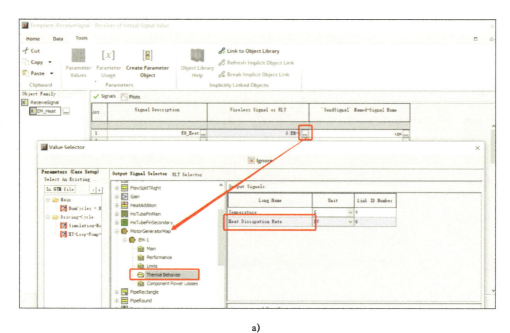

a)

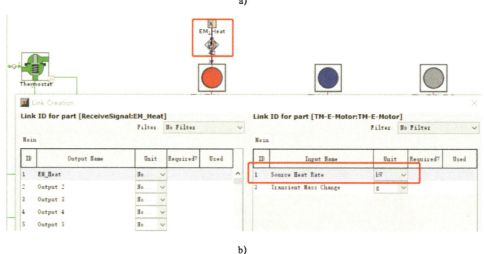

b)

图 7-64 电机发热量信号设置及信号选择

本案例中考虑温度对电机性能的影响，因此这里需要将电机热节点的实时温度反馈给电机模型，模型中电机处已有一个 ReceiveSignal（ELECTRICMACHINESignals）部件，此时需额外增加一个 TM-E-Motor 的温度信号，并与电机再进行信号连接，设置如图 7-65a 所示。

将 ELECTRICMACHINESignals 再次与电机 (TEM-1) 连接，信号选择如图 7-65b 所示。

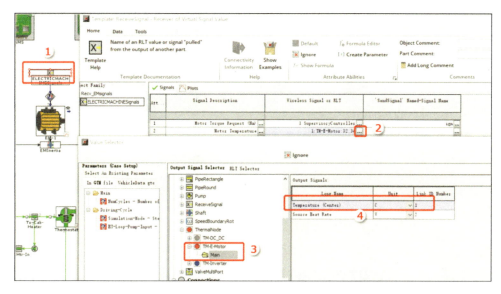

a)

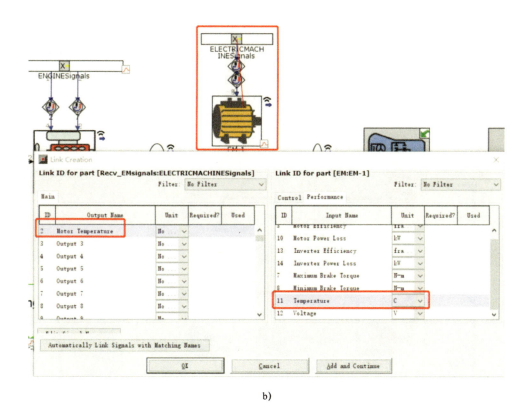

b)

图 7-65 电机温度信号设置及信号选择

采用相同的方法即可完成逆变器、DC/DC 与冷却系统的连接。电驱冷却系统中的水泵、散热器和节温器的设置方法详见本书第 5 章的相关内容，需注意电驱冷却系统中散热器的空气侧需要与发动机冷却系统散热器的空气侧串联，如图 7-66 所示。

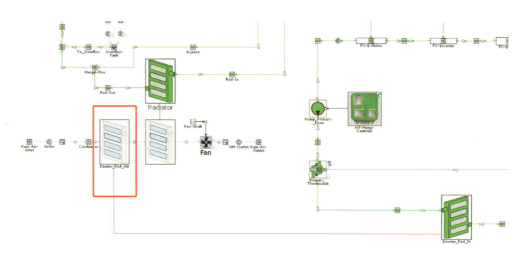

图 7-66 电驱冷却系统与发动机冷却系统连接

7.3.3 空调系统与电池冷却系统连接

电池冷却系统与上述两种连接方式类似，但考虑到电池性能受温度的影响较大，因此冷却系统必须反馈当前电池温度。本文以 System_Battery_Cooling.gtm 模型为例（路径：v2023\examples\Air_Conditioning_and_Heating\Integrated_HVAC_Systems_(Cabin&Battery_Cooling)\Battery_Cooling），其电池冷却系统如图 7-67 所示。

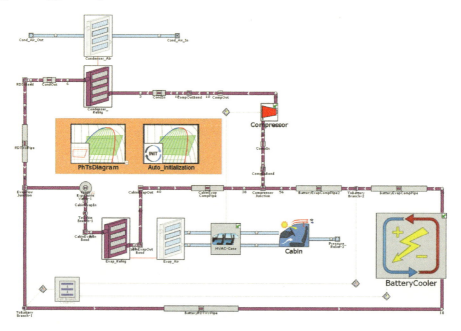

图 7-67 电池冷却系统

此电池冷却系统模型包含空调系统、乘员舱冷风回路和电池包直冷系统（制冷剂直接冷却电池包）。同发动机、电机冷却回路建模方式一致，用户可直接使用管路模拟水冷板，以 ThermalMass 来模拟电池，热质量块和管路之间使用对流接口 ConvectionConn，并在 ConvectionConn 中可以设置电池与制冷剂之间的换热面积和换热系数，如图 7-68a 所示。

ThermalMass 和电池对象的连接需使用 Gain 模块来传递信号，一方面可将电池发热量充当热源传递至 ThermalMass，另一方面也可将 ThermalMass 的当前温度传递至电池，进而实现电池和冷却系统的实时数据互传，其信号连接如图 7-68b 所示。

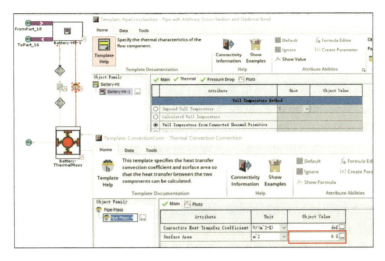

a)

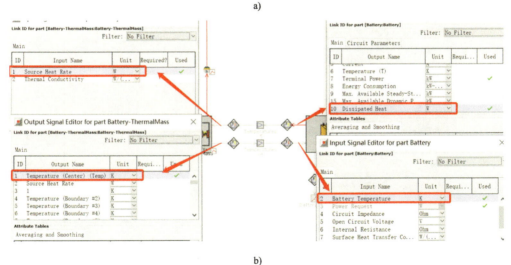

b)

图 7-68　电池和热质量块之间的对流换热和信号连接

7.4　整车能量管理联合仿真实例

至此本书已经将整车能量管理系统的各个子系统的仿真模型进行了详细介绍，实际中的能量管理模型会更为复杂，且一般需要在同一个模型中实现多个子系统的联合仿真，但不管系统多复杂，在 GT-SUITE 里面的解决方式都类似，即将系统间的关键部件或关键信号相连接即可。

所谓"仿真"，其实包含"建模"和"分析"两个部分。为了更全面地评价仿真全部工作的效果，本节将会对 GT-SUITE 软件中自带的混合动力汽车和纯电动汽车的整车能量管理系统仿真案例进行讲解，同时也拓展一部分数据分析的内容。GT-POST 是软件自带的数据处理工具，我们需要通过 GT-POST 进行计算过程监督、计算结果查看、数据制图、数据后处理等工作。

此外，混合动力电动汽车的能量流分配图比较复杂，考虑到本书篇幅所限，仅以纯电动车能流量分配图进行说明性讲解，读者可参考并自行绘制混合动力车辆的能量流分配图。

7.4.1 混合动力汽车的整车能量管理联合仿真实例

1. 模型讲解

混合动力整车能量管理系统模型案例为 TTR_HEV_Battery_Cooling.gtm（路径：v2023\examples\Vehicle_Systems_and_Energy_Management\Vehicle_Topology\Hybrid\Passenger_Vehicles），其模型示意和打开路径分别如图 7-69a 和图 7-69b 所示。

该模型为一个混合动力电动汽车，其能量管理模型包含发动机、三电（电机、电池和电机控制器等）、三电冷却和电池加热系统、动力舱、空调系统、乘员舱等。动力舱将发动机、电机水冷系统和空调系统关联，空调系统能同时对乘员舱和电池水冷系统进行换热。

P0P4 混动方式的叫法针对的是同轴并联式混合动力汽车架构，按发动机、电机、电池之间的位置和连接方式，并联式混合动力汽车可以分为多种架构形式，P0 ~ P4 架构中包含两个电机，分别是 BSG 电机和驱动电机。BSG 电机为发动机起动电机，驱动电机和发动机分别位于前后两个轴上（如果发动机驱动前轴，则驱动电机驱动后轴，反之亦然）。

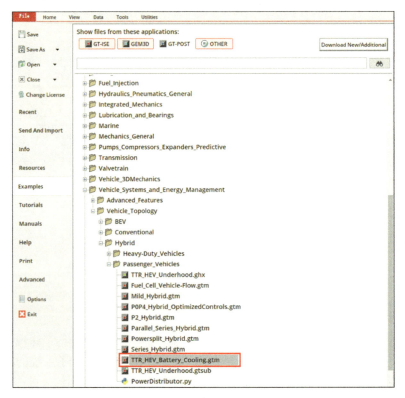

a)

图 7-69　模型打开位置（软件内）及整车能量管理系统的案例模型

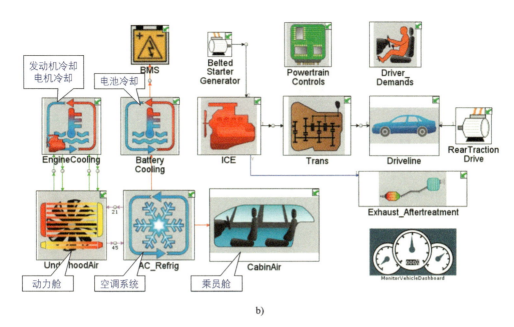

图 7-69 模型打开位置（软件内）及整车能量管理系统的案例模型（续）

整车动力传动系统架构建模可以参考图 7-70 所示模型，模型路径：v2023\examples\Vehicle_Systems_and_Energy_Management\Vehicle_Topology\Hybrid\Passenger_Vehicles\P0P4_Hybrid_OptimizedControls.gtm。接下来逐一介绍发动机及电机冷却和加热回路、乘员舱和空调系统回路、动力舱等模型。

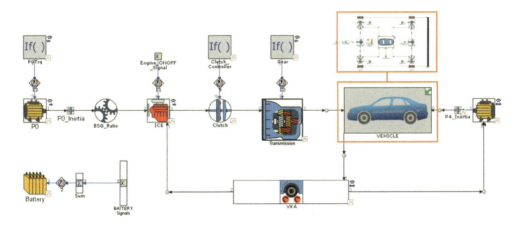

图 7-70 P0P4 架构能量控制优化模型

双击 EngineCooling，可看到模型是通过 EngineBlock 来接收发动机散热量信号的该模块被用于模拟发动机的水套，如图 7-71 所示。

双击 BatteryCooling，打开电池冷却/加热回路，可以看到模型是直接通过 PipeRound 和电池的热连接来实现电池散热和温度反馈的。通过换热器和 PTC 来对流体进行冷却或加热，从而实现对电池温度的控制，而管路系统的流动是通过温度控制单元对两个阀门的控制来实现的，如图 7-72 所示。

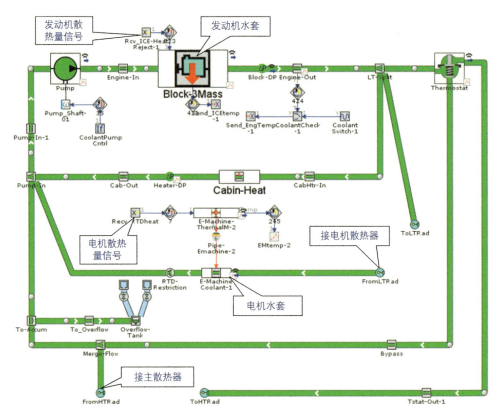

图 7-71 发动机、电机冷却回路

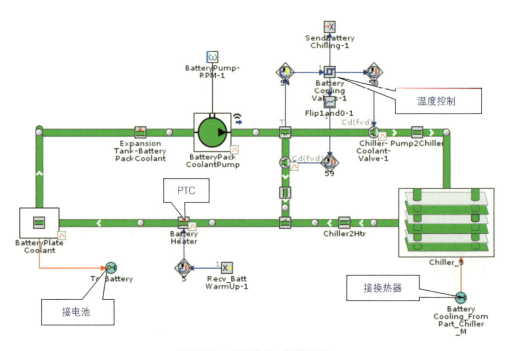

图 7-72 电池冷却/加热回路

双击 CabinAir 打开乘员舱冷却/加热回路，其中 HVAC-Case 模型回路中的空气是通过风机、蒸发器、加热器之后吹到乘员舱内，风机、蒸发器和加热器的工作状态通过相关控制信号来控制，如图 7-73 所示。

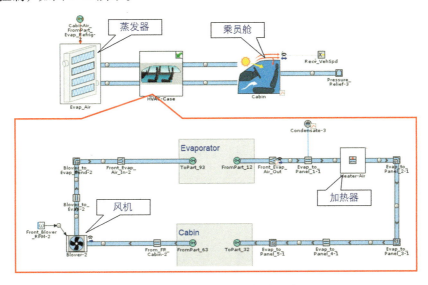

图 7-73　乘员舱冷却/加热回路

双击 AC_Refrig 打开空调回路，此模型中包含两个膨胀阀：一个用来给乘员舱降温；一个用来给电池冷却回路冷却，如图 7-74 所示。

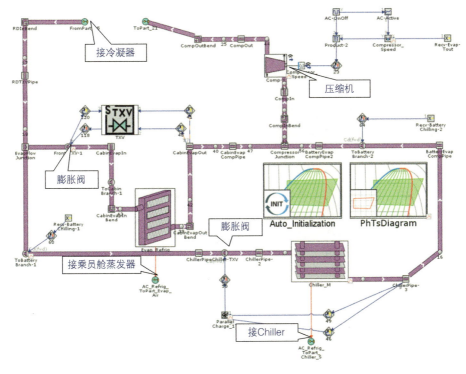

图 7-74　空调回路结构

双击 UnderhoodAir 打开动力舱，其中动力舱模型使用 COOL-3D 搭建，内部包含三个换热器：冷凝器、电机散热器、主散热器，如图 7-75 所示。

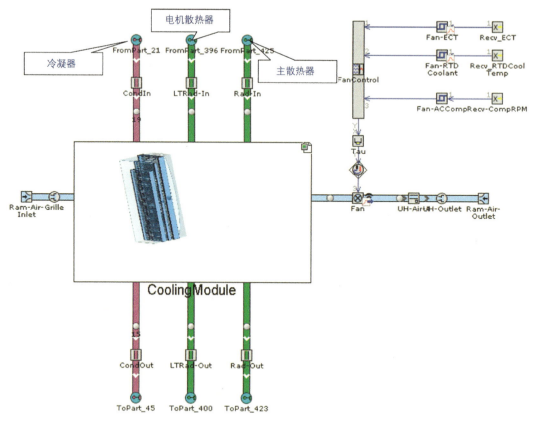

图 7-75 动力舱模型

至此，模型就将发动机、三电（电机、电池和电机控制器）、三电冷却和电池热系统、动力舱、空调系统、乘员舱等与整车动力传动系统模型完成连接。模型中的其他子系统如整车动力传动系统等，可参见第 4 章的内容。

2. 工况设定

输入当前边界条件如下：

1）任意环境压力和温度（冬季、夏季、低海拔、高海拔均可）。
2）驾驶工况（WLTC、NEDC 等）。
3）车辆从静止起步（初始车速为 0）。
4）EV/HEV/Engine 模式可自由切换。

该模型主要用于以下分析：

1）循环工况能耗计算。
2）循环工况 Cabin 平均温度计算（简易的舒适性）。
3）冷却回路中部件性能评估（水泵排量、压缩机转速、风扇大小的选型）。
4）热安全评估。
5）控制器功能验证。

6)其他。

特别说明的是,案例策略较为理想,但对于停车充电和百公里加速工况,需要自行对控制器进行修改。

在此次的案例中,给出了三种计算工况且均处于夏季,环境温度37℃,如图7-76所示,分别是:Case 1—WLTP:Auto;Case 2—WLTP:CD/CS;Case 3—WLTP:ZEV。其中Auto表示所有模式可以正常切换,不要求整车初始处于何种模式;CD表示charge depleting,CS表示charge sustaining,CD/CS表示车辆初始工作状态为EV纯电动模式(即CD阶段),当SOC过低时,进入混合动力模式(即CS阶段);ZEV表示强制纯电动模式,当后驱电机不工作或电池温度过高时,仿真就会停止,整车控制过程中不会进行模式切换。本次案例展示中仅计算Case 2—WLTP:CD/CS工况,其车速曲线如图7-77所示。

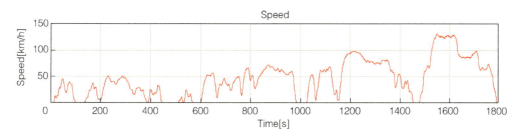

图7-76 案例工况设定

图7-77 WLTP工况的速度曲线

3. 求解

依次单击"Run""Local""Finish"提交计算,如果有多个case需要计算,且用户具有多个license,那么可以选择"Local Distributed"进行多case并行计算,如图7-78所示。

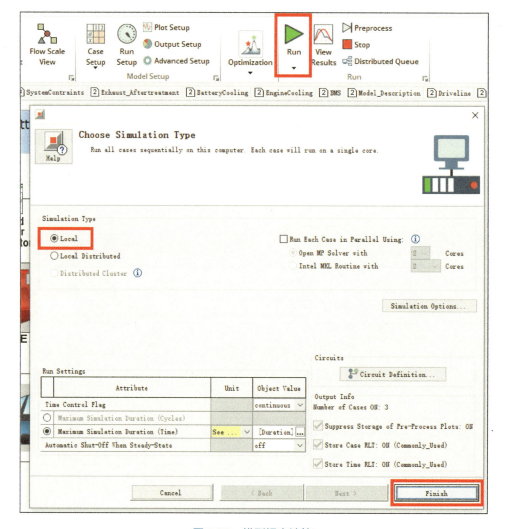

图 7-78　模型提交计算

计算提交后，GT-SUITE 软件会自动对模型进行基本检查、数据预处理等工作。如图 7-79 所示，如果有明显错误，GT-SUITE 会弹出一个提示窗口，需要根据提示进行修改后，再次提交计算。

正确进入计算环节后，系统会自动打开 GT-POST 的界面，如图 7-80 所示。界面中会显示运行过程，实时监控计算结果，展示计算进程。在计算完毕后，单击 View Result 可以查看模型计算结果。

4. 结果查看

在 GT-POST 中单击任意部件，即可查看计算结果信息，包括 Plots、CaseRLT、TimeRLT（需要在 output 中设置才会有结果）、RLT vs Part 和 Attributes。通常只需要看 Plots 和 CaseRLT。

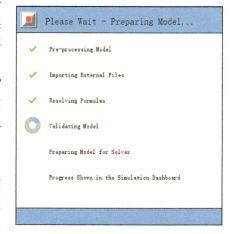

图 7-79　模型检查

第 7 章 整车能量管理系统的联合仿真

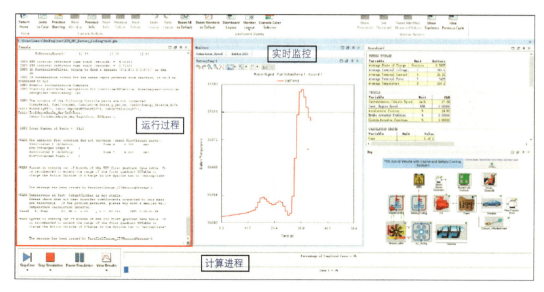

图 7-80 模型检查和 GT-POST 的计算界面

在 GT-POST 中带有数据处理工具，包括制作各类图表，如图 7-81 所示。具体功能还请参考 GT-POST 的文档。

图 7-81 GT-POST 的制图功能

在整车能量管理分析中，我们关注的结果主要有：
1）发动机转速、BMEP/TORQUE。
2）变速器档位。
3）发动机油耗。
4）电池包平均温度。
5）电池包 SOC。
6）电池冷却/加热回路水泵流量、转速。
7）换热器散热量、流量。
8）空调压缩机转速、流量。
9）蒸发器、冷凝器的散热量。
10）热力膨胀阀升程。
11）冷却液回路水泵流量、转速。
12）冷却液回路散热器散热量。
13）前舱进气量、风扇转速、进风和出风温度。
14）Cabin 平均温度。

此外，还有一些数据需要处理后才能统计，比如能量流分配（将在 7.4.2 中进行说明）、温度分布等。

本案例自带了数据模板，名为"TTR_HEV_Battery_Cooling"，在用户打开 GT-POST 后会自动加载，同时提取模板中的数据，方便用户一次性查看全部数据，而不需要一个一个部件都手动点开，如图 7-82 所示。

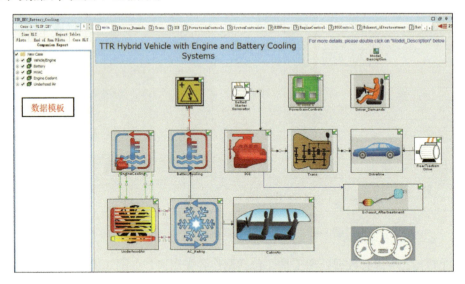

图 7-82　GT-POST 的数据模板

以 Battery 为例，单击鼠标右键然后选择 view 选项，即可查看电池包 SOC、电池包平均温度等计算结果，如图 7-83 所示。用户可以根据结果进行分析，如果电池包平均温度过高，那么就会影响电池性能，可以通过增加电池回路水泵转速来实现降温的效果。同时用户也可以对模型中的策略进行分析，例如本案例中的电池 SOC 起始为 40%，最低允许 SOC 为 10%，CD 过程的最低 SOC 为 20%，随后进入 CS 模式。

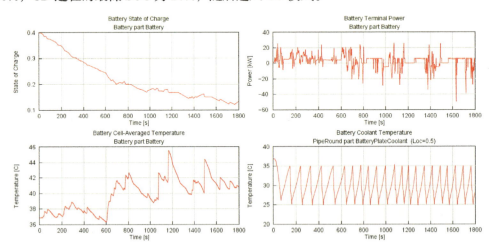

图 7-83　电池包计算结果

从 Vehicle/Engine 中可查看车速、发动机转速、油耗、变速器档位等信息，如图 7-84 所示，分别为车速、档位、发动机转速、电机转速和发动机油耗等整车计算结果。

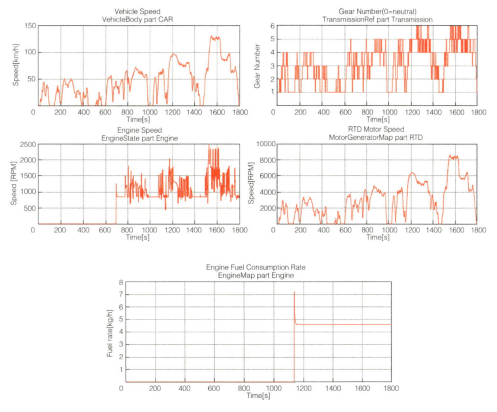

图 7-84　发动机和整车计算结果

图 7-85 所示为发动机工作点的时间分布图。从图中可以看出，发动机多数时间处于停机的状态，当发动机开始起动对电池充电时，发动机仅工作在狭窄的工况范围内，即发动机高效率点。

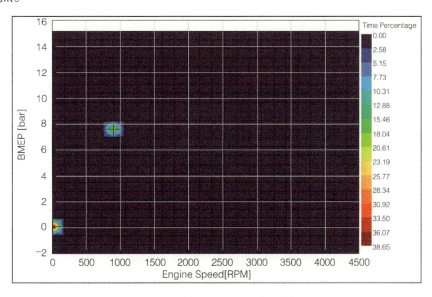

图 7-85　发动机工作点的时间分布图

另外，用户也可查看电池温度、电机温度、发动机出口冷却液温度以及乘员舱温度的变化，如图 7-86 所示。

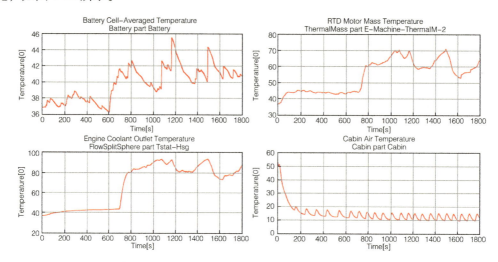

图 7-86　电池温度、电机温度、发动机出口冷却液温度以及乘员舱温度

7.4.2　纯电动汽车的整车能量管理联合仿真实例

1. 模型讲解

纯电动汽车整车能量管理模型案例为 EV-Thermal_Management.gtm（路径：v2023\examples\Cooling_Vehicle_Thermal_Management\EV-Thermal_Management），其打开位置和模型分别如图 7-87～图 7-89 所示。

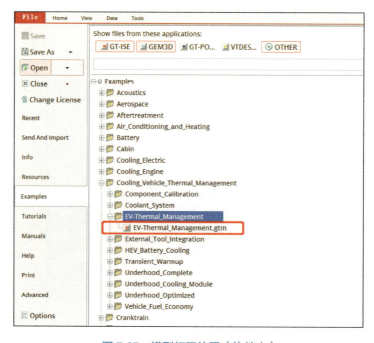

图 7-87　模型打开位置（软件内）

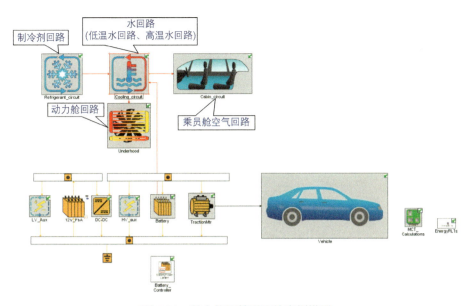

图 7-88　整车能量管理系统案例模型

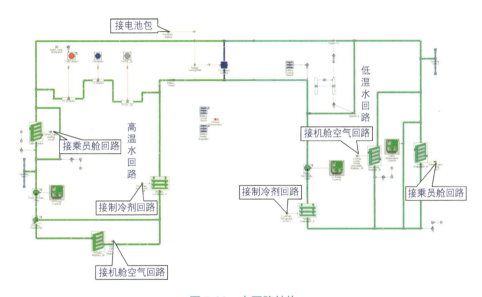

图 7-89　水回路结构

其采用的热管理架构是带电驱余热回收的热泵系统。该案例的架构具有较大的创新性，与传统的热泵系统存在较大区别。其主要由 4 个流体回路构成：制冷剂回路、低温水回路、高温水回路以及乘员舱空气回路。它的基本思想是通过复杂的水回路设计（两个水回路）来大大简化制冷剂回路。制冷剂回路的换热器通过两个水回路间接地与空气（空调箱或机舱）关联。无论冬夏，制冷剂回路的传热方向总是将热量从低温水回路转移到高温水回路。正如此案例所示，用户可以利用 GT-SUITE 自由地研究各类热管理架构。

（1）制冷模式

当乘员舱处于制冷模式时，除了乘员舱空气回路以外的原理图如图 7-90 所示。制冷剂回路中的蒸发器通过低温水回路间接从乘员舱空气回路中吸热。冷凝器将热量释放到高温水回路,高温水回路将冷凝器和电驱系统的产热一同送往电驱散热器进行散热。电池通过低温水回路进行冷却。

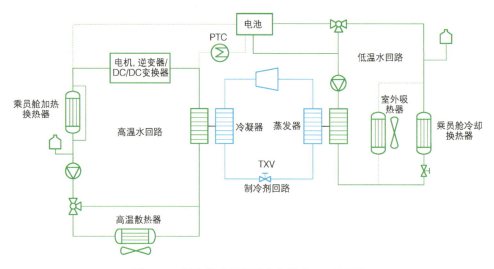

图 7-90　制冷模式原理图(虚线表示不流通)

(2)制热模式

当乘员舱处于制热模式且电池需要加热时,除了乘员舱空气回路以外的原理图如图 7-91 所示。制冷剂回路中的蒸发器通过低温水回路中的室外吸热器间接从外部环境(前端模块)吸热。冷凝器将热量释放到高温水回路,高温水回路回收冷凝器和电驱系统的产热,给乘员舱空气回路和电池进行加热。除了利用余热进行加热外,高温水回路还有一个单独的 PTC 用于电池加热。除此之外,空调箱的空气回路中还有一个风暖 PTC。

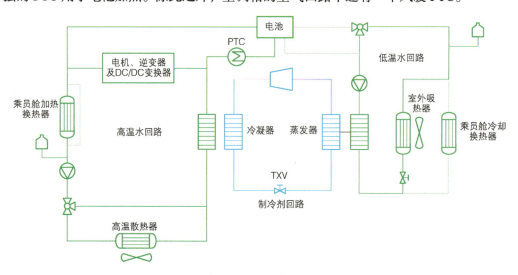

图 7-91　制热模式原理图(虚线表示不流通)

该模型的其他参数有:

1)电池采用三元锂电池(3P100S),单体容量为 41A·h。电池模型为等效电路模型,内阻和电容参数均作为 SOC、温度和电流的 MAP。

2)电机为基于 MAP 的模型,其额定功率为 151kW,额定转速为 5000r/min,最大转速为 8800r/min。

3)逆变器的产热功率为 200W,DC/DC 变换器的产热功率为 100W。

4)减速器的减速比为 7.05,效率为 0.95。

5)车重为 1615kg,额外负载为 180kg。

模型中将 Motor、Inverter 和 DC/DC 变换器简化为一个质量点,使用 ThermalNode 来模拟本体的平均温度,如图 7-92 所示。这里三个热源的处理稍有不同,Motor 的散热量由效率 MAP 计算得到,随电机转速转矩的不同而改变;Inverter 和 DC/DC 变换器则是手动输入固定数值作为散热量。散热量的赋值方式比较灵活,用户可以根据需求进行设定,既可以是随时间变化的曲线,也可以是公式或者 MAP 插值。

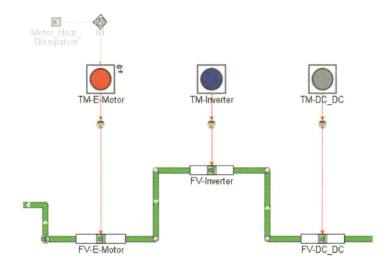

图 7-92 热源的设置

2. 工况设定

案例模型中内置了 9 个运行工况,分别是 WLTC 高 / 低温工况、US06 高 / 低温工况、NEDC 高 / 低温工况、百公里加速高 / 低温工况和常温爬坡工况。通常在工程中,我们还会计算高 / 低温充电工况,用户可以根据需要自行对模型进行修改。

不同循环的高 / 低温工况类似,本例我们参考 EV-TEST 工况进行了 CLTC 高 / 低温工况仿真模拟,这里仅对于单个 CLTC 工况进行求解,并对结果进行展示。

3. 求解

求解过程和本节混合动力电动汽车模型一样,这里不再赘述。

4. 结果查看

纯电动汽车的整车能量管理分析中,关注的结果主要有:

1)电池包平均温度。

2)电池包 SOC。

3)电池冷却 / 加热回路水泵流量、转速。

4)Chiller 换热量、流量。

5)空调压缩机转速、流量。

6）蒸发器、冷凝器的散热量。

7）热力膨胀阀升程。

8）冷却水回路水泵流量、转速。

9）冷却水回路散热器散热量。

10）前舱进气量、风扇转速、进风和出风温度。

11）Cabin 平均温度。

本案例自带了数据模板，名为"EV-Thermal_Management.gu"，在用户打开 GT-POST 后，会自动加载。图 7-93 分别展示了电池 SOC、电机平均温度、电池包平均温度、乘员舱平均温度、车速的瞬态计算结果。需要额外提示的是"simulation Time vs Computational Time"这个结果，其表示物理真实时间与计算模拟耗时之间的比例，该数值为 1 时表示模拟真实过程 1s，需要消耗 1s 的 CPU 时间，数值越大，则模型实时性越差，数值越小，则模型实时性越好。如果模型被用于 HiL 测试或者虚拟标定，则推荐该比例值小于 0.8。

通过模板可以一次性输出 CLTC 高/低温工况的仿真结果对比，如图 7-94 所示，分别包含电池 SOC、电机温度、电池温度以及乘员舱温度。

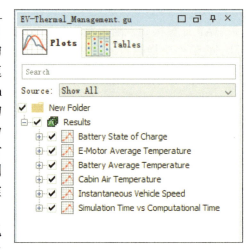

图 7-93　结果列表

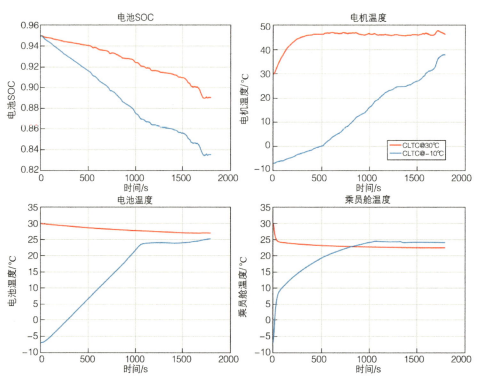

图 7-94　CLTC 高/低温工况的仿真结果对比（电池 SOC、电机温度、电池温度以及乘员舱温度）

图 7-95 所示为压缩机和两种 PTC（水暖 PTC 和空气 PTC）的耗功。从图中可以看出，在乘员舱温度达标以后，冬季采暖的总耗功（两种 PTC 加上压缩机）高于夏季的压缩机耗功。

在乘员舱温度达到目标之后，空气 PTC 的功率逐渐下降，水暖 PTC 退出工作，压缩机功率基本维持不变，压缩机转速保持在高转速区间段。

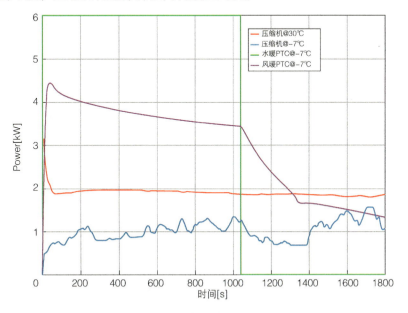

图 7-95 压缩机和两种 PTC 耗功

说明：本书对软件自带的模型进行了一定的微调。

在这里，我们通过此电动汽车案例来对能量流分配进行简要的说明。整车能量管理仿真是一个典型的多物理集成仿真。针对电动汽车，其能量形式相对于其他新能源汽车较为简单，它包含了化学能、电能、机械能以及内能之间的转化和传递。电动汽车只有一个能量来源，即动力电池的化学能。在放电过程中，动力电池存储的化学能转化为电能，电能经过驱动电机转化为机械能，机械能再经过传动系统传递至车轮，进而推动车辆前进。在每一种能量的传递过程中以及不同能量形式的转化过程中，都存在一定的能量消耗，如电池、电机以及一些机械部件的发热等。此外，还有一些能量存储在系统中，如储存在运动部件中的动能、由于温度变化而导致的内能变化等。

图 7-96 为夏季一个 CLTC 工况循环下的能量流分析。我们可以在 GT 模型计算结果的基础上进行数据后处理，自行建立能量分配图，如图 7-96 所示。该分析的环境温度为 30℃，空调温度目标设置为 21℃。图中的实线框表示一个热力系统，虚线框表示进出该热力系统的能量。实线框中的数值表示该热力系统储存能量的变化，正值表示该热力系统的能量有所增加。模型采用了最大能量回收策略，即只有当电机不能满足制动需求时，才通过制动片提供制动力。从图 7-96 可以看出，在这种策略下制动片浪费的制动能量只占整个制动需求的 0.7%，制动能量回收节约了 16% 的能量。另外，夏季两个冷却液回路中最大的热源均来自驾驶舱的制冷需求。

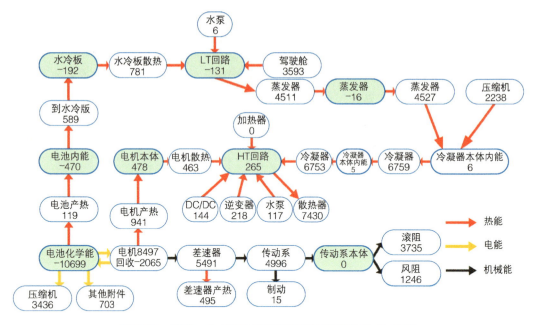

图 7-96　夏季一个 CLTC 工况循环下的能量流（kJ）分析

注：传动系本体在实际的测试中会存在一定的能量消耗，但仿真模型中暂不考虑此环节的损失，因此结果是 0。

将图 7-96 中的全部能量进行统计，可以发现，夏季（打开空调）时，动力总成的效率为 47%。压缩机是电池能量效率的主要限制因素，消耗了 32% 的电能，故应避免将空调温度调得过低。空调压缩机之外的其他附件耗能都很小，电池本身的损耗（产热）只占 1%。

第 8 章 优化与 DOE

8.1 优化和 DOE 概述

优化是通过系统地改变一个或多个输入变量（因子）来最大化或最小化模型输出（响应）的过程。反复优化输入变量、运行计算、评估输出，以使结果达到优化目标，或者满足某些停止条件。因为模型每次的计算都要占用硬件资源和时间，故优化算法的选取原则是在尽可能少的模型评估中准确地确定下一组变量（因子）值。

DOE（Design of Experiment）方法是指试验设计，它以概率论和数理统计为基础，通过设计一定数量的试验方案，分析因子和响应之间的关系，并建立一定的函数关系或者响应面的方法。在 GT-SUITE 中可以使用这种函数关系或者响应面来进行进一步的优化。

当我们使用 GT-SUITE 建立好一个模型后，往往希望能够得知该系统模型在某种运行工况下的最佳性能。如果这个模型比较简单，可调节的参数和性能评价指标都比较少，那么可以通过试算的方式，多列一些工况（case）在模型中进行计算，然后从结果中筛选出最佳组合。但是，随着系统越来越复杂，考虑的因素越来越多，性能指标越来越苛刻，上述这种试算的方式就无法满足设计需求了。在这种情况下，我们需要使用 GT-SUITE 自带的 DOE 或者优化功能，来自动地、科学地计算出在各种约束条件下的最优设计方案。

不论是燃油汽车、混合动力电动汽车，还是纯电动汽车，其能量管理系统都是比较复杂的，往往需要通过优化算法来进行方案设计。常见的优化和 DOE 分析内容有：

1）机械机构，如主减速比、压缩机速比等。
2）部件优化选型。
3）压缩机和泵的性能 MAP，GT-SUITE 中提供多个 Multiplier 来优化性能 MAP。
4）控制边界的优化，如"阀门在水温大于 50℃时开启"中的"50℃"即为可优化变量。
5）系统性能探索，当不知道参数对性能的影响时，可以通过 DOE 的方法探索因子和响应的关系。
6）管路尺寸、节流口大小等结构参数的优化。

本章将对 GT-SUITE 中的优化算法进行讲解，同时对 GT-SUITE 模型中优化和 DOE 的使用方法进行说明。

8.2 优化相关概念

8.2.1 设计优化定义

优化问题：给定一个目标函数 $f(X)$，在满足约束条件 h、g 下，求解一组变量（因子）$X \in \mathrm{R}$，使得对于所有变量集 R 中的 X，$f(X)$ 最大或最小。R 也被称为设计空间、设计域、搜索空间或搜索域。

1）目标：Min or Max $f(X)$。
2）变量：$X_{\min} \leqslant X_i \leqslant X_{\max}$。
3）约束：$h(X) = 0$，$g(X) \leqslant 0$。

8.2.2 局部优化和全局优化

在优化中，区分局部优化和全局优化是很重要的。图 8-1 显示了单输入变量 x 的函数 $f(x)$ 的曲线。这个函数有许多局部最小值和一个全局最小值（有时称为真实最小值）。用户需要对系统的复杂性有一定的先验知识，否则将无法区分一种优化计算结果收敛到的最优解是局部最优还是全局最优。

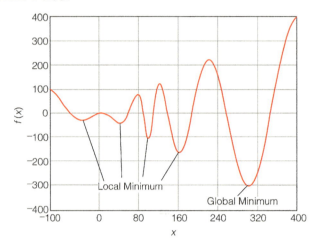

图 8-1 局部优化和全局优化

优化算法也可以分为局部算法和全局算法。局部算法取决于因子的初始值，易于收敛到最接近初始响应的最优值。

相比之下，全局算法通常使用随机方法，更善于对整个设计空间进行更全面的搜索。

> **注意**：当用户无法确定优化结果是全局最优还是局部最优时，确认是否是全局最优解的唯一方法就是搜索整个设计域，并且变量有足够小的分辨率，但这对于有多变量的优化问题通常无法实现的。

8.2.3 "Independent" 变量和 "Sweep" 变量

在 GT-SUITE 优化计算时，变量是否随着工况变化，可以分为 "Independent" 变量和 "Sweep" 变量。"Independent" 变量是随着工况而变化的，即每一个工况，变量都有一个最优值，如气门正时会随着转速不同而发生变化；"Sweep" 变量不随工况变化，即所有工况对应一个最优值，如优化汽车主减速比，使得整车在多种循环工况下油耗最低，主减速比不会随着工况的不同而变化。

下面以自然吸气发动机优化的例子说明 "Independent" 和 "Sweep" 的区别。对稳态运行的发动机给定 5 种工况，每种工况的转速分别是 5000r/min、4000r/min、3000r/min、2000r/min 和 1000r/min。将气门正时和进气管长度分别设定为变量，如图 8-2 所示，名称分别是 IntValveTiming 和 IntRunnerLength，通过优化这两个变量，使发动机转矩最大。在每种转速下，气门正时都是不同的，而进气管长度是几何参数，不随转速发生变化，故优化计算时，气门正时设定为 "Independent" 变量，进气管长度设定为 "Sweep" 变量。

当变量类型设置为 "Sweep" 时，所有工况对应一个最优变量值；当变量类型设置为

"Independent"时，每个工况分别对应相同最优变量值。优化结果如图 8-3 所示，因气门正时（IntValveTiming）的类型是 Independent，故每一个工况的值都不相同；进气管长度（IntRunnerLength）类型为 Sweep，所有工况对应一个最优变量值。

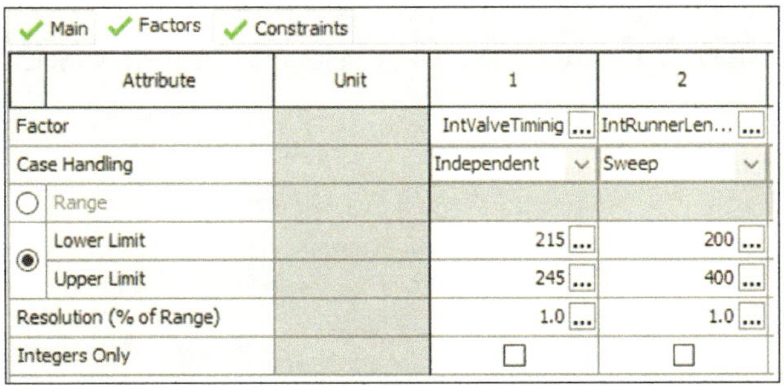

图 8-2　变量设定

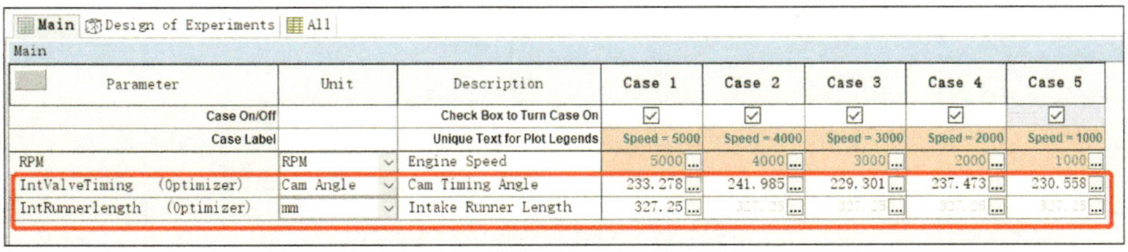

图 8-3　变量优化结果

8.2.4　单目标与多目标优化

对于单目标优化，只需要使一个目标函数最大或最小。对于多目标优化，优化会综合考虑多个目标，这可以是多个响应最小或最大的组合。对于多目标优化，GT-SUITE 提供了加权和法和 Pareto 法。

1. 加权和法（weighted-sum）

加权和法是将多个响应叠加到一个目标函数中。例如，为了最大化响应 R_1 和最小化 R_2，可以将目标函数设置为

$$f = \frac{R_1}{R_{\text{norm},1}} - \frac{R_2}{R_{\text{norm},2}} \tag{8-1}$$

下标 norm 表示每个响应的归一化值，因此当将两个目标合并为单一目标函数时，它们的数量级应该基本相同。如果没有对多个目标进行归一化处理，那么目标函数将以较大数量级的响应为主。

加权和法适合所有目标都相关，当变量变化时，所有目标响应一同增加或减少。如果多目标彼此不相关，则目标函数将是多模态的，加权和法对此类问题不再适用。

2. 帕累托（Pareto）方法：计算帕累托前沿

工程设计中的绝大多数优化问题都需要在多个目标之间均衡，而加权和法并不会体现不同目标之间的均衡。第二种多目标优化方法则是寻找和创建 Pareto 前沿，以此体现不同目标的均衡。

Pareto 前沿就是绘制一个响应与另一个响应的对比图。图 8-4 的例子即为最小化两个响应 f1 和 f2 而生成的 Pareto 图。图中每个数据点代表一组变量。两个蓝色的点表示只单独最小化 f1 或者 f2，而不考虑彼此之间的关系。但要同时最小化两者，却没有单一的最佳解决方案。更确切地说，最优解是由一系列连续的红点组成，也称为 Pareto 点（蓝色点也是 Pareto 点）。Pareto 点统称为 Pareto 前沿。所有其他的解决方案（绿色）都被认为是 Pareto 解决方案。

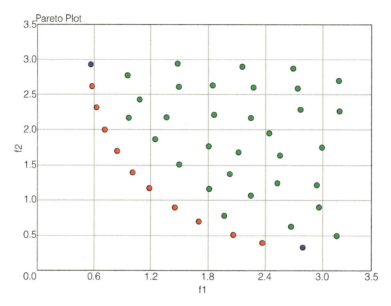

图 8-4　Pareto 图

多目标优化时，设计者需要考虑不同目标之间的均衡，需要使用其他的判断标准来选择一个优化方案。如果没有另外的主观信息，所有的 Pareto 最优解都被认为是同样好的。上述例子是两个目标都最小化，Pareto 最优解还可以是两个目标最大化，或者一个最大化一个最小化。

多目标优化往往使因子之间的关系变得复杂，从而导致更复杂、多模态且包含局部最优的响应面。故多目标优化问题常采用元启发式算法和遗传算法来解决。

加权和法和帕累托法特点总结如下：

1）加权和法选择最优解方便，但仅适用于多目标之间彼此相关的优化问题，故加权和法应用范围较窄。

2）帕累托法适用于多目标之间彼此不相关的优化。

3）帕累托法对于展示响应之间的均衡关系非常直观。

4）帕累托法的缺点在于选择最优解并不方便。

8.2.5　优化目标定义

目标函数是试图使计算结果最小化或最大化的数学函数。本节将解释目标函数的定义，其中"Sweep"变量对目标定义的影响最大。

1. 单目标（Single Objective）

当变量均为 Independent 时，目标函数即为该工况的响应值 R：

$$f = R \tag{8-2}$$

当目标选择为 Target 时，目标函数为

$$f = (R - R_{\text{target}})^2 \tag{8-3}$$

变量中存在"Sweep"变量时，目标函数有三种：

1）不同工况响应加权平均值：$f = \dfrac{\sum_n w_n R_n}{\sum_n w_n}$。 (8-4)

2）不同工况响应加权最小值：$f = \min(w_1 R_1, w_2 R_2, \cdots)$。 (8-5)

3）不同工况响应加权最大值：$f = \max(w_1 R_1, w_2 R_2, \cdots)$。 (8-6)

式中，w 为权重；R 为各工况下的响应；n 为工况编号。

当目标选择为 Target 时，在目标函数中，

$$R_n = (R_n - R_{n,\text{target}})^2 \tag{8-7}$$

2. 多目标（Multi-Objective）

采用 Pareto 法时，多目标优化计算不会试图通过最小化或最大化单个数学函数来寻找单个最优设计。Pareto 优化使用非主导排序算法确定最优设计，在不考虑"Sweep"变量的情况下，采用非主导排序算法对响应值进行排序。当存在"Sweep"变量时，会根据 8.2.4 节的定义，为每一个响应创建多工况的目标函数。

多目标优化采用加权和法时，优化计算会创建一个单一的目标函数来最小化或最大化，从而找到一个单一的最优设计。

当变量均为 Independent 时，目标函数为

$$f = \sum_{\text{response}\,i} \dfrac{S_i w_{\text{r},i} R_i}{R_{\text{norm},i}} \tag{8-8}$$

式中，w_r 为权重；R_i 为响应；i 为工况数；R_{norm} 是各工况响应的归一化值，目标是 Target 时，$R_i = (R_i - R_{\text{target}})^2$；$S_i$ 为根据第一列的目标而设定为不同的值。

当第一个优化目标为"Maximize"时：

$$S_{i,\,\text{maximize}} = 1$$

$$S_{i,\,\text{minimize}} = -1$$

$$S_{i,\,\text{target}} = -1$$

当第一个优化目标为"Minimize"或"Target"时：

$$S_{i,\,\text{maximize}} = 1$$

$$S_{i,\,\text{minimize}} = -1$$

$$S_{i,\,\text{target}} = -1$$

变量中存在"Sweep"变量时，目标函数为

$$f = \sum_{\text{response}i} \frac{S_i w_{r,i} g_i}{g_{\text{norm},i}} \quad (8\text{-}9)$$

其中 g_i 也有三种函数形式：

1）不同工况响应加权平均值：$g = \dfrac{\sum_n w_n R_n}{\sum_n w_n}$。 (8-10)

2）不同工况响应加权最小值：$g = \min(w_1 R_1,\ w_2 R_2,\ \cdots)$。 (8-11)

3）不同工况响应加权最大值：$g = \max(w_1 R_1,\ w_2 R_2,\ \cdots)$。 (8-12)

8.2.6 搜索算法

GT-SUITE 提供了 8 种搜索算法，分别是：Genetic Algorithm、Accelerated Genetic Algorithm、CMA-ES、Bayesian Algorithm、Simplex、Discrete-Grid、Secant Method 和 Brent Method。其中，Brent Method 只在 GT-SUITE 以往版本中的 Simple Optimizer（简单优化）计算中使用，目前新版软件中已不再可用，故本书不再介绍该方法。另外，Secant Method 是一种割线法，是目前 GT-SUITE 新增的一种优化算法，其应用场景请参考后文进行了解，这里暂不进行展开介绍。

1. Genetic Algorithm（NSGA-Ⅲ）

Genetic Algorithm 指遗传算法，是一种进化的全局搜索算法，特指 NSGA-Ⅲ 算法，其中 NSGA-Ⅲ 是基于著名的遗传算法 NSGA-Ⅱ 开发的，特别适用于多目标的 Pareto 优化。遗传算法可以对设计空间进行广泛的搜索，对于中度及高度复杂优化问题的推荐选择该算法：

1）应用于三个或三个以上的变量因子，且因子和响应存在非线性关系。
2）优化问题是多模态的，且包括多个局部最优值。
3）优化问题有一个或多个约束。

遗传算法的两个关键输入是种群数和进化代数，二者乘积即为优化计算运行的步数，使用遗传算法时不存在自动停止的准则，优化计算将根据进化代数完成所有计算步后停止。

遗传算法有 5 个参数设置：种群数、交叉率、交叉率分布指数、突变率和突变率分布指数。对于不同的问题，通常可以找到一组最优的参数设置。如果用户希望多次使用遗传算法来解决类似的问题，那么有必要尝试使用不同的参数设置，否则，使用默认参数设置就可以进行遗传算法的计算。

2. Accelerated Genetic Algorithm

Accelerated Genetic Algorithm 是一种加速的遗传算法，将在后台使用智能响应面来改进遗传算法。即在每一代之后，已知数据将被拟合到 Kriging 响应面中，同时捕获数据中的非线性趋势。拟合完成后，对拟合响应面进行中间优化，运行速度非常快。

从中间优化中得到的最佳因子值将被输入到主遗传算法中，主遗传算法运行一个真实的遗传算法仿真（使用 GT 求解器）。这种策略的净效应是：从遗传算法的开发属性加速，从而允许优化器在更少的设计迭代中找到更好的解决方案。

3. Covariance Matrix Adaptation Evolution Strategy（CMA-ES）

CMA-ES 算法是一种随机的，无梯度的遗传算法。对于许多单目标优化问题，CMA-ES 的收敛速度比遗传算法（NSGA-Ⅲ）更快。CMA-ES 算法的特点和适用问题与 NSGA-Ⅲ 算法相同。

4. Bayesian Algorithm

贝叶斯算法（Bayesian Algorithm）是一种先进的现代搜索算法，它可能对一些运行时间非常长的模型有用，因为这种算法不像遗传算法或加速遗传算法那样执行过多的设计。但是除了这种情况以外，并不推荐使用这种算法，因为算法本身的计算成本很高，也就是说，如果模型运行时间相对较快，则这种算法的计算代价（搜索过程）将很明显，但如果模型运行时间较长，则计算代价（搜索过程）将显得不那么明显。然而无论模型本身的运行时间如何，重启搜索算法的过程都会非常缓慢（从 .potstate 文件重启计算过程），并且这个算法不能很好地处理优化约束。

5. Simplex

Simplex 算法是一种无梯度的、Nelder-Mead 单纯形法，在优化计算中广泛使用。Simplex 算法适用于局部优化，一般收敛到局部最小值或最大值，因此该算法不适用于已知的多模态问题。

6. Discrete-Grid

Discrete-Grid 是一种二分法，在优化计算过程中不断将搜索空间一分为二，在子空间中继续搜索目标值，是一种简单的、确定性的方法。该算法首先使用工况中给定的初始变量值进行计算，然后计算每个变量的上限和下限，进而确定要对哪个子空间进一步分割。

图 8-5 是使用 Discrete-Grid 算法进行单变量最小化的实例，其中编号点表示优化计算的次数。

图 8-6 是使用 Discrete-Grid 算法进行两变量最大化的一个实例，总共进行了 23 次优化计算，颜色深浅表示响应的大小，绿点表示真正的最大值。

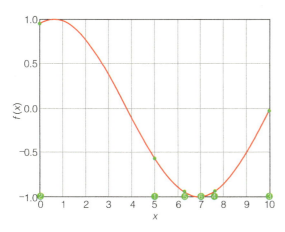

图 8-5　Discrete-Grid 算法单变量优化过程

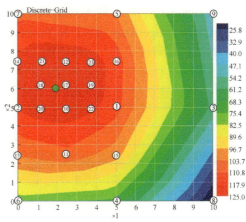

图 8-6　Discrete-Grid 算法两变量优化过程

对于优化算法的选择，GT-SUITE 软件还提供了一种更加方便的选项，即"Automatic"，它将根据已配置的优化模型复杂程度自动选择搜索算法，其中优化模型的复杂度由因子的数量和执行约束的数量决定。图 8-7 展示了该自动化过程的逻辑，其中"normalized initial factor value"是指：当初始因子值在设计范围的中心时，Discrete-Grid 算法最有效。

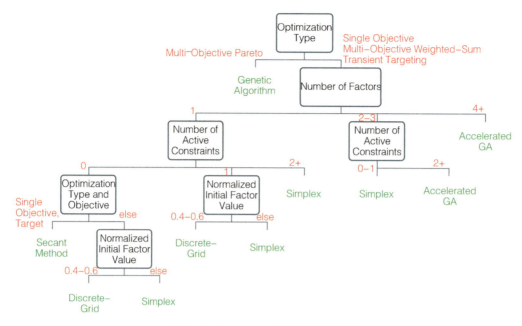

图 8-7 Automatic 方法的判断流程

  优化计算选择哪种算法最重要的考虑是该优化问题是局部优化还是全局优化，局部优化和全局优化又取决于问题是否是多模态的。多模态问题通常有多个变量（4 个或更多），使用一个或多个约束条件，以及响应与因子之间的非线性。如果是局部优化，推荐使用 Simplex 算法。如果是全局优化，则应使用遗传算法或 CMA-ES 算法。

  表 8-1 是 7 种优化算法特点比较，其中：

1）Genetic Algorithm 和 Accelerated Genetic Algorithm 算法适用于复杂的优化问题。

2）Genetic Algorithm 在多目标 Pareto 问题中表现最佳。

3）Simplex 算法更适合局部优化。

4）Discrete-Grid 算法适合只有 1~3 个变量的简单优化，允许的最大因子数为 5 个。

5）一般不建议使用 Bayesian 和 CMA-ES 算法，除非用户想要尝试不同的算法的效果对比。

表 8-1 7 种优化算法特点比较

	Genetic Algorithm	Accelerated GA	Simplex	Discrete-Grid	CMA-ES	Bayesian	Secant Method
Global or Local Search	Global	Global	Local	Global, but functions better as local	Global	Global	Local
Repeatability	Stochastic	Stochastic	Deterministic	Deterministic	Stochastic	Stochastic	Deterministic
Parallel-Capable?	Yes	Yes	No	Yes	Yes	Yes	No
Multi-Objective Pareto Capable?	Yes	No	No	No	Yes	No	No
Integer-Only Factors?	Yes	Yes	No	No	Yes	No	No

8.3 GT-SUITE 集成设计优化

8.3.1 集成设计优化介绍

GT-SUITE 提供了一种集成设计优化（Integrated Design Optimizer），其特点如下：
1）更稳健的算法，如 GA、CMAES、Simplex。
2）可通过扫掠（Sweep）因子，实现多工况的同时优化。
3）可进行多目标 Pareto 优化研究，为加权多目标研究提供简单的设置。
4）可进行瞬态目标优化研究。
5）可以采用分布式计算。
6）能够优化 GEM3D 和 COOL_3D 中的参数。
7）可以在某一个特定参数运算失败后接着继续计算，并自动避开对应的参数。
8）可使用纯整数型因子。
9）可续算。

8.3.2 集成设计优化设置

用户在 GT-ISE 界面下单击 Home > Optimization > Design Optimizer，打开优化设置窗口，窗口界面如图 8-8 所示。

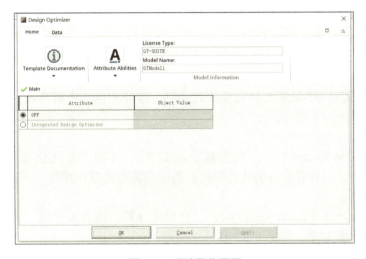

图 8-8　设计优化界面

优化设置默认为关闭状态，单击 Integrated Design Optimizer，即打开了集成设计优化设置窗口。

该窗口如图 8-9 所示，主要包括优化类型（Optimization Type）、工况处理（Case Handling）、算法（Search Algorithm）、选项（Optimizer Options）、因子（Factor）、响应和目标（Response RLTs and Objectives）。

1. 优化类型（Optimization Type）

优化类型包括单目标（Single Objective）、多目标 -Pareto、多目标 - 加权和瞬态目标。用户根据优化问题选择相应的类型。

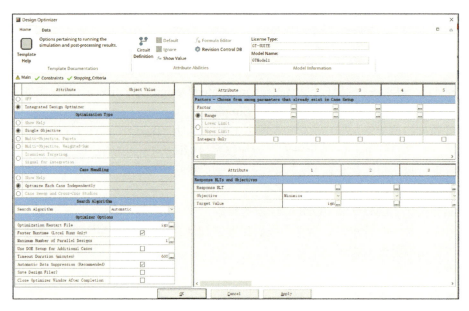

图 8-9　集成设计优化设置窗口

2. 工况处理（Case Handling）

Optimize Each Case Independently：所有激活的工况单独进行优化，涉及"Sweep"的变量都会被隐藏，只显示"Independent"变量。

Case Sweep and Cross-Case Studies：使用一个或多个带有"扫略"属性的因子对多个工况进行优化。

3. 算法（Search Algorithm）

用户根据前文对 GT-SUITE 优化算法的介绍，选择相应的求解算法，并完善对应的其他内容设置。

4. 选项（Optimizer Options）

1）Optimization Restart File：指重新启动计算，GT-SUITE 优化求解时会生成后缀为 .optstate 的文件，以保存所有的优化数据。当用户需要重新计算时，可以导入该文件，恢复之前的优化计算。

2）Faster Runtime（Local Runs Only）：指快速计算，选择该选项，优化计算可以节省计算时间，提高计算效率，详见 8.3.3 节。

3）Maximum Number of Parallel Designs：指最大并行计算的数量，当优化计算采用分布式计算时，将"Maximum Number of Parallel Designs"设置大于 1，可以向分布式服务器并行提交多个优化。由于每个优化都作为单独的计算任务提交给分布式系统，因此该选项决定了分布式队列中运行的最大计算任务数量。

4）Use DOE Setup for Additional Cases：如果勾选此选项，那么优化求解器将使用 DOE 设置中的一些试验点作为附加的设计工况进行优化。例如，如果 Case Setup 定义了 3 个工况，在 DOE Setup 定义了中 5 个试验点，那么总共将优化 15 个工况。

5）Timeout Duration（minutes）：用以设定优化设计最大计算时间。当一个设计计算时间超过了设定值时，仿真计算停止，该设计被认为是失败的。一个超时的设计将被记录在日志面板中，默认值为 600。

6）Save Design Files?：选择该选项时，所有优化的计算文件都会保存在名为 tmp_modelname_Opt 的文件夹中。不选择该选项时，tmp_modelname_Opt 文件夹将在优化完成后被删除。

7）Automatic Data Suppression（Recommended）：选择该选项，优化计算时软件自动压缩无用的文件，避免产生较大的结果文件（.gdx）。建议用户选择该选项。

8）Close Optimizer Window After Completion：选择该选项时，软件将在优化完成后自动关闭优化器窗口。

5. 因子（Factor）

Factor：通过值选择按钮，选择 Case Setup 中已经定义的变量。在 Case Handling 下，用户选择 Case Sweep and Cross-Case Studies 时，会要求对变量选择"Independent"属性或"Sweep"属性，如图 8-10 所示。

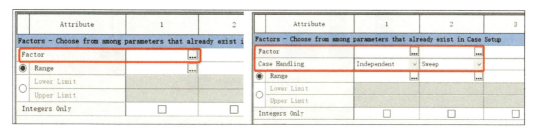

图 8-10 选择 Case Handling 的变量

变量取值范围有两种选择，分别是 Range 和 Lower Limit/ Upper Limit：用户选择 Range 时，需要给定参数的变化范围，该范围将平均分配到初始值的两侧（在 Case Setup 中的初始值）；选择 Lower/ Upper Limit 时，需要用户给定变量的上、下限值。

Resolution 即分辨率，简单理解为在每次计算步中变量变动的大小，此属性决定了优化因子的精度，分辨率通常应该在 5% 或更低，该属性不被 CMA-ES 和遗传算法使用，并且在选择这些算法时将被隐藏。

Integer-Only Factors 即整数型变量，当勾选该选项时，优化因子将只选取满足要求的整数作为变量。例如当对电池数或轮的齿数（这些变量只能是整数）进行优化时，需要选择该选项。该选项仅支持遗传算法和 CMA-ES 算法。

6. 响应和目标（Response RLTs and Objectives）

在 Response RLT 中定义响应：如果是稳态响应，通过值选择按钮直接选择结果或者其他导出量；如果是瞬态响应，则需要选择某信号或者 Time RLT 作为响应。

在 Objective 中定义目标有三种方式：Minimize（最小值）、Maximize（最大值）和 Target（目标值）。当用户选择 Target 时，需要在 Target Value 给定具体数值。如果优化类型是 Transient Targeting，则需要输入一个或多个瞬态曲线或 MAP 作为目标。

8.3.3 快速计算选项（Faster Runtime）

选择快速计算选项能够提高模型计算效率，该功能的特点是：

1）主要是通过避免重复检查许可文件和创建数据库来节省计算时间，该过程所需时间约为 10～15s。

2）并不适用于所有的集成设计优化，对于总的优化计算时间为 1min 或更短的模型是最有效的。图 8-11 为不同计算时长模型使用该选项的对比图，模型计算时间越短，快速计算选项的计算效率越高。

3）使用此选项时，软件并不会为所有的计算步生成 .gdx 结果文件。因此，在优化求解完成之前，用户将无法浏览 .gdx 文件中的指定计算步的结果。

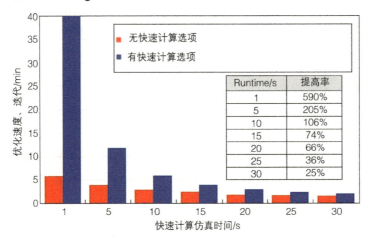

图 8-11　快速计算仿真时间对比

Faster Runtime 选项并不是兼容所有模型，以下情况无法使用该选项：
1）优化 GEM3D 或 COOL-3D 模型中的参数。
2）模型已将外部子系统参数化。
3）在 Case Setup 中设置了复杂公式的模型。

8.3.4　并行计算

优化问题计算量大，计算时间长，采用分布式计算和并行计算可以最大程度上利用多个 license，大大降低求解时间，提高效率。在运行分布式计算时，每个优化设计都作为一个单独的任务被提交。在优化设置中，Maximum Number of Parallel Designs 决定了可以同时存在于分布式服务器上的优化计算的数量，即分布队列中的最大求解任务数量。

图 8-12 显示了包含 5 个分析任务的分布式队列，其中每个分析任务代表不同的优化设计。当任务计算完成后，计算结果将自动返回给客户端，优化将提交另外 5 个设计。

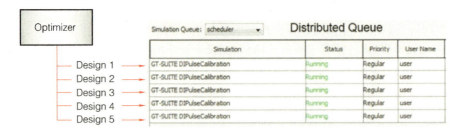

图 8-12　并行计算图示

每个优化设计任务可以使用的求解器数量可以在求解向导 distributed cluster options 中进行设置，如图 8-13 和图 8-14 所示。

第8章 优化与DOE

优化计算可使用的求解器总数由两个参数决定：Maximum Number of Parallel Designs 和 distributed cluster options。例如，如果 Maximum Number of Parallel Designs 设置为 5，distributed cluster options 设置为最多 8 个许可证，那么在该优化分析中，最多可以使用 40 个许可。

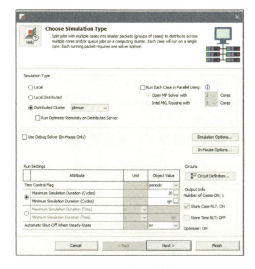

图 8-13　求解器选择　　　　　　　　　图 8-14　并行数量设置

8.3.5　优化求解界面

用户完成优化设置后，单击 Run Simulation 按钮将进行优化计算，软件会在 GT-POST 中打开优化求解界面，如图 8-15 所示。

1）工具栏（Ribbon）：有暂停、停止、结果查看和日志导出等命令。

2）优化架构（Configuration Panel）：显示优化设计的响应、变量、约束等。

3）进程面板（Progress Panel）：显示求解进度、开始时间和总的运行时间。

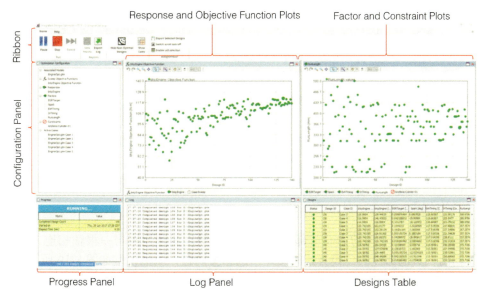

图 8-15　求解界面

4）日志面板（Log Panel）：显示每一个设计求解情况，以及最后的优化结果。

5）设计表（Designs Table）：显示每一个设计的编号、工况、变量值及相应的响应结果。

6）变量和约束图（Factor and Constraint Plots）：显示变量分布图。

7）响应和目标函数图（Response and Objective Function Plots）：显示响应分布图。

8.4 优化实例

本节模型是采用的 GT-SUITE 软件自带的优化案例 Coast_Down_Calibration.gtm（文件路径：v2023\examples\z_Optimization_and_DOE\Coast_Down_Calibration），模型的示意图和软件内的打开路径如图 8-16 和图 8-17 所示。

该模型是以整车模型为基础，在已知滑行阻力曲线的情况下，通过优化算法，反向推算出一组合理的风阻系数和滚阻系数。

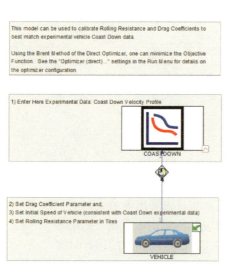

图 8-16 模型示意图

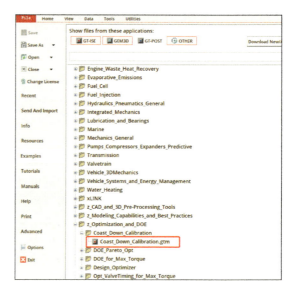

图 8-17 模型打开路径（软件内）

8.4.1 基础模型说明

本节主要采用的模板和模型说明如下。

1. CoastDownCompare 模板

该模板主要用于调整车辆模型中的参数以满足指定的滑行曲线。该模板属于一个复合模板，内置了误差函数的计算公式，可以在优化求解中进行调用，并且用户可以通过单击鼠标右键来编辑或查看内置的算法和原理，如图 8-18 所示。在本模型中将该模板命名为 COASTDOWN。

2. 车辆模型

这里采用的是一个除动力总成部分外的整车模型，其差速器与一根轴相连，无外部动力输入/输出，其他部件的建模方式同第 4 章的相关内容，车辆模型如图 8-19 所示。

在 COASTDOWN 中输入已知的滑行曲线，此处采用的是车速和时间的关系曲线，如图 8-20 所示。

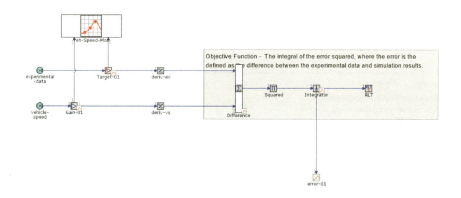

图 8-18 CoastDownCompare 模板的内部计算原理

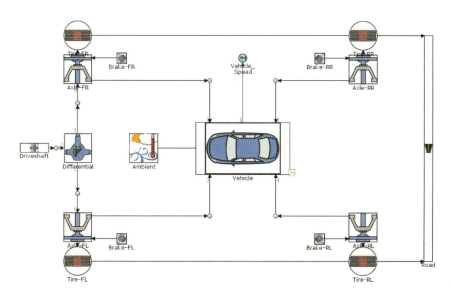

图 8-19 车辆模型示意

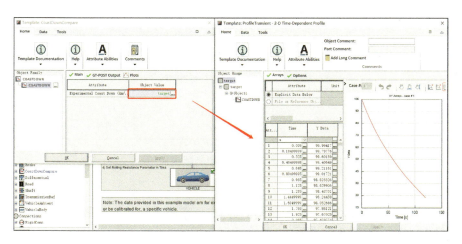

图 8-20 输入滑行曲线

将车辆的风阻系数和滚阻系数分别定义为变量，命名为"Drag-Coeff"和"ROLERS"，如图 8-21 和图 8-22 所示。

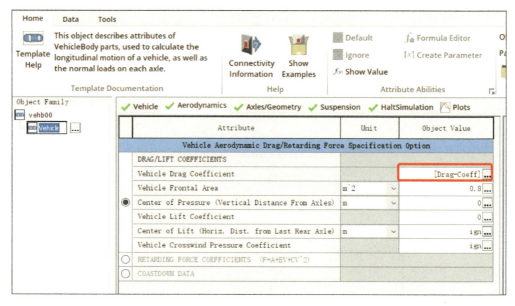

图 8-21　车辆风阻系数定义

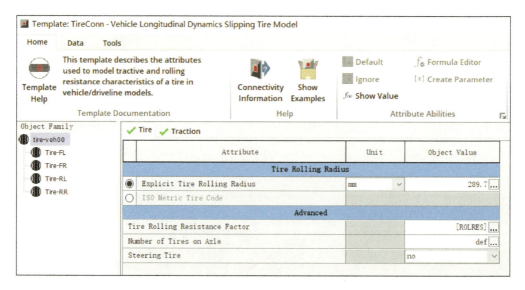

图 8-22　车辆滚阻系数定义

在 Case Setup 中定义风阻系数的初始值为 0.5，滚阻系数的初始值为 0.02，其中还包含了整车质量 1214kg，如图 8-23 所示。

Parameter	Unit	Description	Case 1
Case On/Off		Check Box to Turn Case On	☑
Case Label		Unique Text for Plot Legends	
DRAG-COEFF (Optimi..			0.5
ROLRES (Optimizer)			0.02
vmass	kg		1214

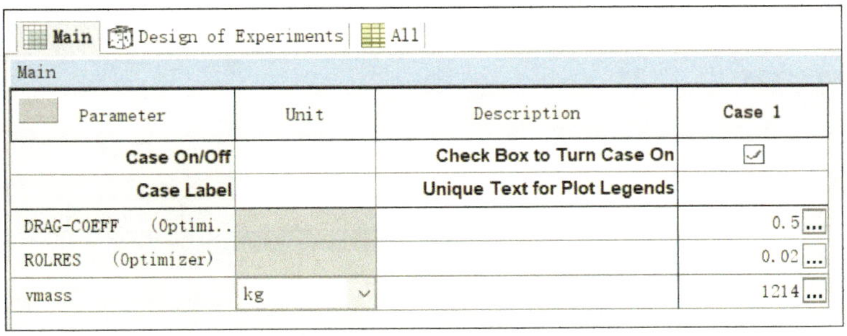

图 8-23　Case Setup 中的初始值定义

注：本示例模型中提供的数据仅供功能展示使用，不代表特定车辆。

8.4.2　优化求解器设置

打开优化求解器，考虑到本例中的因子和响应的关系，采用 Simplex 算法即可满足需求，设置最大的设计数量为 200，其他选项可采用软件默认或推荐的数值。

计算因子选择风阻系数和滚阻系数，其中风阻系数的取值范围为 0.5（在初始值的上下偏差），滚阻系数的取值范围为 0.3，因子的分辨率为 1%。

对于响应（Response RLTs and Objectives）的设置为：在 Response RLT 中选择 COASTDOWN 部件的误差积分值（Integral of Error Squared），目标为误差最小（选择 Minimize），参数选择方法如图 8-24 所示，最终的求解器设置完成界面如图 8-25 所示。

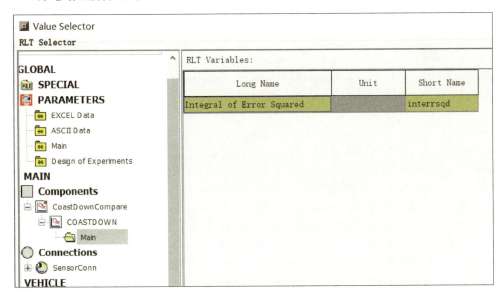

图 8-24　参数选择方法

8.4.3　运行和后处理

单击 Run 按钮开始进行优化计算，提示的求解器选择界面和求解完成后的界面如图 8-26 和图 8-27 所示。

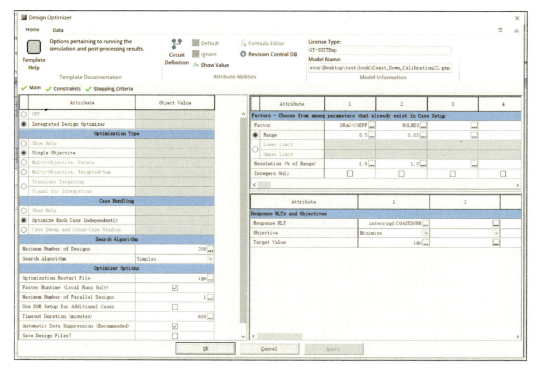

图 8-25 优化求解器的最终完成界面

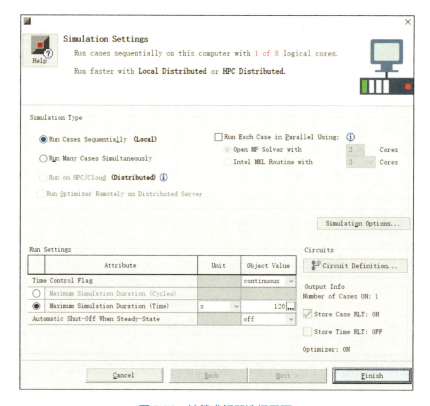

图 8-26 计算求解器选择界面

第 8 章 优化与 DOE

从运行的结果可以看出，模型共计进行了 43 次的设计计算，在第 39 次的计算中寻找到了最优的结果，最终风阻系数采用 0.75，滚阻系数采用 0.013596482，可以满足误差积分值最小，误差值为 0.14375864。

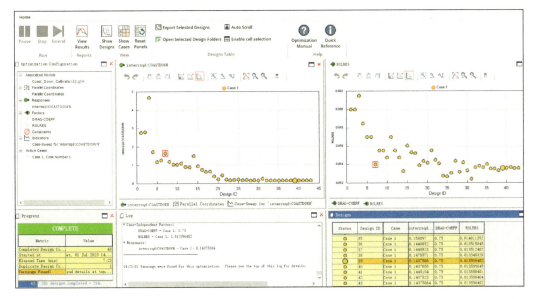

图 8-27 优化计算完成界面

可以通过单击 View Result 在 GT-POST 界面查看计算结果，如图 8-28 所示，同时通过 COASTDOWN 的输出结果进行一定的后处理，就能读取出目标值和优化值的对比，如图 8-29 所示。

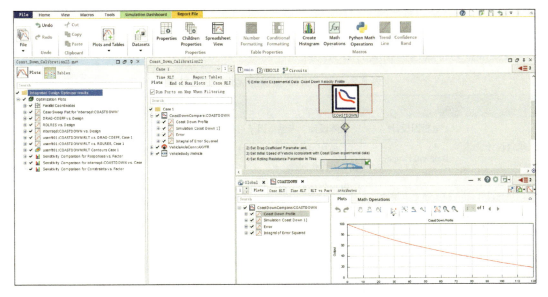

图 8-28 在 GT-POST 界面查看计算结果

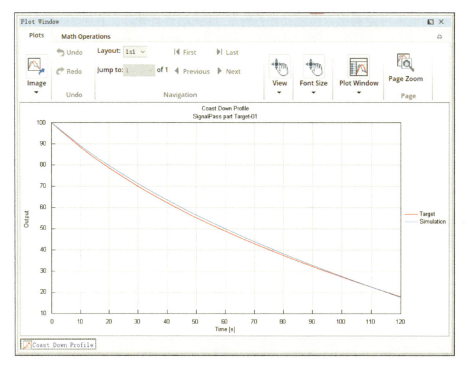

图 8-29　目标值和优化值的对比示意

8.5　DOE（试验设计）方法和操作

DOE 是研究如何制定适当试验方案，对试验数据进行有效的统计分析的数学理论与方法，主要作用在于通过 DOE 建立响应和因子之间的函数关系，以备后续优化。

8.5.1　GT-SUITE 中 DOE 方法介绍

GT-SUITE 提供了丰富的 DOE 方法，表 8-2 列举了一些典型的方法及特点说明，用户可以根据试验的特点选择相应的 DOE 方法。

表 8-2　GT-SUITE 提供的优化方法及特点

方法		特点
统计设计	全析因设计	矩阵设计，考虑全因子可能性，一般用于因子数较少的优化或筛选因子阶段
	Box and Draper	一种基于统计分析的设计，因子数量少且无极端点，适合于试验或计算成本较高的优化问题
空间填充设计	拉丁超立方设计	以均匀分布为设计目标，将每一个自变量划分为 N 个相等大小的区域，在此区域中任选一个样本，从而产生一个简单的随机拉丁超立方抽样
最优设计	D-最优设计	关于给定准则的最好设计，D 最优的"准则"为回归系数的联合置信区间最小。一般用于可行域不规则的优化问题
	D-最优拉丁超立方设计	拉丁超立方和 D-最优法的结合，使用拉丁超立方构成基本样本空间，再使用 D-最优法拟合方程确定试验数
用户自定义		根据需求自定义 DOE 算法

8.5.2 DOE 的激活和设置方法

在 GT-ISE 中，DOE 是在 Case Setup 中建立的，如图 8-30 所示。

选中需要进行 DOE 分析的变量，单击鼠标右键 > Move Parameter to Folder > Design of Experiments，移动到 Design of Experiments。

如图 8-31 所示，在 DOE 的菜单中分别进行：①DOE 方法的选择；②根据 DOE 方法，在 Min 和 Max 中分别设定因子的最大最小值以及水平数（选择全析因设计的方法时会有水平数的设定，当选择其他方法时也会有相应的试验数量设置）；③点击 Apply 后，在右侧将生成试验列表，每次更改因子取值、因子水平数及 DOE 方法后，用户都需要点击 Apply 来更新试验列表。用户可以进行试验列表的筛选，根据需求剔除一些不需要的试验工况，确认无误后单击 OK 完成。

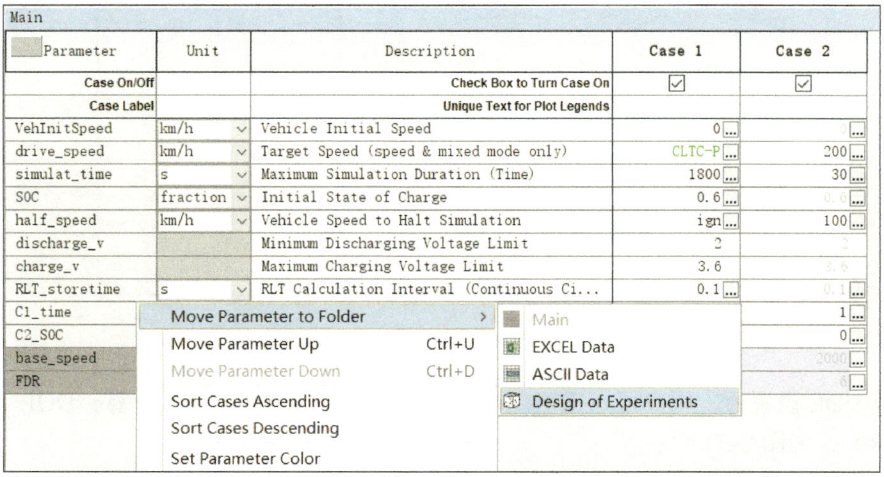

图 8-30　CASE Setup 参数界面

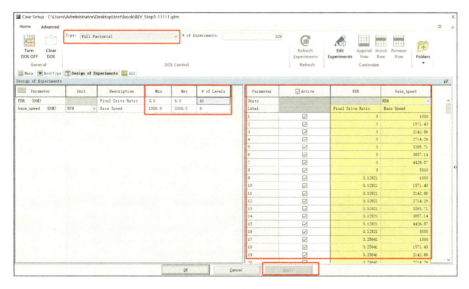

图 8-31　DOE 参数设置步骤

一般情况下随着 DOE 的数量增加，将会产生一个较大的结果文件，因此通常在 Home>Output Setup 中进行相应的设置，仅存储一些主要关注的参数，剔除不关注的结果数据。同时 GT-SUITE 软件通常也会推荐在 DOE 的求解的时候抑制一些图像、预处理等过程来提升计算速度、降低存储文件大小，可以通过勾选相应的选项来实现，如图 8-32 所示。

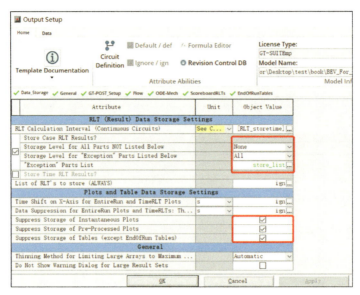

图 8-32　Output Setup 设置

完成 DOE 设置后，用户可点击 HOME>Run>Start Simulation 进行计算，DOE Type 中选择 DOE Run，如图 8-33 所示。

图 8-33　DOE 计算设置

第 8 章　优化与 DOE

当用户希望以某个部件作为变量或 DOE 因子时（例如零部件选型），可以参考以下方法：

例如用户已有 5 款散热器和 5 款水泵，希望进行各种组合下的冷却性能分析，可以将"散热器""水泵"作为变量，设置方法为点击该部件右侧的"…"，点击 Create Parameter Object 创建变量并输入名称，如图 8-34 和图 8-35 所示。随后模型中的散热器将变为一个不可编辑的对象，如图 8-36 所示。

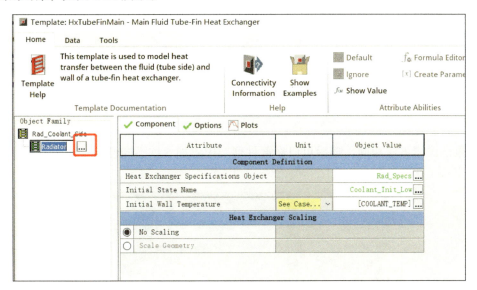

图 8-34　选择散热器部件

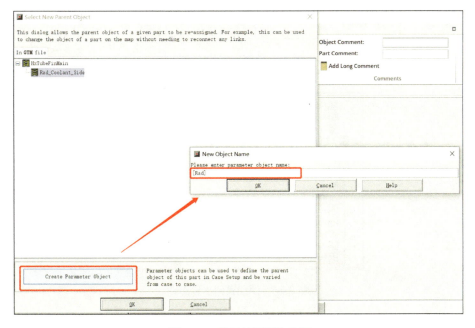

图 8-35　将部件设置为变量

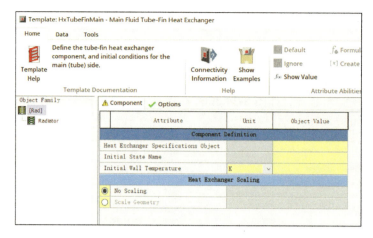

图 8-36　设置完成后的散热器示意图

水泵的设置方法相同，随后可以在部件列表中添加 5 款不同性能的散热器和水泵，如图 8-37 和图 8-38 所示。

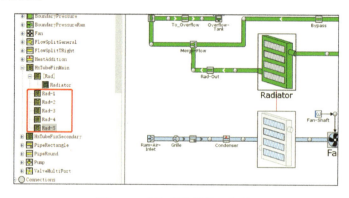

图 8-37　添加其他散热器部件

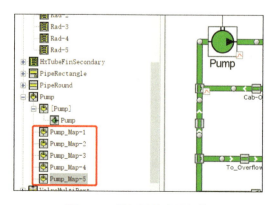

图 8-38　添加其他水泵部件

设置完成后可以在 Case Setup 中看到散热器和水泵都变成了变量的形式，通过"值选择器"即可选择已经建立的 5 个散热器和水泵作为当前冷却回路所使用的部件。采用上文相同的 DOE 设置方法即可将部件设置为 DOE 因子，这种情况仅支持采用全析因设计和用户自定义的方法，设置完成后如图 8-39 和图 8-40 所示。

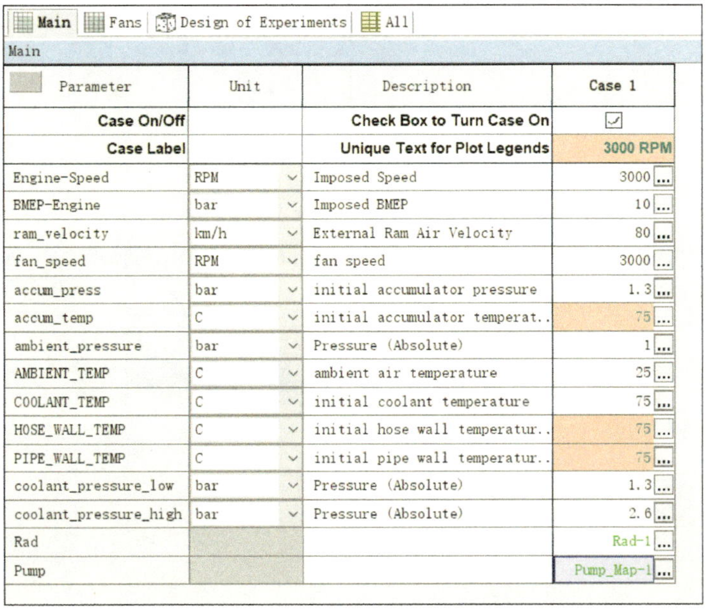

图 8-39　在 Case Setup 中显示的散热器和水泵

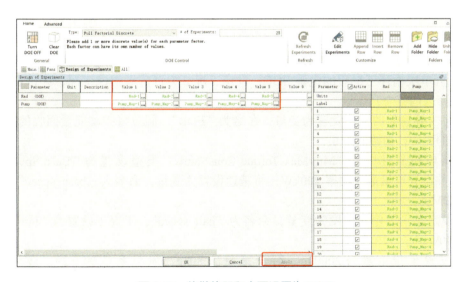

图 8-40　将散热器和水泵设置为 DOE

8.6　基于实例的 DOE 分析过程介绍

本节所采用的模型来自于 GT-SUITE 自带案例 BEV_Step5-final.gtm（文件路径：GTI\v2023\tutorials\Modeling_Applications\Vehicle_Driveline_and_HEV\BEV\5_Case_Setup），本节将在该模型的基础上进行一定的调整以便更好地展示，原始模型如图 8-41 所示。注：本例

模型中提供的数据仅供功能展示使用，不代表特定车辆。

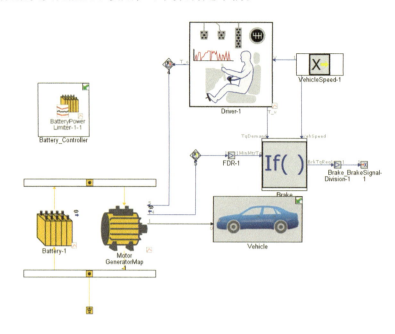

图 8-41　案例原始模型示意图

8.6.1　实例模型介绍

本节将采用一个纯电动车的动力性、经济性模型，利用 DOE 的方法分析主减速器的速比和驱动电机的基速对于电池 SOC 和百公里加速性能的影响。因此设定工况 1 为 CLTC-P 工况，评价单次循环工况后的电池 SOC，设定工况 2 为百公里加速工况，评价加速时间，对模型的修改内容为：

1）将主减速器的速比设置为变量，命名为"FDR"，同时将制动能量回收的速比也设置为相同的变量，初始值为 6。

2）将电机属性中的"Min/Max Torque Constraints"类型设置为"Base Speed & Max Power"，并设置电机最大功率 200kW，将基速设置为变量，命名为"base_speed"，初始值为 2000RPM。

3）设定车辆的停止速度为变量，命名为"halt_speed"，工况 1 设置为"ign"，工况 2 设置为 100km/h。

4）设置车身重量为 2000kg，行李重量为 80kg，风阻系数为 0.29，迎风面积为 1.950963m²。

5）将工况 1 的仿真时间设置为 1800 秒，工况 2 的仿真时间为 30 秒，并将两个工况分别命名为"CLTC"和"Accelerate"。

6）车辆的目标车速在工况 1 中设置为 CLTC-P 循环工况，工况 2 中设置为 100km/h，初始车速均设置为 0。

7）设置电池初始 SOC 为 0.6。

8）添加两个"ReceiveSignal"部件，分别读取模型计算时间和电池 SOC，并将信号传递给两个"MathEquation"部件,将计算时间和电池 SOC 的数值分别乘以一个权重系数 C1_time 和 C2_SOC,并将其设置为变量,如图 8-42 和图 8-43 所示。其原因是在 CLTC 工况中仿真时间是一个恒定值,即 1800s,不发产生变化,此时仅关注电池 SOC 的变化,此时 C1_time 为 0,C2_SOC 为 1。在百公里加速工况中,更加关注达到目标车速所需的时间,电池 SOC 的变化可以选择忽略,此时 C1_time 为 1,C2_SOC 为 0。

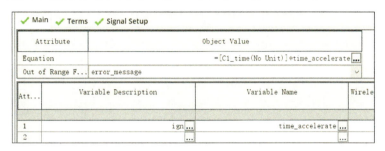

图 8-42 设置计算时间的权重系数和公式

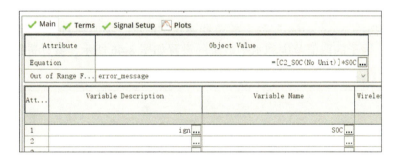

图 8-43 设置电池 SOC 的权重系数和公式

设置完成后的模型和 Case Setup 界面如图 8-44 和图 8-45 所示。

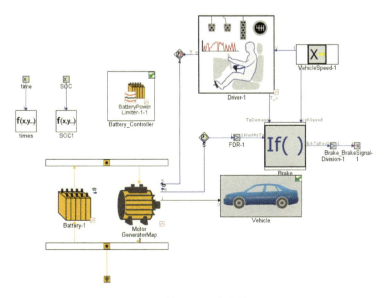

图 8-44 模型设置完成的界面

GT-SUITE 整车能量管理仿真分析与实例解析

[图 8-45 Case Setup 界面 - 表格内容]

图 8-45 Case Setup 界面

8.6.2 DOE 的设置和求解

将电机的基速"base_speed"和主减速器速比"FDR"添加到 DOE 的菜单中，选择全析因设计方法，因子的取值范围和水平数量的设置如图 8-46 所示，共计进行 800 次的试验计算。

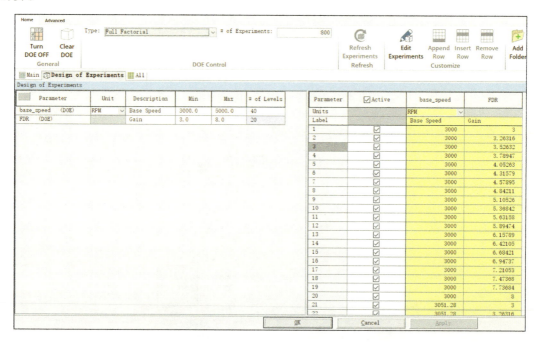

图 8-46 DOE 方法和因子的设置

在 Home > Output Setup 中设置输出的结果，采用本书 8.5.1 节中介绍的方法，仅将 MathEquation 模板中设置的电池 SOC 和求解时间进行存储，并选择抑制一些软件的处理过程，如图 8-47 和图 8-48 所示。设置完成后，点击 HOME>Run>Start Simulation 进行计算。

第8章 优化与DOE

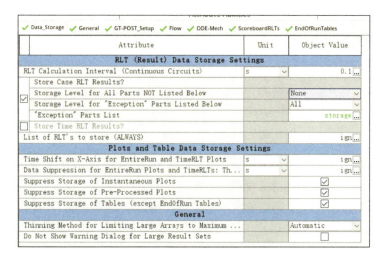

图 8-47 Output Setup 中的设置

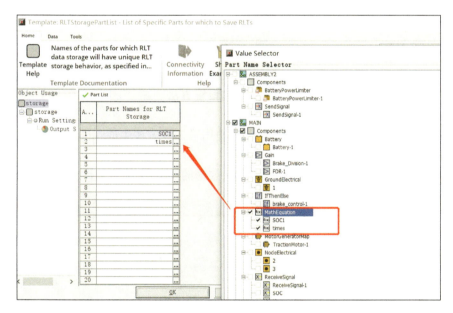

图 8-48 设置结果存储部件

8.6.3 DOE 后处理

求解完成后，DOE 数据包含在 .gdx 文件中，用户可以新建 DOE 后处理文件（后缀为 .gtdoe）进行试验分析，该文件支持以下功能：

1）统计方法可用于确定最重要的因子及其对响应的影响。

2）机器学习算法可以用于创建响应面，预测输入因子的响应。

3）对带有任何数量约束的一个或多个响应，可以在响应面上快速地进行最小化、最大化及目标值的优化。

在 GT-SUITE 中，有三种生成 .gtdoe 文件的方式：

1）在 GT-ISE 中，单击 Optimization → Open DOE-POST，生成该文件。

2）在 GT-POST 中，首先打开包含 DOE 数据的 .gdx 文件，然后单击 Create DOE Analysis File，如图 8-49 所示。

图 8-49　Create DOE Analysis File 位置

3）在 GT-POST 中，通过 Home → New → New DOE File 或者 File → Resources → Create New → DOE File 新建 .gtdoe 文件。

在 .gtdoe 界面，用户从左到右依次单击工具栏的选项即可完成 DOE 后处理。完成一项设置后，用户单击右侧的 Next Page（红色标注），如图 8-50 所示，进入下一选项设置。

图 8-50　Next Page 位置

在 DOE 后处理过程中，用户任何时候都可以单击已完成的选项重新进行设置，接下来通过一个 DOE 后处理实例来讲解每一个选项的设置方法。

1. 数据选择（Select Source Data）

1）数据选择界面如图 8-51 所示，当用户使用第二种方法生成 .gtdoe 文件时，则不需要进行数据选择。

2）用户可以导入一个或者多个包含 DOE 数据的 .gdx 文件，软件会自动合并重复的数据点。

图 8-51　数据选择界面

3）软件只允许导入一个 Excel、ASCII 或者 mat 文件，用户根据导入向导的提示完成文件的导入。

4）数据选择完成，单击 Next Page 进入下一选项。

第8章 优化与DOE

2. 因子选择

因子选择（Select Factors）如图 8-52 所示。

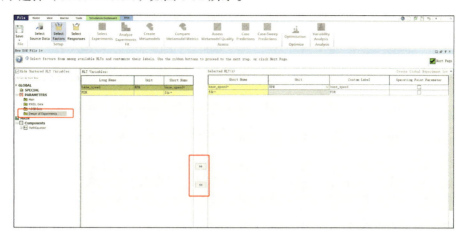

图 8-52　因子选择

1）单击左侧 Design of Experiments，所有的 DOE 因子都会显示在 RLT Variables 一栏中，Selected RLT（s）显示的是用于 DOE 后处理的因子。

2）通过">>"按钮对所需因子进行选择，如果误选，则可通过"<<"按钮移除不需要因子。

3）因子选择完成，单击右上角 Next Page 进入下一选项。

3. 响应选择

响应选择（Select Responses）如图 8-53 所示。

1）点击左栏部件"+"，展开部件的计算结果。部件计算结果按类型进行了分类（例如，图 8-53 中 MathEquation 结果分为 Input 和 Output 两类，通过">>"和"<<"选择需要作为 DOE 响应的结果。本例模型直接选择 Output 即可，并在 Custom Label 中定义名称为"SOC"和"time-1"。

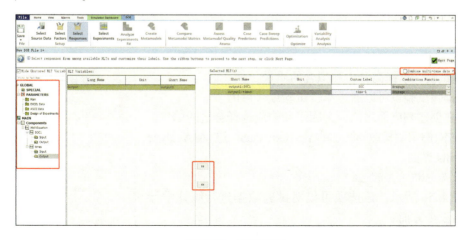

图 8-53　响应选择

2）Combine multi-case data：用户如果只关心每次试验的平均值而不是每个工况的具体

值，则需要选择该选项。即在每次试验中，将多个工况的响应转化为一个响应，转化函数需要选择每个响应。转化函数有最大值、最小值和平均值，图 8-54 为转化函数选择平均值和最大值的示例。本例不进行转化，单击右上角 Next Page 进入下一选项。

Experiment #	Response 1			Response 2			Response 1 Combined (Average)	Response 2 Combined (Maximum)
	Case 1	Case 2	Case 3	Case 1	Case 2	Case 3		
1	18.1	18.5	18.4	125.8	163.4	124.3	18.33	163.4
2	11.5	19.0	12.0	101.5	166.1	139.7	14.17	166.1
3	17.4	15.6	18.6	144.2	153.0	194.6	17.20	194.6
4	17.2	15.1	11.2	156.6	176.8	139.3	14.50	176.8
5	15.7	17.8	10.1	163.4	168.0	110.6	14.53	168.0
6	19.9	10.7	15.5	113.0	151.1	191.1	15.37	191.1

图 8-54　转化函数选择平均值和最大值示例

4. 试验选择（Select Experiments）

1）如图 8-55 所示，Select Experiments 界面总结了所有因子和响应，便于用户进行数据检查。

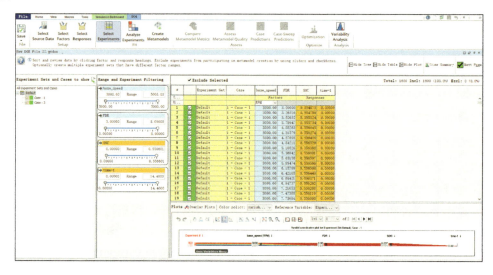

图 8-55　试验选择

2）在 Range and Experiment Filtering 一栏中，用户可以选择因子和响应的取值范围（直接输入数值或拖动滑块），排除某些试验，以提高分析和拟合的质量。

3）排除试验也可以通过单击试验编号后的"√"。

4）在创建响应面之前，为因子和响应选择合适的单位。

5）本例不作改动，单击 Next Page 进入 Analyze Experiments 界面。

5. 试验分析（Analyze Experiments）

如图 8-56 所示，该选项可以对试验数据进行统计学计算，包括三个方面：

1）Relative Sensitivity Table（相对灵敏度值）：分析因子对每一个响应的相对敏感性。

2）Correlation Coefficients Table（相关系数）：分析因子

图 8-56　试验分析

和响应之间的相关系数。

3）Distribution（分布图）：分析因子和响应的分布形态。

（1）Relative Sensitivity Values（相对灵敏度值）

1）相对灵敏度值是因子对响应影响重要性的粗略估计，即在给定响应下，确定最重要因子。

2）相对灵敏度值计算是基于线性最小二乘法拟合的，当因子和响应之间的关系是线性时，该值是最准确的。若响应与因子之间的关系严重非线性，则结果具有误导性。

3）图 8-57 中最右列为线性 R-Squared 值，表示线性回归的拟合质量，R-Squared 值越接近 1，相对灵敏度值的准确性越高。随着 R-Squared 值的降低，相对灵敏度值准确性也降低。

4）相对灵敏度值是通过标准化回归系数进行计算的。每个因子和响应通过减去均值，除以样本标准差进行标准化。在所有因子和响应标准化后，对每个响应进行线性回归拟合。相对灵敏度值的计算方法是用各回归系数的绝对值除以所有回归系数的绝对值之和。

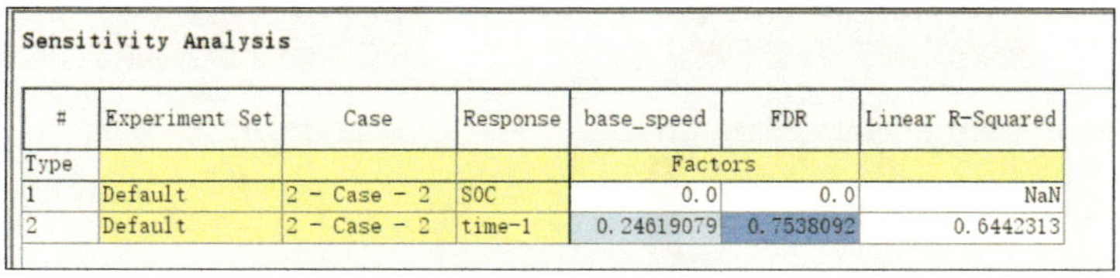
Sensitivity Analysis

#	Experiment Set	Case	Response	base_speed	FDR	Linear R-Squared
Type				Factors		
1	Default	2 - Case - 2	SOC	0.0	0.0	NaN
2	Default	2 - Case - 2	time-1	0.24619079	0.7538092	0.6442313

图 8-57 相对灵敏度

5）例如，三因子的线性回归方程为：$y = a_0 + a_1x_1 + a_2x_2 + a_3x_3$。式中，$x_i$ 表示标准化因子；a_i 表示标准化回归系数；y 表示标准化响应。相对灵敏度值计算公式为

$$S_i = \frac{|a_i|}{\sum |a_i|}$$

（2）Correlation Coefficients（相关系数）

1）相关系数用于评价两个量之间的关联关系，该值变动范围是 −1 ~ 1，其绝对值越大，两者越相关。如图 8-58 所示，两个因子对角线相关系数为 1，即为自相关，相关系数 C 的取值范围和意义见表 8-3。

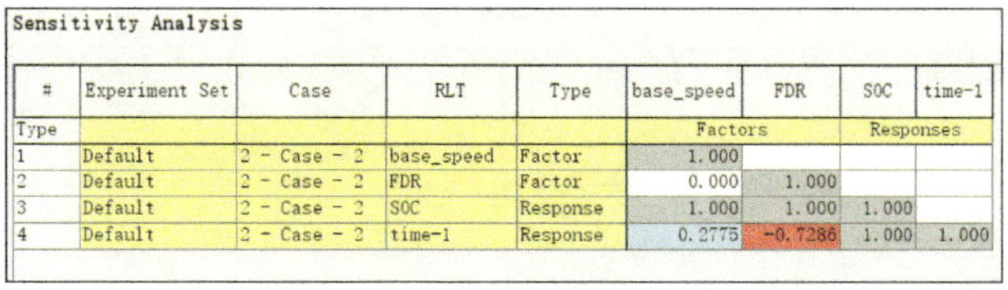
Sensitivity Analysis

#	Experiment Set	Case	RLT	Type	base_speed	FDR	SOC	time-1
Type					Factors		Responses	
1	Default	2 - Case - 2	base_speed	Factor	1.000			
2	Default	2 - Case - 2	FDR	Factor	0.000	1.000		
3	Default	2 - Case - 2	SOC	Response	1.000	1.000	1.000	
4	Default	2 - Case - 2	time-1	Response	0.2775	-0.7286	1.000	1.000

图 8-58 相关系数

表 8-3 相关系数取值范围及其意义

取值范围	意义
−1	完全负相关
$-1 < C < 0$	负相关
0	不相关
$0 < C < 1$	正相关
1	完全正相关

2）由于 DOE 中各因子通常是独立变化的（全因子抽样、拉丁超立方抽样等），因此任意两个因子之间的相关系数通常为零。

3）两个响应之间的相关系数可以说明当两个响应需要同时进行优化时，两种多目标优化方法（Pareto 法和加权

和法）中哪一种更适合。Pareto 优化更适合于彼此不相关的响应，加权和法优化更适合于高度相关的响应。

（3）Distribution Plots（分布图）

1）每个因子和响应都可以绘制分布图，因子的分布一般是均匀的，参考意义不大。从响应的分布图可以查看其分布是否具有均匀分布、正态分布、对数正态分布或其他分布形态。

2）用户可以单击图 8-59 左上角（线框标注）的上下箭头，增减分布区间的个数。

3）单击 Next Page 进入 Create Metamodels，进行响应面拟合。

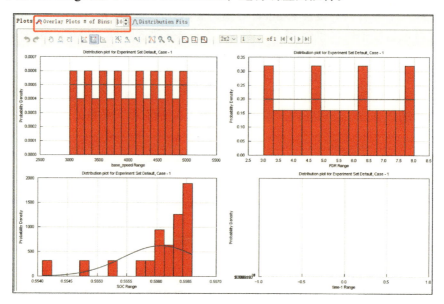

图 8-59　因子和响应分布图

6. 响应面拟合（Create Metamodels）

1）图 8-60 为响应面创建界面，在界面中间位置，用户需要选择试验集（Experiment Set）、响应（Responses）和拟合类型（Fit Types）。

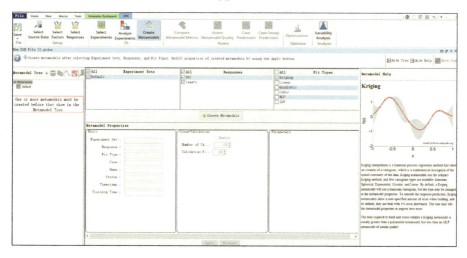

图 8-60　响应面拟合

2)拟合类型包括 Linear、Quadratic、Cubic、MLP、IDW 和 Kriging,其中前三个分别是一次多项式、二次多项式和三次多项式,鼠标停留在每一种拟合类型上,Metamodel Help 中会显示该拟合类型的帮助并对其进行简要说明。几种拟合方法的特点见表 8-4。

表 8-4 拟合方法的特点

多项式	不超过三次,但不适于非线性较严重的情况
MLP	多层前馈神经网络;拟合能力强,适用于严重非线性的拟合,但容易过拟合
IDW (Inverse Distance Weighting)	是一种非线性插值方法,拟合优度总是1,适用于严重非线性的拟合,但过拟合风险最大
Kriging	拟合能力强,适用于严重非线性的拟合,但容易过拟合

3)各拟合类型,其拟合速度排序为:IDW(最快)→多项式→Kriging→MLP(最慢)。

4)本例选择全部方法进行拟合,随后单击"Create Metamodels",生成响应面,建立的响应面会出现在左侧的 Metamodel tree 中,响应面的个数为试验集个数、响应个数和拟合类型个数的乘积。

5)响应面拟合过程如图 8-61 所示,主要包括训练(Training)和交叉验证(Cross-Validating),训练包括计算基础算法中的必要系数,以最小化已知数据和预测值之间的误差。交叉验证是一种评估响应面对未知数据的预测能力的方法。

6)在响应面的树目录中,拟合状态会以颜色进行显示,绿色表示响应面创建成功,如图 8-62 所示。

图 8-61 响应面拟合过程

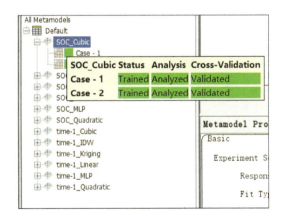

图 8-62 拟合状态显示

7)响应面创建完成后,其属性仍可以在 Metamodel Properties 中修改,可更改用作验证的试验数量或百分数以及单击 view coefficient 可以看到模型中的系数。属性修改完成后,单击 Apply 生成新的响应面,如图 8-63 所示。

8)响应面生成及属性修改完成后,单击 Next Page。

7. 响应面指标比较(Compare Metamodel Metrics)

1)图 8-64 为响应面指标评价界面,单击右上角的 Show Plots 示图显示各指标。评价指标包括拟合优度(R-squared)、残差均方差(RMS Error)、最大百分比误差(Maximum Percent Error)和最大绝对误差(Maximum Absolute Error)。其中,拟合优度越接近1,拟合效果越好，其他三个指标越小，拟合误差越小。

2）指标评价完成后，单击 Next Page。

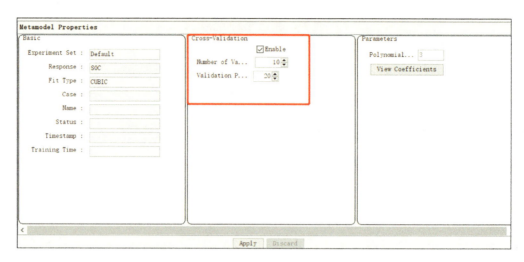

图 8-63　响应面属性设置

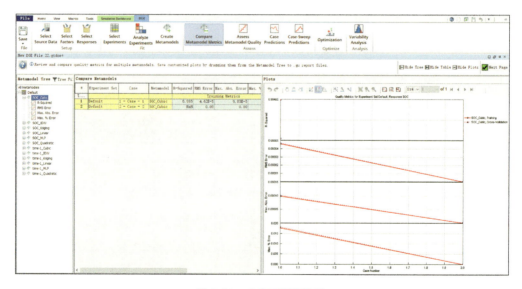

图 8-64　响应面指标比较

8. 响应面拟合质量评价（Assess Metamodel Quality）

1）如图 8-65 所示，该界面是对响应面模型的进一步评价，右侧显示了预测值和观测值的比较，以及两者的误差。

2）用户可以单击"% Error Lines"在图像中增加误差曲线。

3）当使用多种拟合类型创建响应面时，用户可以通过误差比较确定最优的拟合方法。

4）单击 Next Page。

第 8 章 优化与 DOE

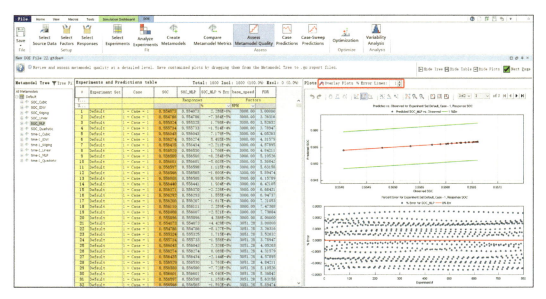

图 8-65 响应面拟合质量比较

9. 工况预测和多工况预测（Case Prediction and Case-Sweep Prediction）

1）如图 8-66 所示，此界面显示单工况响应面预测结果。预测结果可以显示为单因子图、二维等高线图以及三维响应曲面图。

2）单击 Next Page 进入多工况预测，如果只有一个工况，则多工况预测无法选择。

3）多工况预测可以进行不同 Case 的响应对比，用户按住 <Ctrl> 键可以同时选择多个响应面进行横向对比，同时显示多个曲线，如图 8-67 所示。

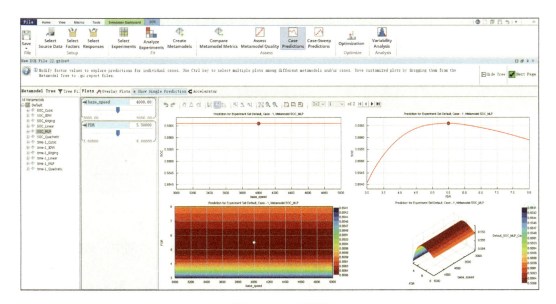

图 8-66 工况预测

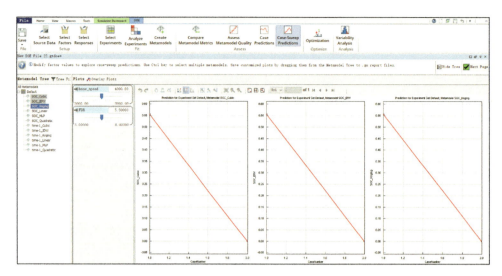

图 8-67　多工况预测

10. 优化（Optimization）

1）单击 Optimization，基于响应面进行优化。

2）图 8-68 所示为 DOE 中的优化界面，与 8.3 节所讲的优化界面相似，选项含义相同。

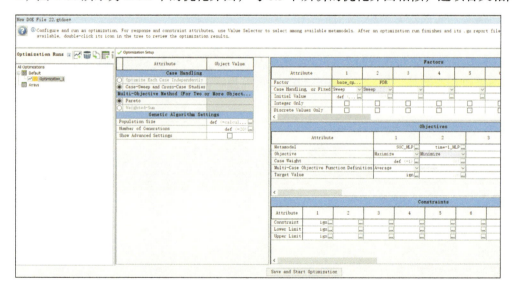

图 8-68　DOE 优化界面

3）DOE 中的优化只有遗传算法，故用户只需要设置种群数和代数。

4）在 Objectives 中，用户需要先选择响应面，再设定目标值，本例中，选择 MLP 拟合的响应面，设置 SOC 最大化和 time-1 最小化。

5）优化设置完成后，单击 Save and Start Optimization 进行优化。图 8-69 所示为 DOE 优化计算界面，最终结果会在 Log 面板中显示。

6）用户可以通过"Optimization Runs"进行优化文件的新建、删除等操作，如图 8-70 所示。

第 8 章 优化与 DOE

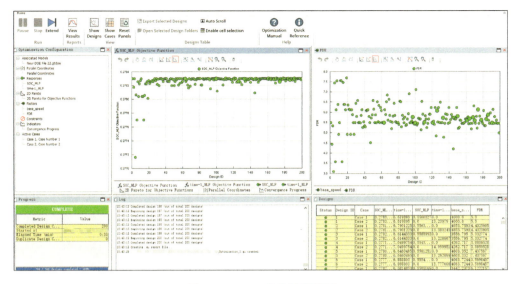

图 8-69　DOE 优化计算界面

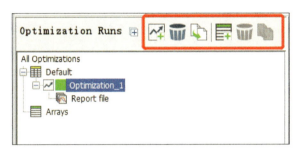

图 8-70　优化操作界面

7）优化的后处理可以通过打开优化结果进行查看，例如本案例的帕累托前沿图等内容，如图 8-71 所示。

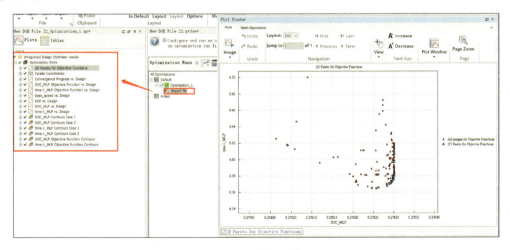

图 8-71　优化后处理

参 考 文 献

[1] 余志生. 汽车理论 [M]. 6版. 北京：机械工业出版社，2018.

[2] Gama Technologies.Vehicle Driveline and HEV, Application Manual [Z]. 2023.

[3] Gama Technologies. Cooling_Thermal_Management, Application Manual [Z]. 2023.

[4] 贾凡，王谙词，殷翔，等. 不同控制策略下新能源汽车跨临界 CO_2 热泵最优运行特征 [J]. 汽车安全与节能学报，2022，13(4)：770-777.

[5] 杨世铭，陶文铨. 传热学 [M]. 4版. 北京：高等教育出版社，2015.

[6] 孙逢春，林程. 电动汽车工程手册 第一卷 纯电动汽车整车设计 [M]. 北京：机械工业出版社，2019.